普通高等教育市场营销专业系列教材

现代推销学教程
第 2 版

主　编　陈守则
副主编　戴昀弟　景莉莉　杨雪滢
参　编　艾美杰　李国丽　肖　琦
　　　　孙长波　王　烨

机械工业出版社

本书本着精炼理论、强化实务、侧重应用的原则，以推销活动过程为基本主线，前后衔接，环环相扣，介绍了推销概述、推销人员、推销信息、客户沟通、推销模式、推销接近、推销洽谈、异议处理、推销成交、推销管理等内容。每章开篇有学习目标、基本概念、引导案例，文中穿插丰富的案例、小故事和鲜活的辅学资料，章末配有本章小结、复习思考题、实训题、案例分析题和资料阅读，既方便学生自学，又有利于学生创新能力、实践能力的综合培养。

本书具有通俗易懂、趣味生动、可读性强等特点，可作为高等院校市场营销及其他相关专业本科生和专科生的教材，也可供企业从事推销和销售管理工作的人员和社会读者阅读。

图书在版编目（CIP）数据

现代推销学教程/陈守则主编. — 2 版. —北京：机械工业出版社，2018.1
(2024.7重印)

普通高等教育市场营销专业系列教材

ISBN 978-7-111-58649-4

Ⅰ.①现… Ⅱ.①陈… Ⅲ.①推销—高等学校—教材 Ⅳ.①F713.3

中国版本图书馆 CIP 数据核字（2017）第 297206 号

机械工业出版社（北京市百万庄大街22号　邮政编码100037）
策划编辑：曹俊玲　责任编辑：曹俊玲　何　洋　商红云
封面设计：张　静　责任校对：梁　倩　郑　婕
责任印制：郜　敏
北京富资园科技发展有限公司印刷
2024 年 7 月第 2 版第 7 次印刷
184mm×260mm · 18.5 印张 · 449 千字
标准书号：ISBN 978-7-111-58649-4
定价：45.00 元

电话服务　　　　　　　网络服务
客服电话：010-88361066　机 工 官 网：www.cmpbook.com
　　　　　010-88379833　机 工 官 博：weibo.com/cmp1952
　　　　　010-68326294　金 书 网：www.golden-book.com
封底无防伪标均为盗版　机工教育服务网：www.cmpedu.com

前　言

《现代推销学教程》自第1版出版至今已经整整八个年头了，其间多次重印，受到众多院校师生的好评。在高校，目前不仅市场营销专业开设推销学课程，而且其他经济管理类专业也开始开设这门课程，选学这门课程的学生也越来越多。为了适应这种形势，让高等院校的在校大学生能全面深入地理解并掌握推销的理论和实务，同时满足企业对高素质推销人才的需求，我们在借鉴、吸收国内外推销学理论成果的基础上，结合企业推销实践的新发展，组织相关院校从事推销学教学的教师修订了本书。

推销学是一门实践性很强的学科，一本好的推销学教材应该对成功推销人员的成功推销经验进行科学的总结和提炼。本着精炼理论、强化实务、侧重应用的原则，本书内容力求理论简明扼要，实务具体翔实，着力于学生综合素质的提升和实际操作能力的培养。在内容编排上，以推销活动过程为基本主线，前后衔接，环环相扣，介绍了推销概述、推销人员、推销信息、客户沟通、推销模式、推销接近、推销洽谈、异议处理、推销成交、推销管理等内容。每章开篇有学习目标、基本概念、引导案例，文中穿插丰富的案例、小故事和鲜活的辅学资料，章末配有本章小结、复习思考题、实训题、案例分析题和资料阅读，使本书具有通俗易懂、趣味生动、可读性强等特点。

在推销界有句名言："推销之前要先推销自己。"在企业推销实践中，还有人对推销做了如下总结："推销有技巧，千锤百炼；推销无技巧，贵在做人。"成功推销的两大秘诀是："了解需求点，建立信任感。"优秀的推销人员应具备的三大素质是："胆大、心细、抗打击。"可见，学会做人，拥有积极的心态、宽广的胸怀、热情的个性、永不言败的精神和精湛的沟通艺术是一个推销人员走向成功的关键所在。正是基于以上认识，本书专辟两章——推销人员与客户沟通，用较大篇幅阐述了推销人员应具有的心态和素质以及与客户沟通的原则和艺术。这是推销人员应具备的最重要的职业素养，也是本书的一大亮点。

本书这次修订，本着删繁就简的原则，由过去的12章压缩为10章，同时删减了一些章节的内容，对书中的案例、辅学资料以及资料阅读也做了较大调整。在本书编写过程中，参考和借鉴了国内外同行的有关论著和互联网上的相关资料，在此向各位编著者致以诚挚的谢意。

本书的编写分工如下：陈守则、李国丽编写第一、二、四章，戴昀弟、王烨编写第三、五章,景莉莉、孙长波编写第六、七章,杨雪滢、肖琦编写第八、九章,艾美杰编写第十章。最后由陈守则负责全书的总纂、修改和定稿。

本书配有电子课件,凡使用本书作为教材的教师可直接登录机械工业出版社教育服务网(www.cmpedu.com)注册后免费下载。课件制作完全按教材章节顺序展开,既充分体现课程教学目标与教学内容,又高度浓缩,提纲挈领,适当扩充。本课件在多年的教学实践中不断修改完善,具有很强的实用性,得到广大师生的一致好评。

限于编者水平,书中难免有不足和疏漏之处,恳请读者批评指正。

编 者

目　　录

前　言

第一章　推销概述 ……………………… 1
学习目标 …………………………………… 1
基本概念 …………………………………… 1
引导案例 …………………………………… 1
第一节　推销与营销 ……………………… 2
第二节　推销的基本过程 ………………… 5
第三节　推销的奥秘 ……………………… 8
第四节　推销的重点——工业品
　　　　推销 ……………………………… 13
本章小结 …………………………………… 20
复习思考题 ………………………………… 20
实训题 ……………………………………… 21
案例分析题 ………………………………… 21
资料阅读 …………………………………… 24

第二章　推销人员 ……………………… 28
学习目标 …………………………………… 28
基本概念 …………………………………… 28
引导案例 …………………………………… 28
第一节　推销人员的种类及岗位
　　　　要求 ……………………………… 29
第二节　推销人员应具备的基本
　　　　素质 ……………………………… 32
第三节　推销人员应掌握的礼仪
　　　　常识 ……………………………… 42
第四节　推销人员应具有的专业
　　　　信念 ……………………………… 50
本章小结 …………………………………… 56
复习思考题 ………………………………… 57
实训题 ……………………………………… 57
案例分析题 ………………………………… 57
资料阅读 …………………………………… 58

第三章　推销信息 ……………………… 68
学习目标 …………………………………… 68
基本概念 …………………………………… 68
引导案例 …………………………………… 68
第一节　产品信息 ………………………… 68
第二节　推销区域的信息 ………………… 70
第三节　潜在客户的信息 ………………… 71
本章小结 …………………………………… 82
复习思考题 ………………………………… 82
实训题 ……………………………………… 82
案例分析题 ………………………………… 82
资料阅读 …………………………………… 83

第四章　客户沟通 ……………………… 85
学习目标 …………………………………… 85
基本概念 …………………………………… 85
引导案例 …………………………………… 85
第一节　沟通概述 ………………………… 86
第二节　与客户沟通的原则 ……………… 91
第三节　与客户沟通的艺术 ……………… 98
第四节　与客户电话沟通的技巧 ……… 110
本章小结 ………………………………… 122
复习思考题 ……………………………… 122
实训题 …………………………………… 123
案例分析题 ……………………………… 123
资料阅读 ………………………………… 125

第五章　推销模式 …………………… 127
学习目标 ………………………………… 127
基本概念 ………………………………… 127
引导案例 ………………………………… 127
第一节　爱达（AIDA）模式 …………… 127
第二节　迪伯达（DIPADA）模式 …… 130
第三节　埃德帕（IDEPA）模式 ……… 132
第四节　费比（FABE）模式 …………… 133

本章小结 ·················· 135
复习思考题 ················ 135
实训题 ··················· 135
案例分析题 ················ 135
资料阅读 ·················· 137

第六章　推销接近 ·············· 141
学习目标 ·················· 141
基本概念 ·················· 141
引导案例 ·················· 141
第一节　推销接近概述 ········· 141
第二节　推销接近的顾客约见 ····· 147
第三节　推销接近的主要方法 ····· 152
本章小结 ·················· 162
复习思考题 ················ 162
实训题 ··················· 162
案例分析题 ················ 163
资料阅读 ·················· 166

第七章　推销洽谈 ·············· 171
学习目标 ·················· 171
基本概念 ·················· 171
引导案例 ·················· 171
第一节　推销洽谈概述 ········· 171
第二节　推销洽谈的原则与程序 ··· 174
第三节　推销洽谈的策略与技巧 ··· 181
本章小结 ·················· 186
复习思考题 ················ 187
实训题 ··················· 187
案例分析题 ················ 187
资料阅读 ·················· 188

第八章　异议处理 ·············· 191
学习目标 ·················· 191
基本概念 ·················· 191
引导案例 ·················· 191
第一节　顾客异议的含义与成因 ··· 191
第二节　顾客异议处理的原则与
　　　　方法 ··············· 196
第三节　顾客异议处理的技巧 ····· 201

本章小结 ·················· 205
复习思考题 ················ 206
实训题 ··················· 206
案例分析题 ················ 206
资料阅读 ·················· 209

第九章　推销成交 ·············· 213
学习目标 ·················· 213
基本概念 ·················· 213
引导案例 ·················· 213
第一节　成交的信号 ··········· 214
第二节　成交的过程 ··········· 216
第三节　成交的方法 ··········· 220
第四节　顾客的维系 ··········· 227
本章小结 ·················· 237
复习思考题 ················ 237
实训题 ··················· 238
案例分析题 ················ 238
资料阅读 ·················· 239

第十章　推销管理 ·············· 241
学习目标 ·················· 241
基本概念 ·················· 241
引导案例 ·················· 241
第一节　推销计划 ············ 242
第二节　推销控制 ············ 246
第三节　推销人员激励 ········· 252
第四节　推销绩效评估 ········· 263
本章小结 ·················· 270
复习思考题 ················ 271
实训题 ··················· 271
案例分析题 ················ 271
资料阅读 ·················· 275

附录 ······················ 282
附录A　成功推销的99个秘诀 ····· 282
附录B　推销员之歌 ············ 286

参考文献 ···················· 288

第一章

推 销 概 述

【学习目标】
- 推销与营销
- 推销的基本过程
- 推销的奥秘
- 推销的重点——工业品推销

【基本概念】

推销、工业品、顾问式推销

【引导案例】

一位老太太的推销技巧

某周六在某一个主题公园里面上演了这样一幕:一位年轻的妈妈手上推着一辆婴儿车——里面有一个大约不到一岁的孩子,正在往前走着。这时,从旁边走过来一位老太太,和这位年轻的妈妈很开心地聊了起来,并且一边聊一边笑嘻嘻地抱起了孩子:"这孩子真胖,长得真的很像你,她多大了?"那位年轻的妈妈边笑边回答。接着老太太又把孩子放回了小车里,从自己随身带的包中拿出了两件小背心:"唉,我那儿媳妇现在下岗了,所以卖点小东西,这两件全都是断码的,而且都是全棉的,如果你这孩子穿上准好看。"老太太看到那位年轻的妈妈还是不太愿意买,又指着她的产品说道:"如果这两件你都要了,那么每件给你便宜10元钱——每件只要20元。你回去可以打听一下,要是买贵了,我以这把年纪做担保,我再赔给你四件"。最后这位年轻的妈妈看了看,并不十分情愿地买了两件。

案例分析:

1. 老太太的推销技巧

(1) 夸奖孩子"真胖",实现亲情沟通。首先,老太太在进行产品推销之前,与这位年轻的妈妈并不认识,而且场所还是在主题公园里面,这并不是一个交易的场所。所以,在这之前,老太太先通过主动打招呼并采用亲情沟通的方式与这位年轻的妈妈拉近距离,同时取得她的基本信任,而不至于还没开始推销就已经被客户拒之于千里之外。

(2) 介绍产品,"断码"且没有质量问题。在取得了年轻妈妈的基本信任之后,老太太开始产品的信息介绍:首先,这两件衣服是给小孩子穿的,正好满足年轻妈妈的需求;其次,老太太向年轻妈妈介绍说这些都是断码的产品,那么也就从一定程度上说明了这些产品并不是像以往的那些推销的劣质产品,而是由于断码造成产品不好卖,所以她才拿过来变卖。这也在一定程度上打消了年轻妈妈对于产品质量的顾虑。

(3) 价格打折。"每件便宜10元钱。"在经过了产品介绍后，老太太看到对方还是没有要购买的意向，于是开始了最容易让人动心的价格打折，给予本来就不贵的衣服10元钱的优惠，这应该说是很大程度的让利了。这在日常的销售过程中也是最容易让消费者动心的方式。

(4) 信誉保障。经过了上述各项步骤之后，年轻妈妈貌似还是不愿购买，老太太又使出了最后一招：对产品的信誉保障。她以自己的人格做担保，来消除对方的防范心理。首先，老太太是上了年纪，对于年轻妈妈来说属于长辈，对待长辈理应要尊敬，更何况老太太还拿自己的人格来为产品做担保，所以最后那位年轻妈妈虽然可能仍不想买，但最终还是买下了两件衣服。

2. 老太太的推销精神

(1) 能吃苦，敢拼搏。在这里，先不谈老太太的销售技巧，只谈她的精神：一个老年人，这么大年纪，还是认认真真地去推销，与顾客反复地沟通，不厌其烦地演示等。做销售本来就不是一件容易的事，要想让别人买你的产品，其间你可能花费很多精力，包括产品知识的准备、洽谈技巧、客户资料的准备、紧急情况的应对等，当然还有最重要一点就是要能吃苦，因为这是每一个推销人员都要经历的。正是这样一种不怕吃苦、敢于拼搏的精神，才是老太太成功推销的保障。

(2) 善创新，找办法。老太太的产品真的如她所说的是"断码"吗？其实未必，她只不过是给不好卖的产品找到了一个好的推销理由，并将其作为一个卖点，为她接下来的销售做铺垫。她的这种办法也许是自己想出来的，也许是受其他启发，对此暂不考究，但她用这种方法达到了目的，解决了问题，把衣服卖了出去。

(3) 不放弃，不认输。为了实现销售的目标，老太太面对顾客的拒绝没有轻言放弃，而是不断地努力，一方面让利促销："两件都要，每件便宜10元钱"；另一方面提供信誉保障："要是买贵了，我以这把年纪做担保，再赔给你四件"。正是这种永不放弃、执着追求的精神，使老太太最终能够推销成功。

从上面的案例中看到，推销人员要想成功推销，不仅要掌握娴熟的推销技能，更要培养不怕吃苦、勇于拼搏、求实创新、永不放弃的精神。同时，也应该看到，要想成为一个合格的推销人员是需要一定的知识和心理准备的。

第一节 推销与营销

一、推销的概念

"推销"这个词每个人都不陌生，因为生活中推销无处不在：从街市里沿途叫卖的小贩，到街头色彩艳丽的路牌广告，再到各种宣传媒体的信息轰炸；或从婴儿对母亲的微笑，到下属对上司的忠诚，人们无处不感到推销的存在。从广泛的含义来理解，不同职业的人也可理解成各类型的推销人员。例如，演员推销其演技，政治家推销其政见，传教士推销其教义。

人只要生活在世界上，就要和各种各样的人发生各种联系，产生各种交往。一个人要取得成功，就要不断推销自己，用推销技巧博得别人的理解、好感，赢得友谊、爱情以及事业上的合作，这样才能取得丰硕的成果。事实上，任何人不管在什么时间，身处什么地方，也不管在做什么事情，都是在忙着推销——通过有形的产品或无形的理念，以完成自己所要达到的目的。推销能力深深影响着每个人一生的成败，因此，想要拥有成功的人生，就要设法使自己成为一个成功的推销家。

目前，国内外有180多种关于"推销"的定义，其中较有影响的观点有：

世界著名的欧洲推销专家海因兹·姆·戈德曼（Heinz M. Goldman）：推销就是要顾客深信，他购买你的产品是会得到某些好处的。

日本"推销之神"原一平：推销就是热情，就是战斗，就是勤奋地去工作，去追求。

澳大利亚推销专家：推销是说服人们，对推销人员所宣传的商品、劳务或意见，理解、认同并愿意购买，它是一种具有发现和说服双重作用的工具，也就是要发现人们的需要和欲望，并说服他们采用被推销的商品或劳务，以满足其需要。

我国营销界的一些权威人士：推销是指推销人员在一定的推销环境里，运用各种推销技术和推销手段，说服一定的推销对象，同时达到推销人员自身特定目的的活动。

全面正确地把握"推销"这一概念的基本含义，应该从以下几个方面理解：

（1）推销是推销人员为实现事物转移的运动过程。"推"是一个运动过程，"销"是运动过程的目的。

（2）推销是包含一系列相关活动的系统过程。寻找顾客、接近顾客、推销面谈、处理顾客异议、促成交易、交易反馈等，一环扣一环，相互制约、相互影响，是感情、能量、信息、物质不断交换和交流的系统过程。

（3）推销的核心内容是说服顾客。说服力的强弱是衡量推销人员素质优劣、水准高低的重要标准。要抓住对方的切身利益展开说服工作，通过说服，使顾客相信所推销的产品是他所需要的。

（4）推销的实质是满足顾客的需要。有需求才有推销，寻找与确定已经存在的需求是现代推销的基础。

（5）推销既是商品交换与服务顾客的过程，又是信息传递与促使顾客心理变化过程的有机统一。

综合上述"推销"的各个要点，本书对推销的定义是：所谓推销，就是推销主体根据营销规划，运用一定的促进销售的技术和手段，帮助和说服潜在顾客（包括消费者、客户、用户）采取购买商品或劳务行动的过程。

理解这个定义应把握如下要点：

推销的目的。说服、帮助、吸引、刺激顾客（买者）采取购买行动，在不买与买、少买与多买、迟买与早买的比较中选择后者。

推销的主体。既可以是组织机构健全的工商企业或企业系统，也可以是经营者个人。

推销的客体。既有产品，也有劳务，包括商品贸易和服务贸易。

推销的过程。可以分为前期、中期、后期三个不同的阶段。前期阶段包括推销对象的选择、顾客调查；中期阶段包括推销人员与推销对象的约见、接近、面谈；后期阶段包括顾客异议处理、推销双方成交等。

二、推销与营销的区别

市场营销是指企业及其他组织为在变化的环境中满足目标市场的需求和欲望，从而实现组织目标而制订和实施产品、价格、渠道、促销计划的综合性经营管理活动。这种综合性经营管理活动包括了产前、产中、产后、售后一系列的活动内容。市场营销不同于销售和推销。现代企业市场营销活动包括市场探测、市场细分、目标市场选择、市场定位、新产品开发、定价、分销、物流、广告、人员推销、销售促进、售后服务、市场营销管理等；而推销仅仅是现代企业市场营销活动的一部分，而且还不是最重要的部分，只是"市场营销冰山"的顶端。推销是企业市场营销人员的职能之一，但不是其最重要的职能。这是因为，如果企业的市场营销人员做好市场研究，了解顾客的需要，按照顾客的需要来开发适销对路的产品，并合理设计市场营销组合方案，那么产品可能就会不推自销；反之，如果产品不适销对路，营销组合方案设计不合理，即便是推销大师，也很难将顾客不需要的产品推销出去。正因为如此，管理大师彼得·德鲁克（Peter F. Druker）曾说，市场营销的真正目的就是使推销成为多余。

在企业经营实践中，营销具有全局性、全程性、战略性的特征，而推销则具有局部性、阶段性、战术性的特征。因此，在具体的营销实践中，推销方案是在营销方案的指导下，根据营销方案的相关规定来制订的。一个企业市场营销方案的优劣将在一定程度上影响和制约其推销活动能否顺利展开和推销员工作业绩的大小。例如，某企业在确定生产项目之前，进行过详细、客观的市场调查和分析，生产出来的产品具有明确的市场指向（即该产品是满足哪一类人的什么样的需要），因而，推销人员就能较快地确定推销范围，迅速找到目标客户，推销活动由此顺利展开。所以说，一个高明的市场营销方案能使推销人员花费较少的力气，取得较大的推销成果；而一个蹩脚的市场营销方案将极大地影响和制约推销人员创造性和积极性的发挥，推销人员花费很大的力气，却只能取得微小的成果。营销与推销既有区别又有联系，以满足顾客需要为前提，以顾客满意为目标，既是市场营销学的核心观念也是现代推销学的核心观念。具体地说，营销与推销的区别可以概括为如下几点：

（1）思维方式不同。营销是一种现代经营思想，其核心是以消费者需求为导向，消费者或客户需要什么就生产、销售什么，这是一种由外向内的思维方式。推销主要是以现有产品或服务来吸引、寻找顾客，企业有什么就卖什么，与营销相比，恰恰相反是一种由内向外的思维方式。归纳起来，从思维方式的角度看，推销和营销的差异主要在于：推销是一种战术思考，以销售力为中心，注重推销的技巧与方法，关心的是现有商品的销售和销售目标的实现；而营销则是一种战略思考，以创造力为中心，注重建立能持续销售的系统，关心的是顾客需要的满足和企业的永续经营。虽然营销和推销同样看重结果，但营销更善于分析研究市场，并做出相应对策。营销工作做得越有成效，推销的压力就越小。因此，要重视营销工作的整体性和协调性。要在战略上藐视推销，在战术上重视推销。也就是说，从战略的角度看，推销不是最重要的，必须从全过程的角度通盘考虑，只有这样才能走出只重视推销造成的困境。

（2）目的不同。推销和营销都要取得利益，但推销的目的更多的是目前利益，关注的是怎么把现有产品推销出去赚取利润，工作上是短期行为；营销的目的更多的是长远利益，关注的是如何了解顾客需要并设法满足需要，通过顾客满意而获得长期利益，工作上是长远设计，要与顾客建立长期的互利关系，不强调一次的得失，而追求长期的利益最大化。简单地说，推销就是卖好企业的产品，而营销则是让企业的产品好卖。

（3）手段不同。推销以单一的推销技能和沟通艺术为手段，通过说服顾客达到成交的目的；营销则以整体营销为手段，并以有利于消费者为条件，综合运用产品、价格、渠道、促销等企业可以控制的因素来实现顾客满意的目标。营销的一个重点是"整合"，也就是将企业现有的各种要素及企业的经营目标，与市场需求有机结合起来，并密切关注顾客及竞争者的情况。营销需要管理者以长远的战略眼光确定大的方向和目标，并以切实有效的战术谋划达成中短期目标。营销的这些特性会进一步激发、训练管理者的长远商业目光及把握市场机会的能力。

（4）过程不同。市场营销是一个完整的循环往复的工作过程，而推销仅仅是市场营销链条当中的一个环节。从管理的角度，市场营销包括市场探测、目标市场选择、营销组合方案设计和营销管理四个方面的工作。这四个方面的工作可进一步归纳为三个层次：一是规划（策划），主要工作内容是通过分析现状，制定市场战略，规划未来；二是管理，主要职责是做好市场、人员等管理工作；三是实施，即根据营销策划方案或营销计划，将营销的各项工作落实到各相关部门和个人，根据策划方案要求和标准，有条不紊地予以落实并监督检查的过程。而推销或销售仅仅是实施过程中一个部门或环节的工作，其工作过程主要是围绕推销而开展的寻找顾客、访问准备、约见与接近顾客、洽谈沟通、达成交易、售后服务、信息反馈等。

总之，推销不是简单地卖商品，而是以发现需要并满足需要为前提的；推销追求的是双赢；推销就是要在竞争中取胜；推销是长期行为；推销是有效的沟通。

第二节 推销的基本过程

一、寻找客户

（一）确定潜在客户及其来源

凡是使用推销人员所推销产品的一切单位和个人都可能成为潜在客户。一般说来，潜在客户从来源上可分为三类：一是过去没有买过自己的产品，以后会购买自己的产品的客户；二是过去曾经购买过自己的产品，但现在已不购买自己产品的客户；三是现有客户。

（二）进行客户资格审查

推销人员寻找到的可能会成为潜在客户的组织和个人，有的可能不会购买自己的产品，因而必须对其资格进行审查，审查合格者才能列入自己的潜在客户名单，对不合格者则应排除在潜在客户之外。

判断一个组织或个人是否会成为自己的潜在客户有四个标准：①需要自己推销的产品；②接受自己的价格；③有能力支付货款；④有一定的需求量。

（三）了解寻找潜在客户的方法

寻找潜在客户的方法很多，如资料查阅法、顾客利用法、中心开花法、地毯式拜访法、委托他人法、市场咨询法、通信联络法、广告开拓法、组织联络法等。

二、访问准备

访问准备的内容很多，具体包括：了解自己的客户；了解和熟悉推销品；了解竞争者及其产品；确定推销目标；制订拜访计划等。主要工作包括以下两项内容：

（一）收集相关信息

（1）什么人拥有购买决定权。

（2）影响客户购买的外部因素：有无竞争者介绍推荐，有无能帮助自己的人。

（3）影响客户购买的内部因素：公司的组织体制，需要部门与采购部门的关系，决定者是什么人。

（4）拥有购买决定权的人的性格、兴趣，属于哪一类等。

（5）引起客户注意的方法，面谈的借口，面谈时的话题，客户不同意购买时如何应对等，计划所有的措施、活动等。

（6）客户对所推销产品的了解程度。

（7）客户现在所使用商品的优缺点。

（8）上次的商谈结果。

（9）约定事项的解决。

（10）访问通知、接洽。

（二）准备推销工具

推销工具是推销人员在访问客户时所应用的有关推销的资料、用具等，主要有以下两种：

（1）给客户看的物品：产品样品、模型、说明书、销售统计图表、资料剪贴簿、订货信函、相片与相簿、价格表、客户名簿、介绍信或推荐信、名片、感谢信、质量证明书、赠品等。

（2）推销人员本身的物品：准顾客卡、访问计划表、记录本、合同文件、印花、印泥、图章、价格表等。

推销工具有良好的促销作用。常言道"百闻不如一见"，直接诉诸视觉，容易引起客户的注意，提高面谈的效果，给予客户信心，能将所有的要点依照一定的次序完整地说明；弥补推销技术的不足，活跃访问时的气氛。

三、约见与接近客户

约见是指推销人员与客户协商确定访问对象、访问事由、访问时间和访问地点的过程。约见在推销过程中起着非常重要的作用，它是推销准备过程的延伸，又是实质性接触客户的开始。接近是指在实质性洽谈之前，推销人员努力获得客户接见并相互了解的过程。接近是实质性洽谈的前奏。

四、洽谈沟通

洽谈是指推销人员掌握客户购买心理变化、诱导客户采取购买行为的过程。所以，推销洽谈的步骤、方法或技巧都要以客户心理变化过程为基础逐步展开。

五、达成交易

成交是一个过程，而不是瞬间行为。成交的主体是推销人员和客户，虽然成交的表现是最终完成购买行为，但相对于客户而言，在决定达成交易之前，需要经过一系列的反应判断过程：第一阶段是客户对推销建议做肯定；第二阶段是客户对推销产品和推销建议的信念转化过程；第三阶段是客户采纳推销提示并决定是否立即购买推销品的行为过程。推销员要想成功与顾客达成交易，必须掌握成交的基本策略与方法。

六、售后服务

售后服务是指产品被售出后，由销售厂家为客户提供的有偿或无偿的围绕产品在安装使用过程中的调试及维护、技术及质量问题咨询、客户沟通和回访等方面进行的服务。它既是一次推销过程的最后阶段，也是再推销的开始。售后服务是一个长期的过程，其服务质量评价标准是客户的满意度。在市场激烈竞争的今天，售后服务已成为吸引客户的一个重要因素。从某种程度上而言，售后服务甚至比产品还要起决定性作用。因此，做好售后服务，全面提升自己的服务品质，依赖服务来赢得客户并以此扩大产品销量，这在产品推销中就显得尤为重要了。

在产品的推销中，推销人员都要树立这样一个观念：一个产品售出以后，与客户建立的首先是服务关系，然后才是销售关系。如果所承诺的服务没有完成，那么可以说这次销售就没有完成。一旦售后服务很好地被完成，也就意味着下一次推销的开始。正所谓"良好的开端就等于成功的一半"。

七、信息反馈

推销人员不但要推销产品，还要向公司反馈各种信息，如用户需求信息、产品使用情况信息、竞争对手信息等，以便为改进产品、调整营销策略提供依据。

【案例1-1】

服装销售过程

赵明军是知名服装 A 品牌在广东省广州市的代理商，他想将 A 品牌服装打入广州市宏盛商场销售。以下是他的推销过程：

第一步，了解经销商的需要。赵明军经过调查得知，宏盛商场是广州市服装销售量最大的专业商场之一。该商场销售的服装品牌均为国内外知名品牌和著名品牌，而自己所代理的 A 品牌服装符合宏盛商场对服装档次的要求，与宏盛商场的市场定位相一致。此外，宏盛商场有少数服装品牌的销售并不理想，柜组负责人向商场经理和采购负责人提出了用其他品牌替代的建议，这给 A 品牌服装进入宏盛商场提供了良机。

第二步，了解该商场购买组织的构成。赵明军通过朋友关系打听到，该商场有一个采购中心，由商场总经理、分管采购的副总经理、采购经理、营销经理和品牌经理等人组成。采购的商品与数量不同，采购权限不同。在直接重购的情况下，由采购经理和品牌经理直接决策；在改善交易条件的交易中，由品牌经理提出建议报采购经理，采购经理汇总各品牌、各柜组的意见后提出改善交易条件的初步采购方案，报分管采购的副总经理审批；在新产品采购的情况下，国内外著名品牌的采购由商场分管采购的副总经理直接决策，重大事宜须报总经理审批；知名品牌的采购由采购经理提出初步方案，报分管副总经理批准。而 A 品牌服装属于知名品牌，宏盛商场以前没有经销过，要进入宏盛商场，必须先经采购经理首肯。

第三步，了解采购组织中的人际关系和个人特征。赵明军了解到，宏盛商场的采购经理是李英强，今年40岁，服装学院服装设计专业本科毕业，原先在一家服装公司担任服装设计工作，5年前应聘到宏盛商场采购部，2年前升任采购部经理。他专业知识丰富，工作认真负责，做事有主见，性格开朗，关心同事，上下级关系都很好，在采购部比较有威信，也受到分管采购的副总经理的信任。他提出的采购方案，副总经理大多没有异议。赵明军分析出宏盛商场的采购决策权掌握在采购经理李英强手中，只要突破采购经理这一关，推销就基本成功了。

第四步，设计接近方案。如何接近并说服李英强呢？赵明军通过对李英强的工作经历和个人特征分析后认为，李英强并非可以轻易"拉拢"的，应当从增加沟通和强化感情联系入手。在前期的了解过程中，赵明军得知李英强的个人爱好是打网球，每到休息日，他都要约几个朋友到网球场玩两个小时。赵明军通过间接关系认识了李英强的一位球友邱伟光，进而成为李英强的球友，于是经常在休息日同李英强一道打网球，聊网球比赛、网球名人和各种新闻消息，但是从不涉及服装采购之事。

第五步，促成交易。赵明军与李英强认识两个月之后，两人的关系已经非常融洽，玩兴日浓，相谈甚欢。有一天，李英强主动问起赵明军的工作和业务，赵明军就向他介绍了A品牌服装的质量、服务和品牌声誉。李英强表示知道这个品牌，又询问了服装的价格和其他经销条件，说朋友之间互相帮助是理所当然的，要赵明军先发些货试销一下。赵明军很快如约送货，并经常去宏盛商场的A品牌服装柜台了解销售情况，指导营业员销售技巧与方法，解决销售中出现的各类问题，使A品牌服装的销售量稳步上升。李英强对此也非常满意。如今，宏盛商场已经是A品牌服装的大客户了。

（资料来源：吴健安. 市场营销学［M］. 3版. 北京：高等教育出版社，2007.）

通过这个案例，不但可以了解推销的基本过程，而且可以深切地感受到推销不是简单的买和卖，做好访问准备至关重要。在拜访前，必须了解客户的需求和各方面详尽的信息，妥善设计推销接近方案，尤其是找到关键人物并投其所好，取得客户信赖。只有这样，推销才能成功。

第三节　推销的奥秘

一、一个前提：推销产品之前先推销自己

在推销过程中，推销人员是连接客户和产品（包括商品和服务）的桥梁，通过推销人员的介绍，使客户得到更多关于商品和服务的信息，从而做出判断，决定购买与否。而在这个过程中，虽然客户是冲着商品或服务而来的，但是最先接触到的却是推销人员。如果推销人员彬彬有礼、态度真诚、服务周到，客户就会对其产生好感，进而很有可能接受其推销的商品或服务；相反，如果推销人员对客户态度冷淡、爱答不理、服务不到位，客户就会生气、厌恶，即使其产品质量很好，客户也会拒绝购买。

推销强调的一个基本原则是：推销产品之前，首先要推销你自己。所谓向客户推销你自己，就是让他们喜欢你、相信你、尊重你并且愿意接受你，换句话说，就是要让你的客户对你产生好感。在与客户的接触中，如果推销人员相貌端正、彬彬有礼、态度真诚、服务周到、业务精通，客户就会发自内心地喜欢、尊重；反之，如果推销人员衣衫不整、粗俗鲁莽、傲慢冷淡、懒懒散散、孤陋寡闻，客户就会反感、厌烦，甚至避而远之。

推销活动是推销人员与客户之间的一种交往活动，既然是交往，只有彼此之间产生好感、相互接受，才能使感情逐渐深厚，由陌生人变成老朋友，并建立起比较稳定的关系。客户只有接受了推销人员，进而才会接受其推销的产品。如果客户对推销人员有诸多不满和怀疑，即使商品再好，他也不会相信，从而拒绝购买。因此，让客户接受自己，是推销人员的首要任务，而推销自己的关键是推销人员必须讲究诚信。

影响客户购买心理的因素有很多，商品的品牌和质量有时并不是客户优先考虑的对象，只要客户从内心接受了推销人员，对其产生好感和信任，就会接受他所推荐的产品。很多时候客户之所以从推销人员那里购买产品，很大程度上可能就是因为该推销人员为人真诚善良，服务热情细致，使客户喜欢、认同。客户一旦对推销人员产生了好感，对其表示接受和信赖，自然就会喜欢并接受他的产品；相反，如果推销人员不能够让客户接受自己，那么其产品也将难以打动客户。

推销人员在与客户打交道的过程中，要清楚自己首先是"人"而不是推销人员。一个人的个人品质会使客户产生不同程度的心理反应，这种反应潜在地影响了推销的成败。优秀的产品只有在一个优秀的推销人员手中才能赢得市场的长久青睐。正如推销实践中人们总结的那样：推销有技巧，千锤百炼；推销无技巧，贵在做人。

二、两个关键：了解需求点，建立信赖感

所谓了解需求点，就是要清楚地知道客户的需求是什么；所谓建立信赖感，就是让客户相信你，只有信任才能促成交易与合作。

客户之所以购买某种产品或服务，总是为了满足一定的需求，而客户的需求是千差万别的，如果不了解客户的需求，就无法提供有效的服务，更不可能赢得客户忠诚。因此，推销人员必须认真了解客户的需求，把推销品作为满足客户需求的方案向客户推荐，让客户明白它确实能满足其需求。客户只有产生了需求，才可能产生购买动机并导致购买行为。满足需求，是客户购买的基本动机。一位推销人员若不能真切地了解客户的内在需求，在推销品与客户需求之间成功地架设起一座桥梁的话，是不可能成功推销的。因此，推销人员不仅要了解推销对象是否具有支付能力的需求，而且要了解推销对象的具体需求是什么，要熟悉自己的客户，既了解他们的一般需求，又了解他们的特殊需求，把客户需求放在第一位，向其推销适当的产品或服务。

推销人员要通过倾听、观察、提问来了解客户的需求。要收集详尽的客户需求信息，包括：为什么买？由谁来买？怎样买？在什么时间买？在什么地点买？过去在哪里买？现在为何还要买？客户关心产品的哪些特性？客户在什么情况（内外环境）下来使用这个产品；客户通过购买要得到什么？等等。

推销人员只了解需求点还不能实现成功的推销，要实现成功的推销还必须在此基础上建立起客户对自己的信赖感。这是因为客户虽然有需求，但不一定非要通过你的产品来满足。客户只有建立起了对推销人员、推销品和公司的信赖感后，才会选择推销人员所推销的产品。那么，如何建立信赖感呢？关键是成功地与客户沟通，建立和谐的人际关系。因为买卖双方的关系是一种经济利益的交换关系，是人际关系的一种。推销人员建立广泛而良好的人际关系，可以为形成更多的买卖关系打下基础。美国著名的推销员乔·吉拉德（Joe Girard）说："生意不是爱情，而是金钱。你不必指望所有的人都爱你，却可以让所有的人都喜欢你。"乔·吉拉德之所以取得了举世瞩目的推销业绩，与他善于建立和谐的人际关系是分不开的。推销人员只有与客户建立起一种真诚的、长期的、富有人情味的人际关系，并做到言而有信，言行一致，表里如一，在推销过程中不提供伪劣产品，不从事欺骗性活动，不传播虚假信息，才能真正建立起客户对自己的信赖感。

推销实践中，人们总结了建立客户信赖感的九个要点：①倾听，问很好的问题；②真诚地赞美客户，表扬客户；③不断地认同客户；④与客户保持沟通的同步（声调、肢体动作）；⑤具备产品的专业知识；⑥永远为成功而穿着，为胜利而打扮；⑦详细地了解客户的背景；⑧使用客户的见证；⑨列举一些大客户的名单。

【案例1-2】

卖瓜子大姐教你这样"引导需求"（附案例点评）

客户到你的店里来有两种可能：随便看看，遇到喜欢的可能会消费；有需求，进来挑选预

定产品购买。

如何在客户仅有的一次上门机会中让其产生更多的消费，提高你的产品盈利点呢？

简单地说，你会深挖需求吗？

下面来介绍我的一次真实经历：

我春节回到乡下父母家，大年初二一大早，老公的大姐打电话来说，要带着小孩来串门。大过年，家里的零食不少，不过想到和大姐唠嗑少了瓜子，总感觉少了点什么——女人唠嗑和瓜子那可是绝配。

我本来打算花10元买一点瓜子的，结果却心甘情愿地花掉了60元，而这个推销能手就是邻居胖大姐。都说高手在民间，那是一点都不假。

下面就给大家做一个"胖大姐销售经"大拆招解读：

那天，我一到胖大姐的小卖部，大老远看到我的胖大姐就笑嘻嘻地迎了出来："哟，好久回来的啊？今年打算买点啥过年呀？"

（伸手不打笑脸人，热情待客的同时，首挖客户的需求。）

我说："他家大姐要过来，我就来买半斤瓜子，现在多少钱一斤啊？"

胖大姐说："就买点瓜子，会不会少了点哟？随便看嘛，这种瓜子是12元一斤的，还有一种8元一斤的，我就不给你推荐了。"

我问："为什么呀？"

胖大姐说："你看这种12元一斤的，颗粒饱满、焦糖口味味道好；这种8元的虽然味道差不多，不过颗粒不饱满，有少许空壳。大家邻里邻居的，我肯定不坑你。"

（其实，这时候胖大姐已经开始挖"坑"了：通过同类产品的品质对比，把各自的卖点罗列出来，你不买贵的，可能吗？）

我说："好吧，我就来半斤！"

胖大姐马上皱了下眉头说："肯定不够嘛！我知道你家姐姐有2个孩子，你家1个，加上你们年轻人4个，就有7个人了，半斤哪够啊？"

（进门的第一句话透露的需求信息，已经被胖大姐进行了深挖，并做了具体的数据分析。）

考虑到几个小孩，我觉得她说得很有道理，于是我问你觉得多少合适，她说至少要一斤多。

（推销产品更多的是提供解决问题的方案，通过胖大姐精准的需求分析后，我已经对她产生了信任，她给出的答案，我几乎都会接受。）

我说："那就一斤半吧！"

她装好后，在秤上一称："差几毛钱25元，我再给你装点。"我心想着，也没差多少，就25元吧。

这时候，本意买半斤瓜子的我，已经买了两斤多瓜子。

（一旦客户对销售产品的人产生信任，单品的数量略微增加，在其消费承受范围内，也是完全可以被接受的。）

胖大姐接着问："还需要啥不？我们这有小孩喜欢的小饼干，今年卖得最多了，这几箱卖得只剩下半箱了。"看着我似乎不太相信的样子，她马上拆了一包，说："来来来，尝一下。"

（胖大姐针对家里的小孩开始了第二次推销，用数据证明产品的品质，并邀请体验试吃，以促销产品。）

说实话，饼干味道还行，可尝了不买吧，也不太合适。于是，我又买了20元的饼干。
（推销卖方案，更卖面子。）

胖大姐又问："这大过年的，中午喝点饮料还是酒呢？"
（进一步深挖客户需求。）

我想着家里有酒，就说来点饮料。胖大姐自作主张拎出一瓶雪碧、一瓶可乐，说你们家2瓶就够了。
（胖大姐用假定成交法，努力尝试第三次推销。）

既然她都拎出来了，那我也就买了，反正多花不了多少钱。

我问："一共多少钱？"

胖大姐开心地说道："我算一下，一共是57.5元。干脆我给你拿一袋4元的锅巴，凑个整数60元，少收你1.5元。"
（抹去零头，主动让我占便宜，其实是让我产生更多的消费，胖大姐成功完成第四次推销。）

当时其实我本想问55元可以不，可是整个购买流程都被胖大姐率着鼻子走，一时反应不过来，我只有默默把100元给她，被找回40元。

买完东西，我说："这有瓶水我拿不走，等会再来拿。"

胖大姐说："正好二娃有空，我让二娃送你！"
（配上这个贴心的售后服务，不得不说这个客情做得真好！）

胖大姐设计的"坑"，我心甘情愿地跳了一个又一个，准备花10元钱买瓜子的我，最后竟然花了60元。胖大姐这样卖东西，一点也不让我反感，反而心满意足地买了一堆东西。

（在推销中，无论是过程还是技巧，一切都可以设计。只要你抓住了客户的心理需求，稍加一些推销技巧，领悟到其中的精髓，你就可以是成交高手！）

（资料来源：企业营销管理研究中心. http://www.sohu.com/a/143972614_577388.）

三、三个要点：胆大、心细、抗打击

（一）胆大

胆大，要求推销人员树立必胜的信念，对认准的目标有大无畏的气概，鼓起勇气，战胜胆怯，冲破各种艰难险阻，主动积极地去争取目标的实现。

在推销实践中，一些推销人员往往表现出"拜访恐惧症"，其症状表现就是"不敢与人打交道"，这种现象叫作"缺乏人际勇气"。推销新人在这一点上表现得尤为明显，由于缺乏人际勇气而遭到淘汰的推销人员高达40%以上，这些人多半是在入职后不长的时间就暴露出这样的问题。有很多推销新人往往只注重对技能和知识的学习，却忽视了克服恐惧的训练，甚至有很多已经有丰富推销经验的人员，骨子里也是缺乏人际勇气的。他们对产品、技能的掌握都没有问题，非常勤奋，也赢得了客户的尊重，但是他们的成交率却不高，甚至有很多眼看到手的客户却丢了。究其原因，仍然与缺乏人际勇气直接相关。

怯场对推销工作的影响是致命的。当推销人员在客户面前面红耳赤、吞吞吐吐、语无伦次、无精打采的时候，就会给客户留下负面印象，客户可能会认为推销人员不诚实、不干练、不成熟，因此对推销人员的信任度也会降低，即使产品很好，客户也会失去购买的欲望。久而

久之，就会影响到推销人员的声誉，导致客户不再光临。

优秀的推销人员应具备的一项重要的心理素质就是不畏惧。因为在推销职业生涯中，"头号杀手"既不是商品的价格，也不是宏观的经济萧条，甚至不是竞争对手的策略或拒绝见面的客户，心理学家认为，真正阻碍推销人员成功的是他们拜访客户时的胆怯心理。

作为一个推销人员，怎样才能使自己"胆大"呢？

首先，对公司、对产品、对自己要有信心。一定要时刻告诉自己：我们的公司是有实力的，我们的产品是有优势的，我是有能力的，我的形象是让人信赖的，我是一个专家，我是最棒的。如果每个人都是自己想要成为的那个人，你认为你行，你就一定能行。

其次，在拜访客户之前做充足的准备工作。一定要注意检查自己：必备的资料是否带齐？自己的形象是否无可挑剔？走起路来是否挺胸抬头？自己的表情是否很放松？

最后，要有一种平和的心态。作为一名推销人员，最基本的要求就是一定要以一种平和的心态来对待自己所从事的职业，否则将很难做好自己的工作。心态决定命运，推销工作本身极富挑战性，是对推销人员心理素质的全面考验。当推销人员面对不同的客户时，不论客户怎样说，推销人员必须对自己所从事的职业有较为理性的认识，认识到自己工作的价值和意义，体会到为目标而努力奋斗的乐趣，从而全身心地投入到自己的工作中去。现实中，许多推销新人虽然敢于迈出推销生涯的第一步，但直接面对客户、与其进行交流时就会表现得坐立不安、手足无措、语无伦次。为什么平时谈笑风生的推销人员，一旦与客户交谈起来，却变成这个模样呢？这其实就是自卑心理在作祟：他们从内心深处认为推销是一个卑微的行业，干推销是一份很没面子的工作。推销新人在客户面前自觉低人一等、过于谦卑是非常普遍的现象。他们常常这样想：如果我不对客户尊敬有加，如果我不是每时每刻都顺着客户的话去讲，客户就不会下订单，不会购买我的产品了。其实，这样想是对推销工作的误解。推销与其他行业一样，只是具体工作内容不同。推销人员不是把产品或服务强加给别人，而是在帮助客户解决问题。推销人员是专家，是顾问，和客户是平等的，甚至比他们的位置还要高些，因为推销人员更懂得如何来帮助他们，所以，推销人员根本没必要在客户面前低三下四。客户是重要的，推销人员同样是重要的。推销不是卖，而是帮助客户买。而且，在销售行业中最忌讳的就是在客户面前卑躬屈膝。如果推销员连自己都看不起，又怎么会被别人看得起呢？表现得懦弱、唯唯诺诺，根本就不会得到客户的好感，反而会让客户大失所望——你对自己都没有信心，别人又怎么可能对你销售的产品有信心呢？

（二）心细

心细，要求推销人员善于察言观色，急客户之所急，想客户之所想，投客户之所好。要经常观察和思考如下一些问题：客户最关心的是什么？客户最担心的是什么？客户最满意的是什么？客户最忌讳的是什么？推销人员只有在言谈举止中捕捉到这些，谈话才能有的放矢，服务才能事半功倍。否则，肯定是无的放矢、事倍功半。

那么，推销人员怎样才能做到"心细"呢？

首先，要善于学习。只有具有广博的知识，才会具有敏锐的思想。推销人员对公司、对产品、对科技背景、对专业知识更是要熟知。

其次，在推销洽谈中要注视客户的眼睛。注视客户的眼睛，一则显示出推销人员的自信；二则"眼睛是心灵的窗户"，推销人员可以透过客户的眼睛发现其没用语言表达出来的"内涵"，因为一个人的眼睛是无法骗人的。

最后，要学会倾听。推销人员除了正确、简洁地表达自己的观点外，更重要的是要学会多听。听，不是敷衍，而是发自内心的意会，交流那种不可言传的默契。

（三）抗打击

所谓抗打击，是指面对客户一次次的拒绝，面对一次次失败的经历或尴尬的遭遇，推销人员不退缩，不轻言放弃，能正确认识挫折和失败，有屡败屡战、不折不挠的勇气。

在推销过程中，推销人员经常会遭到客户的拒绝，尤其是对一些进行上门推销的推销人员来说，吃"闭门羹"是一件非常正常的事情。但是，却很少有推销人员能用一种平和的心态来对待吃"闭门羹"这件事情。其实，对于推销人员来说，很多时候，拜访一两次就谈成生意是很少见的。推销人员只有勇敢地面对这种被拒绝的挫折，通过一次次的拜访，才能用真诚打开客户的心扉，使客户慢慢地接受自己。

在这个世界上，最伟大的推销人员往往是遭受挫折次数最多的推销人员。在现实中，有许多推销人员往往对失败的结论下得太早，遇到一点点挫折就对自己的工作产生怀疑，就想放弃，结果半途而废。推销人员不到最后关头绝不能轻言放弃，那些业绩辉煌的推销人员都是经得起风雨及各种考验的人。

毫无疑问，抗打击的能力应当是所有推销人员成就推销事业必备的素质。在推销行业中，能做成最多的生意、得到最多的客户、推销最多的商品的，永远是那些不灰心、能忍耐、不在困难时说出"不"字的推销人员，是那些有忍耐精神、谦和礼貌，足以使客户感觉难违其意、难却其情的人。因为，虽然很多人对推销人员有一种本能的拒绝心理，然而，当他们遇到有抗打击能力、谦和礼貌的推销人员时，情况可能就不同了。因为他们知道，有抗打击能力的推销人员是不容易打发的，所以常常由于钦佩推销人员的抗打击能力而购买他的商品。

所以，只要认定了一个目标，不管实现它是容易还是困难，只要全力以赴、坚持不懈，就有成功的希望。这个世界上之所以有成功者也有失败者，是因为成功者比失败者永远多坚持了一步。

那么，推销人员如何练就抗打击能力呢？

第一，保持信心。要经常告诫自己：交易没有成功达成有多方面的因素，并不是自己的能力问题，而是时机不成熟；并不是公司的产品不好，而只是不适合。

第二，下定决心。虽然失败了很多次，但只要坚持，最终就一定会成功。

第三，总结经验。要不断地总结自己的成功之处，不断地挖掘自己的优点。

第四，正视失败。失败是成功之母，这是绝对的真理。每个人在成功之前都会经历很多次失败，要敢于挑战，不惧怕失败，以平常心对待失败，对失败一笑置之，轻松潇洒继续前行。

第五，自我陶醉。要多体味成功后的成就感，这将不断激起推销人员的征服欲望。要把每次推销活动都当作推销人员用人格魅力和胆识征服客户、体现自身价值的机会。

只要推销人员能将"胆大、心细、抗打击"七字真经发挥得恰到好处，相信一定会取得推销工作的成功。

第四节　推销的重点——工业品推销

如前所述，推销作为一种社会活动是无处不在的，每个人都亲身体验过与推销有关的活动。例如，在商店里买服装；听了朋友的劝告买了一块称心如意的手表；看了商场售货员演示一种新式切菜机而决定购买一台等。类似的经历对于大多数人都是不陌生的。但是从推销的角度看，上面所提到的有关推销活动只是整个推销活动的一小部分。更具代表性、更能体现现代推销本质的推销活动应该类似于以下情形：

一个计算机代理商在分析了某一个用户的要求后，向这个用户推荐了一款新式的笔记本电脑。

某化妆品厂家的推销员帮助某百货公司设计了一个化妆品展销方案。

波音公司的某推销员向某国航空公司提出正式建议，陈述购买波音747飞机可能给此航空公司带来的利润增长分析结果。

一家制药厂的新药推销员向一位主治大夫介绍某种新药的治疗效果及使用中应注意的问题。

第一组例子所描述的推销活动直接与消费者有关；第二组则不同，它涉及的推销活动与商业、工业消费组织及专业人员直接相关。尽管后一组活动对于大多数人显得有些陌生，但它更能体现现代推销的本质。在一个市场经济发达的国家，面向工业消费者的推销活动（工业品推销）远远大于对日常消费品的推销。就美国而言，后者是前者的4倍。可见，推销的重点是工业品推销，工业品推销比消费品推销显得更为重要。原因有二：①工业品比消费品在技术成分上更为复杂，要有效地使用这些产品需要更多的知识；②工业品的购买对公司的营运往往有重大影响，工业品购买过程涉及的人数众多，购买过程也相对复杂，人们往往必须首先详细分析购买的意义，研究出可供选择的购买方案，方能最终做出购买决策。

对于推销人员来说，工业品推销是最富创造性和挑战性的。由于工业品购买过程复杂、参与人数众多，这就要求推销人员有高超的推销技巧，不仅要让顾客了解产品的近期利益，也要了解它的长远效益。而且推销一旦成功，推销人员可以获得更高的报酬。

总之，工业品推销较之消费品推销既重要又复杂，而且有其特殊性，所以在此单独加以强调。

【案例1-3】

李宾的销售经历

李宾从某电力大学毕业后进入一家发电设备公司担任销售工作。他工作非常努力，不辞辛苦地四处奔波，但销售业绩却并不理想。下面是他向三个厂家的推销经历：

（1）李宾获悉某发电厂需要仪表，就找到该厂采购部的经理和相关人员详细介绍产品，经常请他们共同进餐和娱乐，双方关系相当融洽，采购部经理和相关人员也答应购买，却总是一拖再拖，不见付诸行动。李宾很灰心，却不知原因何在。

（2）李宾去一家小型发电厂推销一种受到较多用户欢迎的优质仪表，可是说破了嘴皮，对方依然不为所动。

（3）某发电厂同时购买了李宾公司的仪表和另一个品牌的仪表。技术人员、采购人员和使用人员在使用两年后对两种品牌进行了绩效评价，列举事实说明李宾公司的仪表耐用性不如另一个品牌的产品。李宾听后认为事实如此，无话可说，只得听凭该发电厂终止了同本公司的生意关系而转向竞争者购买。

李宾销售受挫的原因是什么呢？原因分析如下：

（1）许多产业用品的购买决策者是工厂的工程师、总工程师等技术人员，采购部门的职责只是根据技术人员的购买决策购买产品，他们只是购买者而非决策者。

（2）该厂资金有限，经营目标是总成本降低，只购买低价实用的仪表。李宾推销的优质仪表价格偏高，因为没有了解该厂的经营目标而碰壁。

（3）推销人员必须关注该产品的使用者和购买者在绩效评价中是否使用同一标准。李宾公司的仪表功能多、结构复杂、易于损坏，而竞争性品牌功能少、结构简单、不易损坏。该发电厂在绩效评价中未注意到这个差别，得出的结论有片面性。李宾未认识到该发电厂在绩效评价中使用了不同标准，使本公司产品蒙受"委屈"，并失去了销售机会。

（资料来源：吴健安. 市场营销学 [M]. 3 版. 北京：高等教育出版社，2007.）

一、工业品市场的特点

工业品是指由制造商、批发商、零售商、机构（如医院或学校）或组织为用于生产、再销售、资本设备、维修或研究与发展所购买的产品与服务。它可分为原材料、设备、组装件（元器件）、零部件（专用件）、消耗补给品、服务六种。

工业品市场与消费品市场的特点不同，其区别有以下 15 个方面：

（1）市场规模巨大。通常，工业品的交易额都是消费品平均交易额的数倍，因此，工业品推销人员的活动直接关系到企业的经济效益，应当花费足够的时间和精力做好推销工作，占领这一巨大市场。

（2）购物动机不同。一般消费品买主，购买时考虑更多的可能是商品的品质和价格，这些顾客进入市场或许是要寻找便宜的东西。而工业品特别是其中生产设备的买主最重要的任务是获得一种能够正常工作的产品，要求卖方保证把质量合格的产品按时运到，关心设备的运行费用、耐久性、可靠性和能否提供便捷的维修服务，购买时考虑更多的是产品的性能、可靠性等因素。

（3）采购程序各异。工业品的采购程序通常是由工程设计部门或所属工厂提出申请，然后交给采购部。当采购的物品超出常规时，总经理或许会进行干预，做出最后决定。因此，工业品的推销涉及多方面的人员，推销人员往往遇到的是一种复杂局面，需要拜访许许多多的人，打通各种各样的关节才能做成一笔生意；而消费品推销人员一般都能找到决定进货的一两个关键人物，然后集中力量去做他们的工作。

（4）重视契约功能。工业品市场，为了减少双方的误解，普遍采用书面合同（契约）。

（5）强化谈判协商。在许多情况下，工业品的价格是可以谈判的，尤其是遇到大买主时。在推销特殊原材料、组装件、零部件和某些服务时，价格一般需要由双方进行协商，通过谈判达成双方都接受的价格和条件。

（6）建立长期关系。在工业品市场上，推销人员一旦与客户建立起长期关系，并能不断地向客户提供良好的服务，就好像竖起一道坚固的围墙，能阻挡竞争对手的入侵，很难有人插进来。

（7）善于打持久战。有时，由于契约义务，旧合同期满前没有购买自由，工业品交易的谈判可能延续很长一段时间，甚至几年之久。

（8）更看重售后服务。在很多情况下，快速维修能力可能是工业买主愿意与你做成买卖的主要原因。可以想象，假如你提供的设备经常失灵，失灵后又难以找到必要的零件和人力进行修理，工业买主将如何承受？这种事情最容易破坏工业品买卖双方的关系。

（9）坚持互惠互利。"你助我一臂之力，我就拉你一把。"——这种思想早已变成生意人的准则。工业品推销人员必须事先弄清楚工业买主是否与他人建立起了互惠关系、内部合伙关系或具有隐蔽关系等，有无希望将生意做成是非常重要的，否则可能白费功夫。

（10）销售地域集中。工业品市场往往高度集中于少数几个大型的工业中心，有时推销人员只需"攻下"一栋办公楼或一家公司即可。

（11）资金易于到位。许多消费品推销人员经常会因为买主缺乏足够的购货资金而为难；但绝大部分工业品推销人员则不会遇到这种问题，因为如果没钱，买主一般知道去哪里筹措。

（12）依赖消费需求。工业品需求是从消费需求中派生出来的，企业只有把加工的产品以这样或那样的形式卖给买主并因此获得利润时，这些买主才会变成工业品的客户。

（13）需求无伸缩性。工业品需求完全依赖消费需求，从而造成这样一种结果：工业品的需求总量不可能具有伸缩性。

（14）增强技术引力。在许多情况下，如果你的公司能够向买主提供必需的技术咨询和技术交换，买主就会主动找上门来，与你建立长期关系。

（15）优化信息服务。工业品买主通常采用较正规的程序来决定他们的购买，他们较了解特殊产品的特性与供应商的能力。因此，工业品推销人员更应提供详细、有用的产品信息。

那么，在了解了工业品及它的市场特点后，应当如何来进行工业品的推销呢？

二、不同工业品推销的要点

根据国外的推销经验，推销人员向制造商、中间人和专业公司推销不同的工业品时，推销的要点是不同的。

（1）原材料的推销。让买主相信，把部分或全部生意交给你时他们更有利。例如，要想向重型公司推销大批量原材料，必须在一定的时间内与买方的高级管理人员建立起良好的关系。许多推销工作要在上层进行，而不能走进采购员的办公室去说服他们改变进货渠道。

（2）设备的推销。设备可分为生产性设备与管理性设备。曾有一位董事这样解释生产性设备与管理性设备的区别："购买用于生产的机器，我可以赚钱；但购买那些一般的办公设备，我只是让手下的人干得更舒服些。"因此，在推销生产性设备时，能向经理说明自己提供的设备完全能够在较短的时间内（即回收期）获取利润，通常能拿到订单。

（3）组装件的推销。由于买主对组装件的需要量是根据时间事先确定的，因此，推销的主要任务是围绕价格、质量、发货期和售后服务进行的。

（4）零部件的推销。要设法说服工业品买主，使买主相信：你的公司能够准时满足买主的特殊需要，以合理的价格提供万无一失的产品。

（5）服务的推销。服务也可分为生产性服务和一般管理性服务。对生产性服务，推销的主要任务是将精力集中到服务质量上，如宣传自己的服务更为快捷、可靠等；对一般管理性服务，推销的主要任务则是必须首先说服总裁，说明买主非常有必要接受咨询服务，当然，这并不容易。

（6）消耗补给品的推销。由于这类物品的成本较低，价格是小问题，因此，推销工作应当把重点放在提供优良的服务上。

三、工业品推销的程序

（1）寻找可能的买主。通常，为工业品寻找可能的买主比为消费品寻找可能的买主相对容易一些，其主要信息来源有工商企业名录、广告、贸易展览、电话簿等。

(2) 做好前期准备。一般来讲，工业品推销人员需要比多数消费品推销人员做更为认真细致的前期准备工作。其原因有二：①利害关系重大，因为交易中涉及的资金数额大；②工业品销售比多数消费品销售需要了解的制约因素更多，应当尽量掌握各种能够保证有效推荐的信息，如可能的买主急需解决的问题是什么，正在采取什么措施，过去一直从哪家公司进货，进货量是多少，何时结算，关键人物是谁，等等。

(3) 提出书面建议。在某些情况下，往往需要工业品推销人员向买方提出一个书面建议，建议的内容通常包括以下几个方面：从推销人员的角度分析对方的问题和问题范围；建议如何解决这一问题；所推荐设备的详细规格；得失对比；财政事项；时间表；合同。

(4) 接近可能的买主。接近可能的买主时，推销人员一般只谈自己能够解决什么问题，并把准备如何帮助买主及其公司的具体打算告诉买主。当然，有时也可使用一些推销技巧。

(5) 诚心推荐产品。推荐产品的最重要的因素就是可信性。你必须抓住一切机会在对方的头脑里制造和构筑起这样一个无形的信念——你是在讲真话，是诚心实意的。

(6) 赢得买主的信赖。介绍工业品一定要广泛利用事实、产品履历、展示和试用等方法。最后一点尤其重要，因为，让可能的买主亲身使用一下你的产品可以说是最有说服力的一种推销手段。当然，为了赢得买主的信赖，真正的基础还是长期与买主进行公平无欺的交易。

(7) 排除各种障碍。在工业品推销中可能遇到的障碍有预算限制和害怕破坏正常运行秩序等。几乎所有的工业机构都是按预算运行的，如果你的产品的购入资金已经列入预算，那就万事大吉；否则，便会遇到麻烦。当然，如果你推销的产品其费用不超过预算规定，而且可能买主还未动用那笔钱，那就不存在购入的财政问题，此时，你的任务就是说服买主花掉它。

精明的经营主管都知道，机构内部运行秩序的任何变动均有可能引起混乱。通常，当新领导接管一个存在问题的机构时，他可能会采用更先进的工作方式或生产方式，警觉的工业品推销人员应注意寻找这种机会。

(8) 诚信地促进成交。成交是推销活动追求的目的，推销人员使用一些成交的方法、技巧，促成交易是应该的，而且是必需的。但成交活动必须遵循一定的原则，以诚待客、服务第一、讲究信誉、长期合作等，这是实践证明行之有效的。

(9) 做好售后工作。工业品推销人员能否取得成功决定于售后的工作，拿到订单仅仅是销售的开始，所有的售后服务任务尤其适用于工业品推销。

四、工业品推销应注意的问题

在工业品推销过程中，除了掌握工业品市场的特点、程序和推销技巧、战术外，作为工业品的推销人员要获得优良的业绩，还应注意以下几个问题：

(1) 对自己的产品有信心。我们必须知道，推销绝非求人的工作，顾客之所以愿意花钱购买产品或服务，一定不是因为你求他，而是因为你的产品或服务能给他带来利益，或是满足他的某种需要。因此，推销人员对自己推销的产品或服务，必须从内心肯定其价值，对其充满十足的信心。

(2) 弄清买方的关键人物。这可能是工业品推销人员在某些工业企业遇到的最艰巨任务。工业品推销人员遇到的买方关键人物有采购员、设计师、决策者等，其中最关键的人物是采购员。要想取得推销的成功，必须了解采购员的若干实际特点，千万别想走捷径，试图绕过采购员和采购部门直接去找公司的其他人。即使你确定需要花费大量精力做其他人的工作,也一定要与采购部门保持正常的接触——聪明的工业品推销人员都懂得这一点。同时,许多工业品的采购项目是根据设计师设计的特殊要求确定的,这时,你也可设法找到设计师并对他施加影响,让他采用你的产品,一旦设计方案被批准,生意就做成了。

(3) 提供良好的服务设施。许多工业品推销人员经常忽略这一点。其实,有无良好的服务设施是非常重要的,工业品推销人员万万不能仅因售后工作不当而失信于顾客,必须切实达到售后工作的各项要求。

(4) 不可忽视非经济因素。不要以为人们在购买工业品时的非经济因素起不了多大作用。在不少情况下,买主之所以愿意跟某公司做生意的唯一原因就是他们是真正的老朋友,买主对老朋友自然放心很多。个人友谊是很重要的,在同一行业里,当各企业推销的产品和价值基本相同时,买主买多买少就主要看友情和关系了。

(5) 充分利用企业 CIS(Corporate Identity System,企业识别系统)战略。推销人员应充分利用自己企业的 CIS 战略,增强买主的信赖。

五、工业品推销的发展趋势

随着市场营销观念的兴起,客户在市场中的位置已经发生了改变,从市场的被动者变成了市场的主动者,于是顾问式推销理论就应运而生。顾问式推销理论要求推销人员站在客户的角度看待问题,处处为客户着想,使客户的购物所得与购物支出之差最大,从而让客户主动放弃竞争对手的产品,以达到销售产品、占领市场的目的。未来工业品推销的发展趋势是由简单的推销员(产品推销)向推销顾问(顾问式推销)的过渡。

毋庸置疑,在这个变革的时代,许多公司的一线销售代表面临着一系列的改变:

(1) 不再只是推销产品,还要销售解决问题的策略和解决方案。

(2) 要向更高层次的决策者和更广泛层次的客户推销。对于解决方案,直接购买者和最终使用者往往是不同的,如 ERP/SCM/电子商务平台等解决方案,往往关系到企业客户的所有业务部门。

(3) 解决方案的销售者必须成为客户心目中可信赖的业务顾问和咨询者,而不仅仅是产品技术的提供商。

市场环境的改变也促成了企业推销策略的改变:

(1) 必须以客户为中心,为客户提供个性化服务。

(2) 更看重知识,包括客户的核心业务运营、客户服务模式、客户面临的业务挑战等知识,包括本公司的产品技术应用知识,以及对业界相关应用趋势的把握。

(3) 必须以客户业绩为基础,建立持续而密切的客户关系。

这就是说,在企业的推销策略从原来的产品推销向"顾问式推销"转型时,为了适应新的变化,推销人员需要从知识、态度和技能等方面全面提升自己的推销能力。

顾问式推销是一种全新的推销概念与推销模式。它起源于 20 世纪 90 年代,具有丰富的内涵以及清晰的实践性。它是指推销人员以专业的推销技巧进行产品介绍的同时,运用分析能力、综合能力、实践能力、创造能力、说服能力满足客户的要求,并预见客户的未来需求,提出积极建议的销售方法。

传统推销理论认为,客户是上帝,好商品就是性能好、价格低,服务是为了更好地卖出产品；而顾问式推销认为，客户是朋友，是与销售者存在共同利益的群体，好商品是客户真正需要的产品，服务本身就是商品，服务是为了与客户达成沟通。可以看出，顾问式推销将销售者定位在客户的朋友、销售者和顾问三个角色上。因此，如何扮演好这三个角色，是实现顾问式推销的关键所在。

所以，要想成为像医生一样的推销顾问，至少具备三个条件：专业的产品知识；问、听、说的技能；培养良好信任感的态度。一般的推销人员，基本是看到客户就推荐自己的产品，只是简单了解客户的需求甚至不了解，让客户有一种被强迫的感觉，就算购买了产品，事后后悔的也比较多，总感觉自己被欺骗了。传统推销（推销人员）与现代推销（推销顾问）的区别如表1-1所示。

表1-1 传统推销（推销人员）与现代推销（推销顾问）的区别

区别/特点	传统推销（推销人员）	现代推销（推销顾问）
手段	强压	提供帮助
关系	敌对	友好
对客户	不进行识别	进行识别
雷同感	没有特殊性	不同客户不同对待
客户感觉	被迫购买	自愿购买
时效性	一次性	长期关系
科学性	经验性、没有科学性	科学性、实践性
推销模式	以产品为导向	以问题为导向

【案例1-4】

卖冰给因纽特人

美国有一位销售训练大师汤姆·霍普金斯（Tom Hopkins），他在美国举办过一千多场次的销售人员训练。在一次电视台采访活动中，一位记者刁难他说："假如说我是北极圈里的因纽特人，现在你如何把北极冰公司生产的北极原冰卖给因纽特人呢？"

于是霍普金斯现场示范了这个销售过程。

他说："你好，因纽特老兄，我是北极冰公司的销售员霍普金斯。"

对方说："你想干吗？"

他说："我想给你介绍一下我们北极冰公司生产的北极冰。"

对方说："卖冰？你到赤道去卖吧，到我们这里卖，你开什么玩笑？我们不需要冰。"

他说："你确信你不需要冰吗？"

对方说："那当然，冰在我们这里根本不需要花钱买，我们这里冰天雪地什么都缺，就是不缺冰。"

他说："你说得有道理。我听说过经济学里一个质量价格定律：质量好的东西价值比较高。但你看看这些不需要花钱的冰是什么样子的，推开窗户看看，那一堆东西是什么？

那是一头北极熊在冰上打滚，你看看这头北极熊把冰搞得一塌糊涂。再看看那一群北极狐在干吗？一群北极狐在冰面上奔跑，后面还拉了很多的排泄物。再看看你隔壁的邻居，你的邻居在冰面上杀鱼，把那些鱼的内脏扔得到处都是。"

他继续说道："唉，因纽特老兄，你看好好的冰被这些动物和人搞得一塌糊涂。我用我的人格保证，像你这样对家庭负责、有爱心的人一定不会随随便便把外边的冰取回来，添加到你家人的饮料里面，你说对吗？"

因纽特人说："那当然。"

霍普金斯说："本公司早就为您设想好了，这是特意为您生产的安全、卫生、环保的冰。我们的冰一美元一打，现在还给您打八折优惠，您买两打还是三打？"

结果因纽特人就买了冰，买完以后，霍普金斯又说："老兄，刚才那个杀鱼的邻居跟你很熟吗？"

他说："那当然了。"

霍普金斯高兴地说："说不定他也跟你一样，对家庭有责任感，也富有爱心，能不能介绍给我认识一下呢？"

结果销售又扩展到了第二个因纽特人的家。

（资料来源：http://blog.sina.com.cn/s/blog_4d19c42301008hns.html.）

案例中霍普金斯采用的就是顾问式推销方法。案例给人们的启示是，实现成功推销的要点包括：永远的认同与不对抗；通过连环发问引导顾客的思维；找出顾客现状中的问题点；提供一套问题的解决方案；通过顾客延伸形成顾客链。

【本章小结】

所谓推销，就是推销主体根据营销规划，运用一定的促进销售的技术和手段，帮助和说服潜在顾客（包括消费者、用户）采取购买商品或劳务行动的过程。

推销与营销是两个并不完全相同的概念：推销是市场营销的职能之一，但往往不是最重要的职能；推销是"市场营销冰山"的顶端；市场营销的目标是使推销成为多余。

推销的基本过程是：寻找顾客、访问准备、约见与接近顾客、洽谈沟通、达成交易、售后服务、信息反馈。

成功推销奥秘的三个要点是：胆大、心细、抗打击。

推销的重点是工业品推销。工业品推销较之消费品推销既重要又复杂，而且有其特殊性。工业品推销包括原材料的推销、设备的推销、组装件的推销、零部件的推销、服务的推销和消耗补给品的推销，其推销要点各不相同。

工业品推销的程序是：寻找可能的买主；做好前期准备；提出书面建议；接近可能的买主；诚心推荐产品；赢得买主的信赖；排除各种障碍；诚信地促进成交；做好售后工作。工业品推销应注意的问题包括：对自己的产品有信心；弄清买方的关键人物；提供良好的服务设施；不可忽视非经济因素；充分利用企业CIS战略。

工业品推销的发展趋势是由简单的推销人员（产品推销）向推销顾问（顾问式推销）的过渡。

【复习思考题】

1. 如何正确理解推销的含义？
2. 为什么说推销不等于营销？
3. 推销的基本过程是怎样的？
4. 工业品市场较之消费品市场有哪些特点？
5. 列举不同工业品推销的要点。

6. 怎样理解推销奥秘的三个要点：胆大、心细、抗打击？
7. 工业品推销的程序是怎样的？
8. 工业品推销应注意哪些问题？
9. 工业品推销为什么要由简单的推销人员向推销顾问过渡？

【实训题】

1. 自我推销训练

每个学生用 3~5 分钟的时间在课堂上向全班同学自我介绍，要求突出自己的特点，给同学留下深刻的印象。

2. 上门拜访老推销人员

(1) 学生自行选择联系一家企业，上门访问请教一位第一线的推销人员，着重了解以下内容：

1) 推销人员在企业生产经营和市场营销中的地位与作用。
2) 该推销人员的岗位职责和日常工作内容，着重了解如何做好推销前的准备工作。
3) 该推销人员一次比较典型的推销经历。

(2) 写出简要报告，要求：

1) 描述访问调查的过程。
2) 用数字说明推销员在所访问企业经营中的作用。
3) 对该推销人员的推销经历进行适当评价。
4) 该推销人员的岗位职责和他日常所做的工作。
5) 总结本次出访的经验与教训。

【案例分析题】

案例1：小张的推销为什么会成功？

有一天，某百货商店箱包柜台进来一位年轻顾客买箱子，一会儿看牛皮箱，一会儿又挑人造革箱，挑来挑去拿不定主意。这时，营业员小张上前招呼，并了解到该顾客是为出国挑选箱包，便马上把一款规格合适的牛津滑轮箱介绍给顾客，并说明了飞机持箱的规定：乘坐国际航班，每件行李体积不超过 20cm×40cm×55cm（三边之和不超过 115cm）；接着又介绍了牛津箱体轻、有滑轮、携带方便、价格比牛皮箱便宜等优点。年轻人听了，觉得小张讲得头头是道、合情合理，而且丝丝入扣、正中下怀，于是就高兴地选购了牛津滑轮箱。

（资料来源：推销实务77个案例. http://www.doc88.com/p-1894306096404.html.）

问题：

1. 小张在推销时运用了怎样的推销观念？
2. 顾客为什么觉得小张讲得丝丝入扣、正中下怀呢？
3. 小张的成功推销给你什么启示？

案例2：推荐的艺术（演讲实录）

大家早晨好！（热烈的掌声）

我对这座享有"欧洲的花园"盛誉的古老城市布拉格向往已久，今天终于如愿以偿，不仅亲身体验了这座城市的魅力，还在这里遇到了这么多的新老朋友，我真是太兴奋了（I am so excited），因为在这座美丽的城市见到了你们！（热烈的掌声）

看到今天有这么多的朋友汇聚一堂，我非常高兴！我听说还有来自德国和其他国家的经销商朋友们，请你们举一下手好吗？

（来自各国的经销商举手）

哇，这么多啊！让我们送给他们热烈的掌声好吗？

（会场上响起经久不息的掌声）

我首先要感谢你们，你们抱着学习的心态，不远千里来到这里，想多学习一点知识，想找到成功的钥匙。各位朋友，你们来对啦！（掌声）

我今天要讲的内容非常重要，也是直销中最核心的内容。我的这个课程想要与你们互动来完成，你们愿意参与互动吗？（Yes！众人回答）

"I can't hear you!"（Yes！回答掀起高潮）

好，那我先要考考你们。请问在我们的直销事业中，你觉得最重要的工作是做什么？

这位举手的朋友请你讲。

"卖产品！"（举手者答）

不错，卖产品，好卖吗？

"不好卖！"（举手者答，众人大笑）

那位女士，请你回答：

"发展下线！"（女士答）

不错，好发展吗？

"不太好发展"。（女士诚实地回答，众人又是大笑）

你们不要笑，他们讲的都是实话，是不是？

"是！"（众人响应）

卖产品和发展下线是我们直销事业中的两大基本工作，也是我今天要讲的内容。刚才你们提到了卖产品和发展下线的难度和不易，你们知道为什么吗？（不知道，众人回应）

那是因为你们的概念有问题，"卖"产品和发展"下线"中的"卖"和"下线"都是不正确的概念，这正是你们难以有效的根本原因。那么，我们应该建立什么样的概念呢？那就是"推荐不推销"概念，今天我要讲的题目正是《推荐的艺术》。你们有兴趣吗？（有！众人异口同声）

那还不来点掌声？（掌声即刻从会场上响起）

我们都知道，人们普遍不喜欢别人向他们推销东西。无论是观念、机会、产品或培训课程，如果是抱着推销的观点向别人兜售的话，无论东西多么好，别人也总是反感的。这一点在网络直销行业表现得尤为明显。

你们有没有这样的经历？当你下班刚回到家，正在做饭、正在吃饭、正在做家务或正在看电视的时候，不断地有推销员开始敲你的门，按你的门铃，有向你推销水、气、电计划的，有向你推销房地产的，有向你推销各类保险的，有向你推销理财计划的，有向你推销滤水器、吸尘器、洗地毯机的，五花八门，应有尽有。你们遇到过吗？（遇到过，有。众人点头）

我问问你们，你们通常对这些上门推销的人是什么态度？友好吗？（No！众人摇头）

你们通常是怎么对待这些上门推销的人员的？

这位先生，你说说看？

"我说：走开，我什么都不需要！"（众人笑）

那位女士，你是怎么对待上门推销人员的？

"我什么话都不说，就立刻把门关上，让他吃个闭门羹！"

你这个更绝！（众人大笑）

好啦，我不用再问了。我们可以看出，因为大多数人都对推销比较反感，因此，绝大多数推销人员都会遭到冷冰冰的面孔，甚至不客气地被拒绝。这就是推销的困惑。

我们再来看看电话推销。当你刚拒绝了上门推销人员，好不容易坐在餐桌旁准备吃饭，刚吃了两口菜，电话铃响了。要知道，电话的威力可大呢：无论你在干什么，无论是否有空，人们一听到电话响就无法抗拒它的威力，本能地就接起电话，因为你生怕错过什么重要的电话。但是，电话中既不是你的亲朋好友，也不是你的老板或同事，而是推销人员。你刚打发了这个电话，另一个推销电话又来了。你的心情烦躁，甚至有些生气，于是你就出言不逊了，是不是？（众人点头）

要知道，在发达国家，电话推销（Tele Marketing）也遭到了大众的反感，该行业也因此受到了一定的限制。

还有邮件推销，也就是通常所说的垃圾邮件。你们是怎么对待这些邮件推销的呢？无论题目多么吸引人，一看到是不认识的人发来的邮件，你们会怎么办？

就地删除是不是？（是，众人异口同声）

推销就是这么不受欢迎。在北美直销界流传着一句话，"People hate to be sold but love to buy"，翻译过来就是"人们厌恶被推销，但是喜欢购买"。这是什么意思呢？也就是说，你向人们推销东西的时候，人们是反感的；但要让他们自己去买东西时，他们是喜欢的。我们讲了这么半天，实际上只说明了这句话的前半句"People hate to be sold"，即"人们厌恶被推销"。

很多经销商为什么做不好，就是因为没有转变观念。他们拼命地向人们灌输自己公司的理念、产品或培训会议，不管对方适应不适应、喜欢不喜欢，都强行进行推销。这样肯定会遭到不少人的反感甚至抵触。任凭你的理念和产品多么好，就凭你向人家推销这一点，别人就可以先将你拒之门外并对你耿耿于怀，甚至恨之入骨，哪里还有心情认真听你讲述？很多不接触网络直销的人们其实并不了解网络直销，但是向他们推销这件事情本身已经违反了人类的本性，必然遭到反感和抵触。因此，我们也失去了大量的资源。那些本来可以是很好的经销商和消费者的资源就这样白白地浪费掉了，这是非常可惜的。（众人点头）

推销使对方感觉自己处在被动的地位，而推荐却会使对方感觉自己处在主动的地位。这是两种完全不同的感觉，这也是人的天性。下面我们来谈谈"People love to buy（人们喜欢购买）"那后半句的意思。既然人们喜欢购买，那么别人卖东西给你，这不是没有矛盾吗？

我现在问一下前排的这位小姐："你喜欢购物吗？你喜欢以怎样的方式购物？"

"我喜欢逛商场，喜欢自由自在地逛，不一定买。但只要看到我真正喜欢的东西，我就会买。"

好，请坐下。

这位年轻的男士，你喜欢逛商场吗？

"不喜欢，我女朋友逛商场，我总是带一本书看。"（众人大笑）

这不奇怪，我也是。（众人又大笑）

那你需要买东西的时候怎么办？

"我就直奔商场，看好一件东西，立刻就买！"（男士回答）

还是一样！只不过你和这位小姐的唯一区别就是你用了很短的时间来决定罢了，对吗？

"对！"（男士答）

好，你请坐。

尽管女士和男士的购物习惯不同，但是有一点是共同的，那就是喜欢自由地去购买，而不是被人推销。要知道，自由选择是人的天性。实际上人们一生所追求的就是自由，如人身自由、时间自由、财务自由等。因此，人们最反感任何感觉不自由的行为，而推销正是一种激进的、强迫式的或让人感觉处于被动的、被迫的或勉强的行为。

为什么过去人们对多层次直销有那么多的负面印象？为什么那么多的经销商遭到拒绝或失败？其中一个很重要的原因就是出发点不对。你是以推销为出发点，还是以推荐和分享为出发点？如果是以前者为出发点，你的网络和生意是很难健康发展的，会遭受很多本来不应该出现的挫折和拒绝。因为21世纪是一个自由化的世纪，是一个个性化的世纪，是一个多样化的世纪。人们喜欢你提供信息、提供好的产品、好的机会、好的成长培训课程，但是人们愿意自己做决定。因此，21世纪的网络直销工作就是一个推荐的工作。只要你遵循科学传播的方法，就会获得挡不住的成功。因此，"推销"两个字应该从直销的事业中删除，取而代之的是"推荐"。你们同意吗？

"同意！"（伴随着热烈的掌声）

问题：

1. 生活中你有过被推销的经历吗？你怎样理解"推荐不推销"的概念？
2. 结合案例，简述推销和营销的区别有哪些。
3. 案例中的演讲者成功地推销了自己"推荐不推销"的概念，点评一下他推销的成功之处。

【资料阅读】

推 销 十 招

李嘉诚曾经说过："我一生中最好的经商锻炼是做推销员，这是我用10亿元也买不来的。"很多人一谈到销售，就简单地认为是"卖东西"，这是对销售很片面的理解，其实人生无处不在销售，因为销售实际上是一个分析需求、判断需求、解决需求、满足需求的过程。例如，我们到一个新的环境，进行自我介绍，就是对自己的一种销售；又如，我们做一个学术报告，就是在向与会者销售自己的一些观点，诸多种种不胜枚举。但在实际中，很多人的销售并不是很成功，营销人员拼命地预约、讲解、讨好客户，跑折了腿、磨破了嘴，可客户就是不买账；究其原因，其实就是分析、判断、解决需求有偏差，对方的需求得不到满足，我们的目标就很难达成。经常看见营销人员见到客户就迫不及待地介绍产品、报价，恨不得马上成交，听着他专家般的讲解，往往让人感叹其销售知识的匮乏，导致他的专业知识也不能得到很好的发挥。其实，销售是有规律可循的。销售的基本流程是大家所熟知的，在此给出销售十招，和大家分享。

1. 销售准备

销售准备是十分重要的，也是达成交易的基础。销售准备是不受时间和空间限制的，包括个人的修养、对产品的理解、心态、个人对企业文化的认同、对客户的了解等，涉及的内容太多，不在此赘述。

2. 调动情绪，就能调动一切

良好的情绪管理（情商）是销售成功的关键，因为谁也不愿意和一个情绪低落的人沟通。积极的情绪是一种状态，是一种职业修养，是见到客户时马上形成的条件反射。营销人员带着低落的情绪去见客户，那是浪费时间，甚至是失败的开始。无论你遇到什么挫折，只要见到客户，就应该立即调整过来；否则宁可在家休息，也不要去见你的客户。因此，在准备拜访客户时，一定要将情绪调整到巅峰状态。什么叫巅峰状态？我们有的时候会有这种感觉：今天做事效率特别高，信心十足，好像一切都不在话下，这就是巅峰状态。在这种状态下办事的成功率很高。可这种状态时有时无，好像无法掌控。其实不然，这种状态只要经过一段时间的训练，是完全可以掌控的。例如，优秀的运动员在比赛前就能很快地通过自我调整达到巅峰状态。那么，怎样才能把情绪调整到巅峰状态呢？怎样才能掌控这种状态呢？每天早上醒来，可以看一段励志的视频或听一段激昂的歌曲；可以大声地对自己说"我是最棒的"，给自己一些良好的心理暗示。好的心情是一天良好情绪的开始。同时，还要懂得一些具体的调整情绪的方法。这里只是简单罗列几个调整情绪的基本方法，有兴趣的朋友可以阅读一些这方面的书籍。

（1）忧虑时，想到最坏情况。在人生中，快乐是自找的，烦恼也是自找的。如果你不给自己寻烦恼，别人永远也不可能给你烦恼。忧虑并不能够解决问题，忧虑的最大坏处就是会毁了我们集中精神的能力。因而当出现忧虑情绪时，勇敢面对，然后找出万一失败可能发生的最坏情况，并让自己能够接受。

（2）烦恼时，知道自我安慰。人的痛苦与快乐并不是由客观环境的优劣决定的，而是由自己的心态、情绪决定的。如果数数我们的幸福，大约有90%的事情还不错，只有10%不太好，那为什么不能让自己快乐起来呢？

（3）沮丧时，可以引吭高歌。作为营销人员，经常会遭到拒绝，而有些人遭到拒绝就情绪沮丧，其实大可不必。没有经过锤炼的钢不是好钢，沮丧的心态会泯灭我们的希望。

3. 建立信赖感

（1）共鸣。如果见到客户过早地开始介绍产品或者见到上级急于表现自己的才能，信赖感就很难建立，并且你说得越多，信赖感就越难建立。例如，如果客户上来就问，是你的产品好还是你们对手的产品好？在这时候，你怎么回答都不对。如果你说自己的产品好，他肯定觉得你自己夸自己，不可信；如果你说我们不了解对手的情况，那他就会觉得你连同行都不了解，不专业。所以，在信赖感的建立过程中，也是很需要技巧的。如果掌握得好，客户的信赖感很快就可以建立起来，此时要尽可能从与产品无关的事情入手。为什么呢？说产品那是你的领域、你的专长，客户的心理处于一种防备状态，你说得越多，他的防备心理就越重，就越不容易建立信赖感。这时候，要从他熟知的事情入手，从鼓励和赞美开始。例如，在客户家，你就可以问"房子一平方米多少钱？""你是做什么工作的？""我对你的专业很感兴趣，能给我讲讲吗？"有些问题人家不愿回答，而有些问题是必须回答的。例如，如果你是销售美容产品的，面对一个女士可以说"您的皮肤真好，您是怎么保养的啊"，她肯定要回答（因为这是她感兴趣的话题，也是她非常引以为自豪的）。她回答时一定要引起你的共鸣，你一定要对美容专业知识有所了解，同时要不断地赞美，从而引导她多说。这就是共鸣。共鸣点越多，你与对方之间的信赖感就越容易建立。设想一下，如果恰巧你和客户穿的是一样的衣服，那么信赖感可能一眼就达成了，不用过程，就能感觉你的品位和她的品位是一样的。人和人之间很愿意寻找同频率，看看这些词：同学、同行、同事、同志……反正，两个人只要有共同点，就容易凑到一起，就容易建立信赖感。方法很简单，就是找更多的共同点，产生更多的共鸣，你和对方的信赖感就建立起来了。

(2) 节奏。作为优秀的营销人员，和客户动作的节奏和语速越接近，信赖感就越容易建立。很多人都在做销售，其中很重要的一点就是跟着客户的节奏走。如果对方的节奏快、语速很快，我们的语速也要快一些；如果对方是个说话很慢的人，你却很快，他就会感觉极不舒服，信赖感也就不易建立；如果对方是个语速适中的人，你的语速也要适中。同时，还要以对方能理解的表达方式与对方沟通。有些营销人员满口全是专业术语，但请不要忘了，客户不是行业专家。

4. 找到客户的问题所在

信赖感建立起来后，你和客户都会感觉很舒服。这个时候，要通过提问来找到客户的问题所在，也就是他要解决什么问题。例如，你是销售空调的，就要了解客户买一台空调是要解决什么问题：是他家的旧空调坏了，由于它的故障率太高，不想修了，所以要换一台新的；是客户从过去的旧房搬到现在的新房；是客户过去没有用过空调，现在要改善生活条件；是小区是中央空调，自家用着不太方便，现在要装分体的；还是为了孩子结婚用……只有把问题找准了才能真正地替客户着想，帮助客户找到他原本就有的需求。怎样才能找到客户的问题所在呢？只有通过大量提问，才能了解客户到底想通过这次购买解决什么问题。一个优秀的营销人员会用80%的时间提问，只用20%的时间讲解产品和回答问题。

5. 提出解决方案并塑造产品价值

实际这时你已经可以决定给客户推销哪一类商品了。你的解决方案针对性会很强，客户会认为是为他量身定做的，他会和你一起评价方案的可行性，而放下对你的防备。在这个过程中，要不失时机地塑造你的产品价值，把你的品牌背景、企业文化、所获奖项等毫不吝惜地告诉给你的客户，你的专业知识就有了用武之地，这个时候你说的话客户也很容易听进去了。

6. 做竞争品牌分析

很多营销人员都知道，不要讲竞争对手的不好，如果被问起对手的情况就说不了解。但是这样错了！在信赖感没有建立的时候，客户和你站在对立面，你去做竞争品牌分析，他很反感；可是当双方建立了信赖感，你又为他提出了解决方案后，他就巴不得去听一些竞争品牌的缺点，非常期望你做竞争品牌分析。这时候，不但要分析竞争品牌，而且一定要跟客户讲清楚，我们好在哪儿，对方不好在哪儿（但一定是客观的，不能是恶意攻击）。这时的分析有两个作用：一方面，为客户的最终购买提供足够的依据；另一方面，客户购买商品之后肯定要四处炫耀："我买的产品太好了，你买的怎么样？"要给他提供充足的论据，去跟别人辩论，证明他的选择是明智的。

7. 消除疑虑，帮助客户下决心

做完竞争品牌分析，客户还下不了决心马上购买，这个时候千万不能去成交，否则客户买后可能会反悔。不愿意下购买决心，肯定是有抗拒点。你很容易判断他是否已经进入这个状态了：他说，我回去跟我爱人再商量商量；我觉得这价格还是有点高；现在我身上正好没带够钱……这时，要不断地追问，一直找到真正的抗拒点。例如，你问："还有什么需要考虑的吗？"他说："我回去跟我爱人再商量商量。"你就继续问："那您爱人会关心哪些问题？"他就会说："我爱人关心……"如此继续一步一步追问下去，抗拒点找准了，消除疑虑的方法自然就有了。

8. 成交，踢好关键一脚

很多营销人员前面都做得很好，但就是成交不了，其实这是营销人员的一种心理自我设限。成交阶段，一定要用催促性、限制性的提问，这是铁定的定律；否则，你的流程就要从头再来一遍。成交阶段是你帮助消费者下决心的时候，但往往这个时候，很多人是不敢催促客户成交的。其实只要你判断进入了这个阶段，马上就要用催促性、封闭式的提问，促使他成交，要不然他还会拖延，变化随时都可能出现。什么是封闭式提问呢？例如，"您是下午3点有时间，还是5点有时间？"在提问的时候，已经给客户限定了一个范围。学营销的人，大都学过这么一个案例——馄饨摊卖鸡蛋。两家馄饨摊位置一样、规模相近，可卖出去的鸡蛋数量却不一样，供应鸡蛋的人很纳闷。有一天，他去考察时才发现，两家老板问客户的问题不一样。一家采用开放式提问："您要不要鸡蛋？"结果，他的鸡蛋就卖得少；另一家老板采用封闭式提问："您要一个鸡蛋还是要两个鸡蛋呀？"结果，他的鸡蛋就卖得多。限制性提问也有好坏之分。以卖衣服为例，如果问客户："你是今天买还是过两天买呀？"这样的提问虽然也是限制性提问，但这还不是很好的问题，应该问："你是要这件红色的还是黄色的？"这叫催促性的限制性提问。要让客户及时做出选择，这是客户最痛苦的时候，因为要下购买决心了。问完问题之后，就千万不要再说话了，只需看着对方的眼睛，真诚地等待……这也是这个时候的关键。

9. 做好售后服务

人们往往认为，售后服务就是打打电话、上门维修，其实这些只是售后服务中很小、很被动的一部分。真正的售后服务是客户购买了产品或服务之后，商家对客户的延续服务。也就是在客户的使用过程中，为客户提供咨询服务，成为客户的顾问，解决客户在使用中的问题。这样才能建立一个真正稳定的客户群。

10. 要求客户转介绍

人的分享是一种本能，一旦客户确实认可了产品和服务，是很愿意分享的，也会通过转介绍而得到满足。这时，他能积极地帮助你转介绍，而且不图回报，因为这是他自己的心理需求。有些营销人员这时候不好意思说"帮我再介绍几个客户吧"，这个机会可能就丢失了。其实可以直截了当地向他说明帮忙介绍。转介绍的力量非常大，就看营销人员怎么利用了。当一个客户转介绍成功的时候，你的销售行为才算完成了，因为你满足了客户的终极需求。

这十招不但是每一个营销人员都要牢牢掌握的，实际上每个人都应该懂得它的重要性，对工作、对生活都会大有裨益，因为人的一生就是一个推销自己、让别人认可的过程。但所有的这些都只是方法而已，在现实生活中真正能让我们万事亨通的，还是我们的人格魅力，永远都是"德为上，方法次之"。

（资料来源：http://www.xici.net/b604521/d59545271.htm.）

阅读思考：

通过阅读上面的资料，谈谈你对推销及推销基本过程的理解。

第二章

推 销 人 员

【学习目标】
- 推销人员的种类及岗位要求
- 推销人员应具备的基本素质
- 推销人员应掌握的礼仪常识
- 推销员应具有的专业信念

【基本概念】

售货员、电话推销、网络推销、零售推销、大客户推销、销售工程师、渠道推销、顾问推销、"吉姆公式"

【引导案例】

诚心赢得大订单

张霞是一名普通的下岗女工，没有什么所谓的高级社交圈子，一个偶然的机会让她到一家4S专卖店干上了推销汽车的工作。她是一位低调、朴实、善良的女士，处处为顾客着想。一天，一个穿着怪异、留着小辫子的小伙子跨进了她所在的4S专卖店，嚷嚷着要买一部奥迪轿车。看着小伙子风风火火的样子以及他略显稚气的脸，张霞犹豫了。不过，她还是热情地接待了这个小伙子，仔细地为他介绍，并约定改日办理相关手续。在闲聊的时候，张霞无意中得知小伙子的父亲是一家大型集团公司的老总，哪怕这个小伙子自己买不起汽车，他的父亲也一定会满足儿子的愿望。但是善良的张霞仍觉得心里不踏实，担心这个毛糙的小伙子开车会不会出事，所以她不情愿把车卖给他。基于这样的担心，她拨通了这个小伙子父亲的电话，说明打电话的原因，并且道出自己的担忧："看他风风火火的样子，我真的是有些担心。我只是想向您求证您的儿子真的会开车吗？"电话那头传来了那个中年男人的声音："谢谢你的好意！不过你不必担心，我儿子现在是一家广告公司的策划总监，已经有几年的驾驶经验了。不过他做事的方式从来没有改变过。"电话挂线后，张霞吁了一口气，可是她万万没有想到，因为这个电话，那个小伙子的父亲为她介绍了一笔16辆车的订单！她真是乐坏了。几年后，这位善良的女士成为汽车销售公司的金牌推销员和明星员工，可是她依然难以忘却那天的一通电话。她当时的梦想只是通过自己的努力过上幸福的生活，服务好客户罢了。

（资料来源：推销实务77个案例. http://www.doc88.com/p-1894306096404.html.）

从这个案例中可以看到，推销人员要取得良好的推销业绩，必须具备较高的思想道德素质和业务素质,尤其是要有强烈的事业心、良好的职业道德、正确的经营思想和真诚为顾客着想的理念。

推销的三个要素是推销人员、产品和顾客。要完成一次推销,这三者缺一不可。推销人员是推销的灵魂,在整个推销过程始终发挥着重要作用。众所周知,只有把商品的使用价值与顾客的实际需要紧密地联系在一起,才能实现商品从生产领域向消费领域的转移,而推销人员正是这种联系的黏结剂。推销人员必须具备良好的素质、丰富的知识和经验,必须能够熟练地运用各种推销方法和技巧。

第一节 推销人员的种类及岗位要求

一、售货员

一般来讲,售货员是指零售终端的推销人员。例如,商场、超市、专卖店售货员。实际上,餐厅和加油站的开票员、电话局的营业员等也可以归纳到这类中。售货员不需要访问顾客,因为销售的是公众所知的消费产品,需要具备一定的产品知识,具有良好的服务意识。

每个售货员都有销售定额,但实际上售货员对销售额的影响有限,决定店面销售额的因素很多,如店面位置、店面品牌、产品品牌等。售货员的销售额取决于服务态度和专业水平。一般来讲,来卖场采购的顾客都很自信,而且有较强的品牌倾向,很难说服他改变主意,事实上有时候售货员连说的机会都没有。售货员的难处还体现在工作时间上,一天 8h 站在柜台里,没有多少自由活动的时间。

二、电话推销员

电话推销员是指专职通过电话手段销售简单产品的推销人员。产品如媒体广告、机票、图书、IP电话卡等。电话推销要求推销人员具有良好的讲话技巧、清晰的表达能力和一定的产品知识。

电话推销员也面临很多困难。首先很难找准客户,打 20 个电话也未必能找到一个真正的客户;找到客户后,要在头 15s 内引起客户的兴趣,然后在后 5min 内说服客户,有的时候还会碰到客户中途挂机的情况。

三、网络推销员

网络推销员是指以网络为平台,通过网络的途径进行各类产品推销的服务人员。其岗位职责是:利用网络进行公司产品的销售及推广;负责公司网上贸易平台的操作管理和产品信息的发布;了解和收集网络上同行及竞争产品的动态信息;通过网络进行渠道开发和业务拓展;按时完成销售任务及分析。网络推销要求推销人员掌握相关的互联网工具,如群发软件、网站监控软件等。

网络推销包括的内容较多,主要是以网络进行各类产品的推销,如在贸易网站上发布供求信息,用微信、QQ、MSN 等网络通信工具与客户沟通促成生意;还有一种是网络虚拟产品推销,如卖域名、邮箱、网站、网络广告(如百度竞价)、网络营销方案等。因为网络产品的特性及区域性,推销起来一般采用电话、QQ、微信等方式进行开拓和维系,也就是电话推销。网络推销和电话推销的本质区别是,网络推销以网络为平台推销产品,有较广泛的覆盖面。随着个人计算机尤其是智能手机的推广和普及,越来越多的企业开始重视网络渠道的推销。网站的推广形式非常多，有搜索引擎营销、博客营销、邮件营销、论坛营销、微信营销、即时通信营销等，要根据不同网站有针对性地进行推广。

四、零售推销员

零售推销员一般是指厂商或地区代理的推销人员，其职责就是将产品从厂商定期地销售到零售终端。零售推销员需要具有相当的产品知识，掌握厂商的零售市场策略，并具有一定的谈判技能和一般管理能力。

零售推销员与其他推销员相比，有比较稳定的订单；但每天要在外奔波，平均需要管理20~30个卖场，其中有些信誉不好的卖场要货容易、付款很难。

五、大客户推销员

大客户推销员是指企业为某个集团大客户提供特别的销售服务的人员。大客户推销员不仅负责销售，而且要协调售后服务，及时反馈客户的担心和抱怨。大客户推销要求推销人员具有良好的沟通协调能力，能协调客户内部的合作，保证产生持续订单。

大客户推销中，一个真正的大客户往往有大约30个供应商竞争，要想维护长期客户关系的难度有多大可想而知。客户喜欢更多的服务、更优的价格，而要想做到这些，需要公司的全面支持。

六、销售工程师

销售工程师销售专业性的产品，如软件、仪表等。其职责包括：产品方面要求达到工程师的专业水准；销售方面要求主动开拓市场，将客户的商业需求转化成产品需求，并且需要会撰写客户需求报告和建议书。销售工程师一般要完成销售的全过程。

销售工程师首先要成为产品专家，不仅要懂自己的产品，也要对竞争对手的产品非常了解。优秀的销售工程师对客户的产品使用历史非常清楚，可以及时做好客户的产品使用顾问，随时解决客户的问题。

七、渠道推销员

渠道推销员要帮助厂商建立地区销售网络，如代理商、零售店等，并且要组织地区市场推广活动，控制市场推广销售预算。渠道销售要求有一定的市场观念、深厚的产品知识和把握全局的能力。

渠道推销员要和中间商打交道，这要求推销人员的销售技能、产品知识、管理手段都要比代理商强，这样才能管理好代理商，让他们帮助做好推销工作。与代理商打交道很容易发生纠纷，作为渠道推销，要有高超的协调能力，在保证销售的条件下，维护好与代理商之间的关系。

八、顾问推销员

顾问推销员针对用户的模糊需求进行分析整理论证，集成若干产品为用户提供解决方案，如楼宇自动化推销、ERP软件推销等。顾问推销要求推销员有丰富的产品知识和用户行业知识，善于发现问题和潜在需要，为用户提供商业和产品解决方案。

顾问推销员需要成为两方面的专家，既要懂自己的产品，也要懂用户的行业，既要懂技术又要懂业务，还需具有较高的分析能力，这样才能发现用户的潜在需要。一般来讲，在所有这些销售中，顾问推销员的销售成交额最高，利润也最高，渠道销售营业额最高。

企业采用什么样的推销类型是根据所处行业和产品特点决定的。例如，某软件公司是生产供销存软件的厂商。它有标准版的供销存软件，在直营店里通过售货员销售；它还有系统集成部，有顾问推销员，根据用户的特别需要提供全面解决方案；它的主要销售是通过渠道销售完成的，通过渠道销售已经在全国建立了20家代理商、120家加盟店。这些销售人员都是从事推销工作的，但所承担的责任和岗位要求是不同的。

【案例2-1】

为了更清楚地比较不同种类推销人员的区别，本书以凯达电子公司（主要产品是电子元器件和仪表）不同种类推销人员的岗位责任及入职要求为例来进一步具体说明（见表2-1）。

表2-1 凯达电子公司不同种类推销人员的岗位责任及入职要求

岗位名称	岗位责任	入职要求及工资待遇
售货员	公司营业厅产品销售 店面卫生管理 产品展柜管理 回答客户的产品咨询 客户访问登记 月销售定额10万元	高中及以上学历 有柜台销售经验 口齿清楚、礼貌待人 有一定的计算机操作技能 1200元+1%销售提成
电话推销员 （QII仪表电话销售）	访问客户的使用状况 了解客户的新需求 回答客户的电话咨询 做好电话访问记录 月销售定额15万元	大专及以上学历 一年及以上生产实习经验 一年及以上电话销售经验 较高的电话销售技巧 会使用CRM系统 1500元+1%销售提成
销售工程师	访问销售全线仪表 帮助客户选型 做仪表配置设计 协调仪表安装 建立客户档案 做好客户使用培训 销售收款 月销售定额45万元	大学及以上学历 一年及以上仪表设计维护经验 两年及以上电子产品销售经验 可以独立承担销售工作 3500元+1%销售提成
零售推销员	20家电子元器件卖场销售 采集订单 送货协调 收款 协助做好店面促销 月销售定额150万元	大专及以上学历 一年及以上销售经验 有电子器件产品知识 有一定的组织协调能力 1500元+0.3%销售提成
大客户推销员	负责集团客户销售 及时发现并满足客户需求 维护客户关系 建立客户产品使用数据库 月销售定额50万元	大学及以上学历 两年及以上仪表安装维护经验 两年及以上电子产品销售经验 有化工产品经验更佳 4000元+1%销售提成

(续)

岗位名称	岗位责任	入职要求及工资待遇
渠道推销员	负责地区仪表和元器件代理销售 在本地区开发管理25家产品代理商 制定地区及店面促销策略 代理商培训 月销售定额1500万元	大专及以上学历 五年及以上销售经验 其中一年及以上渠道销售经验 有一定管理经验 3000元+0.1%销售提成
顾问推销员	负责大型仪表工程销售 管线及仪表设计 撰写产品建议书 组织客户培训 年销售定额1000万元	大学及以上学历 五年及以上仪表设计经验 可以独立承担管线和仪表设计 有热力化工行业专业背景 两年及以上工程管理经验 两年及以上销售经验 7000元+2%销售提成

第二节 推销人员应具备的基本素质

推销人员除了具有雄心外，还必须具备从事这项工作的基本素质，这是走向成功的基本条件。推销过程就是一个信息传递的过程，推销人员要以自己丰富的学识、生动的语言和过人的魅力来感染顾客，改变顾客的态度从而使其接受自己所推销的商品。所以，一名优秀的推销人员就要在自己的工作中不断地进行自我训练，严格要求自己，努力学习各方面知识，全面提高自己的综合素质。

依据现代的推销观念，结合推销的实际过程，一些成功的推销人员提出了十分有趣而又非常重要的推销"三部曲"。他们认为，推销人员在推销过程中，首先推销的是自己，其次是推销商品的功能，最后才是推销商品本身。

推销是一种人与人直接打交道的过程。要想让顾客接纳你所推销的商品，首先你自己得被顾客接受，而千万不能引起顾客的反感。试想，一个衣冠不整、油腔滑调、满嘴胡言，引起顾客极大厌烦的推销人员，能让顾客接受其产品么？这恐怕是难以办到的。因为顾客看着这样的推销人员就不舒服，唯一的愿望可能只是想早点打发他走，而绝不会想成全他的。因此，推销人员要想推销自己的产品，就绝不能忽视自身的被接受情况。要记住，顾客在尚未接受或认定一个推销人员时，是不会真正接受其推销的产品的。所以，推销人员要想完成推销任务，取得良好的推销业绩，首要的是提升自身的各方面素质。

一、思想素质

从现代角度看，思想素质主要是指一个推销人员的道德素质。推销人员首先要具有正确的经营思想、良好的职业道德、高度的责任感和强烈的事业心。推销人员联系面广，面对的人和事都比较复杂，而且往往是"孤军作战"，既有困难又有挫折，既有冷酷的回绝，又有金钱的诱惑。这就要求推销人员热爱推销工作，以高度的责任感和事业心投身到推销工作中，兼顾好企业、顾客和个人三者的利益关系，真心实意地为顾客着想，为企业着想，发扬"千山万水跑，千辛万苦干，千言万语讲，千方百计销"的精神，不断挖掘个人潜力，从而建功立业，实现企业、顾客和个人的共赢。

"小胜靠智,大胜靠德。"推销人员如果没有良好的思想素质做保障,是很难在推销岗位上建功立业的。

二、业务素质

业务素质要求推销人员具备广博的与推销业务相关的知识,包括:

(1) 企业知识。推销员必须对所代表的公司有一个全面的了解。熟悉公司的发展史,对公司的历年财务状况、人员状况、领导状况及技术设备状况都了如指掌,因为这些知识都有助于增强顾客对推销人员的信任感。推销人员还必须掌握公司的经营目标和营销策略,并能够灵活运用和解释它们。同时,还应该学会巧妙运用统计资料来说明公司的地位,力争在顾客心目中树立良好的公司形象。

(2) 商品知识。推销人员应该是产品专家,要全面了解从产品设计到生产的全过程,熟悉产品性能、特点、使用、维修、成本、费用、出厂价格等。推销人员还应全面掌握产品种类、设备状况、服务项目、定价原则、交货方式、付款方式、库存、运输条件等。另外,对竞争产品的情况也要有深入的了解。

(3) 用户及市场知识。推销人员一方面需要了解顾客购买的可能性及希望从中得到的利益;另一方面还需要了解顾客购买决策的依据,顾客的购买决策权在谁手中,谁是购买者,谁是使用者和消费者。推销人员要了解顾客的购买条件、方式和时间,深入分析不同顾客的心理、习惯、爱好和要求;除此之外,还要掌握市场供求情况、潜在顾客数量、分布、购买动机、购买能力、竞争对手的优势与劣势等情况。

例如,有位推销人员与采购经办人洽谈了6个月,一直未能达成交易。最后,他了解到购买设备的大权在总工程师手里,而不是那位采购人员,便改变了做法,在继续与采购人员保持密切联系的同时,也积极与总工程师进行业务洽谈,最终达成了交易。

(4) 法律知识。推销人员在工作中要有强烈的法律意识和丰富的法律知识。推销工作是一种复杂的社会活动,受到一定的法律法规制约。在推销过程中,推销人员应注意自己的言行是否合法,以及会给社会带来什么后果。

(5) 美学知识。追求美是人类的天性,任何一个顾客都是讲究"美"的。所以,推销人员要出色地完成推销任务,更好地为顾客服务,必须具有美学知识。例如,服装色彩属于美学的范畴,对于服装等行业的推销人员来说,就要懂得色彩与人体协调的部分要点,如人瘦不适合穿黑鞋,脚小适合穿白鞋,胖一点的人适合穿竖条纹的衣服等。

现代的推销人员,尤其要懂得美学的一个重要分支——工业美学。据研究,工业美学的内容包括10个方面:①符合标准化、系列化、通用化的正规美;②显示水平的功能美;③合乎人体要求的舒适美;④反映科学的性能美;⑤体现先进的工艺美;⑥应用新物质的材质美;⑦标志成果的色彩美;⑧合乎逻辑的比例美;⑨标准力学的结构美;⑩反映宇宙的和谐美。对于一个推销人员来说,掌握这些知识是有益的。

三、文化素质

优秀的推销人员还应具备良好的文化素质。对推销人员来说,同行竞争的焦点往往是文化素质的差异。在文化素质方面,要求推销人员具有一定的专业知识,如经济学、市场学、心理学、经济法、社会学等知识,除此之外,还应在文学、艺术、地理、历史、哲学、自然科学、国际时事、外语、礼仪表达、风土人情等方面充实自己。

例如，推销人员要推销产品，就要与顾客交往，这就需要注意人际交往中的礼貌问题，学会使用礼貌的语言。在任何情况下，说话要谦逊、委婉、温和、诚恳、热情；对人要称"您""同志""师傅""老师"，不要不加称呼或只"喂"一下就说话；求人帮忙要用"请"，或说"劳驾""麻烦"等；必要时应该为表示谢意或歉意而说"谢谢""对不起""请原谅""打扰您了"等；要多用商量的口气，不要用类似命令式的口气说话，使人反感。总之，一个推销人员的用语和他的思想行动是统一的。"只有诚于中，才能形于外"，因而在进行推销谈话时要态度自然、措辞得体、不卑不亢、恰到好处，从而真正获得语言美的效果。

"入境问禁，入乡随俗。"推销人员足迹遍九州，必须了解不同民族、不同地区甚至不同国家的风俗习惯，只有这样才能同各种顾客交往，取得他们的信任。有关各地风土人情的丰富知识，对于推销人员来说是一种无价的财富。例如，我国香港居民十分忌讳"不吉利"的字眼，如"四"谐音"死"，"574"的谐音"吾妻死"等。又如，信奉天主教、基督教的信徒十分忌讳"13"和"星期五"，认为这一数字和日期是厄运和灾难的象征。在涉外活动中要避开与"13"和"星期五"有关的一些事情，更不要在这一天安排重要的政务、公务、商务及社交活动。日本人忌讳"4"，是因"4"与"死"的读音相似，意味着倒霉和不幸。所以与日本友人互赠礼品时切记不送数字为4、谐音为4的礼品。许多欧美人喜欢别人在接受礼品时，能打开包装亲眼欣赏并赞美一番。此时，可仿效他们的做法，适时赞誉礼品，以表示自己的感谢之情。所以，当与外商打交道，推销商品时，在还不了解某国的风土人情之时就贸然地送别人礼物，可能是有风险的，弄不好会弄巧成拙、自讨没趣。

可见，博学多才、拥有过硬的文化素质是推销人员成功的重要因素。

四、心理素质

成功的推销人员应具备"四心二意"的心理素质。所谓四心二意，是指信心、恒心、热心、野心、诚意和创意。

1. 信心

推销人员对自己应具有足够的信心，这样才能去感染顾客，使其对自己产生信任感。推销三角理论是阐述推销人员推销活动的三个因素：推销人员、推销的产品、推销人员所在的企业之间的关系的理论，它是为推销人员奠定推销心理基础、激发推销人员的积极性、提高其推销技术的基础理论。

推销三角理论要求推销人员在推销活动中必须做到三个相信：相信自己所推销的产品；相信自己所代表的企业；相信自己。

该理论认为，推销人员只有同时具备了这三个条件，才能充分发挥自己的推销才能，运用各种推销策略和技巧，取得较好的推销业绩。这就好比三角形的三条边，合起来就构成了稳定的三角形结构。其中，企业的产品用英文表示为 Goods（产品），推销员所代表的企业用英文表示为 Enterprise（企业），而推销员自身由英文表示为 Myself（自己）。这三个英文单词的第一个字母合起来便构成了 GEM，故西方国家也称推销三角理论为 GEM 公式，汉语译为"吉姆公式"。

（1）相信自己所推销的产品。推销人员对自己所推销的产品应当充分相信，因为产品是推销人员推销的客体。它给顾客提供使用价值，给顾客带来需求的满足。推销人员要相信自己推销的产品货真价实,可以成功地推销出去。现代产品的概念不仅是一个具有使用价值的实体产品,它包括了以下三个层次的内容,即核心产品、形式产品和延伸产品。

(2)相信自己所代表的企业。在推销活动中,推销人员对外代表着企业,其一举一动都会影响顾客对其所代表企业的看法和印象,他们是企业形象的代言人。推销人员的工作态度、服务质量和推销业绩直接影响到企业的经济效益、社会效益和发展前景。因此,推销人员只有充分相信自己所代表的企业,才能具备从事推销工作应有的向心力、荣誉感和责任感;才能具备主人翁的工作热情,并在推销事业中发挥创造精神。连自己的企业都不相信的推销人员是不可能长期对企业和顾客有所作为的。推销人员对企业的相信包括:相信企业经营行为的合法性、合理性;相信企业的决策、管理能力;相信企业改革和发展的前景等。当然,企业的优势和劣势是相对的,推销人员对本企业的信任也不应该是盲目的。推销人员对企业的优劣、长短要用辩证的眼光看待,认识到在自身和企业其他人员的共同努力下,企业的劣势可以变成优势,落后可以变成先进。企业无论大、小、新、旧,都有自己的特色,这种特色是推销人员信任的基点,也是推销技术运用的基础。

(3)相信自己。推销人员的自信心是完成推销任务、实现自己的目标的前提。推销人员对自己的相信包括:相信自己从事的推销事业的伟大意义;相信自己从事推销事业的智慧和能力;相信自己充满前途的美好明天等。推销人员的事业总是沿着从无到有、从小到大、从缺乏经验到经验丰富的方向发展的,如果遇到了几次失败或挫折,就气馁,就失去信心,是不可能干好推销工作的。现实中,一些推销人员之所以在推销的道路上半途而废,很大程度上就是因为对自己缺乏信心。其主要表现为:认为自己天生就不是干推销的"料";害怕被顾客拒绝,觉得被拒绝很没面子;担心从事推销工作会做"蚀本生意",因为有些推销事业是要自己投入一定本钱。事实上,成功的推销人员没有一个是一帆风顺的。号称世界上最伟大的美国汽车推销员乔·吉拉德曾欠债 6 万美元,但凭着自己顽强的拼搏精神和坚定的自信心,逆境中求生存、求发展,终于成为美国的汽车推销大王。

【案例 2-2】

相信一切皆有可能

1968 年的春天,罗伯特·舒勒(Robert Schuller)博士立志在美国加利福尼亚州用玻璃建造一座水晶大教堂。他向著名的设计师菲利普·约翰逊表达了自己的构想:"我要的不是一座普通的教堂,我要在人间建造一座伊甸园。"

约翰逊问他预算,舒勒博士坚定而明快地说:"我现在一分钱也没有,所以 100 万美元与 40 万美元的预算对我来说没有区别。最重要的是,这座教堂本身要具有足够的魅力来吸引捐款。"

教堂最终的预算为 700 万美元。700 万美元对当时的舒勒博士来说是一个不仅超出了能力范围,甚至超出了理解范围的数字。

当天夜里,舒勒博士拿出一页白纸,在最上面写下"700 万美元",然后又写下 10 行字:

寻找 1 笔 700 万美元的捐款。

寻找 7 笔 100 万美元的捐款。

寻找 14 笔 50 万美元的捐款。

寻找 28 笔 25 万美元的捐款。

寻找 70 笔 10 万美元的捐款。

寻找 100 笔 7 万美元的捐款。

寻找 140 笔 5 万美元的捐款。

寻找 280 笔 25000 美元的捐款。

寻找 700 笔 1 万美元的捐款。

卖掉 10000 扇窗户，每扇 500 美元。

60 天后，舒勒博士用水晶大教堂奇特而美妙的模型打动了富商约翰·可林，他捐出了第一笔 100 万美元。

第 65 天，一对倾听了舒勒博士演讲的农民夫妇，捐出了第一笔 1000 美元。

第 90 天，一位被舒勒博士孜孜以求的精神所感动的陌生人，在生日的当天寄给舒勒博士一张 100 万美元的银行支票。

8 个月后，一名捐款者对舒勒博士说："如果你的诚意与努力能筹到 600 万美元，剩下的 100 万美元由我来支付。"

第二年，舒勒博士以每扇 500 美元的价格请求美国人认购水晶大教堂的窗户，付款的办法为每月 50 美元，10 个月分期付清。6 个月内，一万多扇窗户全部售出。

1980 年 9 月，历时 12 年，可容纳一万多人的水晶大教堂竣工，成为世界建筑史上的奇迹与经典，也成为世界各地前往加利福尼亚州的人必去瞻仰的胜景。

水晶大教堂最终的造价为 2000 多万美元，全部是由舒勒博士一点一滴筹集而来的。

（资料来源：http://blog.sina.com.cn/s/blog_63ce6a950101asri.html.）

看了舒勒博士的故事是不是感慨万千？相信很多人都有自己的梦想，但是，能够把梦想变成现实的却不多。为什么？因为很多人认为自己的梦想不可能实现，有人在追逐梦想的过程中遇到困难就半途而废。在生活中，有多少事情都是因为我们认为不可能实现而搁浅的？舒勒博士的成功在于相信一切皆有可能。

2. 恒心

很多时候，推销其实就是一个跟单过程。在这个过程中，可能会有这样或那样的问题和阻碍。当遇到问题时，推销人员要耐心地去解决；在跟单拖得时间很长时，要有足够的恒心坚持下去；在促单及和客户谈判时，坚持也都很关键。

3. 野心

推销人员对成功要有非常强烈的渴望，要有宏伟的人生目标，小到一个订单的处理，大到一个人生的计划，都要有相当的进取心，这种进取心也可以称为"野心"。而野心的大小很大程度上决定了推销人员成功的程度。

【案例 2-3】

巴拉昂是一位年轻的媒体大亨，靠推销装饰肖像画起家，在不到 10 年的时间里，迅速跻身于法国 50 大富翁之列，1998 年因前列腺癌在法国博比尼亚医院去世。

临终前，他留下遗嘱，把他的 4.6 亿法郎股份捐献给博比尼亚医院，用于前列腺癌的研究，另有 100 万法郎作为奖金，奖给揭开贫穷之谜的人。

巴拉昂去世后，法国《科西嘉人报》刊登了他的一份遗嘱。

他说:"我曾是一个穷人,去世时却是以一个富人的身份走进天堂的。在跨入天堂的门槛之前,我不想把我成为富人的秘诀带走,现在秘诀就锁在法国中央银行我的一个私人保险箱内,保险箱的三把钥匙在我的律师和两位代理人手中。谁若能通过回答穷人最缺少的是什么而猜中我的秘诀,他将能得到我的祝贺。当然,那时我已经无法从墓穴中伸出双手为他的睿智而欢呼,但是他可以从那只保险箱里荣幸地拿走100万法郎,那就是我给予他的掌声。"

巴拉昂逝世周年纪念日,律师和代理人按巴拉昂生前的交代,在公证部门的监视下打开了那只保险箱——在48561封来信中,有一位叫蒂勒的小姑娘猜对了巴拉昂的秘诀。蒂勒和巴拉昂都认为,穷人最缺少的是野心,即成为富人的野心。

(资料来源:百度百科:巴拉昂. https://baike.baidu.com/.)

4. 热心

对一个热情饱满、朝气蓬勃的推销人员,顾客看到他都会感到亲切。推销人员要热心为顾客服务,及时受理顾客提出的各种问题并尽可能赢得顾客的满意。

5. 诚意

做推销工作的首要准则就是诚信,而这正是当前一些推销人员所缺乏的。推销不是一锤子买卖,对待顾客不能坑蒙拐骗;否则,轻则可以使一个推销人员在顾客面前失去诚信,重则会导致企业在市场上失去口碑。无论顾客是否认可企业的产品,在顾客面前,推销人员都要树立诚信的形象,表达出想与准顾客建立长期合作的诚意。诚意应贯穿于整个推销过程中。

6. 创意

推销是一个低门槛的行业,但也是很难做成功的一个行业。经验终究是别人的,在吸取别人的教训和借鉴别人经验的同时,还要有创意,在解决问题时,也要创造性地提出一些新颖可行的办法,只有这样才可能不断地进步。

【辅学资料2-1】

成功推销人员必备的六大特点

(1) 拥有强烈的成功欲望,有"一定要"的精神。
(2) 拥有永恒的激情。
(3) 具有良好的心理承受能力、百折不挠的斗志。
(4) 有做事业的动机,为自己的事业奋斗。
(5) 拥有良好的人际关系。
(6) 拥有世界最受尊敬"商业领袖"的人生体验。

五、身体素质

推销人员应保持精力充沛、头脑清醒、行动灵活。推销工作比较辛苦,推销人员要起早贪黑、东奔西走,要经常出差、食宿无规律,要思考和处理各种推销业务,还要承受失败和挫折的打击。这样不仅消耗体力,还需要有旺盛的精力。这些均要求推销人员拥有健康的体魄。为此。推销人员应注意以下几点:①经常保持良好的心态;②学会放松自己;③尽量每天坚持运动;④注意饮食卫生和预防疾病;⑤保证必要的休息。

六、能力素质

进入 21 世纪，随着企业之间竞争加剧，推销人员在企业中的地位越来越高，同时对推销人员的能力素质要求也越来越高。具体来说，优秀的推销人员应具备以下七项能力素质：

1. 学习力

作为推销人员，所需要接触的知识甚为广泛，从营销知识到财务、管理、法律、心理学以及相关行业的知识等，可以说，推销绝对是"综合素质"的竞争，面对如此多的知识和信息，没有极强的学习能力是很难胜任推销工作的。而且随着经济和社会的快速发展，知识的"保鲜期"越来越短，推销人员只有与时俱进、不断补充和学习新知识，才能跟上时代的步伐。因此，没有良好的学习能力，在速度决定胜负、速度决定前途的今天势必被淘汰。

2. 观察力

观察不是简单地看看，很多推销人员的第一堂课就是学会"看"市场。这个"看"不是随意地浏览，而是用专业的眼光和知识去细心地观察，通过观察发现重要的信息。例如，到卖场逛逛，一般人可能会知道什么产品在促销，什么产品多少钱，而专业的推销人员可以观察出更多信息：别人的产品卖得好是因为什么？是因为价格、赠品还是包装？用的是什么赠品？什么材料？怎么制作的？包装做得很好，好在哪里？颜色、造型、材料是怎样的？竞争品牌又有哪些促销活动？具体的时间是什么时候？活动有哪些具体形式？有哪些参与方式？卖场内竞争品牌的厂家从 28 家增加到 29 家，增加的是哪个厂家？是否对我们有潜在的威胁？它的主要产品和价格定位如何……太多的信息需要推销人员仔细观察。很多推销人员在培训了很久以后，去"看"市场，仍然不能得到有用的信息，这就说明他缺乏一定的观察能力，可能不适合从事推销工作。推销人员也是企业的信息反馈员，通过观察获取大量准确的信息反馈是推销人员的一大职责。

3. 分析力

分析与观察密不可分，观察得到信息，分析得出结论。例如，通过看货架上的产品分布，你能分析出什么？放在最好的陈列位置上的，要么是销售最好的产品，要么是该厂家此时的主推产品。通过产品的生产日期进行分析，生产日期越近，说明该产品的销售与流转越正常；生产日期过久，说明该产品处于滞销状态；通过价格进行分析，如果价格较以前下调幅度较大，说明该产品受到竞争产品的压力过大，销售状况不理想；如果价格上浮较大，说明可能该产品的原材料市场整体价格上扬，导致产品成本骤增，或者该产品市场处于供不应求的状态。这些间接信息必须通过缜密的分析才能得到。同样，在与客户的谈判过程中，推销人员可以从对方言谈举止中流露出的信息分析对方的"底牌"和心态。例如，商品进入商场和超市的谈判，商家报了一个价格，作为推销人员肯定不会一口答应，而是要分析对方说话的神情语调，用话语刺探，然后分析出是否有压低价格的可能、空间和幅度有多大等。

4. 忍耐力

忍耐是最不容易做到的。做过推销的人都知道，刚开始没有一个客户的时候你要忍耐。很多刚踏入推销行业的人半途而废都是不能坚持的结果，可能你需要忍耐一个月、半年甚至一年才开始积累到一些客户，你的业绩和收入才能相应地提高，因此，如果你是机会主义者，则不建议从事推销工作，因为在推销过程中忍耐是必需的。例如，和客户约好的时间，你准时到达，可是客户临时有事或者正在开会，你应该如何？忍耐。不然，你将会失去这个客户。有人曾对敲门推销做过仔细调查，一栋29层的楼，每层8户人家，从下"扫"上去，见门就敲，结果是：20%的人对敲门极端反感，门没开就要推销人员"滚"；40%的人不是很耐烦，开门告诉推销人员"快走"；30%的人反应平淡，说"我不需要"；只有10%的人能够耐心听完推销人员介绍产品，而且还不一定购买。因此，没有忍耐力是做不了推销的。对于准备从事推销工作的新人来说，要时时告诉自己：无论如何我要坚持100天；如果我坚持了100天，我就要坚持1000天（此时会对推销工作有一些感悟）；如果我坚持了1000天，我就要坚持2000天（小有成就）；如果我坚持了2000天，我就要坚持3000天（大功告成）。成功贵在坚持！

5. 自控力

很多时候，推销人员是单兵作战的。推销人员每天从事的工作都不可能完全在领导的监督下进行，企业的控制方式一般就是工作日报表，以及每天开会汇报个人的工作状况。可是，如果真想偷懒，是非常容易的。例如，故意去拜访较远的客户，路上可以休息；本来半小时谈完的，结果谎称谈了3h等。这些做法除了损害企业的利益，更重要的是也阻碍了推销人员自身的发展。所以，推销人员一定要努力培养自控力。

6. 沟通力

实际上，整个推销的过程就是推销人员与客户沟通的过程。对客户需求信息的了解、信赖感的建立都需要沟通，可以说，推销人员的沟通能力一定程度上决定了推销的业绩。首先，推销人员通过与客户沟通，了解客户的信息，明白客户的真正意图，同时也将自身信息准确地传达给客户；其次，通过恰当的交流方式（如语气、语调、表情、神态、说话方式等）使得谈话双方达成共识；最后，推销人员通过与客户多次的接触交流建立信赖，最终实现产品的成功推销。为此，推销人员必须把握沟通的原则，学习修炼沟通的艺术，不断提升自己的沟通力。

7. 执行力

执行力"就是按质按量地完成工作任务"的能力。执行力体现的是推销人员的综合素质，更是一种不达目标不罢休的精神。推销人员在执行计划时常常会遇到困难，这时如果只会说"经理这件事情太难了，我做不了"，那么经理也只能说"好，那我找能够完成的人来做"。没有困难的事情称不上任务，人人都可以完成的事也体现不出自己的价值。推销人员执行力的强弱取决于两个要素——个人能力和工作态度，能力是基础，态度是关键。所以，推销人员要提升个人执行力，要通过加强学习和实践锻炼来提高自身素质，更重要的是要端正对推销工作的态度。

【案例2-4】

某市有一家大型连锁A卖场，A卖场在全市有十几个分卖场，对于占领该市的终端市场极为重要。B公司为使自己的产品能成功进入A卖场，决定让推销人员张某负责这件事。在张某接手前已经有几个优秀的推销人员败下阵来，原因是该卖场在当地是零售业老大，所以一向霸道，如果没有熟人关系，进场费用开价很高，而且不给还价的机会。但B公司要求在"合理"的费用下进场，要如何把这个命令执行下去？

张某接到任务后寝食难安，如果该任务完成，升迁是顺理成章的事；但如果完不成任务，公司同样会觉得他"能力不够，无法执行公司的计划"。接下来，张某去拜访A卖场的采购经理黄某几次，等了很长时间连面都没见到。他知道，这是对方故意不给他任何压价的机会，逼迫他同意苛刻的条件。张某从黄某的下属那里了解到，黄某的妻子在一家银行工作。他找到一个做保险的朋友，以推销保险为由主动认识黄某的妻子，再由朋友介绍自己与黄某妻子认识，然后通过合理的方式拉近距离，时机成熟后，才由黄某的妻子将自己引荐给黄某。黄某深感张某的用心良苦，最后，张某顺利完成了任务。

这样的例子在推销工作中并不少见。因此，执行不是要推销人员去找到事情的原因，而是要想尽办法达到结果。结果才是经理最关心的，也是推销人员能力的体现。

以上七项核心能力你是否具备？要想胜任推销工作并成为一个优秀的推销人员，必须从现在开始学习，并不断在实践中加以完善、提升。

【辅学资料2-2】

顶尖推销人员必备的十大素质

1. 强烈的自信心

（1）提升内在的自信心和自我价值。即通过提高推销技巧，通过不断的成功来提升自信。

（2）转换定义。把曾经有过的错误和失败体验理解为成长的代价和收获，从观念上转换。同时，总结错误和失败带给我们的经验。

（3）把注意力放在正面的事情上。人们习惯把注意力放在不好的事情上，而事实上不是环境或遭遇决定了我们的人生，而是态度决定的，正面的行为自然会带来好的结果。

（4）坚信在自己的穿着上投资的每一分钱都是值得的。成功的穿着是一种无言的说服力。让自己成功的穿着可以是：把自己打扮成专业推销人员，而且是高级推销人员的样子；在服装的选择上，要讲究色彩的搭配，深蓝色或深灰色的西装配白色或浅色衬衣，甚至可以模仿某个顶尖的而又是你非常欣赏的推销人员的样子；准备两双有档次的皮鞋以及一套擦鞋的工具，永远使鞋子保持完好光洁的状态；在与顾客见面前，在镜子面前检查自己的头发是否梳理整齐，脸上是否干净；衣料和质地不要有太多的变化。

2. 勇敢

恐惧是一种内在的感觉产生的情绪反应。人类有两大恐惧：恐惧自己不够完美；恐惧自己不被别人接纳。

也可以用转换定义来克服恐惧。推销人员最恐惧的是被拒绝。可以对自己做一个分析：被拒绝的定义是什么？什么样的事发生了才意味着被客户拒绝了？客户用怎样的语气对你说，你才感觉被拒绝？客户的面部表情是怎样的时候，你才感觉被拒绝？

转换情绪：试着把负面的情绪调整为正面、积极的认识，感激所有使你更坚强的人。所以，要敢于创新、勇于冒险，勇者无敌。

3. 强烈的企图心

强烈的企图心就是对成功的强烈欲望，只有有了强烈的企图心才会有足够的决心。

成功推销人员的欲望，许多来自现实生活的刺激，是在外力的作用下产生的，而且往往不是正面的、鼓励型的。刺激的发出者经常让承受者感到屈辱、痛苦。这种刺激经常在被刺激者心中激起一种强烈的愤懑、愤恨与反抗精神，从而使他们做出一些"超常规"的行动，激发出"超常规"的能力。一些顶尖推销人员在获得成功后往往会感慨："我自己也没有想到自己竟然还有这两下子。"

成功的推销人员都有必胜的决心，都有强烈的成功欲望。

成功的欲望源自你对财富的渴望、对家庭的责任、对自我价值实现的追求，不满足是向上的车轮！

用心能做好任何事情。如果你不行，你就一定要！如果你一定要，你就一定行！

4. 掌握产品的知识和对产品的十足信心

熟练掌握自己产品的知识。你的客户不会比你更相信你的产品。

成功的推销人员都是他所在领域的专家，要做好销售就一定要具备专业的知识。

专业的知识要用通俗的语言表达，才更能让客户接受。

全面掌握竞争对手产品的知识：说服本身是一种信心的转移。

信心来自了解。我们要了解我们的行业、我们的公司、我们的产品。

5. 注重个人成长，不断地学习和反省

学习的最大好处就是：通过学习别人的经验和知识，可以大幅度地减少犯错和缩短摸索的时间，使我们更快速地走向成功。

别人成功和失败的经验是我们最好的老师，成功本身是一种能力的表现，而能力是需要培养的。成功的推销人员非常注重学习成长。

推销是一个不断摸索的过程，推销人员难免在此过程中犯错误，反省就是认识错误、改正错误的前提。

成功的推销人员总是能与客户有许多共识，这与推销人员本身的见识和知识分不开。有多大的见识和胆识，才有多大的胸怀和格局。

顶尖的推销人员都是注重学习的高手，通过学习培养自己的能力，让学习成为自己的习惯，因为，成功本身是一种思考和行为习惯。

学习也要讲究方法，顶尖推销人员都是有目的地学习的。正确的学习方法分为五个步骤：初步了解；重复是学习之母；开始使用；融会贯通；再次加强。

6. 高度的热忱和服务心

顶尖的推销人员都把客户当成自己的终身朋友。

关心客户需求，表现为随时随地地关心客户，提供给客户最好的产品和服务，保持长久的联系。

知识不但是力量，更是企业创造财富的核心能力。

成功的推销人员能看到客户背后的客户，能看到今天不是自己的客户，并不代表明天不是；尊重别人不仅是一种美德，而且是自身人格魅力的体现。

7. 非凡的亲和力

许多推销都是建立在友谊的基础上的。

推销人员推销的第一产品是自己：推销人员在推销服务和产品的时候，如何获得良好的第一印象是至为关键的。这时候，你的人格魅力、你的信心、你的微笑、你的热情都必须全部调动起来，利用最初的几秒钟尽可能地打动客户。这就需要推销人员具备非凡的亲和力。

8. 对结果自我负责，100%地对自己负责

成功的人不断找方法突破，失败的人不断找借口抱怨。

要获得推销的成功，还得靠你自己。

要为成功找方法，莫为失败找理由。

在推销的过程中，难免会犯错。犯错误不可怕，可怕的是对犯错误的恐惧。

答应等于完成，想到就要做到。一个勇于承担责任的人往往容易被别人接受，谁愿意跟一个文过饰非的人合作呢？成功的推销人员对结果自我负责，100%地对自己负责。

9. 明确的目标和计划（远见）

成功的推销人员头脑里有目标，其他人则只有愿望。

成功的推销人员要提高自我期望，而目标是自我期望的明确化。

成功的推销人员会为自己的成功下定义，明确一个成就的动机。

成功的推销人员要有长远目标、年度目标、季度目标、月目标，并且把明确的目标细分成当日的行动计划，根据事情的发展情况不断地调整自己的目标，并严格地按计划办事。

计划我们的工作。例如，要达到目标，每天要完成多少次拜访？要达成多少销售额？今天拜访了哪里？明天要拜访哪里？每天心里都应该清楚这些问题。

10. 善用潜意识的力量

弗洛伊德把心灵比喻为一座冰山，浮出水面的是少部分，代表意识，而埋藏在水面之下的大部分则是潜意识。他认为，人的言行举止只有少部分是意识在控制的，其他大部分都是由潜意识所主宰的，而且是主动地运作，人却没有觉察到。潜意识如同土壤，意识如同种子。人的意识所进行的习惯性思维在潜意识中留下了深深的"槽沟"。健康的、积极的思想会长出成功的果实，而破坏性的、消极的思想只能长出灾难的果实。所以，要善用潜意识的力量。

顶尖推销人员都是敢于坚持自己梦想的人。

坚持梦想的方法就是不断地把具体的、可以激励自己的影像输入自己的视觉系统，用渴望成功的声音刺激自己的心灵，可以多看一些成功学、励志方面的书籍，看一些成功者的传记，可以听一些介绍销售与成功的讲座。

顶尖推销人员都善于自我激励。自我激励有九种方法：①调高目标；②离开舒适区；③慎重择友；④正视危机；⑤精工细笔；⑥敢于犯错；⑦加强排练；⑧迎接恐惧；⑨把握好情绪。

（资料来源：世界经理人社区. http: //bbs. icxo. com/，2006-05-15.）

第三节　推销人员应掌握的礼仪常识

老子曾说："天下难事，必做于易；天下大事，必做于细。"他精辟地指出了想成就一番事业，必须从简单的事情做起、从细微之处入手这一深刻道理。众所周知，推销是一项艰难的工作，其中包括数不清的烦琐细节，常常"一着不慎，满盘皆输"。因此，我们有必要听从推销大师的告诫：成功源自细节，真正的营销往往会在不经意间体现出来。世界上最伟大的金牌推销员之一——乔·吉拉德就是这样一位注意细节的推销大师。乔·吉拉德在向众多企业精英传授他最重要的推销经验时说："推销员并非在推销产品，而是在推销自己。"他认为生意的机会遍布于每一个细节。他有这样一个习惯性细节：只要碰到人，左手马上就会到口袋里去拿名片。推销礼仪就是推销人员在推销过程中必须高度重视的一个重要细节。

在推销工作中，礼仪是推销人员的名片。顾客由推销人员的礼仪而知其修养，产生信任与否、喜爱与否、接纳与否的情感，从而决定是否购买其推销的产品。成交是推销基本成功的标志，但并非意味着推销工作的结束，因为即使达成交易，对方也可能更改意见，这时就要看销售人员的礼仪表现了。

推销礼仪对推销的成败影响巨大。首先，推销商品是要让顾客从购买的产品中获得需求满足。顾客在购买某产品的过程中需求是多样化的，不仅要购买产品以获得物质的满足，更要购买服务精神和态度以获得精神的满足。推销人员应该用规范的礼仪来协助顾客获得此种满足。其次，成功的推销是一种双赢。顾客得到产品利益，推销人员得到利润，买者欢喜，卖者得意。但是，这种双赢需要建立在诚信的基础上。推销的第一原则就是要诚实，道德是推销成功的基础。这就要求推销人员杜绝欺骗行为，按照社会的道德规范行事，表现出良好的品德，如善意、谦虚、诚意等。最后，"顾客至上"在推销活动中也必须处处体现出来。推销人员必须时刻站在顾客的立场考虑问题，对顾客报以最大的热情，表现出热情、友好、乐于助人等良好风貌。

一、上门推销礼仪

拜访是达成销售的面对面阶段。虽然还不是正式的谈判，但拜访过程的成败直接影响交易的实现与否。因此，作为一名职业推销人员，建立自己职业化的拜访之道，然后成功地运用它，将成为突破客户关系、提升销售业绩的重要砝码。

（一）拜访前的准备

决定去拜访顾客，应该做好适当的安排和必要的准备，这样既能使自己在拜访过程中做到游刃有余，又体现了对被拜访者的尊重，能赢得积极的合作，有利于推销工作的顺利进行。

1. 拜访预约

由于许多顾客不喜欢销售人员贸然登门，而且如果顾客并不存在需求，直接去拜访也是效率非常低的方式。因此，拜访预约在拜访环节中必不可少。当有必要去拜访顾客时，必须考虑对方是否方便，为此一定要提前口头、书面或电话通知对方。

预约时要注意以下问题：

（1）措辞要注意礼貌，语气一定要和缓。

（2）不要勉强顾客同意，应有意识地把决定权让给对方。

（3）如果是电话或信件预约，对产品的介绍要言简意赅，因为顾客通过书面或电话达成的记忆是非常有限的。

（4）对双方约定好的时间要注意强调，以确保顾客不会遗忘。

（5）尽可能从顾客的角度去考虑，不提无理的、为顾客制造麻烦的要求。

（6）如果是电话预约，通话时间不要太长。

2. 拜访时间和地点的确定

推销人员应注意选择最恰当的时间，而不要突然地、不合时宜地对顾客进行拜访。对顾客的拜访应安排在拜访对象比较空闲的时间为宜，最好是节假日的下午或平日的晚饭之后，因为在这段时间里，顾客一般都有接待来客的思想准备；应尽量避免在顾客的进餐时间进行拜访；如果拜访对象有午睡习惯，就不要在午后进行拜访；晚上拜访的时间不宜太晚，尤其不要在对方临睡前去拜访。同时，拜访地点的确定不能只考虑自己的方便，应遵循"顾客为主，兼顾自己"的原则。

3. 仪表准备

"人不可貌相"是用来告诫人的话，而"第一印象的好坏90%取决于仪表"。上门拜访要想成功，就要选择与个性相适应的服装，以体现专业形象，并通过良好的个人形象向顾客展示品牌形象和企业形象。最好穿着公司统一的服装，让顾客觉得公司很正规，企业文化良好。当然，拜访顾客时可以带些礼物，但不要落入俗套，如送给顾客一些印有公司介绍、标志的笔记本、台历等就比较好，它能让顾客在新的一年中都记着你。

穿着得体，不仅能赢得他人的信赖，给人留下良好的印象，而且还能够提高与人交往的能力。相反，穿着不当，举止不雅，往往会降低你的身份，损害你的形象。而在推销中，失去形象就等于失去顾客。

【案例2-5】

一位女财税专家，有着很好的学历背景，常能为顾客提供很专业的建议，在公司里的表现一直很出色。但当她到顾客的公司提供服务时，对方主管却不太注重她的建议，她发挥才能的机会也就不大了。

一位时装大师发现，这位财税专家在着装方面有明显的缺憾：她26岁，身高147cm，体重43kg，形象机敏可爱，喜爱穿童装，看起来像个不到20岁的小女孩。因其外表与她所从事的工作相距甚远，客户对她所提出的建议缺少安全感、依赖感，所以她难以实现自己的创意。这位时装大师建议她用服装来强调出学者专家的气势，穿着深色的套装，用对比色的上衣、丝巾、镶边帽子来搭配，甚至戴上重黑边的眼镜。女财税专家照办了，结果顾客的态度有了较大的转变。很快，她成为公司的董事之一。

（资料来源：小故事——着装与事业的关系. http://blog.sina.com.cn/s/articlelist_2703710641_0_1.html.）

【案例2-6】

一位女推销员在美国北部工作，一直都穿着深色套装，提着一个男性化的公文包。后来，她被调到阳光普照的加利福尼亚州，仍然穿着同样的装束去推销商品，结果推销业绩却不够理想。之后，她改穿浅色的套装和洋装，换了一个女性化的皮包，使自己看起来更有亲切感。着装的这一变化，使她的业绩提高了25%。

推销人员的服装，一般来说应体现时代特点、性格、季节特色，并随推销产品、顾客等因素加以变换。例如，世界著名推销大师日本的原一平先生向某董事长推销人寿保险时，搞清了这位董事长喜欢穿的服装，于是定制了一套和他一模一样的服装，终于拉近了两人的心理距离，从而获得推销成功。

推销人员无论穿着什么样的服装，一般情况下应注意：

（1）整洁大方。尤其是穿西服时，衬衣的领子、袖口千万不能脏，否则会给人不讲卫生的感觉，而不愿与其交往。

（2）忌奇装异服和过于花哨，否则会给人不信任感。

（3）服装不要太高档，否则可能使顾客自卑；也不要太蹩脚，否则也会给人不好的印象。

除了服装达到要求之外，推销人员还应注重发型，经常梳洗头发，保持干净，如果有头皮屑，就要注意不穿深色衣服，以免落在衣服上给人邋遢的印象。胡须、指甲、牙齿等都要注意保持干净清洁。另外，不要戴太阳镜或变色镜，否则易给顾客阴沉的感觉，难以产生信任感。

4. 资料准备

"知己知彼，百战不殆。"要努力收集顾客资料，尽可能地了解顾客的情况，可以向别人请教，也可以参考有关资料，并把所得到的信息加以整理，并且记住。作为推销人员，不仅要获得顾客的基本情况，如对方的性格、教育背景、生活水准、兴趣爱好、社交范围、习惯嗜好以及和要好的朋友的姓名等，还要了解对方目前得意或苦恼的事情，如乔迁新居、结婚、喜得贵子、子女考上大学，或者工作紧张、经济紧张、充满压力、失眠、身体欠佳等。总之，了解得越多，就越容易确定一种最佳方式来与顾客谈话，还要努力掌握活动资料、公司资料、同行业资料等。

5. 工具准备

"工欲善其事，必先利其器。"一位优秀的推销人员除了具备锲而不舍的精神外，一套完整的推销工具是绝对不可缺少的战斗武器。企业界流传的一句话是"推销工具犹如侠士之剑"，凡是能促进销售的资料，推销人员都要带上。调查表明，推销人员在拜访顾客时，利用推销工具，可以降低50%的劳动成本，提高10%的成功率，提高100%的推销质量。推销工具包括产品说明书、企业的宣传资料、名片、计算器、笔记本、钢笔、产品价格表、宣传品等。

（二）拜访时的礼仪

1. 要守时守约

一般说来，推销人员若与顾客约定了拜访时间，就一定要严格遵守，如期而至，不要迟到，更不能无故失约。如果有紧急的事情，或者遇到了交通阻塞，立刻通知约见的顾客；如果自己打不了电话，也请别人替你通知一下；如果顾客要晚点到，要充分利用等待的时间。例如，坐在一个离约会地点不远的地方，整理一下文件。

2. 讲究敲门的艺术

要用食指敲门，力度适中，间隔有序敲三下，等待回音。如无应声，可再稍加力度，再敲三下；如有应声，则侧身立于右门框一侧，待门开时再向前迈半步，与主人相对，经允许后再进屋。

3. 主人不让座，不能随便坐下

如果主人是年长者或上级，主人不坐，自己不能先坐。主人让座之后，要口称"谢谢"，然后采用规矩的礼仪坐姿坐下。主人递上烟茶，要双手接过并表示谢意。如果主人没有吸烟的习惯，要克制自己的烟瘾，尽量不吸，以示对主人习惯的尊重。主人献上果品，要等年长者或其他客人动手后，自己再取用。即使在最熟悉的朋友家里，也不要过于随便。

4. 跟主人谈话，语言要客气

即使和主人的意见不一致，也不要争论不休。对主人提供的帮助，要适当地致以谢意。要注意观察主人的举止表情，适可而止。当主人有不耐烦或有心不在焉的表现时，应转换话题或口气；当主人有结束会见的表示时，应识趣地立即起身告辞。

5. 谈话时间不宜过长

起身告辞时，要向主人表示"打扰"之歉意。出门后，回身主动伸手与主人握别，说："请留步。"待主人留步后，走几步，再回首挥手致意："再见。"

二、推销迎送礼仪

推销迎送礼仪是常见的推销礼仪之一，主要包括接待礼仪和送客礼仪。无论拜访者是事务性拜访还是礼仪性拜访，是在办公室还是在居所，在接待拜访者时都要主随客便，考虑周全，关怀备至，讲究礼仪。尽量接待好拜访者，使其有宾至如归的感觉，促使双方的关系得到进一步发展，为现在或将来的推销工作奠定良好的基础。

（一）迎客礼仪

客人来访时，推销人员应主动接待，并时刻记得"顾客至上"。推销人员应引领客人进入会客厅或者公共接待区，并为其送上饮料。如果是在自己的座位上交谈，应该注意声音不要过大，以免影响周围的同事。推销人员在前面领路时，切记始终面带微笑。在公司内不同场所领路时，应该留意以下重点：

（1）走廊。应走在客人前面两三步的地方，让客人走在走廊中间，转弯时先提醒客人："请往这边走。"

（2）楼梯。先说要去哪一层楼，上楼时让客人走在前面，一方面是确认客人的安全，另一方面也表示谦卑，不要站得比客人高。

（3）电梯。必须主导客人上、下电梯。首先必须先按电梯按钮，如果只有一个客人，可以用手压住打开的电梯门，让客人先进；如果人数很多，则应该先进电梯，按住开关，先招呼客人，再让公司的人上电梯。出电梯时刚好相反，按住开关，让客人先出电梯，自己再走出电梯。如果领导在电梯内，则应让领导先出，自己最后再出电梯。如果来访的客人人数很多，首先应保持冷静，其次应该留意现场轮流次序的维持，也就是秉持"先到先受理"的原则。对已经轮到的客人应有礼貌地招呼，说出："下一位，请。"如果推销人员能有秩序地应对，客人也就不会做无理的举动。让客人久候时，在轮到他时应歉意地对他说："让您久等了！"

（二）介绍礼仪

在推销场合结识朋友，可由第三者介绍，也可自我介绍相识。为他人介绍，要先了解双方是否有结识的愿望，不要贸然行事。无论自我介绍或为他人介绍，做法都要自然。例如，正在交谈的人中，如有你所熟识的，便可趋前打招呼，由这位熟人顺便将你介绍给其他客人。在有些场合也可主动自我介绍，讲清姓名、身份、单位（国家），对方则会随后自行介绍。为他人介绍时，还可说明与自己的关系，便于新结识的人相互了解与信任。介绍具体的人时，要有礼貌地以手示意，而不要用手指指点点。介绍的原则是：

（1）将级别低的介绍给级别高的。
（2）将年轻的介绍给年长的。
（3）将未婚的介绍给已婚的。
（4）将男性介绍给女性。
（5）将本国人介绍给外国人。

（三）名片礼仪

名片是推销人员常备的一种常用交际工具。推销人员在与顾客交谈时，递给顾客一张名片，不仅是很好的自我介绍，而且与顾客建立了联系，方便体面。但名片不能滥用，要讲究一定的礼仪，以避免留下不好的印象。

1. 制作名片

使用什么样的名片，一般来讲都由公司决定，推销人员本人不能轻易变动。但是，对一些设计不合理的名片应提出自己的建议。

（1）名片大小要有一个标准。有人为了醒目，故意把名片做得比普通的大，或者有的女性把自己的名片做得非常小，这样顾客在把它们存入自己的名片册里时，可能放不进去或不大相称，结果弄巧成拙，反而容易被扔掉。

（2）颜色。在制作彩色名片时，推销人员不管使用哪一种颜色，都应注意让颜色淡一些，因为颜色过重的名片可能不美观，甚至给人不舒服之感。

双色套印的名片一般来说较好。例如，把公司的标记或者商标印成红色，文字印成黑色，给人一种具有魅力的感觉。

使用带有彩色头像的名片。近年来，推销人员根据工种、职务不同，可能会把自己的头像照片印在名片上。例如，保险公司人员到单位、家庭宣传投保，使用上述名片作为"身份证"，会给人以可靠的感觉，容易博得好感。服务行业等接待顾客的人员使用此种名片，会给人以亲切的感觉。

（3）印刷上的注意点。如果名片上密密麻麻地印满字，几乎没有空白的地方，给人的感觉很不好。如所需记载的内容确实很多，可以在正面把主要内容印上去，在反面印上其他内容。另外，名片上的地址中别忘了印上邮政编码。电话号码也应印上去，而且应该印得大一点，以便于对方想要打电话时容易看清楚。

名片在推销中不可缺少。有人想在这方寸之间变换些花样来博得顾客的好感，这种想法未尝不可，但是注意不要像前面所说的那样弄巧成拙。一般来说，还是以使用大大方方、实事求是的名片为好。若能将名片使用好，会收到意想不到的效果。

2. 递交名片

（1）递交顺序。一般是地位低的先把名片交给地位高的，年轻的先把名片交给年长的。不过，假如是对方先拿出来，也不必谦让，应该大方收下，然后再拿出自己的名片来回报。

（2）注意事项。在递出名片时，推销人员切忌采用以下方法：捏住名片的一部分递出去；以指尖夹着名片递出。这两种递法是不符合礼仪的。正确的递法应是：手指并拢，将名片放在掌上，用大拇指夹住名片左右两段，躬身送到对方胸前；或食指弯曲与大拇指夹住名片左右两段奉上。名片上的名字要正向对着对方，使对方接过名片就可正读。递交时要目光注视对方，微笑致意，可顺带说一句"请多多关照"。

3. 接受名片

在接到对方递过来的名片时，应双手去接，接过后仔细看一遍，有不认识的字应马上询问，不可拿着对方的名片玩弄。看完后，应将名片放入名片夹或认真收好，不可随手扔到桌子上或随便放入口袋，这都是对他人的不尊重。如果接下来与对方谈话，不要将名片收起来，应该放在桌子上，并保证不被其他东西压住，这会使对方感觉你很重视他。第一次见面后，应在名片背面记下认识的时间、地点、内容等资料，最好简单记下顾客的特征（如籍贯、特殊爱好等）。这样累积起来的名片就成了自己的客户档案，可以为再次会面或联络提供线索或话题。

（四）握手礼仪

（1）场合。一般在见面和离别时用。冬季握手应摘下手套，以示尊重对方。一般应站着握手，除非生病或特殊场合，但也要欠身握手，以示敬意。

（2）谁先伸手。一般来说，和妇女、长者、主人、领导人、名人等打交道时，为了尊重对方，应把是否愿意握手的主动权交给对方；但如果另一方先伸了手，妇女、长者、主人、领导人、名人等为了礼貌起见，也应伸出手来握。见面时若对方不伸手，则应向对方点头或鞠躬以示敬意。见面的对方如果是自己的长辈或贵宾，先伸了手，则应该快步走近，用双手握住对方的手，以示敬意，并问候对方"您好""见到您很高兴"等。

（3）握手方式。和新客户握手时，应伸出右手，掌心向左，虎口向上，以轻触对方为准

（如果男士和女士握手，则男士应轻轻握住女士的手指部分），时间1~3s，轻轻摇动1~3下。

（4）握手力量轻重。根据双方的交往程度确定。和新客户握手应轻握，但不可绵软无力；和老客户应握重些，表示礼貌、热情。

（5）握手时的表情。表情应自然，面带微笑，眼睛注视对方。

（五）送客礼仪

如客人提出告辞，推销人员要等客人起身后再站起来相送，切忌没等客人起身，自己先于客人起立相送，这是很不礼貌的。若客人提出告辞，推销人员仍端坐办公桌前，嘴里说"再见"，而手中却还忙着自己的事，甚至连眼神也没有转到客人身上，更是不礼貌的行为。"出迎三步，身送七步"是迎送宾客最基本的礼仪。因此，每次见面结束，都要以将"再次见面"的心情来恭送对方回去。通常当客人起身告辞时，推销人员应马上站起来，主动为客人取下衣帽，帮他穿上，并与客人握手告别，同时选择合适的言辞送别，如"希望下次再来"等礼貌用语。尤其对初次来访的客人，更应热情、周到、细致。当客人带有较多或较重的物品，送客时应帮客人代提重物。与客人在门口、电梯口或汽车旁告别时，要与客人握手，目送客人上车或离开，要以恭敬真诚的态度，笑容可掬地送客，不要急于返回，应鞠躬挥手致意，待客人移出视线后，才可结束送客仪式。

三、推销交谈礼仪

交谈是表达思想及情感的重要工具，也是人际交往的主要手段。推销人员利用这一手段，既可以传递产品信息，又能够增加顾客对自己及企业的信任感，从而达到交易的目的。因此，掌握交谈的礼仪要求、提高交谈的语言艺术，对提高推销的工作水平和工作效率具有极其重要的作用。

（一）使用敬语、谦语和雅语

1. 敬语

敬语也称"敬辞"，它与"谦语"相对，是表示尊敬礼貌的词语。在交谈中应以礼待人，这样既能显示出自身的文化修养，又可以满足对方的自尊。所以，在交谈中要随时随地有意识地使用敬语，这是以敬人之心赢得尊重的有效方式。敬语的使用频率实际上很多。例如，日常使用的"请"字，第二人称中的"您"字，代词"阁下""尊夫人""贵方"等。另外，还有一些常见的词语用法，如初次见面称"久仰"，很久不见称"久违"，请人批评称"请教"，请人原谅称"包涵"，麻烦别人称"打扰"，托人办事称"拜托"，赞人见解称"高见"等。

2. 谦语

谦语也称"谦辞"，它与"敬语"相对，是向人表示谦恭和自谦的一种词语。谦语最常见的用法是在别人面前谦称自己和自己的亲属。例如，称自己为"鄙人"、称家中的亲人为"家严、家慈、家兄、家嫂"等。

自谦和敬人是一个不可分割的统一体。尽管日常生活中谦语使用不多，但其精神无处不在。只要在日常用语中表现出自己的谦虚和恳切，自然会得到他人的尊重。

3. 雅语

雅语是指一些比较文雅的词语。雅语常常在一些正规的场合以及一些有长辈和女性在场的情况下，被用来替代那些比较随便，甚至粗俗的话语。多使用雅语，能体现出一个人的文化素养以及尊重他人的个人素质。在待人接物中，要是正在招待客人，在端茶时，应该说："请用茶。"如果还用点心招待,可以说:"请用一些茶点。"假如先于别人结束用餐,应该向其他人打招呼说:"请大家慢用。"雅语的使用不是机械的、固定的,只要你的言谈举止彬彬有礼,就会使人们对你的个人修养留下较深的印象。推销人员注意使用雅语,必然会对推销活动成交率的提高有所帮助。

(二) 调整语调

语调也就是说话的语气、声调、语速快慢和声音大小等,它的主要作用在于感情的表达。语调的抑扬顿挫、缓急张弛,往往比语言本身更能传情达意。推销人员的语言应该使顾客听起来舒服、愉快,语调温和,言辞通情达理,会使人乐于倾听,倍感温暖。因此,在谈话中应注意语调的运用,掌握讲话的速度,以便控制整个谈话过程,使自己处于主动地位。即便遭到拒绝,也不要使用极易引起争吵的语气。

推销人员要用本来的嗓音,把想交流的信息心平气和地传达给对方。口齿清晰、发音标准、语言易懂、语调平和是谈话富有魅力的重要条件。

(三) 注意眼神

眼神是推销人员在交谈中拉近与顾客心理距离的一种手段。在与顾客的推销交谈中,恳切、坦然、友好、坚定、宽容的眼神,会给人亲近、信任、受尊敬的感觉;而轻佻、游离、茫然、阴沉、轻蔑的眼神会使人感到失望,还有不被重视的感觉。有研究表明,谈话中双方的双目对视一般只持续1s左右,然后移开,不能死死盯住顾客不放,也不要东张西望、左顾右盼。一般情况下,在推销谈话中,如果推销人员与顾客相距较远,那就可以用注视顾客的办法拉近距离;相反,如果双方离得很近,尤其是当顾客是一位年轻而又陌生的异性时,应经常转移视线,以避免顾客不自在和产生尴尬的感觉。

(四) 认真倾听

一些推销人员认为,做买卖应当"口若悬河,滔滔不绝",结果顾客几乎没有表达意见的机会。这是错误的。认真倾听顾客谈话,是成功的秘诀之一。日本"推销之神"原一平说过,就推销而言,善于倾听比善说更重要。倾听顾客谈话,一是能够赢得顾客好感。推销人员成为顾客的忠实听众,顾客就会把你当成知己;反之,推销人员对顾客的谈话心不在焉,或冒昧地打断顾客讲话,或自己一味地啰啰唆唆,而不给顾客发表意见的机会,都会引起顾客的反感。二是推销员可以从顾客的述说中把握顾客的心理,知道顾客需要什么,关心什么,担心什么。推销人员了解了顾客的心理,就会增强说服的针对性。三是可以减少或避免失误。话说得太多,总会说出蠢话来,少说多听是避免失误的好方法。

认真倾听需要技巧:一是要注意神情专注,并时常与顾客交流目光,点头示意或用手势鼓励其说下去,避免呆若木鸡的神情;二是要注意表情应随顾客讲话的情绪变化而变化;三是要有耐心。

(五) 把握位置和距离

推销人员与顾客在交谈中所处的位置和距离如何,对推销的结果也或大或小地产生着微妙的影响。这种影响主要表现在对双方心理距离的影响上。因此,推销人员应注意与顾客交谈时位置的安排,若位置安排恰当,就有利于推销谈话的进行。

推销人员与顾客同处一室,应把上座让给顾客。什么样的位置是上座呢?

(1) 有两个扶手的沙发(或椅子)是上座,长沙发(或椅子)是下座。

(2) 面对大门的是上座,接近门口处的位置是下座。

（3）靠墙壁的一方是上座，这在咖啡馆谈生意时尤其要注意。

（4）在火车上，面对前进方向的是上座。

当然，这些区分并不是硬性规定，但若推销人员遵守了这些礼仪，在一定程度上表示了对顾客的尊重和谦让之心，自然会令顾客十分高兴，从而会收到投桃报李的效果。在遵守上述礼仪的前提下，推销人员与顾客进行交谈时，还面临着对空间距离的把握问题。

人们所处的空间可以分为四个层次：

（1）亲密空间：15～46cm。

（2）个人空间：0.46～1.2m。

（3）社交空间：1.2～3.6m。

（4）公众空间：大于3.6m。

显然，推销人员与顾客进行交谈时，最适宜的空间距离应该在1.2～3.6m的范围内。当然，这一空间距离范围并不是硬性规定，具体的空间距离还须视推销人员与顾客关系的密切程度来进行选择。

第四节 推销人员应具有的专业信念

怎样才能使推销成功？怎样做才能成为一名优秀的推销人员？每个推销人员都祈盼着能有一个速成的秘方。秘方在哪里呢？秘方就在每个推销人员的心中。任何一个获得成功的人，内心中都存在着一个坚定不移的信念，这个信念会让他克服横挡在前面的障碍、困难，这个信念会让他胜过其他对手。

一、正视拒绝与失败

有谁见过没有被拒绝过的推销员吗？拒绝是推销人员最平常的一种经历。如何使自己不像其他人那样因为遭到拒绝就改变目标？这取决于推销人员对拒绝的态度。

优秀的推销人员将拒绝作为前进路上的路标，将失败作为攀登高峰的阶梯，对成功充满了强烈的渴望，敢于面对拒绝与失败的考验。

（一）调整心态

在推销中，失败是如影随形的事情，如果不能正视并勇敢面对失败，推销这条路就难以走下去。那么，以什么样的心态来面对拒绝与失败呢？

1. 以积极的心态面对拒绝与失败

请记住下面对抗失败的公式：

10次拜访＝1次成交

1次成交＝10000元

1次拒绝＝1000元

假设你做成一笔推销业务的收入是10000元，你的平均推销成功率是10%，即每接触10次客户有1次成交。换句话说，就是10个人中有9个是不买的，但如果有1个人说买，则你会因为那个客户的购买而得到10000元。那么，对其他9个拒绝你的客户来说，他们又值多少钱？是的，每人1000元。在经历了9次拒绝之后，你迈向了10000元。这样想来，你还担心客户的拒绝吗？要知道，每个拒绝你的客户都向你交了1000元，有的甚至可能交了10000元。想象这种情况，你是不是会感到很高兴？

2. 以学习的心态面对拒绝与失败

第一，不把失败当作失败，只是当作一种学习的经历。

第二，不把失败当作失败，只是作为反面的信息回馈，以使你调整方向。

第三，不把失败当作失败，只是把它作为提高自己幽默感的机会。

第四，不把失败当作失败，只是把它作为实践销售手段和完善表现过程的尝试。

第五，不要把失败当作失败，只是把它作为你必须参与的游戏。

随着对这五种心态认识的提高，你将会比以往更加乐观地从事推销活动；通过总结你的推销经历，学会玩数字游戏，你的推销技巧会更加娴熟，也将会取得更大的成功。生活中，不要总是统计失败，而要计算成功的次数。

（二）永保激情

同遭到拒绝与失败产生的不良情绪做斗争的最佳武器是什么？激情！

既然选择了推销事业，就不可避免地经常遭到拒绝与失败。如果对推销工作没有一点狂热的激情，那么苦苦等到发薪酬的那天，必将得到令人失望的结果。推销人员的收入往往是与其提供给客户的服务数量决定的。较少的服务对应较少的收入，更多的服务则对应更多的收入。如果对所从事的事业不能做到狂热地追求，就不可能在销售中获得非常大的成功。事实证明，推销人员如果对推销工作缺乏热情，就无法感染和打动客户，等待他的必然是失败和挫折。

推销其实是一种创意式的苦力活，甚至不能有丝毫的停顿，不仅需要马不停蹄地面对许许多多的客户，而且还必须有充分的准备面对一次次的拒绝。如果推销人员的内心深处无法迸发出狂热的激情，就不可能在客户面前表现出自信。

那么，怎样才能拥有和保持从事推销工作的激情呢？

激情往往来源于推销人员的工作动机。而促使推销人员工作的动机主要有对金钱、安全、成就的追求，以及被认同、被接受、获得自信的渴望等。

二、冲破阻力

如果说动机促使推销人员向成功的营销事业不断发展，那么阻力则会使推销人员前进的步伐停止，甚至倒退。为什么不是每个人都具有动力呢？不管你是否相信，那是因为一般情况下，人面对的阻力要比动力大，消极性是一种需要付出巨大努力才能克服的力量。

推销人员的工作动机是其努力拼搏的发动机，因为它能促使推销人员拥有和保持工作的热情并激励推销人员进入巅峰状态，同样，认识到将推销事业带入谷底的危险信号也是十分有益的。推销过程中，妨碍推销人员成功的阻力主要有舍不得投入，怀疑自己，害怕失败，以及抗拒改变。因此，推销人员要走向成功，必须认识并冲破这些阻力。

（一）舍得投入

有一些推销人员对安全感或金钱看得很重，在刚步入推销领域时，为了创收，经常要有一些开支，对此，他们想不开、舍不得。他们认为自己还没挣到钱呢，却要花钱，这不是干赔本买卖吗？其实，没有投入，哪来产出？从商业投资的角度来看，实际上这是对未来的一种投资。大型企业也要花费成本对推销人员进行推销能力的培训，以期望从其未来的推销业绩中得到回报。所以，推销人员必须认识到，为取得推销事业的成功，投入时间和金钱是值得的。

（二）充满自信

怀疑自己是销售中的又一大阻力。对于不成功的推销，大多数的推销新人总是被"我到底做错了什么?"这样无谓的问题困扰。真正的推销高手和初学者的区别在于,高手们自问的是一个不同的问题:"我到底做对了哪些?"看待事物可以有不同的方式,一旦推销高手总结出了做对的地方,就会很容易地一直把做对的部分继续做下去。推销专家告诫人们:通过犯错才能找到正确的推销方法,永保激情,学习怎么去做,战胜失败的痛苦,坚持、再坚持。克服自我怀疑的方法就是面对它们、观察它们,通过去做与自己的怀疑感觉相反的事,瞪视着怀疑直到它们后退。绝不对自我怀疑让步。

(三) 战胜恐惧

大多数人害怕失败,以致放弃尝试。永远不去尝试,也就永远不会失败,这的确是个万无一失的方法。但是,也就永远体会不到任何成功的滋味。如果从不去接近客户,将永远不能临近推销;如果整天待在家中,可以保证永远不会失败。对待恐惧心理的最好办法就是"做你最害怕的事情并且控制你的恐惧"。例如,如果你害怕推销中的某些事情,如电话推销,那么要想成功,你就需要面对它。人们都曾经害怕过许多事情,可一旦做了这些事之后,会发现它们比自己想象的容易得多。每次强迫自己做自己害怕的事情,以后再做这样的事情就会比较容易。控制并战胜恐惧心理,将会收到一个满意的结果,即满怀期待地投入到曾经害怕的推销事业中。

(四) 接受改变

人们喜欢按旧有的模式生活,而抗拒痛苦的改变。但一旦确定了改变带来的潜在利益要超过承受的痛苦,抵抗情绪就会很快消失。做推销不是拿着产品在休息厅或办公室附近闲逛,等着人们穿过大门来乞求购买你的东西。你必须做好以下事情:专心打电话;走出办公室;会见那些想听你介绍产品的人们;给那些有些希望最好是从未听说过的难缠的客户回电话。只有这样,你才有可能走上推销成功之路。在推销失败时,不要责怪你的公司,你要对自己的成功或失败负责。另外,做不情愿的事情是要付出极大的努力的。你若想明天比今天得到更多,就必须要承受变化带来的痛苦。

【辅学资料2-3】

做销售的N种"死"法

纵观销售行业,在浩浩荡荡的销售大军中,前赴后继的景象非常壮观,一批人倒下了,另一批人又跟上来。倒下的人糊里糊涂,不知道自己是怎么倒下的;跟上的人不亦乐乎,而跟了一段时间后,他们也光荣地倒下了。那么想要在销售行业中长久生存,都应该首先了解那些"死掉了"的业务员的"死因",了解了他们的"死因",就可以避免让自己"死掉"。

(1) 怕死的。怕见客户,怕被拒绝,一个"怕"字扼杀了业务人员的无限潜能。业务活动的快乐在于每天见不同的人,不断向客户传递价值,怕的本质在于太在乎自己,在于"心里有鬼",深怀成就客户之心。

(2) 想死的。想得太多,干得太少,把"研究"当作业务活动是业务人员的大忌。只有大量的行动,在战争中学习战争,才能练就过硬的本领,在操场上永远学不会游泳,智慧是在实践中喷发出来的,干得太少,想得太多,"思想"就成了行动的包袱,没有海量的拜访,所有的技巧和工具都是没有用的"装备"。

(3) 懒死的。不想付出,懒字当头。做业务与种地本质上是一样的,一分耕耘,一分收获,你付出多少,就能收获多少。"人生败相,非傲即惰",勤快、勤恳、勤谨永远是业务活动最朴素、最有效的法门，缺失了"勤"字为业务人生铺就底色，一切都会显得苍白。

（4）累死的。做销售有的人要么闲得要命，要么忙得要命。有些销售人员每天忙东忙西，有时候甚至连饭都顾不上吃，早出晚归，精神每天都绷得紧紧的，最后累垮了！建议做销售的朋友要适当地给自己放松一下，如果你有下属，也要适当授权给他们，不要什么大小事情都自己做。

（5）等死的。很多做业务的人不愿意主动去拓展客户，总想坐着等待客户送上门来。其实，有句话叫作"主动是一切机会的开始"，你不去主动联系客户，不去主动拓展新的客户，哪有什么机会给你？有人说等运气来了再做？运气也不会白白降落在没有付出过努力的人身上。不动的人，只能坐以待毙。

（6）气死的。在做销售的过程中，不免会遇到一些刁钻的客户、一些打击你的客户、一些难缠的客户、一些满口粗话的客户……反正，在销售过程中会遇到各种各样的人，作为销售人员，如果不持一种宽容的心态去面对，就很容易被这些人给活活气死。当你面对这些客户的时候，唯一的生存法宝就是：莫生气！

（7）饿死的。这是非常悲剧的一种死法。很多人一开始满腔热血地来做销售，但是干了几个月却没有什么业绩，开始面临穷困潦倒的局面，为了生活，为了家庭，还有各方面的压力，就开始觉得自己不适合做销售行业，因此选择离开。

（资料来源：互联网．）

三、培养良好的习惯

当分析人的行为时，会清楚地发现，每个人的行为都是受到习惯支配的。成功人士养成了好的习惯，失败的人却养成了坏习惯。

例如，你养成了一个每天规定自己要认识4个人的习惯。最初的时候，你会很不习惯，但过了一段时间后，如果某一天只认识了3个人，你会变得整个人都不舒服，非要认足4个人不可，否则都不愿睡觉。这便是习惯使然。将重要的日常工作习惯化之后，你的大脑便有多余的空间去从事创造性的活动了。

作为一名推销人员，时间是其最大的资本，如何充分合理地利用时间呢？应培养以下三个好习惯。

（一）工作目标化

当你决心从事推销工作时，当然要有一个长期的目标，希望通过事业上的成就，获得成功。最初的目标不外乎多赚一点钱，过上比较有保障的生活。要赚多少钱才可以维持你现在的生活呢？你要测算一下每月的正常开支和浮动开支是多少。如果你现在的平均收入是一个月3000元，而你决定放弃现在的职业转行从事推销工作的话，一定要有把握在6个月之后赚到5000~8000元的月收入。

为什么要6个月之后呢？因为刚开始从事推销工作的人员，最初6个月的收入是不固定的，要过了6个月才可以计算。为什么要规定收入增加50%甚至几倍呢？一是推销是个具有创意的苦力活，劳心劳力，如果没有把握收入增加50%及以上，不如从事一份稳定的工作；二是从事推销工作的开支也比较大，交通费、请客吃饭、送礼等，虽然每次花得不多，但累积起来开支非常大，而且出于工作需要，对穿着打扮多少有些讲究；三是业绩不稳定，要趁景气的时候多积攒一些积蓄。基于以上原因，稳定的工作和推销工作相比，单在收入方面，如果增加幅度不大的话，还是从事一份稳定的工作比较舒服。

当订立了每月收入 6000 元的目标后，究竟要完成多少笔交易呢？

假如根据以往的经验，每笔交易平均能够为赚取 1500 元薪金，那么一个月 4 个星期便需要做 4 单生意才能赚到 6000 元的收入。

做成 4 单生意要投入多少时间呢？以一个新人来说，每做成一单生意，一定要接触 4 位有诚意的客户。

如何找到一位有诚意的客户呢？首先，你要认识 4 位客户，向他们介绍你的工作。根据经验，4 位肯见你的客户中，一般有一位是有诚意的。我们的方式是要做成一单生意，便要抓住 4 位有诚意的客户，为了抓住 4 位有诚意的客户，至少要抓住 16 位肯见你的客户。换句话说，当你向 16 位客户介绍过自己的产品之后，就会有 1 位肯掏钱购买的客户。

如何认识 16 位客户呢？根据经验，如果单凭拨电话的方法，当你拨出 25 个电话的时候，便会有 1 位客户肯见你。要找到 16 位肯见你的客户，便要拨出足足 400 个电话了。

如果你一周工作 5 天，每天抽出 3h 打电话，每天便要拨出 80 个电话；或者每周用 15h 来打电话，一周便拨出 400 个电话。那么，就可以见到 16 位新客户了。

再来拆分一下每天的工作量。如果每天拨打电话用掉 3h，平均一周是 15h。遇上清闲的日子，上午 2h，下午 2h；遇上忙碌的日子，早上打 2h 电话还要去见客户，下午可能也没有时间再打电话了。时间方面当然不能死板，总之，保证每周的工作量就行了。拨完电话之后，还又要见 16 位客户。与客户初次约见，时间不要超过半小时，最好控制在 15min 之内。见面的目的是相互认识，引起兴趣便可以了。

在约见了 16 位客户之后，要从中挑选出 4 位有兴趣和诚意的客户。当再与这些客户约见时，需要的时间便多一些，每次要 1h 以上。

那么每周的工作量又是多少呢？15h 打电话，再加上 16 个初次约见的机会，或者会花费 20h，当然包括了花在交通上的时间。

然后再花时间去约见其中 4 位更有诚意的客户，连见面和交通时间在内，又占去了 10h。那么，每周的工作量大约是 45h。不过比较从容一点计算，每周的工作时间应该以 60h 为准。做推销是靠薪金生活的，说白了就是为自己打工，和其他形式的工作不一样，时间到了就下班。推销人员相当于自己当老板，每天要为工作献出 12h。

能成为一名成功的推销人员，是努力劳动的结果，而不是幸运的结果。要知道，一名推销人员直到联系了 400 位客户后才赚到 1500 元，相当于每位客户只给了不到 4 元的报酬，这是辛苦和勤奋换来的结果。

寻访新客源的时候，有些经验值得推销新人注意：

（1）要多认识人才可能有生意，认识的人越多，成功的可能便越多。

（2）当结识人的时候，很渴望认识一些热情的朋友，根据经验，这是错误的。越是热情的人，反而越难达成交易。为什么客户对你好反而不能成交呢？因为他们心中不打算购买你的产品，但为了补偿你花费在他身上的精力，他们就对你特别友善。至于那些特别挑剔的客户，则是因为他们心中已经付过了钱，便渴望多得到一些服务。

（3）每周要见 20 位客户，新客户的比例要占七成，剩下三成是老客户，即要见 14 位新客户、6 位老客户。任何老客户都是由新客户发展而来的。工作半年以上的推销人员，自然会有了很多新老客户。保险的原则是每天认识4位新客户,向他们介绍自己推销的产品。

(4) 认识客户固然重要,但也必须有所选择。

(二) 不断地建立客源

推销人员要靠卖出产品赚取薪金。其中,重要的步骤是将陌生人的名字转变成产生薪金的客户的名字;过程是投资时间精力加上促成达成买卖的创意。如何令一个本来不需要你的产品的客户产生购买欲望呢?这便需要商业上的创意。正如陌生人可以变成客户一样,其中的过程怎样运作呢?

(1) 看看陌生人是否符合客户资格。主要从年龄、收入以及资历三个方面进行审查。

(2) 尽量安排机会约见,面对面地沟通,了解对方的兴趣;通过会面,建立一定的友谊。

(3) 开展推销工作,将产品有系统地介绍给客户。

(4) 最幸运的是及时将产品推销了出去,解决了客户的需求。

(5) 如果产品没推销出去,查找原因。可能是客户没有需求,也可能是暂时不想购买,日后会购买。

经过这几个步骤,便可以建立一个客户信息存储库。当推销人员养成这个习惯后,每天能输入4个新名字,每天都见上三五个客户,向他们介绍产品,那么,半年之后,其收入肯定能达到目标。

(三) 经常自我反省

当工作进展到某一阶段,应进行进度检查,这对于提高工作效率相当有效。

假如你的推销记录如下:

第一次见面而达成买卖的机会是10%。

第二次见面而达成交易的机会是50%。

第三次见面而达成买卖的机会是20%。

第四次见面而达成买卖的机会是10%。

第五次见面而达成交易的机会是……

经过这样的比较之后,就会明白为什么要浪费时间去见第三次、第四次呢?为什么不集中精力去攻下第二次见面的客户呢?

经过不断地记录,不断地研究,你自然会掌握方法。

从某种意义上来说,推销人员开展工作要靠自己的经验。如果犯了错误却没有检讨核对,岂不是还会再犯错?从前犯的错误,岂不是失去了意义?唯一令人进步的方法,是自我监督,细心想一想为什么没有结果,错在哪里,以后怎么避免。

四、启动心灵的力量

两名学到相同推销技巧的推销人员,理论上应该创造不相上下的业绩,但实际上却不是这样的。即使一个人在课堂上学习了再多的推销知识与技巧,也无法保证他一定能成为一位伟大的推销人员。这是因为推销的知识与技巧是"知"的层面,"知"和"行"是处于完全不同层面的两件事,一个人能有步骤地增加"知"的能力,但是如果一个人不想"行"、不积极"行"的时候,知识与技巧的作用都无法充分发挥。

一位记者曾采访一位退休的美式足球教练,问他:"创造奇迹式胜利的秘诀是什么?"他回答说:"我们的球队如同其他球队一样都有最杰出的选手。面对这些一流的选手,我还能教他们什么技巧呢？他们对美式足球的技巧与认识，绝不会比我少一分，我懂得的也绝不会比他们多一分。我能做的唯一的事情，就是让我的球队在迎战对手前的一分钟，让他们的战斗意志达到沸腾。"这个创造美式足球奇迹的秘诀，不在于知识也不在于技巧，它存在于每一位选手的内心中，这股心灵的力量才是创造奇迹的决定点。

马拉松选手依靠平时磨炼，他们的意志力能战胜身体的疲惫及想要休息的渴望，其胜负不在体力而在意志力，因为体力已超出正常人体的体能以外。其实推销也是一样的，必须启动心灵的力量，而心灵的力量来自你平日的锻炼与储存。

推销人员的自信心是推销成功的第一秘诀。自信心，就是推销人员在从事推销活动时，坚信自己能够取得推销成功的心理状态。相信自己能够取得成功，这是推销人员取得成功的必要条件。乔·吉拉德说："信心是推销人员胜利的法宝。"乔·坎多尔弗（Jo Candorf）说："在销售过程的每一个环节，自信心都是必要的成分。"自信心之所以这么重要，这是因为：

（1）推销是与人交往的工作。在推销过程中，推销人员要与形形色色的人打交道。这里有财大气粗、权位显赫的人物，也有博学多才、经验丰富的客户。推销人员要与在某些方面胜过自己的人打交道，并且要能够说服他们，赢得他们的信任和欣赏，就必须坚信自己的能力，相信自己能够说服他们，然后信心百倍地去敲客户的门。如果推销人员缺乏自信，害怕与他们打交道，胆怯了，退却了，最终会一无所获。

（2）推销是容易遭到客户拒绝的工作。如果一名推销人员不敢面对客户的拒绝，那么他就根本没有希望取得好的业绩。面对客户的拒绝，推销人员只有抱着"不一定什么时候，一定会成功"的坚定信念——即使客户冷眼相对、表示厌烦，也信心不减、坚持不懈地拜访，才能"精诚所至，金石为开"，最终取得成功。

（3）推销是不易取得成绩的工作。推销不像工厂里的生产活动，只要开动机器就能制造出产品。有时推销人员忙忙碌碌、四处奔波，费尽千辛万苦，说尽千言万语，也难以取得成效。看到别的推销人员成绩斐然而自己成绩不佳，就会对推销工作失去信心。

（4）推销是向客户提供利益的工作。推销人员必须坚信自己的产品能够给客户带来利益，坚信自己的推销是服务客户，你就会说服客户；反之，推销人员对自己的工作和产品缺乏自信，把推销理解为求人办事，看客户的脸色，那么就将一事无成。

为了启动心灵的力量，推销人员一定要消除自卑感，培养坚定的信念，正确认识推销工作的价值，内心充满职业的荣誉感和自豪感，相信自己的产品、自己的企业、自己的推销能力，相信自己肯定能取得成功。这种自信能充分挖掘推销人员的潜力，使其战胜各种困难，获得成功。

【本章小结】

推销人员按不同的销售方式可以分成以下八类：售货员、电话推销员、网络推销员、零售推销员、大客户推销员、销售工程师、渠道推销员、顾问推销员。不同种类的推销人员有其不同的岗位要求。

要成为一名优秀的推销员，需要具备以下六项素质：①思想素质，包括正确的经营思想、良好的职业道德、高度的责任感和强烈的事业心；②业务素质，要熟悉和掌握企业知识、商品知识、用户及市场知识、法律知识和美学知识；③文化素质，要求推销人员具有一定的专业知识,如经济学、市场学、心理学、经济法、社会学等知识,除此之外,还应在文学、艺术、地理、历史、哲学、自然科学、国际时事、外语、礼仪表达、风土人情等方面充实自己;④心理素质,要求具备"四心二意",即信心、恒心、热心、野心、诚意和创意;⑤身体素质;⑥能力素质,包括学习力、观察力、分析力、忍耐力、自控力、沟通力和执行力。

推销人员在推销过程中,要经常与客户交流沟通,为此还需要掌握一定的礼仪常识:①上门推销礼仪,包括拜访前的准备、拜访时的礼仪;②推销迎送礼仪,包括迎客礼仪、介绍礼仪、名片礼仪、握手礼仪、送客礼仪;③推销交谈礼仪,包括使用敬语、谦语和雅语,调整语调,注意眼神,认真倾听,把握位置和距离。

推销人员要走向成功,尤其重要的是应具有坚定的专业信念:①正视拒绝与失败:调整心态、永保激情;②冲破阻力:舍得投入、充满自信、战胜恐惧、接受改变;③培养良好的习惯:工作目标化、不断地建立客源、经常自我反省;④启动心灵的力量:培养自信心,认识到推销是与人交往的工作、是容易遭到客户拒绝的工作、是不易取得成绩的工作、是向客户提供利益的工作,要消除自卑感,培养坚定的信念。

【复习思考题】

1. 推销人员分为哪八类?其岗位要求如何?
2. 推销人员应具备哪些基本素质?请详细列举。
3. 推销人员应掌握哪些礼仪常识?请详细列举。
4. 推销人员应具有哪些专业信念?请详细列举。

【实训题】

拜访一位已毕业的营销专业的校友,了解以下问题:

1. 他是怎样看待他的工作的?他是本着什么样的态度去从事推销工作的?
2. 他的主要任务和职责是什么?
3. 他推销的是什么产品?他如何寻找潜在客户?
4. 他了解他的公司吗?他熟悉自己推销的产品吗?
5. 他认为在推销中推销人员最需要具备的重要能力有哪些?

【案例分析题】

案例1:钢化玻璃酒杯推销员为何推销失败?

一个推销人员当着一大群客户的面推销一种钢化玻璃酒杯。他进行完商品说明之后,开始向客户做商品示范——把一只钢化玻璃杯扔在地上而不会破碎。可是,他碰巧拿了一个质量没有过关的酒杯,他猛地一扔,酒杯摔碎了。这样的事情在他此前推销酒杯的经历中还没有遇到过,大大出乎了他的意料,他自己也感到很吃惊。而客户更是目瞪口呆,因为他们原先已经十分相信这个推销人员的推销说明,只是想亲眼看看得到一个证明罢了,结果却出现了如此尴尬的局面。此时,推销人员不知所措,没了主意,任这种沉默继续下去,不到3s,便有客户拂袖而去,交易因此惨败。

问题:

1. 推销人员错在哪里?
2. 当意外发生时,推销人员的不知所措说明他缺乏推销人员应具备的哪些能力?如果是你,你会怎么做?

案例2：保险推销员为何能推销成功？

张强应聘到某保险公司不久，经理安排他所在的业务科室去完成一单能为公司带来几十万元保费的保险业务。其实，这单业务是一块公司不止一个人啃过，但都没啃下来的"硬骨头"。张强及其所在科室的同事们接受这项任务后，用近一个月的时间，跑农村、下车间，把那家公司的生产经营及大小客户情况都摸了个透，然后把掌握的情况打印成材料，登门拜访。那家公司的主管经理非常傲慢地接过他们的材料，但看着看着，他脸上的表情发生了变化。最后，他说："请你们主管与我的秘书约个时间。"一单期交保费70余万元的生意就这样做成了。后来，张强介绍经验说："那位经理说，你们的计划书太精细了，我不想再让第二家保险公司把我们了解得这么透彻了。"

问题：
1. 张强他们成功推销的秘诀是什么？
2. 上述成功案例对推销人员有何启示？

【资料阅读】

树立正确的推销心态

一个人要成功，心态起决定性作用。俗话说："良好的心态是成功的一半。"推销人员是勇敢者的职业，每天要面对各种各样的顾客，失败与挫折经常伴随推销人员而行。只有具备坚韧不拔、积极进取的心态，推销人员才能走向成功。

一、练就越挫越勇的心态

（一）当推销低潮出现时

就算是资深的推销人员或是业绩一直保持一定水准的推销人员，也可能发生连续两三个月的业绩持续滑落的情况，这就是一般推销人员闻之色变的"推销低潮"。未曾遇到过的人绝不会想到它的杀伤力有多大，曾经经历过的人则会暗暗祈祷噩梦不要再度来临。

推销低潮不仅使人精神郁闷，令人丧失冷静，甚至可能连自己是何许人都会产生怀疑。事实上，发生这种状况并不是没有原因的。其原因可能是：这段时间没有开拓新的顾客；最近的活动量不够；家中发生重大变故或自己生病，失去了应有的推销水准等。显而易见，除非是因重大变故或生病等不可抗拒的因素，否则失败的责任绝对要由自己来承担。

有些推销人员在运气好时，与顾客谈上一两回就能促成生意。而得来太过容易的胜利往往使人头脑发昏，以为从此之后幸运之神便会永远垂青，不再多花时间培养新顾客及联系老顾客，整天就是呼朋唤友去喝酒或喝咖啡消磨时间，待业绩出现断层时，则方寸大乱，不知道如何脱离困境。

首先，这种情形是由自满与自傲造成的。活动量不足尚可轻易解决，自满与自傲却像一柄锋利的双刃剑，在一切顺利时会化为自信，使拜访活动更有活力；但当业绩陷入低潮时，它将成为无形的杀手，使一切自我钻研、自我努力的成果化为乌有，业绩平庸，难以向前迈进。

其次，也是更可怕的，是一石二鸟或一石三鸟。有些推销人员不单单推销一种产品，还经常兼卖好几家企业的不同产品，结果造成贪多嚼不烂，最终一无所获。不满现状固然是驱动推销的原动力，但也有火力分散、不易命中红心的缺点。这也是为什么"万能推销员"始终是一个名词却无法成真的原因。

最后，可能是推销技术的问题。有的人迷信某种说明方式，便一成不变地将它运用在每个顾客身上。殊不知，久而久之，一成不变的行为方式将磨去推销员原有的魄力与热情，再也无法感动顾客，终有一天会遇上不灵验的状况。

出现推销低潮时，其实也不用灰心，凡事总要看得开一些。原一平曾经说："人生就是由无数烦恼穿成的念珠，达观的人是一面微笑一面去数它的。"何必自寻烦恼？最好把目标放在下一期的业绩上。也许这段时期正是对自己的销售能力及拜访活动情况进行全盘检讨的最佳时机，到下一次重新出发时，就能更有活力、更有技巧、更有要领地进行推销活动。

原一平第一次遭遇推销低潮时，整天虚心检讨自己的缺点，极力想从中找出原因，可是始终无法摆脱。有一天，他下定决心去拜访另一名资深推销人员，请教如何摆脱困境。没想到这位前辈却因醉酒在家休息。他知道后心中大为震撼，同时也认为自己的这种行为未免太过天真。仔细思考了一个晚上后，第二天一大早，他便起来冲了个冷水澡（当时正值冬天），直接出门去拜访顾客。然而，第一家他便被拒绝了，第二家也被拒绝了。但是，他并不十分介意，依然继续拜访工作，他决意要试试看，一直拜访完十家，结果会怎么样？最后，终于在他拜访第五家时结束了持续多日的噩梦。

签完合同后，他跑到路上高叫："太好了！我并没有放弃！"也就是从这一刻开始，一直一帆风顺的他，终于品尝到推销工作的真正辛酸，同时也在这一刻，他感到自己对推销行业的热爱程度有多深。

原一平说："最好的处理方式就是拜访、再拜访，在拜访过数十家甚至数百家顾客后，一定会有生意的。一再追悔为什么无法促成，对事情一点帮助也没有，倒不如好好想想，为什么以往能在不可能促成的状况下签下合约！这样反而能让自己找到更多以往遗漏的重点。"

（二）鼓起勇气，再试一次

据统计，推销人员第一次上门访问即成功的概率微乎其微，只有靠一次次坚韧不拔的争取，生意才会成功。

日本经营之神松下幸之助就是一位坚韧不拔的经营者，他讲过一个自己亲身经历的故事。一家大银行的低级职员，为了承揽松下电器公司的业务，一次又一次地跑去向松下幸之助陈述。由于当时日本企业界习惯于"一对一"的模式，松下公司本无转移业务的客观需要，所以第一次他回绝了，以后次次如此。可这位职员每半年总要来访一次，一直坚持了6年。后来，由于形势的转变和实际需要，松下公司决定新增关系银行，选中的正是那位职员所在的银行。

这里还有一位以坚韧精神一天访问13次最终成交的推销员的故事。

有一天，一位推销员向某公司的总务处处长推销复印机，这位总务处处长同往常应付其他推销员一样回答说："我考虑看看。"这位推销员听他这么说，就答道："谢谢您，那就请您想想看。"然后便离开了。当那位处长正松了一口气时，他又来了，处长以为他忘了什么东西，但他却说道："您想好了没有？"然而，他看到的是处长满脸吃惊的表情，于是他说："那我再来。"大约30min过后，他又来了，"您大概已经……"处长仍是一脸的困惑，这位推销员又说道："那我再来。"

后来他又来了，处长心想："我该以何种表情面对他呢？"虽然他用可怕的眼神瞪了一眼这位推销员，但他的心里却越来越不安："那个家伙会不会再来呢？"当处长正想时，这位推销员又出现了，"您已经考虑……对不起，我再来。"

处长的情绪越来越恶劣，但是这位推销员的波浪状攻击仍持续不断。到黄昏时，他已是第

13次来访了，处长终于疲惫不堪地告诉他："我买。"推销员问："处长先生，您为什么决定要买呢？""遇到你这种极有坚韧精神的人，我只好认了。"

鼓起勇气，再试一次，也许这次你就能成功。

二、良好的心态是成功的基石

（一）克服推销访问恐惧症

假如推销都能顺利的话，相信人们都会对推销工作感兴趣。可是，当面对现实的时候，一般人都会感觉到，推销并不是一件容易的事。在一般情况下，与顾客见面所得的结果都是失败居多。尤其对于经验不足的新的推销人员来说，成功的机会更是微乎其微。而与顾客接触过程中失败的经验积累多了，就会发展成为"访问恐惧症"。新推销员容易患访问恐惧症也就是这个原因。为了帮助推销人员克服访问恐惧症，"推销之王"齐藤竹之助着重分析研究了其形成的原因和应对的策略。

1. 形成访问恐惧症的原因

（1）自身知识、能力和准备不足。如自己能力不高、产品知识不丰富、学识浅、事前的计划及准备不充分、产品说明死板，未能推陈出新。

（2）意志消极。如有的人对推销工作缺乏信心，自我厌恶，并受家庭问题、收入不固定、气候不正常等因素的影响。

（3）身体条件不利。如身体不健康、睡眠不足、连续疲劳等也会对推销工作带来不利影响。

（4）对工作缺乏信心。这种心态起因于社会上的人对推销职业的认识不足。

（5）有悲观情绪。在进行访问时，屡遭顾客抗拒，因此一想到棘手的顾客、强大的竞争对手、商谈不易进展等情况，在事前就会因胆怯而产生悲观的心理。

（6）情绪低落。如果一段时间业务一直不振，就会感到不安与焦虑。

（7）顾客的各项条件与推销人员相差悬殊的时候，也容易使人形成访问恐惧症。例如，对方的社会地位、经济基础、人格、学识等都高于推销人员的时候。

（8）向熟人推销的时候。为推销而访问同学、旧友的时候，容易产生自卑感。

（9）恐惧进行访问时惹得对方厌恶。假如访问的对象是从事工作繁忙的行业、显要或社会地位较高的人，他们会对推销人员表现出厌恶的情绪，这会对推销人员的工作产生不利影响。

（10）访问门禁森严的住宅等也容易使人产生恐惧心理。

以上所列举的都是可能造成访问恐惧症的直接或间接原因。

2. 克服访问恐惧症的对策

推销人员要想克服访问恐惧症，可以采取以下措施：要有进取心，不断地磨炼、充实自己；要了解企业的理念；要有周密的销售计划和访问准备，才能顺利推进访问计划；提高自己的身体素质，做一个成功的推销人员，健康的身体是必需的条件；每天要过规律的生活；养成计划必须执行的好习惯。只要按照这些方法去实践，就能够克服访问恐惧症，成为一个优秀的推销人员。

（二）克服怕失败的心态

好的推销员必须有积极进取的心态，只有这样，才能在商战中屡败屡战、屡战屡胜。

心态一：最初的失败是理所当然的

新从业的推销人员一想到可能会失败，就会停滞不前，这就是患了"失败恐惧症"，而"失败恐惧症"又会引起"访问恐惧症"。

要对自己说，最初肯定不顺利，只要反复去做就会变得顺利。反复实践是走向顺利的唯一方法。

因此，在着手做一件事之前，内心要记住下列事项：

（1）根据成功计划改变方法时，效率有可能会暂时变低。
（2）在熟悉新方法之前，大都会不顺利。
（3）由于新人尚未熟练，遭遇困难是很正常的。

这是大家都知道的道理，可是一旦出现在推销中，却往往会将这些忘得一干二净，而总是认为推销一开始就会顺利，抱着美好的希望想着："但愿……"结果，很容易因大失所望而深受打击。所以，应该经常对自己说："开始往往是不顺利的，只有不断反复，才会变得顺利。"

心态二：经常想到伟人、先人的忍耐

所有的成功都不是一帆风顺的。爱迪生失败了无数次才发明了电灯；席维斯·史泰龙成功之前受到过无数次拒绝；桑德斯上校遭受了无数次拒绝才创办了"肯德基"炸鸡连锁店。因此，当你遇到不如意快要放弃时，请想想这些屡败屡战的伟人、先人，会激励你走出困境。

心态三：挖井，就要挖出水来

做任何事情，如果半途而废，就等于遇到挫折要放弃；而只要不停止，就算是在努力中。大体说来，水井只要继续挖，总有出水的一天，不同的只是出水多寡而已。同样，在推销中，只要坚持到底就能成功。

当经不断努力还不见成果时，不妨想想："把井再挖深一尺看看。"这不会很难，只要稍微振作一下就办得到。推销也一样，每次多访问一个顾客，或是一天多写15个邮寄信函的名字和地址，应该也不会太难吧！在思考着究竟是停止还是继续下去的情况下，类似这种努力，往往只要一点决心就够了。

心态四：向困难、失败微笑

嘉纳治五郎23岁时创办柔道馆，是一位一辈子从事柔道普及和促进世界和平的教育家。他曾经训诫弟子们说，人生最重要的精神就是"付诸一笑"。无论输赢，都要如此。只要拥有这种气概，就可以突破各种障碍。

可是，有许多推销人员，在顺利时就得意忘形，一旦被拒绝或遇到挫折就畏缩不前，这样当然无法顺利走上成功之路。你可以这样做：

（1）被拒绝或遇到失败都付诸一笑。
（2）不管胜利或失败，都要以无所谓的精神向前冲。
（3）不管遇到什么问题或障碍，都要告诉自己：一定要坚持下去，有始有终。

心态五：走自己的路，让别人说去吧

推销人员之所以害怕失败或被拒绝，是因为失败或被拒绝会深深伤害到自己的自尊心，觉得失败时的狼狈形象被其他人看到实在很难为情。

走自己的路、干自己的事，不要被别人的言语左右。作为推销人员必须有这种心态，才能全身心地投入，才能获得成功。

心态六：轻松承受如流水般的失败与痛苦

学着养成轻松承受痛苦的习惯，这样就可以在不知不觉间具备别人所无法比拟的忍耐力。告诉自己任何失败、痛苦都像流水一样，总有流走的时候，因此要尽量忍耐。

心态七：不要一开始就期待成功

遇到拒绝时，受打击的理由之一就是内心原本在期待成功。由于是抱着"如果顺利，第一次访问就成交"的想法去访问，因此被拒绝时自然会大失所望。

应对的方法之一就是"不要期待第一次就获得同意"。应该告诉自己，第一次访问会被拒绝，吃闭门羹；第二次访问时可以交谈、闲聊；第三次才能商谈……然后展开行动。这样每被拒绝一次，就可寄希望于下一次的访问。

（三）推销人员保持积极心态的方法

推销人员并不总是能如鱼得水、一帆风顺的，当推销遇到困难时，应如何保持积极心态呢？

美国的米契尔·柯达提出了几个简单方法：

1. 增加动力

懂得如何聚集动力、如何集中地使用动力固然重要，但首先必须具备动力。动力是一种积极、主动的力量，是一种主动去做的愿望，是怀着一个特定的目标，从一点向另一点移动去完成既定工作的愿望。推销活动从本质上讲是一种探索未知的活动，探索性的特点决定了它具有失败的可能，因此必须不畏艰险，顶住压力，排除障碍，增加动力。

2. 控制惰性

很多人之所以不能成功地进行推销，是因为他们面对棘手的问题会拖着不处理。惰性会产生一种永久的惯性，克服的办法是抛弃它，让消极的力量转化为积极的推动力。面对推销难题，需要花费艰苦的劳动时，对自己说，等把它克服了，就又可以清闲了，而现在阻碍你休息的就是这项工作。然后，把它当作是你的敌人一样，向它进攻，把它赶跑，你便为自己赢得了休息的时间。一旦获得了开动自己、利用自己旺盛精力的能力时，你便能够在一段较长的时间里使用这种能力了。切记：着手某件事后，就尽快去完成它。

3. 抵制厌倦

厌倦对一个人意志的损伤是极大的，如果陷入了使自身活力减退的烦躁之中，可按下列方法做一尝试：

（1）和自己打赌，在一天结束之前，你能完成你必须完成的工作，并在完成时给予自己奖励。

（2）在一天中给自己确立一个主要目标，无论放弃其他什么事情，都要达到这个目标。

（3）在一个星期中确定一天为"追赶"日，这样在其他日子里可避开大部分琐碎和费时的事。

（4）做每项工作前都给自己定一个时间限度，大多数人面对截止日期都能集中精力工作。

（5）不要把一天当作时间进程的延续，那样，没完成的工作便可推迟到下一天。取得大成就的人在制订计划时，会着眼于每一天的成就，让每一天都有特定的收获。

4. 善于幻想

停留在过去固然是错误的，然而，事实上有成就的人往往是那些能检视自己的过错并从中汲取教训的人。许多有成就的人还表示，他们常常幻想，这些幻想刺激他们向着既定的目标前进，使之富有建设意义。你想做的事情越多，你能够做的也就越多。

5. 培养信心

在推销产品的业务中，语言的培训十分重要。美国著名的推销训练专家汤姆·诺曼发现，日常生活中有一些词语有利于推销，可以显著提高推销人员的信心；而另一些词语却对推销不利，会打击推销人员的信心。

有利于推销的词语有推销对象的名字、了解、事实证明、健康、容易、保证、金钱、安全、省钱、新、爱、发现、对的、结果、真货、舒适、自豪、利益、值得、快乐、信赖、价值、好玩、至关重要的。通过对上述词语的反复练习，有利于提高工作热情。

不利于推销的词语有交易、成本、付款、合约、签名、试用、担心、损失、赔掉、伤害、购买、死亡、坏的、出售、卖出了、价格、决定、困难、辛苦、义务、应负责任、错失、责任、失败等。这类词语最好要少说。

（四）良好的心态就是良好的推销

最好的推销心态是怎样的？怎样才能够把握正确的推销心态？其实推销心态是成功推销的重要前提，只有拥有良好的推销心态，才可以实现良好的推销。

美国管理学家布莱克（Black）与蒙顿（Moton）教授根据推销人员在推销过程中对买卖成败及与顾客的沟通重视程度之间的差别，提出了推销方格理论。他们将推销人员在推销中对待顾客与销售活动的心态划分为以下五种类型：

（1）事不关己型。此种类型的推销人员对推销成功与否及顾客感受的关心程度都是最低的。他们对本职工作缺乏责任心，究其原因，也许是主观上不愿做推销工作，当一天和尚撞一天钟；也许是客观上对工作不满意。

（2）强行推销型。此种类型的推销人员认为，既然由我负责这一顾客，我便应向其施加压力，进行硬性推销，迫使其购买。因此，他们为提高推销业绩，不惜采用多种手段，全然不顾顾客的心理状态和利益。强行推销不但损害了顾客的利益，而且损害了企业的市场形象和产品信誉，导致企业的经济利益受损，最终使推销活动和推销人员给顾客留下极坏的影响，影响推销行业的发展。

（3）顾客导向型。此种类型的推销人员认为，我是顾客之友，我想了解顾客并对其感受和兴趣做出反应，这样顾客会喜欢我，这种私人感情可促使他购买我的产品。他们可能是不错的人际关系专家，因为他们始终把与顾客处好关系放在第一位，但并不是成熟的推销人员。因为在很多情况下，对顾客的百依百顺并不能换来交易的达成。现代推销要求把顾客的利益和需要放在第一位，而不是把顾客的感受摆在首位。

（4）推销技术导向型。此种类型的推销人员既关心推销效果，也关心顾客，他们往往有一套行之有效的推销战术，注重揣摩顾客的心理，并善加利用这种心理促成交易。他们可以凭经验和推销技术诱使顾客购买一些实际上并不需要的东西，因此，他们可能会有极佳的推销业绩。但这类推销人员仍然不是理想的推销人员，他们放在首位的是根据顾客的购买心理促成交易，而不是顾客的利益和需要。

（5）解决问题导向型。此种类型的推销人员把推销活动看成是满足双方需求的过程，把推销的成功建立在推销人员与顾客双方需求的基础上。从现代推销学角度讲，这种类型的推销人员是最理想的推销专家，这种推销的心态是最佳推销心态。世界超级推销大师齐格·齐格勒说："假如你鼓励顾客去买很多的商品只是为了自己可以多赚钱，那你就是一个沿街叫卖的小贩；假如你鼓励顾客购买很多商品是为了顾客的利益，那你就是推销的'行家'，同时你也会得益。"事实正是如此。

推销人员不仅要认识自己的推销心理，努力培养良好的推销心态，而且要善于洞察顾客的购买心理，因人而异地开展推销活动。推销方格理论按顾客对购买活动本身的态度和对推销员的看法和态度，将顾客分为以下几种类型：

(1)"漠不关心型"。这种顾客不但对推销人员漠不关心，对其购买行为也漠不关心。他们经常逃避推销人员，对采购工作也不敢负责，怕引起麻烦，因此，往往把采购决策推给上司或其他同事，自己只负责询价或搜集资料等非决策性工作。

(2)"软心肠型"。这种顾客心肠很软，对推销人员极为关心，当推销人员对其表示好感、友善时，他们总会爱屋及乌地认为他所推销的产品一定不错。这种顾客经常会买一些自己很可能不需要或超过需要量的东西。

(3)"防卫型"。这种顾客与前述两种类型的顾客刚好相反，他们对其购买行为高度关心，但是对推销人员却极不关心，甚至采取敌对态度。在他们心目中，推销人员都是不诚实、耍嘴皮子的人，对付推销人员的方法是精打细算、先发制人，绝对不可以让推销人员占便宜。

(4)"干练型"。这种顾客常常根据自己的知识和别人的经验来选择品牌、决定购买数量，做出每一个购买决策都经过客观的判断。

(5)"寻求答案型"。这种顾客在决定购买之前，早就了解自己需要什么，他们需要的推销人员是能帮助其解决问题的人。对于推销人员所推销的产品，他们会将其优点、缺点都进行客观的分析，如果遇到问题，也会主动要求推销人员协助解决，而且不会提无理的要求。

什么样的推销心态最好呢？无可否认的是，越是趋向于"解决问题导向型"的心态，越能达成有效的销售。因此，每一个推销人员都应该把自己训练成为一个"对销售高度关心，对顾客也高度关心"的"问题解决者"。可是，并非只有具备这种心态的人才能达成有效的推销，一个"顾客导向型"的推销员虽然很蹩脚，但是如果遇到的是一个"软心肠型"的顾客，一个人对顾客特别热心，另一个人心肠特别软，两人碰在一起，惺惺相惜之下，推销任务也许照样可以达成。

(五) 没有放弃的原因，只有挑战的心态

原一平认为："一个成功的推销人员在遭遇挫折或失败时，要能永不认输，屡败屡战，咬住不放，坚持到最后胜利为止。"

他还说过："我认为，毅力和耐力才是推销人员夺标的秘诀。"

心情对行为的影响占有相当大的比重，随着心情变化，结果时好时坏，这种现象是不可否认的。

以乐观或悲观的态度看待事物，纯属人生观的问题，无所谓孰好孰坏，但是在从事推销行业时，毫无疑问，乐观者较易成功。与其杞人忧天或在意不理想的结果，不如去思考更积极的方法，归纳出一套可行的方案。

有些推销人员生性悲观，凡事都往坏处想，以致在展开行动之前，摆满了失败的借口，这样如何会有好成绩？只会自毁前程罢了。

在推销的字典里，绝无"不可能"三字。遇到问题，只要仔细思考，总能找出许多解决困难的方法，属于推销人员个人的因素也一样。

可是，有人却喜欢列举理由。不可否认，"办不到"的借口很多，但爱找借口的人，失败的概率也往往高于常人。因此，不能在做事之前就开始为自己找借口搪塞。

即使成功的概率很低，但只要存在着可能，也要勇敢地接受挑战。只有勇于接受挑战，才可能获得成功；倘若在一开始就放弃，胜利的号角绝不会为你吹响。

当然，自我挑战不是在精神论的范畴内说说而已，光凭口号来对抗问题，无疑毫无作用。必须找出问题症结，用实际行动加以解决。具体方法是：增加访问顾客数量、延长活动时间、锁定目标、提高会晤和订约率等。

三、大胆地正视拒绝

（一）顾客的拒绝和应对技巧

现代社会，人们的时间十分宝贵，所以除非必要，顾客对"不速之客"——推销人员经常持拒绝态度。一般情况下，应对拒绝态度的技巧有以下几种：

1. "我没兴趣"

应对的技巧是：

A："这点我能了解，在您还没看清楚一个事物前，不感兴趣是正常的。"——基于同理心。

B："不过我希望您能给我个机会让我为您讲解，不知道您明天下午或后天下午哪个时间不太忙?"——"二择一法"。

2. "我不会买"

应对的技巧是：

A："为什么?"——找出不买的原因。

B："没关系，您听后再做决定。不知您明天上午或下午是否有空?"——"二择一法"。

3. "我没有钱"

应对的技巧是：

A："您觉得需要很多钱吗?"

B："您太马虎了。不过，听听对您没什么损失啊！请问您明天或后天……"——跟对方装糊涂。

4. "我不需要"

应对的技巧是：

A："您不是不需要，而是不想要吧?"

B："您可能不需要，但是您的家人需要啊！"

5. "我太忙了"

应对的技巧是：

"×先生，就是想到您可能太忙，所以我才先拨个电话和您约个时间，而不是冒冒失失地去打扰您。请问您明天上午或下午哪个时间比较方便?"

6. "这是在浪费你的时间"

应对的技巧是：

A："×先生，我觉得花这点时间是很值得的。不知道您今天下午有空，还是明天下午有空?"

B："哇！您人真的很好，这是为我们业务人员着想，我一定要认识您不可。请问您明天上午有空，还是明天下午有空?"

切记,千万不要让对方有犹豫和思考拒绝的机会,一回答完准顾客反对的问题,一定要紧接着再一次"敲定见面的时间、地点",这一点才是你电话约访最重要的目的。

(二) 拒绝是推销的开始

世界寿险首席推销员齐藤竹之助说:"推销就是初次遭到顾客拒绝之后的坚持不懈,也许你会像我那样,连续几十次、几百次地遭到拒绝。然而,就在这几十次、几百次的拒绝之后,总有一次,顾客将同意采纳你的计划。为了这仅有的一次机会,推销人员在做着殊死的努力,推销人员的意志与信念就显现于此。"

一位推销专家曾经说过:"每一次明显的推销尝试都会造成沟通上的抵制。"人们不喜欢成为推销或干涉的对象,尤其是成为一个陌生人的推销或干涉对象。当他们看到推销人员走过来时,不一定总是躲起来,但他们会制造其他形式的障碍,甚至可能是一个隐藏他们自然本性的防御性的面具。为了成功,推销人员必须揭开这层面具。

人们很自然地抵制新事物,而推销人员在成长过程中所取得的大部分成就都是通过战胜抵制才得到的。回溯到1820年,铁路被人们反对,大部分理由是说它会使人们震颤,而且使牲口早产,使奶牛停止产奶,使母鸡不再下蛋。现在,虽然外部世界已经改变,但人性的本质依然一样,即人们通常不愿意改变自己的惯性状态,因此,应该预见到自己的推销会被抵制。

推销肯定伴随着抗拒。如果每个人都排队去买产品,那推销人员也就没有作用了,顶尖推销员也不会被人们所尊重。所以,推销遭受拒绝是理所当然的。

优秀的推销人员认为被拒绝是常事,并养成了习惯吃闭门羹的气度,他们会时常抱着被拒绝的心理准备,并且怀有征服顾客的自信。这样的推销人员会以极短的时间完成推销;即使失败了,他们也会冷静地分析顾客的拒绝方式,并找出应对这种拒绝的方法来,待下次遇到这类拒绝时即可从容应对,成交率也会越来越高。

推销的秧苗往往是经历了持续不断的辛勤的灌溉后,才会开花结果。推销人员不要想着一次就正中靶心,而应该努力思索如何才能打动准顾客的心,如何能让准顾客发现自己的需要,发现自己服务的热诚。因为顾客的拒绝,推销人员才有机会开口,了解原因何在,然后针对缺口,一举进攻。所以,被拒绝不是坏事,反而应该视为促进您推销工作的契机。从心理学的观点来看,当顾客拒绝你或对你的态度不好、不友善时,他心里相对来讲也不好过。

很多推销人员之所以不能很好地推销产品,是因为他们只是想到自己卖一件产品赚多少钱。如果只想到自己能赚多少,那一定会遇到更多的拒绝,受到更多的打击。

请记住,推销人员不是把产品推销给顾客,而是在帮助顾客解决困难,提供最好的服务;永远不要问顾客要不要,而要问自己能给顾客提供什么样的帮助。所以,以积极、正面的心态去看待拒绝,是决定推销事业成败的关键。

(三) 勇敢地面对拒绝

几乎所有推销人员都有一个共同的感受和经历,就是成功的推销都是从接受顾客无数次拒绝开始的。勇敢地面对拒绝,并不断从拒绝中汲取经验教训,不气馁、不妥协,这是推销人员应学会的第一课。

其实,顾客拒绝推销人员登门造访的心理是可以理解的。推销人员面对的顾客大部分是陌生人,双方互不熟悉,必然存在着一种对抗和排斥心理。而且推销人员上门去推销商品或去办公室推销产品时,也许顾客一家人正在其乐融融地看电视或正在开会,一个陌生人突然打破了这份宁静和打断了工作程序,一定会激起顾客的反感,那么,不友好的语气和生硬的拒绝就不是不可以理解的了。

也许还有推销人员认为，自己推销的是对顾客有用的商品，是为顾客服务上门，这种不近人情的态度不是失礼吗？这种想法也是不对的。也许你是为顾客着想，是在推销他们需要的产品，但对于大多数顾客来说，他们并不相信或知道这点。日本的一位推销专家曾做过一项调查，结果表明，有20%的人没有什么真正的理由，只是泛泛地反感推销人员干扰，便随便找个理由将其打发走。特别是在我国市场经济秩序尚不完善的现状下，人们在各种场合多多少少都受到过假冒伪劣产品的欺骗，受过小商小贩缺斤短两的伤害，甚至在一些大商场也曾买到伪劣产品。这就迫使消费者学会自己保护自己，对自己不信任的产品一律持拒绝态度，更不用说是对上门推销的陌生人员和陌生产品了。所以，当推销人员遇到拒绝时，首先一定要保持良好的心态，要理解顾客的拒绝心理，要以顽强的职业精神、百折不挠的态度正视拒绝，千万不要因此而心灰意冷，甚至放弃这项工作。

树立正确的推销心态是重要的，但更重要的是掌握防止顾客拒绝的办法或遭到顾客拒绝后的应对之策。推销人员必须消除顾客潜意识中的排他心理，先入为主，给顾客留下良好的第一印象；面对顾客的不信任和反感，不能急于介绍产品，而应通过聊天闲谈的迂回战术来引起顾客的好感，放下戒备，然后再介绍产品。

（资料来源：百倍业绩提升推销学，阿里巴巴——商人论坛．）

阅读思考：

1. 推销人员如何练就越挫越勇的心态？
2. 为什么会出现推销访问恐惧症？如何克服？
3. 面对失败，推销人员应具有什么样的心态？
4. 推销人员如何保持积极向上的心态？
5. 推销人员遭遇顾客拒绝的态度有哪些？如何应对？

第三章

推 销 信 息

【学习目标】
- 产品信息
- 推销区域的信息
- 潜在客户的信息

【基本概念】

市场涵盖率、推销成功率、潜在客户

【引导案例】

杂志封面的"狗床猫窝"也能创汇

南方某藤器制品厂厂长朱某无意中从一本外国杂志的封面上看到一张广告照片:画面是四方形的编织篮里铺着垫单和被子,一只狗在里面睡觉。在一般人来看,这只是一个"趣闻",而朱厂长却用"市场眼光"阅读信息,并结合自己的厂情做了深入调查。之后,他组织人员设计和编制了狗床猫窝。一个外商看了该厂生产的狗床猫窝,赞不绝口。最终,价值20多万美元的狗床猫窝出口到了美国。出口狗床猫窝赚大钱,得益于朱厂长在处理信息上的过人之处:透过表面挖掘内涵,想人所未想,见人所未见,从看似"趣闻"的信息里开拓出一个"冷门市场"。

(资料来源:经典案例——市场营销调研及信息系统,豆丁网.)

准确的信息是决策的依据。推销人员在拜访客户前,需要做好充分的准备,收集和掌握尽可能详尽的信息,包括产品信息、推销区域的信息及潜在客户的信息等,以便了解有关情况,迅速掌握销售重点,节约宝贵的时间,有效地拜访客户,制订出科学、可行的推销拜访计划。

第一节 产品信息

推销人员掌握产品信息的主要渠道是企业的相关部门和同事、客户。只有详细了解产品后,产品蕴涵的价值才能通过推销人员的销售技巧体现出来。

一、熟悉产品的基本特征

熟悉本企业产品的基本特征,这实际上是推销人员的一项基本素质,也是成为一名合格推销人员的基本条件。推销人员在上岗之初就应该对产品的以下特征有充分了解:

1. 产品的基本构成

（1）产品名称。

（2）产品功能。

（3）产品价格和付款方式。

（4）运输方式。

（5）产品的规格型号。

当客户询问产品的基本构成情况时，推销人员不必急于向客户发出销售进攻，因为客户此时只是想了解更多的基本信息，而不想迅速做出决定。此时，如果推销人员表现得过于急功近利，反而会引起客户的反感，这将不利于彼此之间的进一步沟通。

所以，在分析产品的基本构成情况时，推销人员的表现更应该像一个专业而沉稳的工程师，应该客观冷静地向客户表明产品的构成、技术特征、目前的技术水平在业界的地位等。当然，此时推销人员介绍产品的语言一定要力求简洁明朗，而不要向客户卖弄令其难以理解的专业术语。

此时，推销人员对产品的基本构成分析得越全面和深入，表现得就越从容镇定，给客户留下的印象就越专业和可靠。建立在这一基础上的客户沟通，就会比喋喋不休地对产品进行华而不实的宣传顺畅得多。

2. 产品为客户带来的价值

（1）产品的品牌价值。随着人们品牌意识的普及和提高，对于很多领域内的产品，客户都比过去更加注重产品的品牌知名度等。

（2）性价比。这是理智的客户购买产品时考虑的一个重要因素。在购买某些价格相对较高的产品时，客户对这一因素的考虑将更加深入。

（3）产品的服务特征。产品的售后服务已经越来越受到人们的普遍关注，可是产品的服务绝不仅仅指售后服务，还应该包括销售前的服务和销售过程中的服务。

（4）产品的特殊优势。如产品蕴涵的某种新科技含量、在功能上的创新等。

所有客户在购买产品时都会关注产品为自己带来的价值，没有价值的产品，客户是不会考虑购买的。所以，推销人员必须站在客户的立场上，深入挖掘自己所销售的产品到底能为客户提供什么样的价值，以及多大的价值等。如果推销人员本身都弄不清楚产品的实际价值，那么客户自然不会对这样的产品抱有任何信心。

二、了解产品的竞争差异

将本企业的产品和竞争企业的同类产品在以下方面进行分析比较：材料、质地、规格、美感、颜色和包装、功能、科技含量、价格、结算方式、运输方式、服务、代理商、品牌、广告投入/效果、区域内员工人数、市场占有率、市场变化、上月回款、客户满意度等。把产品分析做透，自然就会了解客户在选择产品时的诸多因素。以上项目可以根据自己所需要掌握的信息进行删减，做到每一项分析都有价值，都能说明一定的问题。找出产品可能的利益点，在与客户接触后就能够找到客户需求的重心。

产品分析是推销人员长期进行的工作，它不是企业一个部门或者是其他某个人的事情，也不可能在短时间内做出有价值的产品分析。只有在不断地寻找潜在客户的过程中，通过接触和了解，推销人员才能真正懂得所推销产品的价值取向，从而拥有更多的客户。

没有竞争的产品，推销人员的价值就无从体现。正因为竞争非常激烈，推销人员在自己的业务生涯中始终保持竞争力，才更有意义。

三、精通产品知识

成功拿下订单的公式为

$$订单 = 市场涵盖率 \times 推销成功率$$

式中，市场涵盖率为推销人员接触客户的数量；推销成功率为推销人员成交的比例。

推销成功率的决定因素是品牌、价格、销售技巧、人际关系以及产品知识。

对一个专业的推销人员来说，任何借口（如产品的更新速度快、公司培训跟不上等）都不应该阻止他掌握所推销产品的知识。任何工作都一样，只有努力去钻研和学习，才能掌握比他人更多的知识，工作才能更出色。客户是通过推销人员来了解产品知识的，如果推销人员对产品知识不精通，客户的疑问就不能得到很好的解决，何谈成交？

推销人员应从以下两个方面钻研产品知识：

1. 研究产品的基本知识

产品对生产者而言，是一定规格、按照一定标准生产的产品，但对推销人员来说，产品涵盖的内容更广。

（1）产品的硬件特性：产品的性能、品质、材料、制造方法、重要零件、附属品、规格、改良之处及专利技术等。

（2）产品的软件特性：产品的设计风格、色彩、流行性等。

（3）使用知识：产品的使用方法、操作方法、安全设计、使用时的注意事项及提供的服务等。

（4）交易条件：价格方式、价格条件、交易条件、物流状况、保证年限、维修条件、购买程序等。

（5）相关知识：竞争产品的情况、市场行情的变动状况、市场的交易习惯、客户的关心之处，以及法律、法令等的规定事项。

2. 掌握产品的诉求重点

推销人员要有效地说服客户，除了具备完备的产品知识外，还需要有重点说明方向——产品的诉求重点。有效、确实的诉求重点来自平时对各项情报的收集整理和与客户的接触。

（1）阅读资料获取。如新闻杂志选摘的资料、产品目录、产品简介、设计图、公司的训练资料等。

（2）从相关人员获取。如领导、同事、研发部门、生产制造部门、营销广告部门、技术服务部门、竞争者、客户等。

（3）自己的体验。如自己亲身销售过程的心得、客户的意见、客户的需求、客户的异议等。

（4）产品售价与主要竞争者的比较分析。其主要包括各自的定价、售价、分期付款价、各自产品的优缺点及特色等。

第二节 推销区域的信息

企业一般都规划好了推销人员的推销区域，有些会把潜在客户名单交给推销人员推销，有些则没有明显的区域划分，如保险业及多数的直销业。一般情况下，没有推销区域的推销人员应该自行规划合适的推销区域，因为如果没有一个重点的推销区域，将无法有效地制订推销计划。

大多数情况下，应从以下几个方面来了解推销区域：

一、了解客户的行业状况

不同的产品有不同的适用行业，如销售机电产品的销售人员，需要了解工厂的分布状况、规模及经营状况。通过对区域内的行业状况进行调查，可以知道客户的重点分布区域。

二、了解客户的使用状况

客户喜欢我们的产品还是竞争对手的产品？客户为什么选择竞争对手的产品？企业原有的客户状况如何？了解企业的原有客户可以继续做好服务并发现新的商业机会。

通过与曾经在这个区域工作过的同事沟通，可以比较快地了解这个区域客户的使用状况。

三、了解竞争状况

区域内竞争的品牌有哪些？代理商的选择如何？有多少个代理商？其服务对比我们的服务有什么区别？价格的差异有多大？客户对竞争产品的口碑如何？竞争企业的人员数量如何？详细了解这些状况，有助于我们的推销准备工作。

对一个新的区域通常不可能在短时间内了解详细，而需要不断地深入。如果浅尝辄止，不认真研究区域内客户的变化，业绩就永远不可能稳固和扩大。

四、把握区域市场潜力

前面初步了解了区域的特点，除了有助于了解竞争者之外，另外一个目的就是把握推销区域内的销售潜力。只要能把握住市场潜力，就能准确地制定出销售目标。

根据市场特点，可以根据以下因素评估所推销区域的市场潜力：

(1) 市场饱和度。
(2) 区域内客户的规模大小及数量。
(3) 区域内的竞争者强弱及市场份额的比例。
(4) 区域内适合销售行业的多少，如学校、银行、事务所、机电生产厂等。
(5) 景气的企业数目。通常景气的企业需要扩充，且预算较宽裕，具有很好的销售机会。

充分了解上述几个因素，才能决定推销策略（如决定客户的拜访优先顺序和拜访频率，对不同行业客户的接触方法，对竞争产品的应对策略等）及制订推销计划，以便对区域内的潜在客户进行有效的拜访。

第三节 潜在客户的信息

一、寻找潜在客户

潜在客户是可能成为现实客户的个人或组织。这类客户或有购买兴趣、购买需求，或有购买欲望、购买能力，但尚未与企业或组织发生交易关系。潜在客户包含一般潜在客户和竞争者的客户两大部分。所谓一般潜在客户，是指已有购买意向却尚未成为任何同类产品或组织的客户；以及虽然曾经是某组织的客户，但其在购买决策时对品牌的认可较为随意的客户。竞争者客户是指本企业的竞争对手所拥有的客户群体。简单地说，推销人员打算把产品或者服务推销给谁，谁有可能购买本企业的产品，谁就是潜在客户。寻找潜在客户是销售循环的第一步，在确定了市场区域后，推销人员就得找到潜在客户并同其取得联系。如果不知道潜在客户在哪里，那么向谁去推销产品呢？事实上，推销人员的大部分时间都在寻找潜在客户，而且会形成一种习惯，比如将产品推销给一个客户之后，通常会问上一句"您的朋友也许需要这件产品，您能帮忙联系或者推荐一下吗？"

如何寻找潜在客户呢？通常有以下方法：

1. 网络搜索寻找法

网络搜索寻找法就是推销人员运用各种现代信息技术与互联网通信平台来搜索准客户的方法。它是信息时代的一种非常重要的寻找客户方法。

互联网的普及使得在网上搜索潜在客户变得十分的方便，对于新业务员，网上寻找客户是开始的最好选择。先在网上通过一些商业网站去搜索一些客户的资料，或通过大型的搜索引擎，如百度、360等，用关键词搜索。不要固定地使用一个搜索引擎，同样的关键词用不同的搜索引擎搜索，会有不同的结果。一种比较快捷的方式是找产品所在行业的行业网。每个行业几乎都有行业网站，用关键词搜索，如××专业网、××行业协会（英语关键词可以多试）。通常情况下，这些网站会有会员列表，并且在这些专业网站和行业协会网站上还有很多相关链接，也很有用。

通过互联网，推销人员可以获得以下信息：

（1）准客户的基本联系方式，不过推销人员往往不知道那个部门的负责人是谁，这需要电话沟通配合。

（2）准客户公司的介绍，可以了解公司目前的规模和实力。

（3）准客户公司的产品，可以了解产品的技术参数、应用的技术等。

（4）一些行业的专业网站会提供该行业内的企业名录。一般会按照区域进行划分，也会提供一些比较详细的信息。例如，慧聪国际、阿里巴巴这些网站往往会由于进行行业分析研究而提供比较多的信息。

与传统方法相比较，网络搜索寻找法的优点如下：

（1）高效便捷。推销人员可以在相关商业网站，通过各种关键词，快速寻找目标准客户，从而节约时间，避免盲目的市场扫荡，提高推销工作效率。

（2）推销成本和市场风险低。

（3）搜寻到的信息较全面。

网络搜索寻找法的缺点如下：

（1）信息准确性差。由于网络信息更新较快，在一定程度上会影响推销人员在网上所检索到的目标客户资料的准确性。

（2）不易搜寻到有用信息。出于信息安全的考虑，一些重要资料并不在网上公布。如目标客户及其相关资料，以及一些官方资料、企业内部信息资料等，推销人员在网上并不是完全能够查到。

（3）虚假信息干扰。网络世界是一个虚拟的世界，推销人员在运用互联网这一现代化信息手段查找资料时，难免会遭遇到假情报的干扰，从而不能完全保证目标客户资料的真实性和可靠性。

2. 普遍寻找法

普遍寻找法也称地毯式寻找法，是指推销人员在不太熟悉或完全不熟悉推销对象的情况下，普遍地、逐一地访问特定地区或特定职业的所有个人或组织，从中寻找自己客户的方法。其方法就是把推销人员按地区划片分工，逐户访问。"地毯式"访问所依据的原理是"平均法则"，即认为在被访问的所有对象中，必定有推销人员所要寻找的客户，而且分布均匀，客户的数量与被访问对象的数量成正比关系。因此，只要对特定范围内的所有对象无一遗漏地寻找访问，就可以找到足够数量的客户。假如根据以往的经验，30个客户中会有1个客户购买某种推销品，那么300次访问中便会产生10笔交易。因此，只要对特定范围内的所有对象无一遗漏地寻找查访，就一定可以找到足够数量的客户。

普遍寻找法比较适宜推销各种生活消费品，尤其适用于推销必备的日用工业品和人人都需要的各种服务。在国外被广泛地应用到对生活资料挨家挨户的推销中；在我国则主要应用于工矿企业对中间商的推销或者较小范围内的上门推销中。

随着我国第三产业的迅速发展，普遍寻找法的应用必将越来越广泛。各类服务性行业的性质决定了其推销工作的特点，走出店门寻找客户与坐等客户上门这两种经营方式各有妙用。尤其是个体从业者，送货上门，服务上门，更是竞争中取胜的上策。

采用普遍寻找法关键在于要挑选一条比例合适的"地毯"，也就是说，推销人员应该根据自己所推销产品的各种特性和用途，选择一个比较合适的寻找区间。这个区间可以是一个地区、一个社会人群、一个行业、一个地区的所有工厂、所有大专院校、一个办公大楼内的所有公司及其所有职员等。例如，推销大中专学生使用的教材或学习用品，应选择大中专院校为寻找区间；推销药品，应选择医院或药店为寻找区间。

普遍寻找法的优点：

（1）可借机进行市场调查，更好地探查客户的需求情况。这是因为此法接触面比效广，推销人员可以听到各方面的意见。

（2）可扩大企业、推销产品及推销人员的影响。

（3）可磨炼推销人员的意志，积累推销工作经验。对新推销人员来说，这是走向成功的必经之路。

普遍寻找法的缺点：

（1）存在一定的盲目性。由于推销人员对客户的情况不了解，访问中针对性差。同时，客户事先也不知道推销人员来访，对所推销的产品不了解，往往会采取拒绝的态度。采用此法寻找客户，通常是在不太了解或完全不了解对方情况的条件下进行访问的，尽管推销人员可能事先做了一些必要的选择和准备工作，但仍然难免带有很大程度的盲目性。如果推销人员过于主观，判断错误，则会浪费大量的时间和精力。

（2）访问成功率低，耗费精力大。由于要拜访选定区间的每一位客户，因此耗费的精力、体力及时间较大。而且拜访前推销员一般难以事先通知客户，所以访问是在客户毫无精神准备的情况下进行的，客户往往表示拒绝接见，拜访的成功率较低，还会给推销人员造成一定的心理压力。

采用普遍寻找法寻找客户应注意的问题：

（1）事先调研，确定合适的寻找区间（"地毯"）。为了减少盲目性，推销人员在上门访问前，应根据自己所推销产品的特性与使用范围等，进行必要的可行性研究，确定一个比较适当的行业范围或地区范围。

（2）总结经验，设计好接近方案。要在总结以前经验的基础上，多设计几种谈话的方案与策略，尤其是斟酌好第一句话的说法与第一个动作的表现技巧，减少被拒之门外的可能性。

总之，普遍寻找法是现代推销人员最常用的寻找客户的技术之一。在采取这种方法寻找客户时，推销人员必须做好必要的选择和准备工作，并且要在推销行动开始之后适时调整行动方案。由于这种方法固有的缺陷，推销人员在寻找客户时最好能够配合其他方法，综合运用，以便取得理想的效果。

3. 介绍寻找法

介绍寻找法又称"连锁介绍法"，是指通过请求现有客户介绍他认为可能的潜在客户的方法。推销人员通过他人的直接介绍或者提供的信息进行客户寻找，可以通过推销人员的熟人、朋友等社会关系，也可以通过企业的合作伙伴、客户等进行介绍，主要方式有电话介绍、口头介绍、信函介绍、名片介绍、口碑效应等。

介绍寻找法的操作要点：

（1）请现有客户转介绍。首先应与现有客户建立良好的人际关系，在此基础上请求现有客户介绍一些潜在客户，包括个人或组织。

（2）建立连锁制度。例如，建立会员制的方法。请 A 客户介绍 B 客户；请 B 客户介绍 C 客户和 D 客户；再请 C 客户介绍 E 客户和 F 客户，请 D 客户介绍 G 客户和 H 客户。最后，对客户的介绍情况按照制度进行奖励。介绍的内容主要有名单、联系线索、需求及其他特点等，越详细越好。

介绍方式：规模较大的介绍可采取见面会、交流会或其他方式进行；如果是直接的个人介绍，则可以采取面对面方式。

介绍寻找法的优点：可避免寻找客户工作过程中的盲目性，被认为是寻找客户的最好方法。研究表明，由亲朋好友及其他熟悉的人向潜在客户推销产品，影响力高达 80%；向现有客户推荐的新客户推销比向没有人推荐的新客户推销，成交率要高 3~5 倍。

介绍寻找法的缺点：推销人员对现有客户依赖性较强，比较被动。这是因为推销人员不可预知现有客户能介绍哪些新客户，难以做事先准备和安排，有时会打乱整个访问客户的计划；现有客户并没有为推销人员进行连锁介绍的义务，能否介绍存在很大的不确定性，推销人员处于比较被动的地位。

【辅学资料】

乔·吉拉德的"250 定律"

乔·吉拉德认为，在每位客户的背后都或许站着 250 个人，这是与他关系比较亲近的人：同事、邻居、亲戚、朋友。如果一个推销人员在年初的一个星期里见到 50 个人，其中只要有两个客户对他的态度感到不愉快，到了年底，由于连锁影响，就可能有 5000 个人不愿意和这个推销人员打交道。这就是乔·吉拉德的"250 定律"。由此，乔·吉拉德得出结论：在任何情况下，都不要得罪哪怕是一个客户。在乔·吉拉德的推销生涯中，每天都将"250 定律"牢记在心，抱定"客户至上"的态度，时刻控制自己的情绪，不因客户的刁难，或是不喜欢对方，或是自己心绪不佳等原因而怠慢客户。乔·吉拉德说得好："你只要赶走一个客户，就等于赶走了潜在的 250 个客户。"

4. 中心开花寻找法

中心开花寻找法又称权威介绍法，是指推销人员在某个范围内，首先寻找并争取有较大影响力、能产生晕轮效应的中心人物，然后利用中心人物的影响和协助把该范围内的准客户发展为真正客户的方法。此法属于介绍寻找法中的一种特例。

【案例3-1】

王梅的推销业绩是怎样提升的?

王梅是××化妆品的推销员，推销业绩一直提升得不快。后来在儿子的家长会上，她偶然得知有一个孩子的妈妈是某单位的工会主席，姓张，突然有了主意，决定试一试。

有一天下着大雨，这位工会主席还没来，看着孩子们一个个被家长接走了，她的孩子很着急。王梅就主动上前安慰他，告诉他说："阿姨可以送你回家。你先给妈妈打个电话，告诉她不要着急，康明（王梅的儿子）的妈妈送你回家。"小家伙照办了。王梅把他送到家，并记住了他家的地址。

工会主席很感动，很快和王梅成了好朋友，王梅给她做了全套护肤美容和化妆，边做边讲解，并针对她的肤质特点提出建议。工会主席发现，化妆后果然，比平时漂亮多了，大家的赞美使她很高兴，自然成了王梅的顾客。她还帮助王梅介绍了一些同事，在她的影响下，单位有不少女同事也都开始使用××化妆品了，王梅的顾客数量也达到了300人，收入大有提高。

张主席后来又帮王梅与另外几个大企业的工会主席取得了联系，建立了友谊。通过这种方法，王梅发展了几个公司的大量顾客。她们中有的人买了全套化妆品，有的人只买了单件，不论怎样，她对她们都一视同仁、不厌其烦、周到服务，大家对她也都非常满意。因此，她的顾客量像滚雪球一样越来越多，销售量直线上升，收入有了极大提高。

上例中，推销员王梅运用了一个核心人物——某单位的工会主席，使得推销业绩大大提升。其利用中心开花寻找法的连锁效应可以表示为：推销人员——某单位工会主席——某单位员工及其他单位的工会主席——其他单位员工。

中心开花寻找法的优点：节省了寻找客户的时间和精力，更可以利用中心人物的名望与影响力，扩大企业及推销产品的名声，拓展市场空间。

中心开花寻找法的缺点：把希望过多地寄托在中心人物身上，具有一定的被动性，其寻找客户的效果也可能会适得其反。

5. 客户资料查寻法

客户资料查寻法是指通过阅读各种现有文字信息资料，获取潜在客户线索，从而寻找客户的方法。推销人员经常利用的资料有：有关政府部门提供的资料，有关行业协会的资料，国家和地区的统计资料，年鉴，工商企业目录和产品目录，工商企业领导人名片集，企业黄页，电视、报纸、杂志、互联网等大众媒体、客户发布的消息，电话簿、商标公告、财经消息以及银行开具和公布的资信资料，车辆管理资料等。

客户资料查寻法的优点：获取信息成本低，高效便利。使用他人的资料，可降低信息获取的成本，在时间、精力及效益上都符合经济的原则；有些资料查阅也比较方便，如图书馆、展览室的资料，电话簿等。

客户资料查询法的缺点：比较难以获得及时的资料，有些重要的或者比较有用的资料往往难以获得,信息量大而且杂乱,不方便查阅。

6. 委托助手寻找法

委托助手寻找法是指推销人员在自己的业务地区或者客户群中,通过有偿的方式委托特定的人为自己寻找客户,以便自己集中精力从事实际推销活动的方法。这些接受雇佣、被委托寻找客户的人士通常被称为"推销助手"或"猎犬"。猎人打猎时常常要借助猎犬,推销人员在市场中"猎取"新客户也需要借助有关人士的帮助,因此委托助手寻找法也叫"猎犬法"。

推销助手如何寻找?实践中主要有如下一些方法:

(1) 从同行业其他企业寻找。虽说同行是"冤家",但有时候也可以相互合作,可互为助手和信息来源。例如,本公司的产品规格型号不符合客户需要,可介绍客户到同行业另一家公司购买,但收取一定的介绍费。

(2) 从关联行业其他企业寻找。围绕同一个客户群,从有联系的产品或服务行业中寻找助手。例如,西方国家的汽车推销员往往雇请汽车修理站的工作人员当推销助手,负责介绍潜在购买汽车者,这些推销助手发现有哪位修车的车主打算弃旧换新时,就立即介绍给汽车推销员。所以,他们掌握的情报稳、准、快,又是以最了解汽车性能特点的内行身份进行介绍,容易取得准客户的信任,效果一般都比较好。

(3) 从社会上或企业界寻找。广泛招收兼职信息人员,让他们按一定范围或规律寻找客户,然后按照获取的客户名片和信息资料领取报酬。

委托助手寻找法的优点:①获取的信息量大;②信息准确;③提高了效益;④增加了影响力。

委托助手寻找法的缺点:理想的助手难找,并且找到后对助手的依赖性强,难以管理。如果推销人员与助手配合不力,或者助手同时在几家同类公司兼职,推销人员就会很被动。因此,选择助手时要特别谨慎。

【案例3-2】

一定要付给客户25美元

在生意成交之后,乔·吉拉德总会把一叠名片和一份说明书交给客户。说明书上写明,如果客户介绍别人来买车,在成交之后,每辆车他会得到25美元的酬劳。几天之后,乔会寄给客户感谢卡和一叠名片,以后每年客户都会收到乔·吉拉德寄来的一封信件,以提醒他乔·吉拉德的承诺是仍然有效的。如果乔·吉拉德发现客户是一位领导人物,那么,乔·吉拉德就会更加努力地促成交易并设法让其为他介绍客户。关键是守信用——一定要付给客户25美元。乔·吉拉德的原则是:宁可错付给50个人,也不要漏掉一个该付的人。此举使乔·吉拉德的收益很大。1976年,这种方法为乔·吉拉德带来了150笔生意,约占总交易额的1/3。乔·吉拉德付出了1400美元的费用,收获了75000美元的佣金。

7. 广告拉引寻找法

广告拉引寻找法是指利用广告与宣传把有关服务的信息通过有关媒介广泛地传递给受众,刺激与诱导收阅广告的受众前来询问的方法。这种方法的基本步骤是:首先,向目标客户群发送广告;然后,吸引客户上门展开业务活动或者接受反馈展开活动。例如,通过媒体发出某个减肥器具的广告,介绍其功能、购买方式、地点、代理和经销办法等,然后在目标区域展开活动。

广告拉引寻找法的优点：传播速度快，传播面广，效率较高，可提高企业和产品的知名度，运用得好可大大降低成本费用。

广告拉引寻找法的缺点：若利用一些高端的广告宣传方式，如电视、广播、报纸、杂志等，开支总额较大；若利用低端的广告方式，如传单、灯箱、路牌等，由于传播面比较小，效果可能并不十分明显。

8. 计算机网络寻找法

计算机网络寻找法也称网络查询法，是一种利用计算机网络寻找客户的方法。企业可在互联网上建立自己的主页进行宣传，供上网的人进行查询；也可在浩瀚的网络世界里获取各行各业入网企业与个人的详尽资料等潜在客户信息资料。

计算机网络寻找法的优点：高效便捷。网络沟通是一种新的信息交流方法，它打破了传统的沟通模式，覆盖面广，信息量大，速度快，查询方便，相对费用很低，无时间与空间限制。企业既可在网上打广告，也可直接与客户沟通，不仅方法自由，而且"推""拉"兼顾。

计算机网络寻找法的缺点：应用有限。如果客户不会上网或不常上网，就会影响计算机网络寻找法的应用。同时，网络模糊了客户的真实身份，可能传递了有意歪曲的信息资料，会给客户寻找带来一定的困难。

9. 其他寻找法

（1）展示寻找法。该方法是指利用产品或服务项目的展示场所，对前来观看展示的客户，尽可能地记录，填写表格，作为潜在客户的"引子"以备查用的寻找客户的方法。

（2）客户资料整理寻找法。客户资料管理，其重要性十分突出。现有的客户、与企业联系过的单位、企业举办活动（如公关、市场调查）的参与者等，它们的信息资料都应该得到良好的处理和保存，因为这些资料积累到一定程度就是一笔财富，会从中发现并寻找到企业所需要的潜在客户。

（3）交易会寻找法。国际和国内每年都有不少交易会，如广交会、高交会、中小企业博览会等，可以充分利用交易会寻找客户、联络感情、沟通信息。

（4）咨询寻找法。一些组织，特别是行业组织、技术服务组织、咨询单位，手中往往集中了大量的客户资料和资源以及相关行业和市场信息，可以通过咨询的方式寻找客户。

二、确定合格的潜在客户

客户找到后，要筛选合格的潜在客户。合格的潜在客户必须具备三个条件：一是有购买力；二是有决定权；三是有需求。这三个条件缺一不可，只有当客户同时具备这三个条件时，才是合格的潜在客户。

对消费群体准确定位，寻找合格的潜在客户，是一项能使推销事半功倍的工作，也是产品销售的前提。常用的方法包括：一是寻找引路人。寻找一些具有一定影响力且声誉良好的人、对所销售产品比较认同的人、有着广泛人脉关系的人，请这些人作为引路人，将会起到事半功倍的效果。二是客户推荐。抓住一些重点客户，让客户推荐客户，与客户交朋友，真正实现感情的交流、信息的传递。这样，销售目标明确，能少走弯路或不走弯路。

总之，信息量越大，对销售工作的帮助越大。推销人员不仅要找出合格的潜在客户，而且要围绕这个客户展开一系列的背景调查。因此，平时要注意拓宽自己的社交面，以便建立一个广泛的信息渠道，不断拓展自己的客户资源。

【案例3-3】

小刘的推销业绩为何赶不上小张？

推销员小张从事推销工作多年，经验丰富，关系户较多，加之他积极肯干，在过去的几年中，推销业绩在公司内始终首屈一指。谁知自从一位新推销员小刘参加培训回来后，不到半年，其推销业绩直线上升，当年就超过了小张。对此小张百思不得其解，问小刘："你出门比较少，关系户没我多，为什么推销业绩比我高呢？"小刘指着手中的资料说："我主要是在拜访前分析这些资料，有针对性地拜访。比如，我对124名老客户进行分析后，感到有购买可能的只有94人，根据以往经验，这94人中21人的订货量不大，所以我只拜访73人，结果订货率较高。其实，我的124名老客户中只有57人订货，订货率不足50%，但是可以节约出大量时间去拜访新客户。当然，这些新客户也是经过挑选的，尽管订货率不高，但建立了关系，时间一长，也就变成了质量好的老客户。所以，表面上看我出门比较少，关系户也没你多，但相对来说质量比较高。因此，推销的成功率可能就相对高些。"

三、收集潜在客户的相关信息

"知己知彼，百战不殆"，做销售也是同样的道理。当推销人员想要接近一个客户的时候，要做的第一件事情就是收集相关信息。

1. 客户的背景资料

首先需要了解的是：是什么类型的客户？企业规模有多大？员工有多少？一年内大概会购买多少同类产品？这些都是客户的背景资料。客户的背景资料主要包括以下几个方面：

（1）客户的组织机构。

（2）各种形式的通信方式。

（3）客户的使用部门、采购部门、支持部门。

（4）客户具体使用维护人员、管理层和高层领导的情况。

（5）同类产品的安装和使用情况。

（6）客户的业务情况。

（7）客户所在的行业基本状况等。

2. 竞争对手的资料

只有了解了竞争对手产品的特性，才能在对比中找到自己产品的优势，从而赢得订单。

竞争对手的资料包括以下几方面内容：①产品的使用情况；②客户对其产品的满意度；③竞争对手的销售代表的名字、销售的特点；④该销售代表与客户的关系等。

【案例3-4】

桌子上的计算机

在戴尔计算机公司的销售部门，常会在办公室里摆几张桌子，上面分别摆着IBM、联想、惠普等品牌的计算机。销售人员随时可以将计算机打开，看看这些竞争对手是怎么做的。同时，每张桌子上都放有一个牌子，上面写的是："它们的特性是什么？我们的特性是什么？我们的优势在哪里？它们的劣势在哪里？"这样做有什么用呢？就是要了解自己产品的特性和竞争对手产品的特性，从而有针对性地引导客户需求。

除了要了解竞争对手产品的情况之外，还要了解其公司的情况及背景。IBM公司在进行新员工培训的时候，就专门有如何向竞争对手学习这样一项内容。

3. 具体项目的资料

推销人员的竞争压力很大，不能把非常有限的时间、费用和精力投放到一个错误的客户身上，所以要了解客户项目的情况，包括客户要不要购买、什么时候购买、预算是多少、采购流程怎样等。

具体项目的资料可以包括以下内容：①客户最近的采购计划；②通过这个项目要解决什么问题；③决策者和影响者；④采购时间表；⑤采购预算；⑥采购流程。

4. 客户的个人资料

是否有一种资料能让推销人员在竞争过程中取得优势、压倒竞争对手呢？答案是肯定的。这类资料叫作客户个人资料。只有掌握了客户个人资料，才有机会真正挖掘到客户的实际内在需求，才能制订出切实有效的解决方案。当掌握了这些资料以后，推销策略和推销行为往往就到了一个新的转折点，必须设计新的思路、新的方法来进行推销。

客户的个人资料包括：①家庭状况和家乡情况；②毕业的学校；③喜欢的运动；④喜爱的餐厅和食物；⑤宠物；⑥喜欢阅读的书籍；⑦上次度假的地点和下次休假的计划；⑧行程；⑨在机构中的作用；⑩同事之间的关系；⑪今年的工作目标；⑫个人发展计划和志向。

【案例3-5】

密密麻麻的小本子

几年前，山东省有一个电信计费的项目招标。A公司志在必得，系统集成商、代理商组织了一个十几个人的小组，住在当地的宾馆里，天天跟客户在一起，还帮客户做标书、做测试，关系处得非常好。大家都认为拿下这个订单是十拿九稳的，但是一投标，却失败了。

中标方的代表是一个其貌不扬的女子，姓刘。事后，A公司的代表问她："你们是靠什么赢了那么大的订单呢？要知道，我们的代理商很努力呀！"刘女士反问道："你猜我在签这笔合同前见了几次客户？"A公司的代表说："我们的代理商在那边待了整整一个月，你少说也去了20多次吧。"刘女士说："我只去了3次。"只去了3次就拿下价值2000万元的订单，肯定与客户的关系特别好吧？但刘女士说，在做这个项目之前，她一个客户都不认识。

那到底是怎么回事儿呢？

原来，刘女士第一次来山东，谁也不认识，就分别拜访了局里的每一个部门。拜访到局长的时候，发现局长不在，到办公室一问，办公室的人告诉她局长出差了。她就又问局长去哪儿了，住在哪个宾馆。打听清楚后，刘女士马上就给那个宾馆打了个电话："我有一个非常重要的客户住在你们宾馆里，能不能帮我订一个果篮，再订一个花篮，写上我的名字，送到房间里去。"然后，她又打了一个电话给她的领导，说这位局长非常重要，已经去北京出差了，请领导无论如何要在北京把他的工作做通。之后，她马上订了机票，中断拜访行程，赶了最早的一班飞机飞回北京，下了飞机直接就去这个宾馆找局长。等她到达宾馆的时候，发现她的领导已经在跟局长喝咖啡了。在聊天中得知，局长会有两天休息时间，于是领导就请他到公司参观，结果局长对该公司的印象非常好。参观完之后，大家一起吃晚饭，吃完晚饭，她请局长看话剧，当时北京在上演《茶馆》。为什么请局长看《茶馆》呢？因为刘女士在山东的时候问过办公室的工作人员，得知局长很喜欢看话剧。局长当然很高兴。第二天，她又找了一辆车把局长送到机场，然后对局长说："我们谈得非常愉快，一周之后我们能不能到您那儿进行技术交流呢？"局长很痛快就答应了这个要求。一周之后，刘女士的公司领导带队到山东进行了技术交流，而她当时因为有事没去。

领导后来对她说，局长亲自将所有相关部门的有关人员都请来了，一起参加了技术交流。在交流的过程中，大家都感到局长对该公司的印象不错，所以这笔订单很顺利地拿了下来。当然，后来又去了两次，第三次就签了合同。

A公司的代表听后说："你可真幸运，刚好局长到北京开会。"

刘女士掏出了一个小本子，说："不是什么幸运，我所有客户的行程都记在上面。"打开一看，只见小本子上密密麻麻地记了很多名字、时间和航班，还包括客户的爱好是什么，家乡在哪里，这一周在哪里，下一周去哪里出差等。

四、对客户信息进行分析

把精力和时间用在工作的重点环节上，是提高工作效率的根本途径。可问题的关键是，推销人员如何才能知道哪些客户值得自己集中精力进行沟通，哪些客户可以暂时减少关注呢？这就需要推销人员综合各种信息、通过各种有效途径来对客户信息进行分析。

（1）结合企业统计数据进行分析。究竟哪些客户才算是大客户？如何才能以最小的成本创造最高的业绩？推销人员不妨结合企业的客户统计数据，了解哪些是能与自己进行更多交易的大客户，哪些客户则不需要自己花费太多的时间和精力。

按照客户管理专家提出的"金字塔"模式，企业可以通过客户与自己发生联系的情况，将现有客户（可以定义为一年内与自己有过交易的客户）按照提供给推销人员的收入多少进行排名，将客户分成以下几种类型：

超级客户——最靠前的1%就是超级客户。

大客户——在现有客户的排名中接下来的4%就是大客户。

中客户——在现有客户的排名中再接下来的15%就是中客户。

小客户——在现有客户的排名中剩下的80%就是小客户。

非积极客户——是指那些虽然一年内没有给推销员提供收入，但是他们过去从推销人员这里购买过产品，可能是推销人员未来的客户。

潜在客户——是指那些虽然还没有购买推销人员的产品，但是已经和推销人员有过初步接触的客户，比如向推销人员征询并索要过产品资料的客户。

疑虑者——是指那些推销人员虽然有能力为他们提供产品，但是他们还没有与推销人员产生联系的个人或公司。

其他——是指那些对推销人员的产品永远都没有需求或愿望的个人或公司。

大多数企业都会设立专门的客户管理系统，通过管理系统中的相关数据，推销人员可以按照自己的需要对客户进行分析。

（2）对自己平时积累的客户信息进行分析。专家通过对诸多推销人员的调查发现，无论哪个行业，那些在自己领域内做出巨大成绩的销售高手们几乎都十分注重平时的客户信息积累，他们很清楚哪些客户能在什么时候为自己带来更大的效益。同时，专家们还发现，那些销售业绩一直不好的推销人员几乎都没有保存客户信息的好习惯。如果他们哪一天做成了一笔大生意，那几乎都是不小心碰上的。

条理清晰、客观充分地掌握客户的相关资料总要比对客户一无所知更有成功的保障。在对待客户信息方面，专家对推销人员提出以下建议：

记录自己打出去的每一个电话，以避免不必要的重复工作。

尽量在打完电话后明确以下几点：客户的需求、态度以及是否有拜访机会。

明确客户的地址，尽可能地将同一地区的客户拜访活动安排在一起，以节省时间和精力。

对每一个拜访过的客户，都制作一张"客户概况表"，表格中尽可能地包含客户的相关信息。

最先拜访那些需求量最大的客户和成交意向明显的客户。

每天在该做的事情做完后，一定要对相关的客户情况进行梳理：给已经成交的客户写封感谢信；预约明天的关键客户；询问有兴趣的客户是否需要产品资料。

五、把精力集中在排名更靠前的客户

无论通过哪种途径对客户进行分析，那些一直以来和自己进行交易的客户，以及那些有着重大需求、已经表示出一定兴趣的客户，最终都会在推销人员心中留下很深的印象。此时，推销人员自然应该更关注这些客户目前的需求动态，而不应该面面俱到地把精力分散到那些可能无法为自己创造效益的客户沟通上。

推销人员应该把精力集中那些在客户信息数据库中排名更靠前的客户，即"二八法则"中的能够创造80%效益的那20%客户。

六、注意潜在大客户的培育

根据客户管理专家提出的"金字塔"模式以及推销人员个人建立的客户信息资料，人们不难发现，虽然有些客户在一段时期之内没有与自己产生重大交易，但是他们却有着很强烈的产品需求。这些客户其实就是潜在大客户，特别值得推销人员注意。如果推销人员仅仅注意客户排名而不顾客户最近的需求信息，就很容易错过一些创造巨大销售业绩的好机会。

虽然这些客户有着强烈的需求，而推销人员又有能力满足他们的这些需求，但是由于之前没有过（或者在某段较长的时间之内没有）彼此感到满意的交易，所以需要推销人员付出相应的努力去赢得这些客户的青睐，与之建立良好的沟通关系。这种沟通关系的建立过程其实也是一个培育大客户的过程。在这个过程中，推销人员应从以下几方面做起：

（1）着眼于长期合作关系的建立。培育潜在大客户需要推销人员付出足够的耐心和努力，千万不可因为一朝一夕的绩效不佳就轻易放弃。有时为了建立长期的合作关系，推销人员不妨在公司允许的范围内为客户提供更周到的服务和更诱人的优惠措施。

（2）通过多种途径给客户留下深刻印象。有时候，潜在客户没有考虑到公司的产品，多数是由于推销人员没有经常与之保持良好的沟通。如果推销人员想促成这笔交易，最好利用各种关系，如商务活动、私人关系等与具有决策权的客户进行沟通，并且让客户明白，你可以更好地满足他们的某些需求。这样，当他们决定购买此类产品或服务时，自然会首先考虑到你。

（3）充分利用现有客户的推荐。如果推销人员与潜在大客户的合作伙伴或者竞争对手等

保持友好的合作关系，那么这些现有客户对你的评价就是说服潜在大客户的最好武器，而且这也是一个省时省力达成交易的重要捷径。

【本章小结】

推销信息主要包括产品信息、推销区域的信息和潜在客户的信息。

推销人员掌握产品信息的主要渠道是企业的相关部门和同事、客户。对产品信息的掌握要求做到：熟悉产品的基本特征；了解产品的竞争差异；精通产品知识。

对推销区域信息的掌握要求做到：了解客户的行业状况；了解客户的使用状况；了解竞争状况；把握区域市场潜力。

对潜在客户信息的掌握要求做到：寻找潜在客户（网络搜索寻找法、普遍寻找法、介绍寻找法、中心开花寻找法、客户资料查寻法、委托助手寻找法、广告拉引寻找法、计算机网络寻找法、其他寻找法）；确定合格的潜在客户；收集客户的相关信息；对客户信息进行分析；把精力集中在排名更靠前的客户；注意潜在大客户的培育。

【复习思考题】

1. 推销人员应从哪些方面掌握产品的信息？
2. 推销人员应从哪些方面了解产品的基本知识？
3. 推销人员应如何了解推销区域的特点？
4. 推销人员应从哪些方面了解潜在客户的信息？
5. 如何寻找潜在客户？

【实训题】

自己选定一个产品，利用互联网，设计一个网上寻找客户的方案。

【案例分析题】

案例1：他们是如何寻找客户的？

（1）小李是某售房部的推销员，她每天回售房部听半小时课，然后便带上资料去人流最多的商场、酒店门口派发宣传单，对一个个经过的路人，或者是对一条街、一个小区尽可能多的所有门户进行登门"拜访"。

（2）原一平通过和三菱集团董事长接触，认识了东京所有银行的企业家，通过与明治保险的阿部常务交往，又认识了大学校长小泉信三，而小泉信三又给原一平介绍了许多更加具有影响力的朋友。所以，他的客户网越来越大，层次越来越高。最终，原一平成为日本保险业连续15年全国业绩第一的"推销之神"。

问题：

1. 小李和原一平分别是采用什么方法寻找客户的？
2. 该种寻找客户的方法有什么优缺点？应注意什么问题？

案例2：两个推销员为什么一个成功一个失败？

一位汽车推销员应一个家庭电话的约请前往推销汽车。推销员进门后，只见这个家里坐着一位老太太和一位小姐，于是便认定是小姐要买汽车，而根本不理会那位老太太。经过很长时间的推销面谈，小姐答应可以考虑购买这位推销员所推销的汽车，只是还要最后请示那位老太太，让她做出最后的决定，因为是老太太要购买汽车赠送给这位小姐。由于受到怠慢，老太太便打发这位汽车推销员离开。后来，又有一位汽车推销员应约上门推销。这位推销员善于察言观色，同时向老太太和小姐展开攻势，结果很快就达成了交易。

问题：

这两个推销员为什么一个推销失败了，而另外一个则能达成交易？

【资料阅读】

新手如何寻找客户？

作为公司的业务员，把产品销售出去才是工作的首要任务，但要把产品销售出去，就要寻找客户。那么，新手怎么寻找客户呢？

在开始找客户时，首先要做的工作是把自己要推销的产品摸透，尽量多地去掌握产品的相关知识，因为这些知识会帮助你克服在业务工作中遇到的困难。试想，一个对自己产品都不了解的人如何去说服别人购买你的产品呢？而且，缺少产品知识的业务员也会让客户产生怀疑。所以，在开始业务工作时，首先要把自己的产品了解清楚。要了解的内容包括：产品名称、产品质量、使用方法、产品特征、售后服务、产品的交货期、交货方式、价格及付款方式、生产材料和生产过程。同时，还要了解一下同行产品及相关产品的信息。做完这些工作后，就可以去寻找客户了，而掌握了这些知识，你的业务工作做起来将会事半功倍。

客户该怎么找呢？对于新业务员来说，网上寻找客户是刚开始的最好选择。所以，可以先在网上通过一些商业网站去搜索一些客户的资料。由于你已经掌握了产品知识，哪怕是通过电话联系客户，对于你来说也不是很难。

除了网上寻找客户外，也可以通过电信黄页和专业的杂志之类寻找客户，你会找到不少属于你的客户。现在各类专业杂志品种比较多，这类杂志上登载的客户资料都比较有用，一般来说，只要出现在杂志上的公司都是存在的，所以很容易找到你需要的客户。

前面都是业务员寻找客户的开始，每个新业务员从前面两个方面都可以找到客户，但业务工作开始后，寻找客户就会离开那些方法了。因为等业务工作做到了一定程度，都是客户来找你而不是你去找客户了。这里重点说说怎么让客户来找你的方法。在从事业务工作的过程中，都离不开去拜访客户，那么在拜访客户中如何培养自己的客户呢？

很多业务员去拜访客户时，都会把重点放在客户身上，认为去拜访客户才是自己要做的事，但实际上不是这样的。你前去拜访的客户只是你的潜在客户，成功与否取决你的个人表现，这样的客户最好不要花费太多的精力。那么，去拜访客户应该做些什么呢？每次去拜访客户时，最好是去认识那些坐在等候室里和你一起等候采购人员接见的业务员。认识他们才是你去拜访客户的目的。因为那些人手里往往掌握了很多客户资源，而且已经开始与客户合作并十分了解客户的信息。只要他们愿意把客户介绍给你，那么你还怕没有客户吗？每个工厂或公司的产品，在生产过程中都要采购很多原材料，这些原材料都是通过采购人员从推销这些材料的业务员手中采购回来的。生产那些原材料的公司是很多的，只要有诚心去结交那些业务员，不用担心交不到朋友。当你拿出自己的客户联系本和他们交换客户时，他们也很愿意。他们不但会把客户介绍给你，还会向他们的客户推荐你的产品和你本人，当然，你也要同样去做。这样，你的客户就会自动来找你了。

做业务其实就是一个经营人脉关系的过程，你的关系网越大，那么做起业务来就会越轻松。在经历了上面的步骤后，寻找客户的方向就应该从客户那里转移到如何与其他业务员建立良好关系上了。可以多往他们公司跑，和他们聊天交换客户。只要有技巧、有诚心，总是会有好的客户介绍给你，在交换的过程中，你的客户也就多了起来。因为你可以把从A那里交换到的客户去和B交换，再把从A、B那里交换到的客户去和C交换，这样，你的客户群会像滚雪球一样越滚越多。

除了可以与自己相关联的行业里的业务员介绍客户外，还可以用另外一个方法寻找客户——让你的客户给你介绍客户。这个方法说起来虽然难，但做起来并不难。当你诚心对待客户的时候，客户就会把你的优点介绍给他的朋友。做生意都是相互帮扶的，因为新客户是由他的朋友介绍来的，这样做对你已经很肯定了，而与这样的客户开展业务几乎不用费什么力气还很有保障。

最后这个方法是一个很讲究技巧和诚意的方法，当然，如果做不到那个程度也可以不用采用。掌握好上面那些方法，就已经是一个很成功的业务员了。这个方法可能会让你丢掉很多客户，但它是可以执行的，那就是让你的竞争对手给你介绍客户。做业务做到最后就可以非常灵活，因为你的公司所生产的产品不一定可以满足整个市场，那么当你遇到自己不可以满足的客户时，比如你的产品质量很高因而价钱也很高，客户接受不了时，你可以找一家生产相同产品的公司，把客户介绍给它。相同道理，当那家公司遇到符合你的产品要求但它自己无法满足的客户时，也会把客户介绍给你。这种方法虽然道理上行得通，可是操作起来并不容易。但真正的业务之道做到最后，应该是能够做到这一点的。

（资料来源：业务家园网，http：//q.163.com/yeiwu/poster/7568049/.）

阅读思考：

案例中介绍了哪几种推销新手寻找客户的方法？你认为哪种方法对你触动较大？

第四章

客户沟通

【学习目标】
- 沟通概述
- 客户沟通的原则
- 客户沟通的艺术
- 客户电话沟通的技巧

【基本概念】

沟通、传统推销模式、现代推销模式、沟通效力、同理心

【引导案例】

小刘推销的失败与成功

计算机推销员小刘，一次向一家规模不小的公司推销计算机。同时向这家公司推销计算机的还有其他几家公司的业务员，竞争相当激烈。但由于小刘跑得勤、功夫下得深，深得这家公司承办人员的认同，成交希望非常大。到最后只剩下两个厂商，等待着做最后的选择。承办人员将报告呈递给总经理决定，总经理却又将最终决策权交给了该公司的计算机专家李教授。于是，承办人员陪同李教授再次参观了两家厂商的机器，详细地听取了两家的示范解说。李教授私下表示，两种产品各有优缺点，但在语气上，似乎对竞争对手更为欣赏。小刘一看急了，于是又找了个机会去向李教授推销。小刘使出浑身解数，口若悬河地介绍他所代理的产品如何优秀，设计如何特别，希望借此纠正李教授的观念。最后，李教授不耐烦地冒出了一句话："究竟是你比我行，还是我比你懂？"此话一出，这笔生意看样子是要泡汤了。

小刘垂头丧气，弄不清失败的原因，于是向一位资深推销专家咨询。推销专家建议："为什么不干脆用以退为进的策略推销呢？"并向他说明了"向师傅推销"的技巧。

"向师傅推销"，切记的是要绝对肯定对方是你的师傅，抱着谦虚、尊敬、求教的心情，一切推销必须无形化，伺机而动，不可勉强，不可露出痕迹，方有效果。

于是，小刘重整旗鼓，到李教授执教的学校去拜访。见了面，他这样说："李教授，今天我来拜访您，绝不是来向您推销的。上次跟您谈过后，回家想想，觉得您的分析很有道理。您指出的我们所代理的计算机在设计上确实有些特征比不上别人。李教授，您在××公司担任顾问，这笔生意，我们遵照您的意见，不做了！不过，李教授，我希望从这笔生意中学点经验。您是计算机方面的专家，希望您能教导我，今后我们代理的这种产品应如何与同行竞争才能生存？希望能听听教授您的高见。"小刘说话时一脸诚恳。

李教授听了后，对小刘很同情，心情也很舒畅，于是亲切地说道："年轻人，振作点。其实，你们的计算机也不错，有些设计就很有特点。唉，我看连你们自己都搞不清楚，譬如说……"于是，李教授讲了一大通。"此外，服务也非常重要，尤其是软件方面的服务，今后，你们应该在这方面特别加强。"李教授谆谆教导，小刘洗耳恭听。

这次谈话没过多久，生意成交了。对这次推销，帮忙最大的还是李教授。他对总经理说，这两家公司的产品大同小异，但他相信小刘所在的公司能提供更好的服务。最后，总经理采纳了李教授的意见，一笔快泡汤的生意又做成了。

整个推销的过程就是不断地与客户沟通的过程，推销人员沟通的素质与能力直接决定了推销工作的成败。所以，推销人员了解沟通的常识，把握沟通的原则，善用沟通的技巧，从而实现与客户的成功沟通是十分必要的。

第一节 沟通概述

一、沟通的含义

沟通是人与人之间、人与群体之间思想与感情的传递和反馈的过程，以求达成思想的一致和感情的通畅。沟通包括语言沟通和非语言沟通，语言沟通包括口头语言沟通和书面语言沟通；非语言沟通包括声音语言（如音乐）和肢体动作（如手势、舞蹈、武术、体育运动等）沟通。最有效的沟通是语言沟通和非语言沟通的结合。沟通是为了一个设定的目标，把信息、思想和情感在个人或群体间传递，并且达成共同协议的过程。它有三大要素：明确的目标；达成共识的协议；沟通的信息、思想和情感。沟通是信息传递与接收的行为，发送者凭借一定的渠道，将信息传递给接收者，并寻求反馈以达到相互理解的过程。沟通是情绪的转移、信息的传递、感觉的互动，要保证沟通效果，要注意掌控气氛、场景、情绪三个因素。

二、沟通的重要性

（一）成功的人生需要沟通

任何一个人在达成各项目标与愿望的过程中，都难免会遇到需要与他人合作或共处的机会。目标的达成在绝大多数情况下是需要他人协助与配合的，而他人的协助意愿和配合程度的大小，往往就决定了你的过程是否顺利以及能否尽快达成目标。

不论身份及职业如何，或者希望达成的目标是什么，想想看，你的一生中是否都不断地面临需要与他人沟通的情况？

有心仪的对象想去追求，必须和对方沟通，让对方能接受你、喜欢你；希望有一个幸福快乐的婚姻，需要与另一半沟通，使彼此能够互相了解、互相支持；希望子女能成才，也必须和子女进行良好的沟通，让子女能接受你的想法和教育方式；要有好的人际关系，就要知道如何和朋友相处及沟通；若是一个单位主管，也要懂得如何和你的下属沟通，使他们心甘情愿地和你一起达成工作目标；如果想创业，更需要了解如何凭借良好、有效的沟通能力，找到最合适的投资人或创业伙伴。

一个人一生的幸福是人情的幸福；一个人一生的丰富是人缘的丰富；一个人一生的成功是人际沟通的成功。如果你在从政，沟通帮你减少敌对，赢得支持；如果你在经商，沟通帮你增加客户，赢得财富；如果你是领导，沟通帮你激励下属，赢得尊重；如果你是员工，沟通帮你改善环境，赢得信任；如果你已成家，沟通帮你提升魅力，赢得幸福；如果你已生子，沟通帮你鼓励孩子，赢得未来。

好的沟通技巧及说服力，可令人左右逢源，处处遇贵人，时时有资源；别人做不到的事，你可以做到，一般人要花五年才能达成的目标，你可能只需要一两年。因为沟通及说服能力可以让你建立良好的人际关系，获得更多的机会与资源，减少犯错的机会和摸索的时间，得到更多人的支持协助与认可，增强你的影响力，自然你成功的时间也会大大缩短。可以说，一个人生命的品质，决定于其沟通的品质。

相反，这世界上有许多人有明确的目标与计划，有好的观念与想法，有特殊的才华和能力，但就是因为缺乏良好的沟通能力和人际关系，而受到他人的排挤或误解，得不到需要的协助和资源，因而延长了成功的时间或增加了在过程中种种不必要的挫折，甚至抱憾终身。所以，学做事，要先学做人。而学做人当中非常重要的一环，便是学习如何和他人有效地沟通与说服他人。

良好的沟通与人际关系的建立，并不是去趋炎附势，做一个没有原则的人。事实上，不论是沟通、谈判或说服，唯一要达成的目的，就是双方的"一致性"。所谓的"一致性"，是指双方不论在生理和心理状态上，都能进入一个共同的频道或频率，以达成双方观点一致、思考方式或想法一致、行为模式一致，同时都能符合双方所欲达成的目标或目的。

（二）成功的推销更需要沟通

沟通对于推销人员来说显得更加重要。推销＝拜访＋沟通。有效推销就是全方位、多层面接触客户。推销流程的两大关键是了解需求点、建立信赖感。而需求点的了解、信赖感的建立，最关键的就是与客户有效沟通。现实推销活动中，为什么推销人员总是遭到客户的拒绝？一项调查表明，客户拒绝的真正原因是：55%出于不信任，20%出于不需要，还有各10%出于不适合和不着急，其他原因占5%。所以，推销活动中的关键是通过沟通取得客户的信任。有一首"客户抱怨歌"，很能说明客户沟通的重要性："你说过有空儿来看我，一等就是一年多，365个日子不联络，你心里根本没有我，早忘记当初的承诺，我没忘记你你却忘记我，连名字你都说错，证明你一切都是在骗我，把我的定金还给我！"可见，客户流失往往是由于推销人员疏于沟通造成的。传统推销模式是：10%的时间用于同客户建立信任，20%的时间用于了解客户的需求，30%的时间用于产品说明，40%的时间用于交易促成。现代推销新模式与传统推销模式正好相反：40%的时间用于同客户建立信任，30%的时间用于了解客户的需求，20%的时间用于产品说明，10%的时间用于交易促成。正是基于客户需求了解和信赖感建立的重要性，现代推销新模式特别强调客户沟通的意义。

【案例4-1】

生活中成功的电话沟通

——小军如何约小梅晚上出来看电影

小军：小梅，好久不见了，近来好吗？（寒暄）

小梅：还好。

小军：最近晚上都做些什么呢？（收集资料）

小梅：读点英文。

小军：真的？我最佩服你这种人了，（认同）坚持不懈地学习，真不简单！（赞美）最近

有没有看什么电影？（开门）

小梅：没有。

小军：有没有听说《英雄》是全国票房冠军？有人连看了好几场，不看很可惜。（展示说明）你看哪天有空，我请你去看。今天晚上怎么样？（关门）

小梅：这两天没空。

小军：没关系！（认同）好久没见你了，想找你看场电影，叙叙旧。（拒绝处理并去除疑点）如果可以的话，我们下午6：30约个地方碰头，好吗？（关门）

小梅：我没有办法马上答应你。（态度已软化了许多）

小军：没关系！（认同）因为电影是7：00开始的，这之前你先做一些安排，咱们早点碰头，早些看完好送你回去，不影响明天上班，你放心好了！（拒绝处理，去除疑点）如果没有其他问题，我们是不是可以6：00在电影院门口碰头？我先请你在附近找家饭店吃点饭。（关门）

小梅：我只是觉得不好意思。

小军：你太客气了，其实能请你看场电影、吃顿饭是我莫大的荣幸，你太见外了。（拒绝处理）那么，我们是不是就这样决定6：00电影院门口见了？不见不散！（关门）

这就是沟通的魅力。小军通过沟通，成功地达到了与小梅约会的目的，进而就可以进一步发展同小梅的友好关系。

三、沟通的目的

沟通的目的是达成双方的一致性，消除彼此的差异，找出共同点，使双方不论在生理状态或心理状态上，都能进入一个共同的频道，从而达成彼此的目的。这样才是良好的沟通。

有些人认为，沟通的目的就是要让他人来认同自己的想法及目的，或是希望他人照自己的意思去做。这是大部分人在沟通中产生障碍的最主要原因。

你要别人接受、认同你的想法和做法，别人当然也希望你认同他的做法和想法。但问题是双方的想法和做法本身就有差异，你不断地想告诉他人你的观念是对的，别人也不断地想让你接受他的想法是没错的，公说公有理，婆说婆有理，各自有各自的目的，不是你吃亏，就是你占便宜。即使一方被说服了，也是心不甘情不愿的。也许有人会说："不管他是否心甘情愿，只要达成我的目的就好了。"但这并不是高明的沟通和说服方式。一个人在不情愿的情况下所做的事，反悔的概率是不是比较大？他是不是不会尽心尽力去做，甚至怀恨在心，找到机会就非得扳回一城不可？

世界上许多成功者都具备良好的沟通及说服能力，模仿与建立亲和力是使你与他人进行良好沟通的最快、最有效的工具。要做到这一点，必须要让自己富有弹性。要记住，建立亲和力的最大障碍就是要别人与你的看法一致，要别人来附和、认同你的观点，一流的沟通者是不会犯这种错误的。如果你与某人沟通不良，或觉得某人是一个很难沟通的人，千万不要认为他是无药可救的或者拒绝再与他交谈，而应改变你自己的表达方式和态度，运用他的方式来和他沟通，以使双方能在同一频道中运用共同的语言来传输彼此的信息。这个世界上没有不能沟通的人，只有不知如何与他人沟通的人。成功沟通要有这样的理念：要改变别人，先改变自己；要使事情变得更好，先让自己变得更好。

四、沟通的效力

沟通效力的公式为

沟通的效力 = 语言沟通(7%) + 声音沟通(38%) + 视觉沟通(55%)

行动胜于言辞，因此必须确保二者相匹配。如果行为举止和言语冲突（如在说"我挺好的"时，面部肌肉在抽搐，双手也在颤抖），人们一般会相信你的身体语言，而不是你口中的言语了。

因此，要产生最大的影响，必须通过自己的手势、语调和词汇，使用最为广泛的表达方式。

研究表明，声音、语调和外表占全部印象的90%以上，具体百分比如下：

语言沟通占7%：语言在一个人所施加的影响中所占的比例并不高，但当视觉和声音的效果削减时，剩下的就只有传达的信息了。

声音沟通占38%：说的内容固然重要，但更重要的是用什么声音去说。使用不同的语调、音高和语速，对别人怎样理解你所说的话有很大的影响。因为一个人沟通所产生的影响有1/3是来自声音的，所以应保证自己的声音能使自己想要沟通的内容增色。

视觉沟通占55%：身势、手势、视线的接触，以及整体的仪态与行为举止等，都有助于立即产生印象。因为一个人的一举一动和面部表情比他所使用的词语威力要强8倍，所以必须意识到它们的力量，并予以高度重视。

因此，为了使自己的信息能准确地传达给对方并使其完全理解，传达信息时应伴随恰当的身势语、语音语调，并贴切地加强语气。

要使自己的话语更加可信，使自己信心更足，进而更好地进行交流沟通，应注意做好以下几件简单的事情：

（1）使用眼睛。沟通时看着别人的眼睛而不是前额或肩膀，表明你很看重他。这样做能使听者深感满意，也能防止他走神，但更重要的是，你树立了自己的可信度。如果一个人与别人交谈时不看着对方的眼睛，对方就会有这么一个印象：他对我所说的话不感兴趣，或者根本就不喜欢我。

（2）使用面部和双手。谈话的过程中你一直都在发出信号，尤其是用面部和双手。使用面部和双手如能随机应变、足智多谋，能大大改善影响他人的效果。

1）面部：延续时间少于$0.4s$的细微面部表情能显露一个人的情感，立即被他人看出来。例如，面带微笑使人们觉得你和蔼可亲。人们脸上的微笑总是没有自己所想象的那么多。真心的微笑（与之相对的是刻板的微笑，根本没有在眼神里反映出来）能从本质上改变大脑的运作，使自己的身心舒畅起来。这种情感能立即进行交流传达。

2）双手："能说会道"的双手能抓住听众，使他们与沟通者欲达到的沟通目标更进一步。试想人们在结结巴巴地用某种外语进行沟通时不得不采用的那些手势吧，使用张开手势给予人们积极肯定的强调，表明你非常热心，完全专注于眼下所说的事。

视觉表达几乎是信息的全部内容。如果与别人交谈时没有四目相投并采用适当的表情或使用开放式的手势，别人一般是不会相信你所说的话的。

（3）使用身体。视线的接触和表情构成了沟通效果的大部分，但是使用身体的其他部分也能有助于树立良好的印象。

利用身体来表明自信的方法多种多样，这影响着自己在他人心目中的形象。

1）身体姿势：必要时，坐着或站立时挺直腰板给人以威严之感；耷拉着双肩或跷着二郎腿可能会使某个正式场合的庄严气氛荡然无存，但也可能使非正式场合更加轻松友善。

2）泄露信息：不由自主地抖动或移动双腿，能泄露从漠不关心到焦虑担忧等一系列的情绪；无论面部和躯干是多么平静，只要叉着双臂，或抖动着双膝，都会明白无误地显露内心的不安。

3）身体距离：站得离人太近能给人以入侵或威胁之感。如果与人的距离不足 5 尺[注]，听者会本能地往后移，这就是当对方过分靠近时产生的那种局促不安的感觉；反之，如果距离达 6 尺或更远，听者就会觉得你不在乎他，并产生一种疏离的感觉。

不同的身体姿势能使沟通的内容增色或减色。只有意识到上述事项，对自己的身体语言加以控制，在不同的场合使用一种或多种手势以加强自己的表达效果，才能用合适的视觉信号强化自己的语言信息。

（4）使用声音。声音是一种威力强大的媒介，通过它可以引起别人的注意，营造恰当的氛围，并鼓励他们聆听。

在与人沟通时须高度重视下列各项：

1）音高与语调：低沉的声音庄重严肃，一般会让听众更加严肃认真地对待；尖利的或粗暴刺耳的声音给人的印象是反应过火、行为失控。但是，即使较高的语调也有相对的高低之分，因此声音高的人可以找到自己相对低的语调并使用它，直至自然为止。使用一种经过调控的语调表明你知道自己在做什么，会使人对你更有信心。

2）语速：急缓适度的语速能吸引住听者的注意力，使人易于吸收信息。如果语速过快，他们就会无暇吸收谈话的内容；如果过慢，声音听起来令人生厌，听者就会分神；如果说话吞吞吐吐、犹豫不决，听者就会不由自主地变得十分担忧、坐立不安。留下自然的呼吸空间能使人吸收所说的内容；建设性地使用停顿能给人片刻的时间进行思考，并在聆听下一则信息之前部分消化前一则信息。

3）强调：适时改变重音能强调某些词语。如果没有足够的强调重音，听者就吃不准哪些内容很重要；另一方面，如果强调太多，听者则就会变得晕头转向、不知所云，而且非常倦怠，除了感到非常耗人心力之外，可能什么也记不住。

在电话中交谈时没有视觉上的便利，但站立和微笑有助于声音使用。站立能使身体挺直，这样能使呼吸轻松自然，声音更加清楚明亮；微笑能提升声带周围的肌肉，使声音更加温和友善，替代缺失的视觉维度。

五、沟通的关键

与人成功沟通的关键是什么？拥有爱心。希腊神话中的爱情使者丘比特曾经与爱神阿弗洛狄忒探讨爱（LOVE）的真谛，爱神阿弗洛狄忒于是把"LOVE"这个英文单词拆开回答说：

L：代表着倾听（Listen），爱就是无条件、无偏见地倾听对方的需求，并且予以协助。

O：代表感恩（Owe），爱需要不断地感恩与慰问，付出更多的爱，灌溉爱苗。

V：代表尊重（Venerate），爱就是展现你的尊重，表达体贴、真诚的鼓励，悦耳的赞美。

E：代表宽容（Excuse），爱就是仁慈地对待，宽恕对方的缺点与错误，维持优点与长处。

沟通中，把握了爱的真谛，付出更多的爱心，将有助于实现与他人的成功沟通。因为任何人其实都是通过爱他人的方式爱自己，也是通过伤害别人的方式伤害自己。你去爱别人，别人

[注] 1 尺 = 0.33 m

才会爱你；你去伤害别人，别人也会伤害你。你要想幸福快乐，就一定要善待你周围的人。因为他们快乐，你才快乐；他们痛苦，你也痛苦。尤其要善待朝夕和你相处的人，如你的父母、兄弟姐妹、同事、客户、亲朋好友等。对他人宽容，就是对自己宽容；对他人苛刻，就是对自己苛刻。

那么，爱心如何表达呢？"雪中送炭"远比"锦上添花"有价值得多。人总是在最艰苦困难的时候，对伸出的一双手和一席鼓励的话铭记在心。而在人踌躇满志、飞黄腾达的时候，你的赞美和鼓励被淹没在别人的鲜花和掌声中，就显得极其普通。因此，应把有限的精力和财力，用在对别人来说最为关键的时刻。

第二节 与客户沟通的原则

到底是什么决定着客户的购买行为呢？价格、质量、品牌，还是人性化的客户服务？这些问题不但时刻困扰着从事推销工作的人们，而且也成了企业内部各部门之间争端的根源。然而今天，越来越多的事实证明：客户的购买决定很大程度上建立在与企业人性化互动的程度上，而产品与价格在客户的购买行为中只起到很小的作用。专家的一项研究则更为清晰地说明：客户的购买决定70%来自与企业的互动程度，30%基于产品的本身属性。这一切都说明，客户购买行为的决定很大程度上取决于沟通以及对其内心的理解程度。

但令人遗憾的是，目前许多企业依然没有意识到与客户沟通、互动的重要性，依然将更多的精力投入到冷冰冰的推销技能的培训上。事实上，对客户来说，一些"高超"的推销技巧反而可能会让他们觉得厌恶而产生反感。

与客户进行更好的沟通与互动将成为21世纪推销的主要方向之一，企业期望取得长期发展的首要保证将是推销人员的人性化客户沟通能力。

与客户成功沟通与互动，应遵守以下原则：

一、承认

推销人员在与客户的沟通中，首先要做的是发自内心地承认客户的重要性，真心关注他们，满足他们内心的需求，并将他们的反馈当成企业发展的最好建议，促进他们与企业的沟通与互动。这些工作在一些企业中已经得到了很好的体现，如海尔、海底捞等，它们设法寻找每一种可能的途径，以了解客户的需求，倾听客户的声音，响应客户的号召，让客户充分体验到被承认、被尊重的感觉。

但现实中，许多推销人员将客户的人性化需求当作其工作过程中的麻烦而非福音，这不能不说是一件令人担忧的事情。很多时候，客户离去往往是因为对推销人员或服务人员的失望，而不是对产品的失望。一项消费者调研表明：77%的客户的感受是推销人员无视他们的存在，客户感到受到了许多非人性化的对待。

了解是承认客户的一种极其有效的方式。推销人员不仅需要了解客户的生理需求，还要了解他们的情感需求，对客户表示发自内心的感谢以及认真倾听其产品之外的要求，这些都是使客户满意的方法，如果能够让他们参与到企业解决问题的过程中来，则会收到意料之外的结果。

二、尊重

每个人都希望得到他人的尊重，所以，尊重他人是成功沟通的重要原则。

尊重他人是一种美德，它会赢得认同、欣赏和合作。尊重朋友，会赢得快乐；尊重客户，会赢得订单；尊重同事，会赢得合作；尊重上司，会赢得机会；尊重长者，会赢得品格。尊重是一缕春风，一泓清泉，一颗给人温暖的舒心丸，一剂催人奋进的强心针。它常常与真诚、谦逊、宽容、赞赏、善良、友爱相得益彰，与虚伪、狂妄、苛刻、嘲讽、凶恶、势利水火不容。给成功的人以尊重，表明对别人成功的敬佩、赞美与追求；给失败的人以尊重，表明对别人失败后的东山再起充满信心。

尊重是一种修养，一种品格，一种对人不卑不亢、不俯不仰的平等相待，对他人人格与价值的充分肯定。任何人都不可能尽善尽美、完美无缺，所以每个人都没有理由以高山仰止的目光去审视他人，也没有资格用不屑一顾的神情去嘲笑他人。假如他人某些方面不如自己，不要用傲慢和不敬的话去伤害他人的自尊；假如自己某些方面不如他人，也不必以自卑或嫉妒去代替应有的尊重。一个真心懂得尊重他人的人，一定能赢得他人的尊重。

沟通中一定要顾及对方和周围人的感受，不炫富、不显贵、不扬权，学会低调平等交流。"人不如己，尊重别人；己不如人，尊重自己。"无论身处何位，尊重他人与自我尊重一样重要。人人懂得尊重他人，世界就是一个充满爱意、温暖的文明世界。

【案例 4-2】

尊重的力量

在美国，一个颇有名望的富商在散步时，遇到一个摆地摊卖旧书的瘦弱年轻人，他缩着身体在寒风中啃着发霉的面包。富商怜悯地将 8 美元塞到年轻人手中，头也不回地走了。

没走多远，富商忽又返回，从地摊上挑了两本旧书，并说："对不起，我忘了取书。其实，您和我一样也是商人！"

两年后，富商应邀参加一个慈善募捐会时，一位年轻书商紧握着他的手，感激地说："我一直以为我这一生只有摆摊乞讨的命运，直到您亲口对我说，我和您一样都是商人，这才使我树立了自尊和自信，从而创造了今天的业绩……"

（资料来源：占砚文. 富商与摆地摊的年轻人 [J]. 科学生活, 2009 (5).）

不难想象，如果没有那一句尊重鼓励的话，当初即使这位富商给了年轻人再多的钱，年轻人也不一定会出现人生的巨变。这就是尊重的力量。

马斯洛的需要层次理论告诉我们，人具有被尊重的强烈需求。因此，无论是在商业运作过程中，还是在日常生活中，都需要体现出对他人的尊重，一旦他人感觉到你的尊重，便会产生两个主要行为：一是认同和喜欢你，形成忠诚度；二是向身边的人推荐你，形成口碑传播与推广。这两个结果对于任何一个人或一个企业来说，都具有重要的意义。反之，任何不尊重他人的行为都会造成不良的后果。人与人之间的关系始终是相互的，对他人表示出不尊重，他人自然也不会尊重你。

对他人表示尊重首要的是礼貌，另外为他人提供更大的方便是对他人时间的尊重，还有对他人区域文化、个人空间与隐私的尊重也是非常必要的。

三、诚信

有位哲人曾说过，人的境界可以分为五种，追求真善美乃是最高的境界。这其中的

"真",便是"诚信"。在"健康""美丽""诚信""机敏""才学""金钱""荣誉"这七个人生背囊中,我们可以丢弃"美丽"而粗陋,可以丢弃"金钱"而贫穷,也可以丢弃"荣誉"而平凡,但切不可丢弃"诚信"而欺诈。

诚信是人际交往的重要品质。诚信,就是讲真话、守信用,这是与客户沟通的第一重要因素。要做到"言必信,行必果",承诺客户的事,就务必兑现。做过的事要敢做敢当,不要遇到麻烦就逃避推脱。推销人员只有做到这些,才能得到客户的信任。

推销人员在与客户的沟通中,只有讲究诚信,才能取得客户的信任;没有信任,就没有双方心灵的交集,也就不会有沟通。林肯曾经说过:"如果你想让别人按你的目标行事,那么首先你必须赢得他的信任。"在客户导向的经济中,诚信比以往任何时候都重要,没有信任就不会发生真正的交易。推销人员只有对客户真诚、讲信用,客户才会接受推销人员。要记住,没有单独的付出,只有相互的付出,才能彼此收获。真诚无价,人品无价!

【小故事4-1】

欺诈的代价

有一对夫妻,下岗后开了一家烧酒店,自己制酒自己卖。这家的丈夫是个老实人,为人真诚、热情,烧制的酒也好,人称"小茅台"。有道是"酒好不怕巷子深",一传十,十传百,酒店生意兴隆,常常供不应求。

看到生意如此之好,夫妻俩便决定把挣来的钱投进去,再添置一台制酒设备,扩大生产规模,增加产量。这样一可满足顾客需求,二可增加收入,早日致富。

这天,丈夫准备外出购买设备,临行之前,把酒店的事都交给了妻子,叮嘱妻子一定要善待每一位顾客,诚实经营,不要与顾客发生争吵。一个月以后,丈夫外出归来。妻子一见丈夫,便按捺不住内心的激动,神秘兮兮地说:"这些天,我可知道了做生意的秘诀,像你那样永远发不了财。"丈夫一脸愕然,不解地问:"做生意靠的是诚信,咱家的酒好,卖的量又足,而且价格合理,所以大伙才愿意买咱家的酒,除此之外还能有什么秘诀?"

妻子听后,用手指着丈夫的头,自作聪明地说:"你这榆木脑袋,现在谁还像你这样做生意?你知道吗,我这一个月赚的钱比你过去几个月挣的钱还要多。秘诀就是往酒里兑水。"

丈夫一听,肺都要气炸了,他没想到妻子竟然会往酒里兑水,他知道这将意味着什么。

从那以后,尽管丈夫想了许多办法,竭力挽回妻子给酒店信誉所带来的损害,可"酒里兑水"这件事还是被顾客发现了,酒店的生意日渐冷清,后来不得不关门停业了。

(资料来源:阿里巴巴专栏. 擦亮自己做人的牌子. http://cache.baiducontent.com.)

这个故事说明,商家如果不讲诚信,欺骗顾客,最终将会被顾客所抛弃。诚信是商家盈利的基础。

四、自信

什么是自信?自信就是相信自己的力量,自信心就是确信自己所追求的目标是正确的,并坚信自己有力量与能力去实现自己所追求的目标。一个人自信心的建立不是天生的,更不会随心而得。一个人的自信心强弱与他的成功概率成正比。自信心越强,越能够不畏失败,不怕挫折,不懈进取;自信心越大,越能够产生强大的精神动力和进取激情,排除一切障碍去实现自己的目标。

在与客户的沟通中，只有自信，才能表现自如、落落大方，才能赢得客户的好感和尊重。推销人员仅仅具有一定的工作能力是不够的，还需要适时亮出自己的撒手锏——一个营销人所独有的自信魅力。你可以不完美，但一定要非常自信，因为自信的人最有魅力：

自信的人胆大、英勇、坦诚、开朗、乐观、豁达、谦虚、热情。

自信的人热爱生活、无所畏惧，容易接受自己的缺点。

自信的人客观、对己负责，较容易控制自己的情绪，较容易接受现实。

自信的人更富有同情心，更具备爱的能力，人际关系更深刻、更民主。

自信是成功沟通的先决条件。

萧伯纳有句名言："有自信心的人，可以化渺小为伟大，化平庸为神奇。"

那么，自信心怎样培养呢？

(1) 默念"我行！我能行！"默念时要果断，要反复念，特别是在遇到困难时更要默念。只要坚持默念，如在早晨起床后反复默念9次，在晚上临睡前默念9次，就会通过自我心理的积极暗示，逐渐树立信心，获得心理力量。

(2) 调整心态，多想开心的事。每个人都有开心的事，开心的事一般是自己获得成功的事，那是你信心的产物、力量的产物。多回忆开心的事，将使你能够正确估计自己的力量。

(3) 面带微笑，始终如一。笑是快乐的表现，能使人产生信心和力量；笑能使人心情舒畅，振奋精神；笑能使人忘记忧愁，摆脱烦恼。没有信心的人，经常愁眉苦脸、无精打采、眼神呆滞；雄心勃勃的人眼睛闪闪发亮、满面春风。

(4) 挺胸抬头，阔步向前。人的姿势与人的内心体验是相适应的，姿势的表现可以与内心的体验相互促进。一个人越有信心、越有力量，便越昂首挺胸，成功的人、得意的人、获得胜利的人就会意气风发；而一个人越没有力量、越自卑，就越无精打采，垂头丧气。学会自然地昂首挺胸就会逐步树立信心、增强信心。

(5) 主动交往，放弃冷漠。在与人微笑的问候中，双方都会感到人间的温暖与真情，而这种温暖与真情会使人充满力量、增添信心。

(6) 欣赏振奋人心的音乐。人们都有这样的情绪体验：当听到雄壮激昂的乐曲时，往往因受到激励而热情奔放、斗志昂扬；当听到低沉、悲壮的哀乐时，往往悲痛、伤感之情便会涌上心头。健康的音乐能调解人的情绪，陶冶人的情操，培养人的意志。当人受到挫折的时候、情绪低沉的时候、缺乏信心的时候，选择适当的音乐来欣赏，能帮助自己振奋精神。

五、主动

作为推销人员，自信是重要的，只有自信才能赢得尊重，而主动积极更是不可缺少的特质，因为只有主动才能赢得机会。推销产品之前先要把自己推销出去，要主动与客户沟通，让更多的人了解你、认同你、喜欢你。

营销是了解需求、满足需求并赚取利润的过程。要了解需求并满足需求，就要主动地与客户沟通，而不是坐等客户上门求购。推销需要推销人员主动接近潜在客户，说服并诱导客户接受其推销的产品。现实中一些推销人员存在拜访恐惧，缺乏主动与客户沟通的勇气，这是源于"乞丐"的推销心理。其实，销售不是卖，而是帮助客户买。推销人员如果认为自己是怀着一颗爱心去主动帮助客户的，何惧之有？生活中，主动与人沟通的人、主动表达善意的人，能够使人产生受重视的感觉。主动的人往往令人产生好感,主动沟通会创造更多的机遇。

【案例 4-3】

主动沟通结交"贵人"

美国老牌影星柯克·道格拉斯年轻时落魄潦倒,包括许多知名大导演在内,没有人认为他会成为明星。有一回,柯克·道格拉斯乘坐火车,旁边坐着一位女士。漫漫旅途,时间难以打发,于是,柯克·道格拉斯便主动地与身边的女士攀谈起来。没想到,这一聊就聊出了一个重大机会,从此,他的人生开始改变。没过几天,柯克·道格拉斯被邀请到制片厂报到——原来,这位女士是位知名制片人。柯克·道格拉斯因为主动沟通,从而结交了这位女制片人,获得了一个良好的展现表演才能的机会,结果才梦想成真。

六、广泛

一个人的成功,很大程度上取决于其朋友的多和广。商场上有句俗话"天大的面子,地大的本钱",指的就是朋友越多,机会越多。一匹好马可以带领你到达梦想的地方,一个好朋友则可能帮助你实现自己的愿望。

【案例 4-4】

杰克结识华特

年轻的保险推销员杰克来自一个蓝领家庭,他平时也没什么朋友。华特先生是一位很优秀的保险顾问,而且拥有许多非常赚钱的商业渠道。他生长在富裕家庭中,他的同学和朋友都是学有专长的社会精英。杰克与华特的世界根本就是天壤之别,所以在保险业绩上也是天壤之别。杰克没有人际网络,也不知道该如何建立网络,如何与来自不同背景的人打交道,而且少有人缘。一个偶然的机会,杰克参加了开拓人际关系的课程训练,受课程启发,他开始有意识地与在保险领域颇有建树的华特联系,并且建立了良好的私人关系。他通过华特认识了越来越多的人,事业上的局面自然也就打开了。

从以上案例可以看出,人脉关系对一个人事业的成功多么重要。正如有人所言,一个人能否成功,不在于他知道多少,而在于他认识谁。当然,这句话并不是让人不重视专业知识,而是强调人脉关系对一个人拓展事业的重要性。

推销人员一定要注重沟通对象的广泛性,在推销活动中,广结人脉,广交朋友。要懂得"放下架子,才有价值"的道理。不要小看萍水相逢的人,更不要小看你身边的人,因为这些人都有可能成为你生命中的贵人,要主动与他们沟通。要知道,所有的人都是平凡的,有些人因为知道了这一点而成了非凡的人。看一个人的业务拓展能力,要看他的人际关系;看一个人的品位,要看他对待小人物的态度。一个人的人际关系越广,其业务拓展能力越强;一个人对待小人物的态度越好,其品位越高。根据美国哈佛大学社会心理学教授斯坦利·米尔格拉姆(Stanley Milgram)的六度分隔理论(又称小世界现象),任意两人之间的社会关系平均只需要6个人传递。可通俗地阐述为:"你和任何一个陌生人之间所间隔的人不会超过6个。也就是说,最多通过6个人你就能够认识任何一个陌生人。"因为人缘是建立人脉的基础,人脉是建立关系的基石，关系是成功沟通的开始。有关系，沟通比较轻松；没关系，沟通困难重重。推销人员在业务拓展中需要通过各种关系结识更多有影响力和决策力的人，没有人脉、没有关系则会事倍功半。可见，关系和人缘是成功沟通的重要条件。所以，推销人员要善于编织自己的社会关系网络信息：

（1）以近亲血缘为线索编织信息。

（2）以姻亲为线索编织信息。

（3）以远亲血缘为线索编织信息。

（4）分别以幼儿园、小学、初中、高中、大学同学为线索编织信息。

（5）以朋友为线索编织信息。

（6）以曾经共同工作的同事为线索编织信息。

（7）以战友为线索编织信息。

（8）以邻里为线索编织信息。

一个在人际关系、人脉网络上具有优势的人，拥有的人脉资源较别人更广且深。在平时，人脉资源可以让他比别人更快速地获取有用的信息，进而转换成工作升迁的机会或者财富；而在危急或关键时刻，也往往可以发挥转危为安或关键一点的作用。

人脉能带来收益。对于个人来说，专业是利刃，人脉是秘密武器。美国斯坦福研究中心曾经发表一份调查报告，结论指出，一个人赚的钱，12.5%来自知识、87.5%来自人脉。由此可见，人脉在一个人的成就里扮演着何等重要的角色。人脉是个人通往财富、成功的门票，特别是在当前迅猛发展的知识经济时代，人脉已成为专业的支持体系，对内可以服众，对外则可以取得客户的信任。

一个人在掌握丰富的专业知识和具有一定学习能力的基础上，如果还拥有较丰富的人脉资源或懂得培养人脉网络的支持体系，那么这将强化他的个人竞争力。所以，从现在起，与你周围的人架起沟通的桥梁，编织你的人际关系网吧！

七、互动

沟通是人与人之间的信息交流过程，是一个相互影响、相互作用和协调操作的动态过程。只有在双方相互吸引时，人际互动才可能实现。单方面传递信息与其说是沟通，不如说是传播或信息传递。有效沟通需要沟通双方的合作互动，一般要经过几个环节：信息发出者编码，通过一定途径发出信息；接收者进行解码，获得信息；重新编码，通过一定渠道反馈信息；发出者接收反馈。

【小故事 4-2】

秀 才 买 柴

从前有一个秀才去集市买柴，他对卖柴人说："荷薪者过来！"卖柴人听不懂"荷薪者"（担柴的人）三个字，但是听得懂"过来"两个字，于是就把柴担到秀才面前。秀才问他："其价如何？"卖柴人听不太懂这句话，但是听得懂"价"这个字，于是就告诉秀才价钱。秀才接着说："外实而内虚，烟多而焰少，请损之（你的木柴外面是干的，里头却是湿的，燃烧起来，会浓烟多而火焰小，请减些价钱吧）。"卖柴人实在听不懂秀才的话，担柴走了。

这个故事说明了什么？秀才只依自己的表达习惯，根本没有考虑对方能否正确接收信息，以至担柴人不知其所云；而卖柴人如果能够主动询问、沟通，及时做出反馈，也许他们最终也能够成交，达到各自的目的。

这个故事带给人们的启示就是：在沟通过程中最好用通俗易懂的语言来传达信息，而且对说话的对象、时机、环境都要有所掌握，才能够产生良好的沟通效果，达到沟通的目的。不论在现实工作中担任何种角色，都要尽力避免诸如"秀才"与"卖柴人"的沟通失误，要注意沟通过程的互动性，营造良好的沟通氛围，进而不断提升工作的绩效。

如何能够达到沟通中的互动？

首先，沟通的一方要以通俗易懂的语言传达信息，努力提高沟通的效果，进而带来预期的结果。因为有道理不如有效果，有效果不如有结果，有效果比有道理更重要，有结果比有效果更有价值。有效果的说话能力是一个人宝贵的能力。由于不同的沟通对象往往有不同的年龄、不同的受教育水平和文化背景，这就可能使他们对相同的话语产生不同理解。只有对不同的人采用不同的交流方式，才可能达到更好的沟通效果。

其次，积极观察另一方的反应，及时做出回应。沟通是双向行为，要想使沟通有效，双方都应当积极投入交流。当另一方发表见解时，应当认真地倾听，把自己置于对方的角色，以便正确理解他们的意图而不是你自己想理解的意思。同时，倾听的时候应当客观地听取另一方的发言而不做出判断。当听到与自己不同的观点时，不要急于表达自己的意见，因为这样会使你漏掉余下的信息。积极的倾听应当是接受他人所言，而把自己的意见推迟到说话人说完之后。一个人沟通的效果取决于沟通对象的回应；一个人沟通的品质取决于其对沟通对象的回应。

为了达到客户沟通互动性的效果，推销人员平时要重视沟通表达能力的训练。不妨时常问问自己：过去因为口才不好、表达不畅，错过了多少机会？过去因为不善于沟通、人际关系紧张，损失了多少金钱？如果现在还不改变，还要损失多少金钱？浪费多少机会成本？这样的状况还要持续多久？想要永远这样吗？"君子欲讷于言而敏于行"的时代已经一去不复返了，未来每一个不想被淘汰的人，都要学会沟通、表达和当众讲话。卡耐基说过，一个人的成功15%靠专业知识，85%靠人际沟通。可见，有效的沟通表达多么重要。

八、宽容

客户沟通中往往会产生误解和矛盾，这就要求在交往中不要斤斤计较，而要谦让大度、克制忍让，不计较客户的态度和言辞，并勇于承担自己的行为责任，做到"宰相肚里能撑船"。只要胸怀宽广、容纳客户，发怒的客户就会自觉无趣。宽容克制并不是软弱、怯懦的表现；相反，它是有度量的表现，是建立良好客户关系的润滑剂，能"化干戈为玉帛"，赢得更多的客户。

宽容是一种修养，一种处变不惊的气度，一种坦荡，一种豁达。宽容是人类的美德。荷兰的哲学家斯宾诺莎说过："人心不是靠武力征服，而是靠爱和宽容大度征服的。"宽容如阳光，亲切、明亮，温暖的宽容也确实让人难忘。人与人之间，最可爱的是相互了解，最可贵的是彼此谅解，最可喜的是真心理解，最可悲的是双方误解。

客户沟通中尤其要注意的是千万别"打枪放炮"：交谈时别打"机关枪"；答话时别吃"枪药"；批评时别轰"大炮"；争论时别拼"刺刀"；背地里别放"冷枪"。

要学会宽容，还要树立换位思考的理念。换位思考的理念需要推销人员进行角色的转换。

客户沟通中若产生了摩擦,应当把自己和客户所处的位置关系交换一下,站在客户的立场上,以客户的思维方式或思考角度来考虑问题。这样,当你本来想发怒的时候,通过换位思考,你的情绪就会变得平静下来;当你觉得客户不可理喻的时候,通过换位思考,你会真切地理解客户此时此地的感受。通过换位思考,你也会变得宽容。

【小故事4-3】

小猪、绵羊和奶牛

一只小猪、一只绵羊和一头奶牛被关在同一个畜栏里。

有一次,牧人捉住小猪,它大声嚎叫,猛烈地抗拒。

绵羊和奶牛讨厌它的嚎叫,便抗议道:"吵死了!他常常捉我们,我们并不大呼小叫。"

小猪听了回答道:"捉你们和捉我完全是两回事。他捉你们,只是要你们的毛和乳汁,但是捉住我,却是要我的命啊!"

故事给人们的启示:我们经常遇到沟通不畅的问题,这往往是因为所处的立场、环境不同所造成的。因此,为了达成良好的沟通,要学会站在对方的立场思考,培养同理心,真正了解对方的感受是至关重要的。所谓同理心,就是设身处地地对他人的情绪和情感的认知性的感知、把握与理解,主要体现在情绪自控、换位思考、倾听能力以及表达尊重等与情商相关的方面。

学会了宽容,我们也便学会了做人。历代圣贤都把宽恕容人作为理想人格的重要标准而大加倡导。《周易》中提出"君子以厚德载物",荀子主张"君子贤而能容罢,知而能容愚,博而能容浅,粹而能容杂"(君子贤能而能容纳无能的人,聪明而能容纳愚昧的人,知识渊博而能容纳孤陋寡闻的人,道德纯洁而能容纳品行驳杂的人)。推销有技巧,千锤百炼;推销无技巧,贵在做人。作为推销人员,在与客户沟通中如果能做到胸怀像大海,无所不容;心宽如天空,无所不包,就一定能成为顶尖推销人员!

第三节 与客户沟通的艺术

一、微笑

微笑是热情和自信的人必不可少的一个有力工具,是给对方留下亲切、友善的好印象的头号策略。当你微笑时,表明你是友好的、热情的和坦率的。微笑非常容易,而它产生的魅力是无穷无尽的;微笑无须成本,但它却能创造许多价值。世界上最伟大的推销员乔·吉拉德曾说:"当你微笑时,整个世界都在笑。一脸苦相,则没有人愿意理睬你。"

【案例4-5】

"推销之神"用微笑赢得订单

原一平在日本被称为"推销之神"。1949~1963年,他连续15年保持全国寿险业绩第一。其实他身高只有153cm,而且其貌不扬。在他当保险推销员的最初半年里,没有为公司取得一份保单。他没有钱租房,就睡在公园的长椅上;他没有钱坐车,每天就步行去他要去的那些地方。可是,他从来不觉得自己是一个失败的人,至少从表面上没有人觉得他是一个失败者。自清晨从长椅上醒来开始,他就向每一个他所碰到的人微笑,不管对方是否在意或者是回报他微笑,他都不在乎。他的微笑永远是那样的由衷和真诚,他让人看上去永远是那么精神抖擞、充满自信。终于有一天,一个常去公园的大老板对这个小伙子的微笑产生了兴趣,他不明白一个吃不上饭的人怎么会总是这么快乐。于是,他提出请原一平吃一顿……

(资料来源:三亿文库. 微笑是热情和自信的人必不可少的一个有力工具. http://3y.uu456.com/bp_3ei0h0dagi1wxgu8jpx5_1.htm.)

自然而甜美的微笑,给人一种亲近、友善、和蔼的感觉,让人在心中留下美好难忘的第一印象。第一次拜访客户时,如果带着一张灿烂的笑脸进门,你可以省去很多程序性的介绍和麻烦。微笑就像三月的阳光,能融化堆积在人们心灵之间的冰雪,改变客户的心情,营造出与客户交流所需要的和谐气氛。当然,这种微笑首先会改变你自己。对于推销人员来说,微笑是一张心灵的名片,必不可少。你呈递给客户的第一张名片如果是笑容的话,那对于你的客户来说,它远比你身上穿什么样的衣服更加重要。

原一平说:"微笑是最有效的销售武器。"微笑的魅力远远超过你的想象,它可以打破客户的心理防线,也是带给客户好心情的"必杀技"。正所谓"一个微笑胜过十句推销的话语"。谁也不喜欢冷漠的人,谁也不喜欢别人对他板着脸,谁也不喜欢老是受别人的气。微笑能缩短彼此之间的距离,微笑能使两颗心靠得更近,微笑会使你在笑声中,轻松走向成功。

然而,微笑也是一项需要学习和训练的技艺。在与客户的沟通中,关键是要把握好微笑的分寸。态度真诚,微微地点头,动作不宜过大,微笑要发自内心,这些都是需要注意的。

给客户一个真诚的微笑,这是推销过程成功的起点。无论是面对一个腰缠万贯的大客户还是一个经营困难的小客户,无论是重逢老客户还是拜访新客户,只要学会了微笑,你就领悟了仁爱和尊重,挥别了销售中的压力,一切来自外界的纷扰和来自内心的羁绊也都变得无足轻重,你将迎来客户的好感、认同和友善。

微笑对人对己都有很多好处。有一首小诗生动形象地对微笑做了这样的阐释:

"微笑一下并不费力,但它却产生了无穷的魅力。

受惠者变得富有,施予者并不变穷。

它转瞬即逝,却往往留下永久的回忆。

富者虽富,却无人肯抛弃;穷者虽穷,却无人不能施予。

它带来家庭之乐,又是友谊绝妙的表示。

它可使疲劳者解乏,又可给予绝望者勇气。

如果偶尔遇到某个人,没有给你应得的微笑,

那么将你的微笑慷慨地给予他吧,

因为没有任何人比那不能施予别人微笑的人更需要它!"

二、倾听

沟通首先是倾听的艺术,而耳朵是通向心灵的道路,会倾听的人到处都受欢迎,所以要悉心倾听他人的意见。

心理学研究结论表明:"你说我听,你喜欢我;我说你听,我喜欢你。""雄辩是银,倾听是金。"倾听是一种高度的赞美,同时又是一种礼貌,是对别人最好的恭维,是一种尊重他人的表现;倾听能让他人喜欢你、信赖你。但是,有些人的"听力"不好。

每个人都喜欢自己的话有人听,特别是认真、耐心、仔细地听,这证明自身的价值得到了他人的承认,受到了他人的尊重。善于倾听他人谈话的人,一般都能受到人们的欢迎和接纳,常常宾客盈门、交际广泛。

反之,如果只顾自己滔滔不绝地讲话,可能伤害他人的自尊,淡化沟通气氛,因而很难在彼此之间建立融洽的关系。

一位外国学者说:"成功的捷径就是把你的耳朵而不是舌头借给所有的人。"作为一个好的聆听者是成为一个成功沟通者的重要特质之一。

【案例4-6】

斯坦福大学的建立

一天,一对穿着朴素的夫妇去拜访哈佛大学校长。

这位女士说:"我们有个儿子在哈佛上了一年学,他爱哈佛。但是在一年前,他出意外死了。我和丈夫希望给他在校园里立一个纪念物。"

"夫人,"校长打断她的话,"我们不能为每位读过哈佛而后死亡的人树一座雕像。如果我们这样做了,这个地方早就变成墓地了。"

女士很快地解释说:"我们是希望为哈佛捐赠一栋建筑。"

校长大叫:"一栋建筑!你知道一栋建筑要多少钱吗?我们用了超过750万美元来建筑哈佛的硬件设施。"

夫人转向她的丈夫说:"我们为什么不自己建一所学校呢?"

于是夫妇俩到了加利福尼亚,建立了一所以他们的名字命名的大学——斯坦福大学。

这两位老人就是利兰·斯坦福夫妇。

这个故事的真伪暂且不论,让人感慨的是,哈佛大学校长因不善倾听,失去了接受捐赠一栋建筑的机会,多么可惜!可见,倾听在人际沟通中多么重要。

那么,如何有效的倾听呢?要注意如下要点:①浅坐,身体前倾;②面带微笑;③点头;④附和;⑤目光交流;⑥做记录。

优秀的推销人员一定是一个出色的倾听者。当客户提出问题时,推销人员一定是去倾听而不是去指导,去理解而不是去影响,去顺应而不是去控制。不过,事实上大部分的推销人员都达不到优秀,因为他们不是出色的倾听者。造成这种现象的原因就是心理定式,即认为倾听是被动的。他们认为,要想推销成功,就要想方设法说服客户,因此,他们认为与客户沟通就必须努力说、努力讲、努力去证明或证实。实践表明,在推销沟通中与客户建立良好的合作关系,推销人员首要的是学会倾听,倾听客户的需要,并发现客户的深层需求;同时,向客户传递这样一种信息:虽然我并不总是赞同你的观点,但是尊重你表达自己观点的权利。这就是人员推销中的"先迎合、再引导"原则。

要想成为一个优秀的推销人员,就应该经常主动地与客户进行交流沟通,在集中精力倾听客户需要、需求的情况下做出积极的反馈与应答。对客户的反馈与应答包括:表现出注意听讲的身体语言;发出一些表示注意听讲的声音或顺应地提出问题等诸多细节。不过,在做出反馈或应答时,应避免人为产生的一些偏差,如夸大或低估、过滤或添加、抢先或滞后、分析或重复等。

在倾听中还要善于使用"换挡"的技巧,即推销人员和客户(发送者和接收者)角色互换,积极鼓励对方将想说的说出来,当客户表述的时候,推销人员要仔细倾听;当客户准备倾听时,推销人员又要尽快转而阐述自己的思想、观点和情感。"换挡"技巧对于推销人员的好处在于,使客户愿意听你讲;从客户的"诉说"中了解与掌握其不满意和反驳的理由;给客户提供一个畅所欲言的场所等。

三、赞美

赞美是推销人员必须掌握的一项沟通技艺。在推销工作中,推销人员常常为得不到客户的信任和下属的尊重而烦恼,那么,问题的症结在哪里?

症结就在于指责和抱怨阻碍了你的事业,扰乱了你的生活,其结果往往事与愿违。如果换一种沟通方式,发现客户的优点,表达赞美之辞,往往能达到甚至超越你的沟通意愿。心理学家威廉·詹姆士说过:"人类本质中最殷切的需求是渴望被肯定。这种渴望不断啃噬着人类的心灵,少数懂得满足人类这种欲望的人,便可把别人掌握在手中。"美国著名女企业家玛丽·凯经理也曾说过:"世界上有两件东西比金钱和性更为人们所需——认可与赞美。"赞美是人际关系的润滑剂,"赞美是打开客户心扉最直接的钥匙"。

谁都无法拒绝他人的赞美,即使明知其言过其实,明知其出于礼貌,但听了之后还是美滋滋。

现实生活中,人人都喜欢别人赞美,因为这是一种精神享受、尊重和荣誉,是人的第二生命;但并非人人都善于赞美,因为赞美毕竟是一门语言艺术。因此,在人与人之间关系的处理上,每一个人必须学会赞美。

让我们通过以下这个案例感受一下赞美的力量。

【案例 4-7】

赞美的力量

有一个大学三年级的女生长得不漂亮,甚至还有点丑。她见同班的女同学皆有了男友,只有自己形影相吊,便很自卑,还常常悄悄地掉眼泪。

一位教心理学的老师察觉了这事,就假冒一个男生的名义,给她写了一封匿名的求爱信。

尊敬的李晓娜:

冒昧地给您写信,您该不会红颜大怒吧?

很久很久了,我一直默默地观察着您!您是一个极具特色的好女孩——当您的女同学接二连三地有了男友时,您却一如既往地保持着女性的庄重。与您的女同学相比,您显然比她们更有内涵,更有古典色彩,更有分量!因此,在我的心目中,您格外神圣、格外圣洁!自然,也正是因为您格外庄重、格外严谨,我才不能放肆失礼——请恕我暂时不公开我的姓名,但我肯定会天天关注着您,在得到您的认可之前,就让我从一个遥远的地方,小心翼翼地、满怀希望地看着您吧!

没有您,我将失望之极!

我坚信,在未来的期末考试中,您将凯歌高奏!

到了那时,请准许我真诚地为您高兴,行吗?您那灿烂的天使般的笑容,将使我格外欢欣鼓舞!

一个盼望得到您青睐的男同学
×年×月×日

果然，就这样一封信，改变了一个人。

让我们看看那自卑的女孩吧！自打收到了这封信——她抬起了自己高贵的头，她的步伐从此充满了自信，她不再暗自垂泪，她发愤图强，她的拼搏使人感动。到了期末，她果然以全优的成绩得到了全班同学的一致赞美！

（资料来源：宗宇．女人如何管好自己［M］．北京：地震出版社，2009．）

这就是赞美的力量！

那么，如何赞美别人呢？赞美要把握如下要点：

（1）真诚。赞美必须是真心实意的，只有情真意切才有感染力。虚情假意不是赞美，而是讽刺挖苦或别有他求。俗语说："心诚则灵。"赞美也一样。真诚的赞美是发自心灵深处的，是对他人的羡慕和钦佩。只有真诚的赞美才能使对方受到感染，引起共鸣。

（2）具体。有的人虽然也常常赞美别人，但由于过于笼统、过于空泛、过于抽象、缺乏具体内容而让人感到不舒服。与其称赞别人"很有才华"，不如说得更具体一些："你的文采不错，思路很广，我特别喜欢你写的随笔，既有散文的意境，又有杂文的犀利，涉笔成趣，文思泉涌。"越具体，给人留下的印象越深刻；过于抽象的赞美是难以感动别人的。因此，赞美的时候应尽量具体一些，这是赞美的真谛所在。

（3）准确。所谓准确，就是要得体，要恰到好处，既不过分，也无不及，赞美要赞到点上。赞美得过头了，就会有吹捧和阿谀之嫌；赞美得不够、不到位，也很乏味，没有意义；毛泽东对鲁迅、刘胡兰、张思德、白求恩等人的赞美就很准确、得体，既有力度，又有分寸，因而经得起历史的检验和富有生命力。要做到赞美准确，就必须对所赞美的对象进行细致的观察，深入地分析并抓住其本质特点。鲁迅赞美司马迁的《史记》是"史家之绝唱，无韵之离骚"，就抓住了《史记》的本质特征，很深刻、很精辟。因为《史记》是我国第一部通史，它不仅是一部光辉的历史著作，同时也是一部文学著作。它对许多历史人物的剖析，言辞优美，言简意赅，栩栩如生。

（4）及时。世界上任何事物无不以时间、地点、条件为转移。有许多事物，只要时过境迁，就会变得面目全非。人们熟悉的唐代诗人崔护就曾因赞美不及时而留下遗憾。据传，崔护举进士不第，在清明节那天，独自一人去游都城南庄，时值桃花盛开，崔护口渴求饮，一美貌女子开门送水，二人默默无言后分手。次年清明节，崔护思念那女子，重游不遇，因而写下了"去年今日此门中，人面桃花相映红；人面不知何处去，桃花依旧笑春风"的诗句。姑且不论故事是否真实，如果崔护当时能及时赞美女子送水解渴之情以及面如桃花之美，说不定早已鸾凤和鸣、共结连理了。适时的赞美常常会收到意想不到的效果，现实生活中这类例子比比皆是。

沟通中经典的赞美四句话是：①你真不简单！②我很欣赏你！③我很佩服你！④你很特别！

沟通中赞美的五部曲是：①陈述事实；②确认事实的可贵；③说明自己的感受；④表达期许；⑤通过身体语言强化印象。

四、认同

在与客户的沟通中，要多点头、少摇头，多说"Yes"、少说"No"。

要多说这样的话:"是的""同意""没错""一开始我也是这样认为的""好""很好""太好了"。

海纳百川,有容乃大。推销中客户的拒绝是客户的一种习惯,但拒绝并不代表客户的真实意见。有了拒绝,才有接受;如果没有拒绝,也就不需要推销了。所以,在与客户的沟通中不要怕遭到客户的拒绝。一个优秀的推销人员在遭到客户第四次甚至第五次拒绝时才会做稍许的退却,如果只是一次被拒绝就退却了,只能说他不适合做推销。应对拒绝的最好办法就是先认同,然后再巧妙解说,最后让客户接受。

生活中我们常有这样的经历:当我们到别人家做客时,主人说:"喝点水吧?"我们的习惯性回答通常是:"不喝。"但当主人倒上水时,我们通常也喝。主人说:"吃苹果吗?"我们的习惯性回答通常是:"不吃。"但当主人削好了苹果皮并递给我们时,我们通常也吃。

认同别人,才有机会肯定自己。在与客户沟通时切记:讲不同意见时,最好先保留客户的立场。例如,采用如下的语式沟通就容易与客户达成共识:"您说得很对,一看您就是内行。并且……""您这个问题问得很好,我们的产品确实有点贵,而且您的这个问题还引发了我的两个思考……"

在与客户的沟通中,还要注意做一个有弹性的沟通者。有弹性的沟通者能充分尊重别人的看法,适度且不断地改变自己的观点,直至达成目标。例如,在措辞上将"但是"换成"也",就会得到客户的认同。如果说"你说的很有道理,但是……"就不如这样说:"你说的有道理,我这里也有一个不错的主意,不妨我们再议一议,如何?"

有几个经典的认同语型在客户沟通中也非常好用:①那没关系!②你说的很有道理!③这个问题问得很好!④我能理解你的意思!⑤我非常认同你的观点!

【案例4-8】

委婉地处理客户拒绝

客户:"我对你们的宣传没兴趣。"

推销人员:"是,我完全理解。对一个谈不上相信或者手上没有什么资料的事情,您当然不可能立刻产生兴趣,有疑虑、有问题是十分合理自然的,让我为您解说一下吧,您看星期几合适呢?"

客户:"我再考虑考虑,下星期给你电话!"

推销人员:"欢迎您来电,先生。您看这样会不会更简单些?我星期三下午晚一点的时候给您打电话,还是您觉得星期四上午比较好?"

五、提问

按照30:70法则,推销人员与客户沟通的时间中的30%应该由推销人员来说,70%应该由客户来说;推销人员说的话中,30%应该为陈述句,70%为问句。

俗话说:"会说的不如会听的,会听的不如会问的。"问对了问题,推销就成功了一半。在与客户进行沟通的过程中,你问的问题越多,获得的有效信息就会越充分,最终销售成功的可能性就越大。推销员提问的水平一定程度上决定其推销业绩的高低。

【案例 4-9】

饮料推销员的推销提问

推销员：老板，最近生意好不好？

老板：不好。（好不好跟你有什么关系）

推销员：饮料卖得快不快呢？

老板：不快。（肯定是想让我进你们的饮料）

推销员：您进一点我们的饮料行不行？

老板：不进。

容易看出，推销员的问题正逐步把自己带入死胡同，最终无法达成销售。然而，如果换一个方式提问，效果可能就大不相同了。

推销员：老板，天气变热了，买饮料的人也多了，这个时候您如何选择经营什么样的饮料呢？

老板：（考虑一下）肯定卖知名度高、利润大的产品。

推销员：您真是会做生意！如果我的产品能够满足您的条件的话，您会选择吗？

老板：又好卖、又赚钱，谁不想卖啊？

然后，推销员就可以针对产品的优势展开沟通，从而促成销售。

可见，多听少说、多问少说是客户沟通中的一个重要法则。

那么，如何让别人说得更多呢？最好的办法是"问"。问话是沟通的金钥匙。

（一）提问的作用

（1）有利于把握客户需求。通过恰当的提问，推销人员可以从客户那里了解更充分的信息，从而对客户的实际需求进行更准确的把握。

（2）有利于保持良好的客户关系。当推销人员针对客户需求提出问题时，客户会感到自己是对方注意的中心，在感到受关注、被尊重的同时，就会更积极地参与到谈话中来。

（3）有利于掌控客户沟通的进程。主动发出提问可以使推销人员更好地控制沟通的细节以及今后与客户进行沟通的总体方向。那些经验丰富的推销人员总是能够利用有针对性的提问来逐步实现自己的推销目的，并且还可以通过巧妙的提问来获得继续与客户保持友好关系的机会。

（4）有利于减少与客户之间的误会。在与客户沟通的过程中，很多推销人员都经常遇到误解客户意图的问题，不管造成这种问题的原因是什么，最终都会对整个沟通进程造成非常不利的影响，而有效的提问则可以尽可能地减少这种问题的发生。所以，当对客户要表达的意思或者某种行为意图不甚理解时，最好不要自作聪明地进行猜测和假设，而应该根据实际情况进行提问，弄清客户的真正意图，然后根据具体情况采取合适的方式进行处理。

（二）提问的方式

提问的方式主要有封闭式提问和开放式提问。例如：

提问 1

推销人员："您知道我们公司吗？"

客户："知道。"

提问 2

推销人员:"您对我们公司非常了解吗?"

客户:"知道,但不是很了解。"

推销人员:"那好,我把我们公司的整体情况向您介绍一下。"

分析:提问1中,推销人员失去了一次介绍公司的机会,给自己向客户介绍公司情况造成了障碍;而提问2中,推销人员顺利地获得了介绍公司的机会。提问1属于封闭式提问,提问2属于开放式提问。一般来说,需要了解更加广泛、全面的信息时,应采用开放式提问;而需要引导对方确认或决定某件事情时,应采用封闭式提问。

开放式提问是与封闭式提问相对的,顾名思义,封闭式提问限定了客户的答案,客户只能在有限的答案中进行选择。例如,"您是不是觉得与大公司合作比较可靠?""您今天有时间吗?""我能否留下产品的相关资料呢?"等等。对于这些问题,客户通常只能回答"是""不是""对""错""有"或者"没有"等简短的答案,这样客户不仅会感到很被动,甚至还会产生被审问的感觉,而推销人员也只能从客户的答案中得到极其有限的信息。所谓开放式提问,就是不限制客户回答问题的答案,而完全让客户根据自己的喜好,围绕谈话主题自由发挥。进行开放式提问既可以令客户感到自然而畅所欲言,又有助于推销人员根据客户谈话了解更有效的客户信息。而且,在客户感到不受约束时,他们通常会感到放松和愉快,这显然有助于双方的进一步沟通与合作。

通常,开放性式提问包括以下疑问词以及如下典型问法:

(1)"……怎(么)样?"或者"如何……"

典型问法:

"您通常都是怎样(如何)应付这些问题的?"

"我们怎样做才能满足您的要求?"

"您希望这件事最终得到怎样的解决才算合理?"

"您觉得形势会朝着怎样的趋势发展下去?"

(2)"为什么……"

典型问法:

"为什么您会面临如此严重的问题?"

"您今天为什么如此神采奕奕?"

"为什么您会对××产品情有独钟?"

(3)"什么……"

典型问法:

"您遇上了什么麻烦?"

"您对我们有什么建议?"

"您的合伙人还有什么不同想法?"

"如果采用了这种产品,您的工作会发生什么变化?"

(4)"哪些……"

典型问法:

"您对这种产品有哪些看法?"

"哪些问题令您经常感到头疼?"

"您觉得这种产品的哪些优势最吸引自己?"

【案例4-10】

一位推销员几种典型的提问方式

一位大型机械设备厂的推销人员曾经三次打破公司的销售纪录,其中有两次他的个人销售量占全厂销售量的50%以上。他是怎么做到这些的?他说自己成功销售的秘诀就是经常进行有针对性的提问,然后让客户在回答问题的过程中对产品产生认同。他经常在与客户谈话之初就进行提问,直到销售成功。下面我们看看他的几种典型提问方式:

"您好!听说贵公司打算购进一批机械设备,能否请您说明您心目中理想的产品应该具备哪些特征?""我很想知道贵公司在选择合作厂商时主要考虑哪些因素?"(以上两个问题的目的是弄清客户需求)

"我们公司非常希望与您这样的客户保持长期合作,不知道您对我们公司以及公司产品的印象如何?"(这一问题的目的是为自己介绍公司及产品做好铺垫,同时也可以引起客户对本公司的兴趣)

"您是否可以谈一谈贵公司以前购买的机械设备有哪些不足之处?""您认为造成这些问题的原因是什么呢?""如果我们的产品能够达到您要求的所有标准,并且有助于贵公司的生产效率大大提高,您是否有兴趣了解这些产品的具体情况呢?"(站在客户需求的立场上提出问题,有助于对整个谈判局面的控制)

"您可能对产品的运输存有疑虑,这个问题您完全不用担心,只要签好订单,一个星期之内我们一定会送货上门。现在我想知道,您打算什么时候签署订单?"(有目的地促进交易完成)

"如果您对这次合作满意的话,一定会在下次有需要时首先考虑我们,对吗?"(为以后的长期合作奠定基础)

(三) 提问的内容

问兴趣:个人喜好、娱乐等。

问痛苦:问清楚客户的痛苦,看看自己的产品能否解除他的痛苦,然后再适当地将这种痛苦人为扩大,告诉他我们的产品或服务能帮助他止痛、解决问题,他就比较容易接受了。

问快乐:告诉他购买我们的产品或服务能带给他的快乐,然后再适当地扩大快乐。

问成交:二选一。

问需求:了解对方的需要与购买价值观。

具体来说,提问时应多问如下一些问题:问简单的问题,建立起回答问题的惯性,让客户容易回答你;问没有抗拒点的问题,让客户愿意回答你;问给对方带来好处的问题,让客户喜欢回答你;问诱导思维的问题,赢得客户信任(由你告诉他们,他们会怀疑;让他们自己说出来,就是真理);问有答案的问题,且答案是你意料之中的并有解决的方案;问让客户说"是"的问题;问让客户连续说"是"的问题(思考本身有一种惯性,在心理学上有一项研究:如果你能够连续问一个人6个问题,并让他不断地点头6次回答"是""对""好""我同意"等,那么,第7个你所问他的问题,他也会觉得如此。因为他点头已经形成了一种习惯);问开放性的问题,了解和创造需求;问二选一的问题,建立掌控;问封闭性的问题,锁定成交。

【案例 4-11】

问让客户说"是"的问题

推销人员:"请问您贵姓?"
客户:"免贵姓陈。"
推销人员:"陈先生是吧?"
客户:"是。"
推销人员:"请问您是已婚还是未婚?"
客户:"已婚。"
推销人员:"您已经结婚了是吧?"
客户:"是的。"(客户点头)
推销人员:"您结婚多久了?"
客户:"5年。"
推销人员:"您已经结婚5年了,那您认为一个人的婚姻和家庭,对一个人的一生来说,重不重要?"
客户:"重要。"
推销人员:"既然重要,您希不希望有一个很美好的家庭?"
客户:"希望。"
推销人员:"既然您已经结婚,又希望有一个很美好的家庭,假如做一个未雨绸缪的规划,对您的家庭会不会有所帮助?"
客户:"当然会。"
推销人员:"既然您认为一个人的家庭和婚姻,对人的一生来说非常重要,同时您也希望有一个美好的家庭,那么您是不是觉得如果在年轻的时候,做一个长期的规划,对于建立一个美好的家庭是不是稍微有些帮助?"
客户:"是这样的。"

【案例 4-12】

问客户需求的问题——三个小贩卖李子

一个老太太在市场上买李子,她来到第一个小贩面前。
老太太:"这李子怎么样?"
第一个小贩:"我的李子又大又甜,特别好吃。"
结果,老太太摇了摇头没有买,走到另外一个小贩面前。
第二个小贩:"我这里专卖李子,各种各样的李子都有,您要什么样的李子?"
"我要买酸一点儿的。"
"我这篮李子酸得咬一口就流口水,您要多少?"
"来一斤吧。"
老太太买完李子继续在市场里逛,又走到第三个小贩面前。

"你的李子多少钱一斤?"

"请问您要哪种李子?是您吃吗?"

"不,我儿媳妇要生孩子了,想吃酸的。"

"老太太,您对儿媳妇真体贴,她想吃酸的,说明她一定能给您生个大胖孙子。您要多少?"

"我再来一斤吧。"

老太太被小贩说得很高兴,便又买了一斤。

小贩一边称李子一边继续问:"您知道孕妇最需要什么营养吗?"

"不知道。"

"孕妇特别需要补充维生素。您知道哪种水果含维生素最多吗?"

"不清楚。"

"猕猴桃含有多种维生素,特别适合孕妇。您要给您儿媳妇天天吃猕猴桃,她一高兴,说不定能一下给您生出一对双胞胎。"

"是吗?好啊,那我就再来一斤猕猴桃。"

"您人真好,谁有您这样的婆婆,真有福气。"

小贩开始给老太太称猕猴桃,嘴里也不闲着:"我每天都在这儿摆摊,水果都是当天从批发市场找新鲜的批发来的,您儿媳妇要是吃好了,您再来。"

"行。"

老太太被小贩说得高兴,提了水果边付账边应承着。

(资料来源:摘自营销实战小说《输赢》。)

为什么三个小贩面对同一个客户,结果却不同呢?这个案例给我们的思考和总结是:

(1) 客户的真实需求,潜在需求和深层次需求是询问出来的。

第一个小贩没有掌握客户真正的需求,所以失败了。

第二个小贩通过询问了解了客户需求,所以销售成功。

第三个小贩不仅通过提问了解了客户需求,而且更深层次地了解了客户需求,将客户的需求层次提高,所以销售了更多的产品。

(2) 销售高手都是询问高手与解疑专家。

"您知道孕妇最需要什么营养吗?"

"孕妇特别需要补充维生素。您知道哪种水果含维生素最多吗?"

所以,销售高手总喜欢通过提问,让对方多讲,自己仅仅不断地回应与解疑。许多推销人员连客户的需求、客户的问题是什么都不清楚,谈何销售,谈何回款呢?只有了解了客户的需求、客户的问题以后,才可以通过自己的口才,对客户进行说服。

【案例 4-13】
问引导客户思维的问题——巧妙提问推销大型货车

一个客户在考虑购买一辆货车时说:"我不需要这种大型货车。天奇公司制造的中小型货车更适合我们的需要。"在这种情况下,推销人员的正常反应是,尽力向客户证明他确实需要较大型货车。但如果你采用提问的方法,就会出现下列情况:

推销人员：您需要货物的平均重量为多少？

客户：这很难说，2t 左右吧！

推销人员：有时候多，有时候少，对吗？

客户：对！

推销人员：究竟需要哪种型号的货车，一方面要考虑运输的货物，另一方面要看在什么公路上行驶，您说对吗？

客户：对。不过……

推销人员：假如您在丘陵地区行驶，而且在冬天，这时货车的零部件和车身所承受的压力是不是比在正常情况下大一些？

客户：是的。

推销人员：您冬天开车外出的次数比夏天多吧？

客户：多得多！我们夏天的生意不太兴隆。

推销人员：那么，我们也可以说您的货车一般运载货物为2t，有时候还会超过2t。冬天在丘陵地区行驶，货车是否经常处于超负荷状态？

客户：对，那是事实。

推销人员：而这种情况也正好发生在您使用货车最多的时候，对吗？

客户：是的，正好在冬天。

推销人员：在您决定购买多大马力的货车时，是否留有一定的余地比较好呢？

客户：您的意思……

推销人员：从长远的观点来看，是什么因素决定一辆货车值与不值呢？

客户：那当然要看它能使用多长时间了。

推销人员：有两辆货车，一辆马力相当大，因此从不过载；另一辆总是满负荷。您觉得哪一辆货车的使用寿命更长呢？

客户：当然是马力大的那辆了！

推销人员：您在决定购买什么样的货车时，主要看货车的使用寿命，对吗？

客户：对。使用寿命和价格都要加以考虑。

推销人员：我这里有些数字。通过这些数字，您可以看出使用寿命和价格的比例关系。

客户：让我看看……

推销人员：哎！怎么样？您有什么想法？

客户进行了计算，而后双方继续进行讨论。

(资料来源：现代推销学精品课程案例. http://ishare.iask.sina.com.cn/.)

六、措辞

沟通中要学会谨慎措辞，如慎用"我觉得""我认为"等语句，多使用"您""我们"等语句。具体来说，应注意如下一些问题：

(一) 沟通中的 54321 法则

沟通中最重要的 5 个字：我以你为荣。

沟通中最重要的 4 个字：您怎么看。

沟通中最重要的3个字：麻烦您。
沟通中最重要的2个字：谢谢。
沟通中最次要的1个字：我。

（二）沟通中常用的交际用语

初次见面应说：幸会；看望别人应说：拜访；等候别人应说：恭候；请人勿送应用：留步；对方来信应称：惠书；麻烦别人应说：打扰；请人帮忙应说：烦请；求给方便应说：借光；托人办事应说：拜托；请人指教应说：请教；他人指点应称：赐教；请人解答应用：请问；赞人见解应用：高见；归还原物应说：奉还；求人原谅应说：包涵；欢迎顾客应叫：光顾；老人年龄应叫：高寿；好久不见应说：久违；客人来到应用：光临；中途先走应说：失陪；与人分别应说：告辞；赠送作品应用：雅正。

（三）沟通中少说与多说的话

少说抱怨的话，多说宽容的话；抱怨带来记恨，宽容带来感激。
少说批评的话，多说鼓励的话；批评产生阻力，鼓励产生力量。
少说指责的话，多说赞美的话；指责失去友情，赞美获得友爱。
少说争辩的话，多说认同的话；争辩错失机会，认同获得双赢。
少说讽刺的话，多说尊重的话；讽刺造成轻视，尊重增加了解。
少说拒绝的话，多说关怀的话；拒绝形成对立，关怀获得友谊。
少说命令的话，多说商量的话；命令只是权威，商量才是领导。
少说消极的话，多说积极的话；消极只会丧志，积极激发潜能。
少说不能的话，多说可能的话；不能带来失败，可能迈向成功。
少说负面的话，多说正面的话；负面走向黑暗，正面迎来光明。

第四节 与客户电话沟通的技巧

在与客户沟通过程中，电话沟通是应用最为广泛的一种形式。推销人员熟练掌握电话沟通的技能，将有助于赢得客户的好感和信赖，从而促进销售业绩的快速提升。

一、开场白的技巧

创造第一印象的机会永远只有一次！这个机会将在很短的时间内稍纵即逝。在这个很短的时间内，如何才能抓住客户的心，吸引客户？对推销人员来说，开场白是与客户的初次"接触"，因此开场白的好坏非常关键。那么，怎样才能做一个有效的开场白呢？

可以看看下面这个电话开场白：

"您好，我是××公司的董××。您的朋友吴××介绍我向您打这个电话，她已经简要地向我介绍了贵公司目前的情况。不知道您之前是否对我们公司有过了解。我们××公司是国内最大的咨询服务公司。我们现在正在推出一项新的服务，可以帮助您改善公司的办公效率。打电话给您，主要是考虑到您作为公司负责人，肯定非常关心能够提高公司办公效率的方法。不知道您现在是否方便接电话？我想占用您一会儿时间跟您做一个简单的交流。"

这是一个比较成功的开场白，而这种成功并不是偶然的。从以上案例中，能够发现一个成功的开场白应该包括以下几个部分：

（1）自我介绍。

(2) 介绍相关人物（如介绍人）。
(3) 说明对客户的利益。
(4) 客户时间的可行性。
(5) 需求推进。

(一) 有效地说明身份

开场白中做自我介绍是一个自然的过程，毕竟推销人员需要告诉客户自己是谁，代表哪个公司来与客户接洽。如上例中的"您好，我是××公司的董××"，简单明了地说明了推销人员来自哪里、什么公司以及详细姓名。但是，这当中也有若干细节需要注意。如果推销人员所在的公司是行业中比较知名的公司，而且推销人员经营的是一个著名品牌的产品，那么推销人员可以认为这是自我介绍的资本。然而值得注意的是，虽然推销人员的公司是行业内最大的公司，在客户那里这一信息是有价值的，但不具备最高的价值，因此没有必要一再向客户强调。那么，最好的价值是什么呢？就是推销人员自身的价值，简而言之，在开场白的第一阶段，让客户了解推销人员打电话是要做什么，而不要被所代表的公司束缚住手脚。如果客户对推销人员所在的公司不了解，推销人员应该简要介绍公司概况，重点介绍公司背景、开展的业务，但是不要做荣誉陈列和历史回顾。例如，"我们公司曾获得××年××大奖……"这样介绍是非常不合适的。客户没有时间去听这些，这样只会让他们产生厌烦的情绪。

(二) 有中间人推荐会让客户更容易接受

在上例中，推销人员在开场白中有这样一句话："您的朋友吴××介绍我向您打这个电话，她已经简要地向我介绍了贵公司目前的情况。"这个信息非常重要。客户对熟人或者朋友的推荐会更容易接受，某种程度上来说，这也是自己人效应在发挥作用。一方面，正所谓先入为主，客户认为朋友的推荐肯定是帮助自己的。另一方面，客户可能考虑到推销人员与自己的朋友关系密切，既然业务需要，也会有意成全推销人员，这样就使推销人员不会被轻易拒绝。因此，在这种情况下，推销人员最好报上介绍人的姓名，拉近与客户的关系。

(三) 用利益迅速吸引客户

初次谈话或者见面，需要在很短的时间内或者几句话之内就抓住客户，否则遭遇拒绝的可能性就会迅速增加。因此，开场时的利益陈述相当重要。例如，上文中的"我们现在正在推出一项新的服务，可以帮助您改善公司的办公效率"。当推销人员提到要向客户推销产品或者服务的时候，客户的第一反应是"对我有什么用"，紧接着的习惯性考虑就是拒绝。因此，抓住客户的心理，应直接使客户感受到推销人员能给他带来机会、带来利润，让客户感到对自己有益。抓住了这一点，客户的心理防线就会放开一些，推销人员成功的概率也就更大一些。

(四) 有效地迅速推进销售

通过上面的努力，客户大致了解了推销人员提供的产品或服务，并且有了一定的兴趣。下面的工作就是如何推进，即如何探测需求。如果说开场白的利益陈述是最关键的步骤，那么推进过程则是紧接着最重要的步骤。

如上例中的"不知道您现在是否方便接电话？我想占用您一会儿时间跟您做一个简单的交流"。一定要注意在推进之前征求客户意见，这是一种必须具备的礼貌行为。在推进过程中，最关键的细节是有目的地了解客户目前的状况，为推出产品或服务做好铺垫。因为推销人员已经告诉客户自己有办法让他的企业获得更多的利润，让他的工作表现得更好，让他减轻工作的压力等。所以，推进过程就是一个交流的过程。在了解到客户的基本情况之后，逐步透露自己提供的产品或服务是怎样的，它能给客户带来怎样的利益。同时还应注意，推进的过程是一个交流的过程，而不是推销人员一直不停地说，客户一言不发地听。推销人员需要给客户发言的机会，并从客户的言谈中分析其需求。

（五）充分准备

开场白不是即兴发挥，它需要推销人员进行精心准备。

（1）推销人员要了解客户的基本情况。推销人员在通电话前，需要了解与自己通话的人是决策者，还是决策的影响者，或者是使用者。在开场白的自我介绍过程中，客户将有怎样的反应？对不同的反应要怎样处理？

（2）推销人员在正式洽谈之前做好准备。推销人员在进行利益陈述的时候，怎样向既定的客户说明推销内容？用什么样的措辞更吸引客户？这些都要在正式洽谈之前做好准备。

只有这样，才能提高开场白成功的可能性，从而促成销售洽谈的成功。

（六）保持两个"不要"

推销人员在推进时，还应该切记，在开场白中保持两个"不要"：

（1）不要拿起电话就开始推销。例如，"喂，您好！我想向您推销我们公司的新产品，这种产品是……"

（2）不要张口就谈价格。例如，"您好，我们公司正在以六折优惠低价促销新产品，可以向您介绍一下我们的产品吗？"

这两种方式很容易引起客户的反感，同时也是很多客户讨厌推销的原因。因为客户根本没有享受到服务或者根本没见到产品，自然会觉得电话推销人员不务实，带有欺骗色彩。

二、产品介绍的技巧

电话沟通不同于面对面的沟通。面对面的沟通可以将产品展示给客户，让客户对产品有直观的认识；而推销人员要在电话中向客户描述产品，更有难度，更有挑战性。那么，如何做好这个工作呢？在此必须明确以下几个问题：

（一）成功产品介绍的特征

（1）让客户知道你的产品或服务将带给他怎样的好处。

（2）让客户相信产品能达到其预期的效果。

（3）让客户感到你是为了帮助他才推销这个产品，要介绍得恰如其分。

（4）遵循"特点——优点——利益"的陈述原则。

【案例4-14】

成功的产品介绍对话

推销人员："我知道贵公司在行业内享有很高的声誉，能与贵公司合作实在非常荣幸。"

客户："过奖了。"（很得意）

推销人员："这次打电话给您，是想向您介绍一种更环保的清洗设备。"

客户："什么设备？你给做个简要介绍。"（稍有兴趣）

推销人员："好的。在介绍之前，我想问一下，贵公司一直采用什么型号的清洗设备？"

客户："我们公司购买的××清洗设备都是国外原装进口的，功能非常强大，完全自动操作，内置智能处理器，软件程序都是最先进的。"（很得意）

推销人员:"看来您对这种设备非常满意?"

客户:"还行。不过也有一些不足,如易损件磨损严重。而且国外的易损件购买起来不方便,维修费用也相对高一点。"

推销人员:"是吗?我向您推荐的这种清洗设备在这方面做得不错。"

客户:"哦?是吗?"(很感兴趣)

推销人员:"我向您推荐的这款××清洗设备的零配件都是由国外原厂商在国内设厂生产的,比同类规格的进口产品要便宜一半,维修费用也相对便宜。"(接收到客户感兴趣的信号)

客户:"是吗?"(很惊喜)

推销人员:"没错。这台设备的优势还不仅限于此。它在功能上与您所使用的设备大致相近但又略为先进,都采用相同的内置智能处理器和软件版本。而相对于××设备,它还具备全程可编程控制,并且采用了目前最先进的清洗工艺和清洗顺序,刷头都是由机器智能控制的,能灵活转动,可以清洗到各个死角,这些都是××设备所不具备的。"

客户:"真的吗?有没有详细的资料可以发给我?"

推销人员:"好的。我这就发送过去。"

客户:"请尽量快一点。我对这个产品很有兴趣。"

在这个例子中,推销人员做了一个循序渐进的介绍:在未了解实际情况之前,先让客户自己介绍;然后,有意识地探询客户的信息,让客户自己反映问题,寻找不足;之后,再利用自己产品的优势吸引客户,让客户意识到新产品可以解决自身目前存在的问题;在获得客户的肯定后,再进一步对自己的产品做全面的介绍,让产品的优点在客户面前一览无余,引发客户强烈的兴趣,使其有意再深入了解。整个介绍过程非常自然,牢牢抓住客户的心理展开攻势,最终获得了成功。

(二) 产品介绍的步骤

事实上,在产品介绍的过程中,都会涉及以下三个步骤:

(1) 事实陈述。事实陈述就是对产品的材料、设计、颜色、规格、品种、特征等事实状况做介绍,激起客户的购买欲望。

(2) 解释说明。对产品所具有的功能做详细说明,这些功能跟同类产品比具有哪些优势,以便使客户做出购买决策。

(3) 利益说明。客户最关心的是产品能够带给他何种利益,所以利益说明是最重要的。推销人员务必说明这种产品究竟能给客户带来什么样的好处。

推销人员要想通过电话有效地介绍产品,达到吸引客户的目的,就必须"反其道而行之",把上面的整个产品介绍流程反过来。首先从客户利益开始,说明自己的产品能给客户带来什么利益;当客户有兴趣听下去的时候,再说明产品的特色;最后才是对整个产品的细节介绍。这样的顺序更容易打动客户,以免推销人员在对产品口若悬河、滔滔不绝地加以介绍的时候,客户一句"对不起,没兴趣"就把推销人员拒之门外的情况发生。推销人员要明确究竟怎样才能打动客户,怎样一步一步地吸引客户,让他有兴趣听自己对产品进行介绍,最后参与进来,与推销人员讨论细节。这样才算是一次成功的产品介绍,才算达到了通过电话进行产品介绍的目的。

（三）产品介绍的注意事项

推销人员了解了基本的介绍顺序后，还要注意以下几点：

（1）介绍产品的优点。在介绍产品和服务的功能时，要力求详细，确保客户完全了解，并且最好提供证据，让客户相信该优点是真实可信的。介绍结束时最好把自己讲过的话归纳一下，强调所说的优点，同时证实客户接受了你的观点。

（2）探寻客户的看法。推销人员要懂得适时地运用提问确定客户的想法，衡量谈话进展的程度。客户肯定或者否定的回答能清楚地表明双方的交谈是否顺利。如果客户做了肯定的回答，说明推销人员的产品迎合了他的需求，可以进一步进行交流；如果客户做了否定的回答，就意味着推销人员没有找到客户的需求点，没有了解客户的真实需要。这时候，推销人员应该采用诱导式的提问，探寻客户的需求点，根据情况调整介绍的思路。

（3）从其他方面突破。很多推销人员在重复同一种产品的推销时，难免会墨守成规，凭经验办事。实际上，不同客户购买同一产品时的动机不一定相同，所以不能用同一种推销方式。当遇到这种情况时，要想办法从其他方面进行突破。

（4）不同形式的介绍。一种产品往往有不止一个优点，而不同的客户对同一产品的用途也有不同的要求。推销人员在介绍产品时要有针对性，要把产品的优点都展示给客户，同时对不同的客户要突出某一方面的优点。例如，有的客户希望了解产品的性能，有的客户更关心产品的价格，还有的客户更在乎工艺设计。在谈话开始时，推销人员应该有大致的了解，在谈话中也要注意客户关心的是什么方面，从不同的角度去了解客户内心的需要，才能真正地打动客户、说服客户。

三、接听电话的技巧

客户打电话过来时，推销人员应该非常高兴。平时推销人员打电话给客户寻找销售机会，而客户打电话过来，节约了推销人员的时间，是求之不得的事情。客户要找你聊天，说明他很在乎你，甚至把你当成朋友；也有可能客户打电话来是向你反映问题，这是对你工作的积极促进。无论如何，客户打电话来都是值得高兴的事。

那么，如何接听客户的电话？接听客户电话是否有技巧呢？

（一）调整好状态

想一想，当电话铃响的时候，你正在做什么？

可能正在吃零食。

可能正在跟同事聊天。

可能刚刚接完一个电话而在生气。

可能……

不管你在做什么，这时都应该尽快集中自己的精力，暂时放下手头正在做的事情，精神饱满地接听客户的电话，不要将个人的情绪带到工作中去。

（二）自报家门

推销人员拿起电话的第一句话应该说："您好，这里是××公司，我是销售部的××。认识您非常高兴。"也就是说，推销人员在拿起电话时就应清晰地先报出公司名称，然后报出自己的姓名，讲话时要真诚、友好、热情、有礼貌。顺势可以引导客户说出自己的基本情况，例如，"您贵姓？""您从事哪方面的工作？"这样便于建立客户数据库。

(三) 转入正题

接听客户的电话要简洁、快速，不要耽误客户的时间，要给客户留下办事效率高的印象。必要的开场白之后，要尽快转入正题。可以用这样的话语转入正题："我能为您做些什么？""您需要哪方面的产品和服务？"这样说可以引导客户讲出需求，而不要谈论不必要的琐事，以加快谈话的进展。

(四) 注意记录

推销人员要养成随时记录的习惯，记录下与客户谈话的内容，便于以后再次通话或跟进。如果没有听明白，可以要求客户重复。一定要在电话机旁边备有纸和笔，这是做记录必需的工具。

(五) 面带微笑

电话传递的不仅是声音，任何情绪上的变化，都会随着推销人员的语音传递给客户。客户虽然看不见推销人员，但是可以通过声音感知。所以，推销人员要调整好自身的状态。要想获得客户的好感，推销人员必须付出真诚的努力，在电话中微笑着与客户交谈，让客户感觉到你的真诚。微笑不仅能给客户留下友好的印象，而且还能适时调节推销人员的心情，增强自信。

(六) 不要把客户转给他人

自己接的电话尽量自己处理，只有在万不得已的情况下才能转给他人。这时，推销人员应该向对方解释清楚原因，并请求对方原谅。例如，推销人员可以说："非常抱歉，这件事情我这里处理不了。××经理会处理好这件事的，请他和您通话好吗？"推销人员在做出这种决定之前，应当确定客户愿意推销人员将电话转给他人；不要让客户产生受到轻视、怠慢的感觉，同时说话的语气要真诚，要把原因解释清楚。

(七) 不要让客户等候太久

如果推销人员在接电话时不得不中止电话而查阅一些信息，要先征求客户的意见："请您稍候片刻，我需要一点儿时间来查询产品和服务的相关信息。"查询资料时速度要快，不要让客户等候太久。让客户等候时，推销人员可以按下等候键。如果推销人员的电话没有等候键，可以选择沉默一段时间。如果让客户等候的时间超过推销人员所预料的时间，可以每隔一段时间便向客户说明自己的进展。例如，推销人员可以说："对不起，还需要一些时间，请您再稍候片刻。"当推销人员查找完毕时，要向客户道歉，如可以说："实在对不起，让您久等了。"让客户时刻感受到你很在乎他、尊重他。

(八) 养成接听电话时的良好习惯

事实上，要做到让客户认可，在接听电话时还应该养成下列良好习惯：

（1）让电话响两声再接。
（2）拿起电话说"您好"。
（3）给对方更多的选择。
（4）尽量缩短"请稍等一会儿"的时间。
（5）如果商谈的事情很多，应该在谈话开始时告诉客户谈话的要点。
（6）随时让客户知道你正在做什么。
（7）如果电话掉线，应该主动回拨客户。
（8）等客户挂断后再挂电话。

四、拨打呼出电话的技巧

对于推销人员来说，更多的时候是打电话给客户。推销人员呼出电话统计起来可以包括以下两种情况：一是给陌生客户打电话，目的是发现与筛选客户，寻找销售线索，判断客户需求，安排面谈等；二是给老客户打电话，目的是催款，客户跟进，请求推荐新客户，联络感情，介绍新产品，加强信任关系等。

可见，推销中的很多工作都需要呼出电话，也正是因为这个原因，如何打好呼出电话成为推销人员的必修课。

（一）做好拨打前的准备

在与客户通话前，推销人员要做好充分的准备，应清楚地了解客户的情况，明确通话的目的，要达到怎样的目标，要问哪些问题，客户可能会问哪些问题及如何应对，通话必需的资料、记录工具等也都要准备好。

【案例4-15】

不成功的呼出电话（一）

推销人员："您好，请问是王经理吗？"

客户："我就是，请问你是哪位？"

推销人员："啊……啊……您就是王经理啊。我是那个……秋实公司的刘××。这次打电话给您，是想……"（不知所措，结结巴巴）

客户："对不起，现在很忙，下次联系吧。"（对推销人员的表现非常不满）

推销人员："我建议您使用我们公司的××产品。"

客户："哦，那××产品的主要功能是什么呢？"（已经不耐烦）

推销人员："哦，××产品啊，您稍等一下，××产品的主要功能是，嗯……这个我再看一下……"（手忙脚乱地寻找资料）

客户："就这样吧，你查到再打给我，再见。"（生气地挂断了电话）

这位推销人员的失败，可以归结为没有做好心理准备以及必要的产品知识储备。想想看，谁愿意跟一个连自己推销的产品都不熟悉的人打交道呢？

【案例4-16】

不成功的呼出电话（二）

推销人员："这个产品的功能还不错吧？"

客户："还行，我们公司决定就订这个了，一共需要7件，请把订货单传真……"

推销人员："哦，对不起，我没听清楚，您可以再说一遍吗？"（慌乱地寻找纸笔做记录）

客户："传真……"

推销人员："什么型号的产品？我想再确认一下。"

客户："××型号。"

毫无疑问，以上两个案例都是失败的电话推销过程。两个案例中的推销人员都犯了同一个错误——没有准备。

所以，打电话前，推销人员要注意以下几点：

（1）理清思路。打电话前应考虑清楚自己想要说什么，想知道客户的什么情况。这是非常重要的，因为电话是推销人员主动打给客户的，如果打过去却不知道说什么，则显得很没有礼貌。客户都有很强的时间观念，不愿意浪费时间。

（2）确定对方此时通话是否方便。推销人员要在第一时间确认客户通话是否方便——作为主动呼出时的基本礼仪。例如，"您现在通话方便吗？"在确认后，推销人员甚至可以说明通话所需要的时间，例如，"大概会占用您5分钟的时间。"客户会因为这些小细节而对推销人员产生好感。

（3）简洁通话。无论在任何时刻，推销人员都要做到讲话简洁明了。通常，一份准备充分的资料可以帮助推销人员做到这一点。不妨在通话前列一份清单，将此次通话的内容写在上面。记住，即便你的时间很充裕，也不要忘了你的客户很忙。只要准备充分，简短的通话也能取得很好的效果。

（4）避开高峰时段。若在客户最忙碌的时段打电话，常常会遭遇"通话中"的尴尬。因此，必须有一套避开电话高峰时段的方法。一般公司的高峰时段是这样的：上班后的一两个小时内、午间休息后的一两个小时内和即将下班的时间。推销人员也可以在长期的工作中认真总结，整理出不同公司和不同客户的非高峰时间段。

（二）掌握拨打的具体技巧

做好准备工作之后，推销人员还需要掌握足够的拨打电话的技巧。这些技巧至少应该包括以下几个方面：

（1）标记好常拨打的电话。这看上去是一种简单的方法，但是却非常实用，可以有效提高推销人员客户沟通的效率。将这些电话标记好，以后可以很方便地随时取用。通过电话与客户沟通一定要有时间观念，做好准备才不至于手忙脚乱。

（2）找不到对方时，记得留下详细留言。很多推销人员在遇到所要找的客户不在时，都只是简单的一句"对不起，打扰了"。也有的推销人员懂得留言，可是只是简单地说"请您转告王经理我找过他"。这样的留言根本毫无价值，没有人会把这些琐碎的信息带给客户。最好的做法是，推销人员应该告诉接电话的人有很重要的事，一定要让客户回电。例如："请您一定转告夏总让他回电，我有很重要的事跟他商量。""请您帮我转达高先生，如果他不回电，没有其他要求的话，我们就按原定的计划给他送货。"

留言时，推销人员应该记得，不要透露信息的详细内容，但是又要把信息描述得非常重要，让传口信的人产生"我担不起这个责任"的感觉。这样的话，传口信的人才会准确迅速地把推销人员的信息转达给客户。

千万别忘了，把你的姓名、联系方式告诉传递信息的人。

（3）别忘了感谢客户后再挂电话，而且，要在客户挂掉电话后再挂电话。

掌握了以上这些细节技巧，推销人员就可以打出一个成功的呼出电话了。

【案例4-17】

成功的呼出电话

推销人员："早上好。请问您是周经理吗？"

客户:"是的,我就是周帆。"

推销人员:"周经理,您好,我是××公司的孙明,您最近来信询问说贵公司需要H产品。我很高兴跟您介绍一下我们公司的产品。您现在方便通话吗?我大概会占用您4分钟的时间。"

客户:"可以,你说吧。"

推销人员:"周经理,您能否先告诉我,现在贵公司的H产品情形如何。还有,您想了解我们公司产品的原因。"

客户:"我们公司的员工自己操作机器,老是搞得很糟糕,许多机器都损坏了。公司老总要我了解一下生产H产品的厂商的情况,准备更换设备。"

推销人员:"周经理,我们公司的产品绝对可以让贵公司所有的员工感到满意,而且提供安装维修的服务。不过,我可以提个建议吗?"

客户:"当然可以。"

推销人员:"如果您方便的话,我想亲自来拜访,跟您详细解说。您可以对我们公司有更多的了解,而这在电话里不容易详细解说。您意下如何?"

这是一个非常不错的案例。推销人员完全掌握了呼出电话的技巧,并且在与客户的沟通中步步深入,把握了电话沟通的节奏,最后成功地约见了客户。

五、与客户电话沟通的其他技巧

(一)赞美的技巧

赞美是打开客户心扉最直接的钥匙,也是成功电话沟通的好方法。适当地赞美客户不仅能体现电话推销人员的文化修养水平,更促成业务。通过赞美,可以拉近与客户之间的距离,收获良好的推销效果。

【案例4-18】

赞美客户,扭转局面

客户:"这项合作稍后再说,我现在没空看这份资料。"(客户拒绝得非常干脆)

推销人员:"没有关系,王总,那我们下次再说吧。对了,您的声音很有磁性,听起来很年轻、很有朝气。"(电话推销人员对客户进行真诚的赞美)

客户:"是吗?还好吧,呵呵。"(客户的态度明显好转)

推销人员:"当然了。一听王总的声音,就知道您是位年轻有为的成功人士。"(电话推销人员抓住时机,迅速跟进)

客户:"呵呵,谢谢夸奖。这样吧,我周末前把资料看了再给你答复,我会打电话给你的。"(客户主动做了让步,真诚的赞美起了作用)

推销人员:"那好,谢谢您!再见。"

这个案例中,推销人员巧妙地运用赞美,成功地扭转了局势,将客户的拒绝变成了主动联系。客户在被赞美中不知不觉地接受了推销人员。

1. 赞美的内容

(1)赞美客户的声音。推销人员在拿起电话时,最先感受到的就是客户的声音。因为这是最直接的切入点，推销人员可以首先从这里入手。

例如：

"您的声音很甜美、很动听。您是节目主持人吗？"（对于女性客户）

"您的声音听上去，让人觉得是一位很稳重、很有亲和力的老总。"（对于事业有成的男性客户）

这种词汇很多，可以夸奖客户声音的本色，也可以赞美客户的声音让推销人员感觉怎样、想到什么。后一种赞美方法往往比较容易奏效，尤其是针对男性客户。

（2）赞美客户所在的公司。如果推销人员对客户有足够的了解，那么，完全可以从赞美客户所在的企业、客户的职务入手，让客户觉得自己在行业内是较有知名度的。

例如：

"原来您是在××公司工作啊，那里真是一个人才云集的地方。"

"您这么大的公司，一直以来都是我们想竭力建立好关系的大客户，这次能跟您合作真是太荣幸了。"

"早就知道您是××公司的推销市场部经理，这些年对您所做出的成绩真是令人感到非常敬佩。"

（3）间接表达对客户的赞美。直接的赞美有时候会让客户觉得做作、言辞不恳切。那么，推销人员何不尝试间接一点呢？只要能达到赞美所带来的效果，只要能够赞美到客户的心里去，间接的赞美不失为上策。

例如：

"知道您的创业经历是一段传奇故事，我真的很想请教一下，您到底用了什么秘诀取得了现在这么大的成就呢？"

"郝经理，有空能传授一下您的经营高招吗？我真的很敬佩您的经营业绩，这都是常人难以创造的奇迹。"

"我知道您是这方面的专家，所以想请教您一个问题。"

古谚云："精诚所至，金石为开。"当赞美之辞从推销人员口中流出的时候，推销人员言语中包含的真诚已经显露出来，其效果已被写到被赞美者的脸上或者心中。所以，只有真诚的赞美，才能使客户感到推销人员的赞美是在发现他的优点，而不是作为明显的功利性手段去恭维他。

2. 赞美的原则与技巧

不恰当的赞美不仅是事无补，而有可能造成负面效果，这是一个常识。也正是因为这个原因，在赞美客户时，必须深谙赞美的原则和技巧。

（1）恰到好处。高帽子谁都喜欢戴，赞美话人人都爱听，这是人们的共同心理。恰如其分地赞美会让人精神愉悦，赢得他们的信任和好感。恰到好处地赞美要注意四个方面：

1）注意场合。当客户愿意听、喜欢听的时候，被推销人员赞美，客户会很高兴。

2）注意尺度。不要过分赞美，否则会令人感到虚伪。

3）发自内心。赞美的内容很多，可从容貌、体态、个性、人品、能力、兴趣爱好等内容出发，特别是在电话交流中所感觉到的，但一定要真诚、发自内心。

4）分清对象。对不同客户要区别对待，适当用词。如推销人员面对一个西方人，不论客户年纪多大，说他的声音听起来很年轻，他一般都会很高兴；但对东方人来说，也许他会觉得你是在挖苦他。

错误的赞美话语举例：

"您的皮肤真好,一定经常保养吧?"(推销人员没见过客户,怎么能知道客户皮肤好呢)

"您的声音听起来真好听,像两岁的小孩儿。"(怎么能用两岁小孩跟客户做比较呢)

千万不要犯类似上面的错误。

(2) 频率适中。这里的频率是指相对期间内对一个客户赞美的次数。次数太少,起不到应有的作用;次数太多,也会削弱应有的效果。而赞美的频率是否适中,是以客户反应行为的进展程度为尺度的。如果客户的反应行为同赞美的频率成正比,则说明赞美的频率是适度的;如果成反比,则说明赞美的频率过高,已经到了"滥施"的程度。

电话推销人员在赞美中也要注意:不要重复赞美客户的一个优点,这会让客户觉得你虚伪而且不善言辞。

(3) 正当其时。赞美的效果在于见机行事、适可而止,真正做到"美酒饮到微醉后,好花看到半开时",不要等到客户的话讲完,时机错过后再赞美客户。此时客户听到赞美也不会觉得高兴,反而会觉得推销人员是在阿谀奉承、惺惺作态。

【案例 4-19】

错误的赞美时机对话

客户:"这个方案不错,价格和效果都非常对我们公司的胃口,但是对于服务的细节,我还需要考虑一下。你先把资料内容给我讲一下。"

推销人员:"好的。陈总,您的声音真是非常有磁性,听上去就知道是一位成功人士。"(眼看生意到手,突然想起该夸奖一下客户)

客户:"你是在听我说话吗?我让你把资料内容给我讲一下!"(显然非常生气)

错过了适当时机就不要硬加上赞美之词,可以在随后的跟进语言中,将你的想法表达出来。

赞美一定要把握分寸、注重适时;赞美不能是阿谀奉承,不能变成一味地吹牛拍马,而要让赞美成为一种尊重客户的方式,成为一种肯定客户的态度,才能真正奏效。赞美可以通过别人来进行,如在与客户有紧密联系的人面前赞美客户,往往可能收到意想不到的效果。因此,只要适时,赞美应该无处不在;只要恰当,赞美应该无时不有。要学会赞美,懂得赞美,适时赞美,才能在赞美中实现成功,在赞美中完成销售的目标。

(二) 记录、重复、确认的技巧

最成功的推销人员往往也是那些对工作兢兢业业的人,而他们的兢兢业业表现在推销上就是绝不忽略工作中的任何一个细小的问题。这其中有一个共同点:在与客户通话时,他们无时无刻不集中精力,同时对通话的重点加以记录、重复、确认。这原本是一件简单的事情,但是,它体现了一种高水平的职业修养与职业素质。所以,如果想要成功,至少要养成在通话时记录通话重点的习惯,并且在结束通话之前,重复此次通话的重点,让客户确认。

先来看一个例子,大家可以想想看这其中出了什么问题。

【案例 4-20】

他错在哪里?

推销人员:"王总,刚才咱们说到哪儿了?"

客户："价格。"（有点儿不高兴了）

推销人员："哦，对对对，价格就按刚才说的办，行吗？我给您的价格可是最优惠的了。您是我们的老客户，我一直都……"

客户："可你还没说价格呢！"（生气地打断推销人员）

推销人员："啊？是吗？对不起，对不起。我查查看，价格是……对不起，稍等一下，我正在查……"

客户："查好了再告诉我吧！"（生气地挂断电话）

上例中的推销人员是非常失职的。你无法想象一个一会儿忘记了谈话的进度，一会儿又忘记了谈话内容，甚至不知道自己所推销产品价格的推销人员能赢得客户的好感、获得客户的信任。可能你不会如此，但你在未来的推销工作中在这些方面有可能做得不够，因此，做好电话记录是必要的。

上面案例中推销人员失败的原因有：①没有做充分的准备（对产品的价格都不清楚）；②跟客户交流时，思想不集中，这是对客户的不尊重、对工作的不负责任。

推销人员每天通常要打很多电话，难免会精神疲惫，这也极容易使工作出现失误。而做电话记录是避免这种情况出现的一个好办法。一方面，它可以强迫推销人员集中精神于目前的客户，另一方面，电话记录便于充实客户数据库。做好电话记录，也有利于推销人员把握谈话的进程，并且在谈话结束时能够准确完备地重复谈话要点。

【案例4-21】

标准的确认范例

推销人员："陈总，我重复一遍您的订货信息，您再确认一下。"

客户："好的，你说。"

推销人员："您这次订的是××型号的自动清洗设备，数量是两台，单价刚才和您确认过了，每台是×××元。"

客户："嗯，没错。"

推销人员："送货地址是××市××区××路××号，×××股份有限公司，自动清洗部。我们免费送货。我们的送货人员大概下午2点以后送过去。如果到时您没有收到订购的设备或者没有接到送货人员的说明电话，可以拨打我们的投诉热线……我们会及时为您处理。您看这样可以吗？"

客户："好的，谢谢！再见。"

在传达数字信息，如电话、日期、时间等时，推销人员一定要向客户进行确认。遇上电话信号不好或者发音不清的客户，推销人员就常常会拿不准或者听错，这样就会耽误事情。因此，再次确认数字信息就显得非常重要。

要有效地重复重点，则离不开记录电话内容。怎样记录电话内容呢？或者说，应该着重记录哪方面的内容呢？

1. 记录数字信息

遇到数字信息一定要准确记录下来，否则可能会造成很大的失误。在记录时，要注意添加单位，如钱的单位是"元"、重量的单位是"千克"等。

2. 记录承诺

客户的承诺非常重要。有必要的话，推销人员应该详细记录下来。而且，在引用时最好说出准确的时间，以便让客户回忆起来。客户若想违背承诺，也会多加考虑，避免在业务交流中给人留下不守信用的印象。推销人员也可以使自己确认信息时说的话更有分量。

例如，可以采用这样的用语与客户交流：

"王总，上次您和我通话时接受了这个价格的，怎么这次又变卦了呢？"

"老板，一个星期以前我们还谈到开展二期业务的合作，您也是首肯了的，可是您手下的部门经理却不敢拍板。这是怎么回事呢？"

"孙总，上次交易结束时您承诺了这次订购的数量。但是，这次显然没有达到这个数目。我打这个电话给您，是想了解一下具体原因。当然，我相信孙总不是一个随便做承诺的人，也不会违背承诺。"

推销人员更要记录自己在电话中对客户的承诺，及时地履行承诺，不要因为一时疏忽而失去客户。

3. 记录的信息要清晰

谈话的内容是稍纵即逝的，推销人员在做记录时为了求快，可能会做一些简写或字迹特别潦草，结果事后自己都看不懂了，这样的记录等于零。记录的目的是便于查看，所以一定要清晰明白。为了达到这个目的，推销人员可以练习速记，或者为经常用到的一些产品名称等确定固定的简写符号。

【本章小结】

整个推销的过程就是不断地与客户沟通的过程。推销人员的沟通素质与能力直接决定推销工作的成败。

沟通是为了一个设定的目标，把信息、思想和情感在个人或群体间传递，并且达成共同协议的过程。它有三大要素：明确的目标；达成共识的协议；沟通的信息、思想和情感。要保证沟通效果，还要要注意掌控气氛、场景、情绪三个因素。

沟通十分重要，一个人沟通的品质决定其生命的品质。成功的人生需要沟通，成功的推销更需要沟通。

沟通的目的是达成双方的一致性，消去彼此的差异，找出共同点，使双方不论在生理状态或心理状态上，都能进入一个共同的频道，达成彼此的目的。

沟通的效力＝语言沟通（7%）＋声音沟通（38%）＋视觉沟通（55%）。为了提高沟通的效力，应善用眼睛、面部、双手、身体和声音。

沟通的关键：拥有爱心，要学会倾听、感恩、尊重和宽容。

客户沟通的原则：承认、尊重、诚信、自信、主动、广泛、互动、宽容。

客户沟通的艺术：微笑、倾听、赞美、认同、提问、措辞。

电话沟通是客户沟通中应用最为广泛的一种形式，推销人员应熟练掌握电话沟通的技巧。电话沟通的技巧包括开场白的技巧、产品介绍的技巧、接听电话的技巧、拨打呼出电话的技巧，以及赞美的技巧和记录、重复、确认的技巧。

【复习思考题】

1. 什么是沟通？为什么说一个人沟通的品质决定其生命的品质？

2. 沟通的目的是什么？产生沟通障碍的最主要原因是什么？
3. 沟通效力的公式是什么？如何提高沟通的效力？
4. 客户拒绝和流失的主要原因是什么？客户沟通的意义在哪里？
5. 客户沟通的原则与艺术有哪些？如何运用这些原则和艺术？
6. 电话沟通中如何进行开场白？
7. 如何通过电话成功地向客户介绍产品？
8. 接听与拨打客户电话有哪些技巧？
9. 电话沟通中如何赞美客户？如何向客户重复和确认？

【实训题】

1. 为培养你赞美别人的习惯，请你分别制作"五顶高帽子"，分别送给家人、老师、同学、朋友和今天看着顺眼的人。并请你坚持每天、每周都进行这样的训练。

2. 全班同学自由组合，两人一组，一个同学扮演客户，另一个扮演推销人员，选择一种所熟悉的产品或服务，结合本章所学过的内容设计一份客户沟通对话方案（不少于2000字），在全班同学面前进行模拟表演。

3. 学生两人一组，一个扮演推销人员，另一个扮演客户，针对某一种产品，设计一份完整的电话推销对话方案，并在全班同学面前进行模拟表演。

【案例分析题】

案例1：小李的第一次客户沟通

红星发展股份有限公司是一家致力于生产高品质塑料制品的公司，生产的产品包括冰箱制造厂需要的冰箱门的封套、洗碗机的容器等。

小李刚从大学营销专业毕业，被该公司安排到某省市场做推销工作。上岗前，公司组织了培训，强调了推销接近和洽谈对销售的重要性。对此，小李很熟悉，因为他在大学的课程中曾经学过。

小李的第一次客户沟通是与一家小冰箱厂联系业务。他前一天已通过电话与该厂采购部的经理联系好，约定第二天早上9点见面。在赴约的早上，小李由于闹钟出了故障而迟到了30min，当他赶到采购部，有人告诉他经理已去参加另一个会议，但留下话说愿意在10：30与他见面。小李为经理不能等他而有些恼火，只好在办公室等经理归来。

10：35，当小李向采购部经理进行自我介绍时，发现他的办公室有很多××大学的纪念物，他想起了培训时首先和顾客建立融洽关系的训导，因而就问经理是否去过该大学。这使得他们的谈话很顺利，采购经理正是从该大学毕业的，而且非常愿意谈论这些。小李很激动，他知道这有助于建立良好的关系。经过10min的闲谈后，小李盘算着到开始谈生意的时候了。

小李把经理从关于学校的回忆中拉了回来，开始讨论他的产品。为了能控制住谈话，不至于再扯到别的话题上，小李连续不断地讲述一种新型塑料产品可以用于洗碗机内胆的过程。他向经理解释了产品定制的过程、耐用性及花色品种，最后还说明了公司的收益和信用政策。经过15min连珠炮式的介绍后，小李问经理还有什么问题。

经理问他是否带来了一些样品，小李很抱歉地说由于走得太匆忙，忘记带样品了。经理又问他，从订货到送货需要多长时间。小李知道，时间对于采购经理比较重要，就谎称要2周，但实际却需要4周。他想，只要能签下订单，发货晚点可归咎于生产部门。当谈到产品价格为什么比同类竞争品稍高时,小李也未能给出一个合适的解释。小李自己认为已经很好地解释了产品的优点,而且认为对采购经理来说这也是一个很好的选择。

但最后,经理告诉他,因为还有另外一个会议要参加,只能结束这次会谈。他感谢小李的到来,并承诺会考虑他的产品。

问题:

在小李的第一次客户沟通中,你觉得他犯了哪些错误?如果是你,你会怎样做?

案例2:王玉松与客户的电话沟通

王玉松: M乳品公司大客户经理。

宋卫东: B大型连锁超市采购经理。

周一早晨,王玉松拨通了宋经理办公室的电话。

王玉松: "早上好,宋经理,我是M乳品公司的大客户经理王玉松,想和您谈一谈我产品进店的事宜,请问您现在有时间吗?"(通过前期了解,王玉松已经知道卖场的负责人姓名及电话)

宋卫东: "我现在没有时间,马上就要开部门例会了。"

王玉松: "那好,我就不打扰了,请问您什么时间有空?我再打电话给您。"(这时一定要对方亲口说出时间,否则电话推销人员下次致电时还会以另一种方式被拒绝)

宋卫东: "明天这个时间吧。"

王玉松: "好的,明天见。"(明天也是在电话中进行沟通,但"明天见"可以拉近双方的心理距离)

周二早晨,王玉松再次拨通了宋经理办公室的电话。

王玉松: "早上好,宋经理,我昨天和您通过电话,我是M乳品公司的大客户经理王玉松。"(首先要让对方想起今天致电是他认可的,所以没有理由推脱)

宋卫东: "你要谈什么产品进店?"

王玉松: "我公司上半年新推出的乳酸菌产品,一共5个单品,希望能与贵卖场合作。"

宋卫东: "我对这个品类没有兴趣,目前卖场已经有几个牌子在销售了,我暂时不想再增加品牌了,不好意思。"(显然已经准备结束谈话了)

王玉松: "是的,卖场里确实已经有几个品牌,但都是常温包装。首先,我公司的产品是活性乳酸菌,采用保鲜包装,您当然了解,消费者在同等价格范围内肯定更愿意购买保鲜奶;其次,我公司的产品已全面进入餐饮渠道,销售量每个月都在上升,尤其是您附近的几家大型餐饮店,会有很多消费者到卖场里二次消费;我公司采用'高价格、高促销'的市场推广策略,所以我公司的产品带给您的毛利一定高于其他乳产品。"(用最简短的言辞提高对方的谈判兴趣,在这段话中王玉松提到了产品卖点、已形成的固定消费群体、高额毛利,每一方面都点到为止,以免引起对方的反感从而结束谈判)

宋卫东: "还有哪些渠道销售你的产品?"(对方已经产生了兴趣,但他需要一些数据来支持自己的想法)

王玉松: "现在已经有100多家超市在销售我们的产品了,其中包括一些国际连锁店,销售情况良好,我可以给您出示历史数据。"(通过事实情况的描述增强对方的信心)

宋卫东: "好吧,你明天早上过来面谈吧,请带上一些样品。"

(资料来源:http://songfei8898.blog.sohu.com/75818285.html。)

问题：

1. 在首次通话时，客户没有给王玉松交谈的机会，王玉松是怎样争取到了一次合理的致电机会？

2. 在第二次通话时，面对客户的拒绝，王玉松是怎样处理拒绝，进而成功达到约见客户的目的的？

【资料阅读】

倾听、提问与复述的技巧

一、倾听技巧

倾听不仅是耳朵听到相应的声音，而且是一种情感的活动，需要通过面部表情、肢体语言和话语的回应，向对方传递一种信息：我很想听你说话，我尊重和关注你。倾听是给对方一种感觉，倾听中给予对方良好的感觉十分重要。

1. 永远不要有意打断客户

在客户服务中，会经常遇到服务人员打断客人谈话的情况。例如，推销人员以为客户说完了，就要发表观点，突然发现客户原来还没说完，马上说："对不起，您先讲。"这是无意打断。有时候，客户能够接受无意打断，但是有意识打断是绝对不允许的。"你听我说"，这样与客户说话是非常不礼貌的。当你有意识地打断客户以后，你会发现，你就好像挑起了一场战争。你的对手会以同样的方式回应你，最后两个人的谈话就变成了吵架。在提升倾听能力的技巧中，最主要的一个技巧就是学会什么时候应该说话，什么时候应该保持沉默。

2. 清楚地听出对方的谈话重点

能清楚地听出对方的谈话重点是一种能力。并不是所有的人都能清楚地表达自己的想法，特别是在不满时，因为受情绪的影响，经常会有类似于"语无伦次"的情况出现。而且，除了排除外界的干扰，专心地倾听以外，不要把注意力放在说话人的咬舌、口吃、地方口音、语法错误等习惯语上面。如果你清楚客户谈话的重点，你要让他明白这一点。

请注意使用的句子，以"让我们来看一看是否理解了……"作为开头比较好；不要说"你要说的东西是……"这意味着对方说不出自己想要说的东西；还应该避免说"我听到你说的是……"

3. 适时表达自己的意见

谈话必须有来有往，所以要在不打断对方谈话的原则下适时地表达自己的意见，这才是正确的谈话方式。通过及时地反馈信息，你可以更好地理解对方的意思，否则，"误差"积累下来，你就越来越难以把握对方的思路了；反馈信息也可以让对方感受到你在注意听，而且听明白了。

4. 肯定对方的谈话价值

在谈话时，如果能得到肯定，客户内心也会很高兴，同时会对推销人员产生好感。在谈话中，要用心去寻找对方的价值，并给予积极的评价和赞美，这是获得对方好感的一大绝招。

5. 配合表情和恰当地使用肢体语言

当推销人员与客户交谈时，对对方活动的关心与否，往往直接反映在自己的脸上。推销人员无疑是客人的一面镜子。光靠语言表达难以营造气氛，所以必须配合恰当的表情，用嘴、手、眼、心灵去说话。

6. 避免虚假的反应

在对方没有表达完自己的意见和观点之前,不要做出如"好!我知道了""我明白了"等反应。这样空洞的答复只会阻止你认真地倾听客户的讲话,或者阻止客户的进一步解释。

二、提问技巧

首先,推销人员本身要了解提问的目的。推销人员所提的问题都不是漫无目的的,而是有针对性地提出的,然后帮助客户做出相应的判断。优秀的推销人员能够通过几个问题迅速地找到客户的核心问题在哪里。

一个推销人员的推销技能究竟怎样,经验是不是丰富,关键看提问问题的质量。提问的方式可以分为两种:一是开放式提问;二是封闭式提问。

开放式提问可以让客户比较自由地把自己的观点讲出来,这种提问方式是为了了解一些事实。例如,推销人员在被动的时候,会问:"请问有什么能够帮您的吗?"开放式问题可以帮助你去了解客户的问题出在哪里。一般来讲,在推销开始时,推销人员使用的都是开放式提问。

封闭式提问的使用完全是为了帮助客户进行判断,客户只需回答"是"或者"不是"。如果一个推销人员能够正确、大量地使用封闭性问题进行提问,说明其职业素质非常高。

封闭式提问需要推销人员本身有很丰富的专业知识,如果不具备专业知识,想提封闭性问题也提不出来。在提问技巧当中,开放式和封闭式两种提问都很有必要。通常都是先提一个开放性问题:"有什么需要帮忙的吗?"然后,马上转入封闭性问题。当然,如果对封闭性问题得到的回答是否定的,就马上重新转回到开放性问题,然后再转入封闭性问题。如果能够很成功地运用封闭式提问,马上就能找到客户的问题。多数推销人员在封闭式提问的时候都是运用个人的经验做出判断的。

三、复述技巧

复述一方面是复述事实,另一方面是复述情感。这与倾听的内容是相同的,因为复述也就是把你所听到的内容重新叙述出来。

1. 复述事实的技巧

(1) 分清责任。推销人员通过复述向客户进行确认,印证自己所听到的内容。如果客户没有提出异议,那么一旦出现问题,责任就不在推销人员了。这一技巧通常在看样、预订时使用较多。

(2) 起提醒作用。复述事实还有一个好处,就是可以提醒客户是否遗漏了什么内容,是否还有其他问题需要一同解决。

(3) 体现职业素质。复述可以体现推销人员的职业素质。对事实的复述不仅要体现出推销人员的专业水准,更重要的是让客户感觉到对方是在为自己服务,自己是在享受服务的。

2. 复述情感的技巧

复述情感是对客户的观点不断地给予认同。例如,"您说得有道理。""我理解您的心情。""我知道您说得很对。""我知道您想拍的价位低些,质量好的照片……"这些都是情感的复述。

推销人员通过倾听、提问和复述三个技巧能够很快地掌握客户的需求,而这三个技巧需要长期锻炼才能在使用时达到一定境界。

(资料来源:中国婚纱摄影网.wedchina.com.)

阅读思考:

怎样灵活运用倾听、提问和复述的技巧?

第五章

推销模式

【学习目标】
- 爱达（AIDA）模式
- 迪伯达（DIPADA）模式
- 埃德帕（IDEPA）模式
- 费比（FABE）模式

【基本概念】

爱达（AIDA）模式、费比（FABE）模式、迪伯达（DIPADA）模式、埃德帕（IDEPA）模式

【引导案例】

一次成功的推销

某大百货商店老板曾多次拒绝接见一位服饰推销员，原因是该店多年来一直经营另一家公司的服饰品，老板认为没有理由改变这固有的购销关系。后来，这位服饰推销员在一次推销访问时，首先递给老板一张便笺，上面写着："你能否给我10min就一个经营问题提一点建议？"这张便笺引起了老板的好奇心，推销员被请进门来。寒暄几分钟后，推销员拿出几款新式领带给老板看，并要求老板为每款产品报一个公道的价格。老板仔细地查看了每一款产品，然后做出了认真的答复。

推销员顺势进行了一番讲解。眼看10min时间快到了，推销员拎起皮包要走。然而，老板却不让推销员离开，要求再仔细看看那些领带。看了一会后，老板向推销员询问了有关问题，便按推销员所报的价格订购了一大批货——推销员的报价略低于老板本人所报价格。

请问该推销员是如何争取到老板接见的机会的？该推销员是如何取得此次推销成功的？这就是本章要讨论的推销模式问题。

推销模式是根据推销活动的特点和对顾客的购买活动各阶段的心理演变的分析以及推销人员应采用的策略进行系统的归纳，总结出的一整套程序化的标准推销形式。本章重点介绍四种推销模式：爱达（AIDA）模式、迪伯达（DIPADA）模式、埃德帕（IDEPA）模式和费比（FABE）模式。

第一节 爱达（AIDA）模式

一、爱达模式的含义

爱达（AIDA）模式是世界著名的推销专家海因兹·姆·戈德曼（Heinz M. Goldman）在

《推销技巧——怎样赢得顾客》一书中首次总结出来的。爱达是四个英文字母"AIDA"的音译,也是四个英文单词Attention(注意)、Interest(兴趣)、Desire(欲望)、Action(行为)的第一个字母。它们表达了爱达模式的四个推销步骤:

(1) 引起顾客的注意。
(2) 唤起顾客的兴趣。
(3) 激发顾客购买的欲望。
(4) 促成顾客购买的行为。

爱达模式适用于顾客比较被动的情况。例如在商店销售中,向顾客推销他计划购买之外的产品。这种模式也适用于一些易于携带的生活用品和办公用品的推销、新推销人员以及面对陌生推销对象的推销。爱达模式四个阶段的完成时间和先后顺序不是固定不变的,可视推销的实际情况灵活运用。

二、爱达模式的具体内容

(一) 引起顾客的注意

引起注意是指推销人员通过推销活动刺激顾客的感官,使顾客对推销人员和推销品有一种良好的感觉,把顾客的心理活动、精力、注意力等吸引到推销人员和推销品上来。通常人们的购买行为都是从注意开始的,因此,推销的第一步就是引起顾客的注意。顾客的注意分为有意注意和无意注意。推销人员一定要通过积极努力,强化刺激,唤起顾客的有意注意,使顾客愿意把注意力从其他事情转移到推销上来。

例如,有些推销人员面对顾客,开口总是说:"我叫某某,是公司的销售代表,这是我的名片。我们公司生产的某某产品性能优良、质量稳定,希望您考虑购买我们的产品。"这种开场白使顾客感觉到话题围绕的中心是推销人员及推销品,接受推销、购买产品也是推销人员所希望的事,与顾客无关,由此导致推销人员总是遭受拒绝和冷遇。如果在一开始就让顾客感觉到自己是被关注的中心,自己的需要和利益才是真正重要的,那么气氛就会不同。"久闻大名,大家都希望能为您做点事情。这是我的名片,希望能为您效劳。"最冷漠的顾客也会受到感动,从而将注意力集中起来。可见,吸引顾客的眼球,引起顾客的好感和注意,是成功推销的关键一步[⊖]。

怎样才能引起顾客的注意呢?

要引起顾客的注意,推销人员应注意以下几点:

(1) 说好第一句话。用简单的话语向顾客介绍产品的使用价值;运用生动有趣且恰当的事例引起顾客的兴趣;向顾客提供一些有价值的资料,消除顾客的顾虑。

(2) 把顾客的利益和问题放在第一位。强调推销品能帮助解决顾客的问题,给顾客带来实在的利益。

(3) 保持与顾客的目光交流。眼睛看着对方讲话不只是一种礼貌,也是成功的条件,让顾客从你的眼里感受到你的真诚、尊重和信任。

(4) 言谈举止与众不同,给顾客留下强烈的第一印象。

(二) 唤起顾客的兴趣

唤起顾客的兴趣是指唤起顾客对推销活动及推销品的兴趣,或者说是诱导顾客对推销的积

⊖ 资料来源:崔平. 推销学 [M]. 3版. 北京:机械工业出版社,2005.

极态度。兴趣与注意有着密切的关系。兴趣是在注意的基础上发展起来的，反过来又强化注意。兴趣也与需要有密切的关系。顾客对推销的兴趣都是以其各自的需要为前提的。因此，要很好地诱导顾客的兴趣，就必须深入分析顾客的各种需要，让顾客认识到购买所能带来的好处。推销人员要利用各种方法向顾客证实推销品的优越性，以此引导他们的购买兴趣。一般来说，诱导顾客兴趣的最基本的方法是示范表演法和情感沟通法。例如，推销人员在推销钢化玻璃杯时，让顾客把钢化玻璃杯摔在坚硬的地面上，看是否会把钢化玻璃杯摔坏。这种方法比任何口头宣传都有用。如果推销人员想说服顾客安装空调设备，带他到两间不同的办公室走走，体验一下。其中一间安装了空调设备，室内空气清新、凉爽宜人；而另一间没有安装空调设备，室内空气混浊，令人大有窒息之感。

（三）激发顾客购买的欲望

激起顾客购买的欲望是指推销人员通过推销活动的进行，在激起顾客对推销品的兴趣后使顾客产生对推销品强烈拥有的愿望，从而促使顾客产生购买的欲望。通过推销人员的努力，顾客对产品产生了兴趣，如果兴趣能够同其需要联系起来，就会激发其购买欲望，形成购买动机。顾客对推销提议和推销产品产生兴趣后，就会权衡利弊。权衡利弊时顾客充满许多疑问，既不想失去机会，又害怕上当，举棋不定，处在犹豫不决中。顾客在此阶段往往存在着较为激烈的思想斗争，尤其是在购买耐用品、价格高的贵重物品时，推销人员应给顾客一定的考虑时间和自由决策空间。在这一阶段，推销人员要做好三方面工作：①使顾客充分认识推销品所能带来的购买利益；②提出有吸引力的建议，使顾客认识到购买将使他得到乐趣；③通过陈述道理，强化顾客的购买信心。

（四）促成顾客购买的行为

促成顾客购买的行为是指推销人员要不失时机强化顾客的购买意识，培养顾客的购买意向，促使顾客最终采取购买行为。促成顾客购买的行为是爱达模式的最后一个步骤，它是全部推销过程和推销努力的目标，也是对前三个目标的总结和收获。这一过程要求推销人员在推销活动中必须抓住机会，坚定顾客的购买信心。顾客从产生购买欲望到采取购买行为，还需要推销人员运用一定的成交技巧来施加影响，以促成顾客尽快做出购买决策。

【案例 5-1】

向小布什推销斧头

美国一位名叫乔治·赫伯特的推销员，在 2001 年 5 月 20 日成功地把一把斧子推销给了小布什总统。一位记者在采访他的时候，他是这样说的："小布什总统在得克萨斯州有一座农场，那里长着许多树。于是我给他写了一封信，说：'有一次，我有幸参观您的农场，发现那里长着许多橘树，有些已经死掉，木质已变得松软。我想，您一定需要一把小斧头。但是从您现在的体质来看，这种小斧头显然太轻，因此您仍然需要一把不甚锋利的老斧头。现在我这儿正好有一把这样的斧头，它是我祖父留给我的，很适合砍伐橘树。倘若您有兴趣的话，请按这封信所留的信箱给予回复……'最后，他就给我汇来了 15 美元。"

显然，这位推销员运用的推销模式就是爱达模式。首先，他写信给小布什引起了小布什的注意；然后，他谈到了小布什的农场，唤起了小布什的兴趣；接着，他分析了小布什需要他的斧头的原因，激发了小布什的购买欲望；最后，他向小布什征求订单，促成了小布什的购买行为。

第二节　迪伯达（DIPADA）模式

一、迪伯达模式的含义

迪伯达（DIPADA）模式也是世界著名的推销专家海因兹·姆·戈德曼根据自身推销经验总结出来的一种推销模式，被誉为现代推销法则。"迪伯达"是六个英文字母"DIPADA"的音译。这六个英文字母分别为六个英文单词 Definition（发现）、Identification（结合）、Proof（证实）、Acceptance（接受）、Desire（欲望）、Action（行动）的第一个字母。它们表达了迪伯达模式的六个推销步骤：

（1）发现顾客的需要和愿望。
（2）将推销品与顾客的需要和愿望结合起来。
（3）证实推销品与顾客的需要和愿望相符合。
（4）促使顾客接受推销品。
（5）刺激顾客购买的欲望。
（6）促使顾客采取购买的行动。

与传统的爱达模式相比，迪伯达模式的特点是紧紧抓住了"顾客的需要"这个关键性的环节，使推销工作更能有的放矢，因而具有较强的针对性。迪伯达模式较适用于推销生产资料产品和咨询、信息、劳务与人才中介、保险等无形产品；就顾客类型而言，迪伯达模式更适用于有组织购买，即单位购买者。一般来说，如果顾客主动询问某一产品并了解有关情况，那么，在拜访这些顾客或者同他们进行业务洽谈时，就可以使用迪伯达模式进行推销。

二、迪伯达模式的内容

（一）发现顾客的需要和愿望

顾客只有产生需要，才会产生购买动机并导致购买行为，因此，推销人员要善于了解顾客需求变化的信息，利用多种方法寻找与发现顾客现实和潜在的需要和愿望，明确指出顾客的需要，并通过说服启发，刺激与引导顾客认知需求，为推销创造成功的机会。发现顾客需要和愿望的方法有很多，如市场调查预测法、市场咨询法、资料查找法、社交发现法、同行了解法、建立信息网络法、个人观察法、连锁介绍法等。

（二）将推销品与顾客的需要和愿望结合起来

达成交易，"结合"是一个必要的过程。对顾客而言，这个过程也许是主动的，也许是被动的。主动的结合是推销人员努力的结果，而被动的结合必须得到顾客的接受和认可。结合的原则为：符合客观实际；符合顾客的利益；是可以证实的或令人信服的；结合的技巧应不留痕迹、自然而然。结合的方法按形式分，有语言结合法和行为结合法。前者是通过语言表达，说明产品符合顾客需要的特性；后者则是通过推销人员的行动把推销活动和满足顾客的需求、解决顾客的问题结合起来，用行动向顾客表明诚意，赢得信任与合作。两种方法一并使用，言行一致，才能达到最佳效果。

（三）证实推销品与顾客的需要和愿望相符合

当推销人员把推销品和顾客的需要和愿望结合起来后，顾客虽然认识了推销品，但尚不能足够相信推销品符合他的需要。因此，还需要推销人员拿出强有力的证据向顾客证明他的购买选择是正确的。要做好这方面的工作，推销人员必须做好证据理由的收集工作，熟练掌握展示证据和证实推销品的各种技巧,从而消除顾客的购买顾虑,强化顾客的购买信心。证据是多种多样的:从证据的来源分,有人证、物证和例证;从证据的获取渠道分,有生产现场证据及顾客自我经验所提供的证据;从证据的形式分,有文字证据、图片证据、光电证据。

(四) 促使顾客接受推销品

由于顾客只有接受了推销品才有可能采取购买行动,因此,推销的主要目的是促成顾客接受推销品。因为推销人员的证实和顾客接受之间还存在着不可忽视的沟壑,此时还必须通过推销人员的积极努力促使顾客对推销品产生积极的心理定式,使二者融为一体。促使顾客接受推销品的具体方法有:

(1) 询问法。通过提问的方式,搞清楚顾客对推销的接受程度。

(2) 总结法。边推销边总结,强调经过前三步的努力双方达到的共识。

(3) 试用法。免费试用往往是促使顾客接受产品的一个法宝。

(4) 部分接受法。如果不能促使顾客全部接受推销要点,至少要让顾客在部分问题上接受推销品,这样积少成多,逐步引导顾客全部接受推销品。

(5) 等待接受法。有时顾客因为某种原因无法立即接受产品,推销人员就要学会耐心等待,并不断与顾客接触。长时间的等待与积极的推销相结合,可以创造良好的业绩。

(6) 示范检查促进法。推销人员通过在示范过程中向顾客提出一些带有检查性的问题,可以试探顾客的接受程度以及是否有购买的意图。如果发现有问题,可以立即纠正补充。

(7) 顾客使用促进法。推销人员把已经介绍与初步证实的产品留给顾客使用,从而促进顾客接受推销品的方法。

(五) 刺激顾客购买的欲望

推销人员利用各种诱因和外界刺激使顾客对推销品产生强烈的满足个人需要的愿望和情感,为顾客购买铺平道路。

(六) 促使顾客采取购买的行动

推销人员应不失时机地巧妙劝说顾客做出购买决定。

【案例 5-2】

推销人员向经销商(张总)推销电源插座

推销人员:张总,我能向您提几个问题吗?

张总:可以,你有什么问题呢?

推销人员:这几年 W 市实体经济外迁,对您的批发业务有没有影响呢?

张总:影响很大,销量下降了 50%。

推销人员:实体经济外迁,出租房和工厂的需求下降,必然会使低端的电工市场容量萎缩,而贵公司的目标市场为低端市场,即使公司比以前更努力,也会事倍功半,销量必然受到影响。我分析得对吧?

张总:对的。

推销人员:那贵公司准备怎样应对呢?

张总:我们的应对办法就是转型。

推销人员:这个决策正确。您看,这几年 W 市的房地产业发展得很好,到处起楼,而且楼盘的档次越来越高,我想,对电源插座的需求也会越来越大,而且档次也会越来越高?

张总：那是。

推销人员：您的转型是不是想把目标市场转到中高端市场呢？

张总：正是。

推销人员：我们的产品外观精美、做工优良，价格处于中高端范围，是不是适合您转型经营呢？

张总：我了解过你们公司的产品，确实适合我们，我迟早会进货的。

推销人员：那为什么还没进呢？

张总：那是因为销售人员的问题。我们以前做低端市场的时候，只要铺货就行了，对业务员的要求不高，业务员还担负着送货、收款等职责。现在不用他们送货、收款了，让他们专心做销售，而且还先把奖金发给他们，如果他们完不成任务才把奖金扣回来。但即使是这样，他们的销售业绩也不好。所以，我想把人员培训好以后再进货，要不进了货却卖不出去，会影响到我们的合作的。

推销人员：我明白了。您是想把原来粗放型的销售管理转变为精细化管理，以提高销售业绩，对吧？

张总：对。

推销人员：我们公司在帮助经销商提高销售管理方面做得很成功，有很多经验可以借鉴。多年来，我们总结了一套行之有效的业务员管理办法，在进货合作以后，我们是可以帮您提升贵公司业务员的整体素质的。

张总：既然这么好，那我这就下单进货吧！

第三节 埃德帕（IDEPA）模式

一、埃德帕模式的含义

埃德帕（IDEPA）模式也是世界著名的推销专家海因兹·姆·戈德曼根据自身推销经验总结出来的一种推销模式，是迪伯达（DIPADA）模式的简化形式。"埃德帕"是五个英文字母"IDEPA"的音译。这五个英文字母分别为五个英文单词 Identification（结合）、Demonstration（示范）、Elimination（淘汰）、Proof（证实）、Acceptance（接受）的第一个字母。它们表达了埃德帕模式的五个推销步骤：

（1）把推销品与顾客需要结合起来。

（2）向顾客示范合适的产品。

（3）淘汰不合适的产品。

（4）证实顾客的选择正确。

（5）促使顾客接受产品。

埃德帕模式适用于对有着明显的购买愿望和购买目标的顾客进行推销，是零售推销最适宜的模式。埃德帕模式多用于向熟悉的中间商推销，也用于对主动上门购买的顾客进行推销。无论是中间商的小批量进货、批发商的大批量进货，还是厂矿企业的进货，也无论是采购人员亲自上门求购，还是通过电话、电报等通信工具询问报价，只要是顾客主动与推销人员接洽，都是带有明确的需求目的的。

二、埃德帕模式的内容

（一）把推销品与顾客需要结合起来

推销人员应对上门主动求购的顾客介绍产品，使顾客认识到购买产品所能获取的一定利益。在实际推销工作中，普通顾客很难在推销人员接近时立即认识到自己购买产品的利益，如果推销人员在接近顾客时主动提示产品利益，可以使产品的内在功效外在化，尽量满足顾客需求。

（二）向顾客示范合适的产品

示范就是推销人员当着顾客的面展示并使用产品，以显示出推销品确实能给顾客带来某些好处，以使顾客产生兴趣和信任。熟练地示范推销品，不仅能吸引顾客的注意力，而且能使顾客直接对产品产生兴趣。

（三）淘汰不合适的产品

推销人员在向顾客推销产品的时候，应及时筛选掉那些与顾客需要不相符的产品，使顾客尽量买到合适的产品。

（四）证实顾客的选择正确

推销人员应用事实证明顾客已挑选的产品是合适的，该产品能满足他的需要。

（五）促使顾客接受产品

推销人员应针对顾客的具体特点和需要进行促销工作，并提供优惠的条件，以促使顾客接受推销品，从而达成交易。

【案例 5-3】

店堂推销人员推销皮鞋

推销人员：您好，想要买哪款皮鞋？

顾客：我想看看那款棕色的，有40码的吗？

推销人员：有，请稍候。

顾客：我觉得有点挤脚。

推销人员：那您再试试41码的。

顾客：嗯，这个号码还比较合适。

推销人员：这个鞋穿在您的脚显得特别气派，尤其与您裤子的颜色特别协调。

顾客：是吗？但这双鞋的价格太贵了，能不能优惠点？

推销人员：现在已经打八折了，不能再优惠了。您碰到一双特别合脚又显得特别气派的鞋子不容易，再说像您这样身份的人一定不会在意这几个小钱，您说对吗？

顾客：好吧，给我拿一双吧，谁让我喜欢这款鞋呢。

第四节 费比（FABE）模式

一、费比模式的含义

费比（FABE）模式是台湾中兴大学商学院院长郭昆漠总结出来的推销模式。"费比"是四个英文字母"FABE"的音译。这四个英文字母分别为四个英文单词 Features（特征）、Advantages（优点）、Benefits（利益）、Evidence（证据）的第一个字母。它们表达了费比模式的四个推销步骤：

（1）向顾客介绍推销品的特征。
（2）说明这种特征产生的优点。
（3）分析这一优点带给顾客的利益。
（4）拿出证据证实推销品确实能给顾客带来利益。

费比（FABE）模式是一种非常典型且操作性很强的利益推销模式。它通过四个关键环节，极为巧妙地处理好了顾客关心的问题，从而顺利地实现产品的销售，具有广泛的适用性。

二、费比模式的内容

（一）向顾客介绍推销品的特征

介绍特征就是描述商品的款式、技术参数、配置。特征是有形的，这意味着它可以被看到、尝到、摸到和闻到；特征也是与众不同的。每一个产品都有其功能，否则就没有了存在的意义，这一点是毋庸置疑的。对一个产品的常规功能，许多推销人员也都有一定的认识。但需要特别提醒的是，要深刻发掘自己产品的潜质，努力去找到竞争对手和其他推销人员忽略的、没想到的产品特征。当你给了顾客一种"情理之中，意料之外"的感觉时，下一步的工作就很容易展开了。

（二）说明这种特征产生的优点

推销人员要向顾客说明推销品的特征究竟发挥了什么功能，说明值得购买的理由（如与同类产品相比，有哪些比较优势）。

（三）分析这一优点带给顾客的利益

利益推销已成为推销的主流理念，即一切以顾客利益为中心，通过强调顾客得到的利益、好处激发顾客的购买欲望。

（四）拿出证据证实推销品确实能给顾客带来利益

证据包括技术报告、顾客来信、报刊文章、照片、示范等。证据具有足够的客观性、权威性、可靠性和可见证性。证据可以消除顾客购买的顾虑，强化顾客购买的决心。

针对不同顾客的购买动机，把最符合顾客要求的产品利益向顾客推介是最关键的。为此，最精确有效的办法，是利用特征（F）、优点（A）、利益（B）和证据（E）。其标准句式是："因为……（特征），从而有……（优点），给您带来……（利益），您看……（证据）。"

例如，手机推销员可以这样向顾客推介："因为这款手机有自动开关机功能（F），从而能够在您晚上睡觉忘记关机的时候自动关机（A），这样就不至于在深夜有电话打扰您的睡眠并能节省电池耗电（B），您看仅这个月我们就已卖出200多部（拿出销售记录），今天上午就出货了9部（E）。"

通过FABE，顾客可以清晰、准确地了解这款手机的功能、特点以及自己从中获得的利益，这样顾客的购买欲望才能很快被调动起来。但是，推销人员往往只介绍了产品的功能、优点，而没有把顾客能够获得的利益说明白，顾客的感觉往往是"与我无关"。

因此，推销人员在与顾客互动的时候，一定要把对顾客的利益明确告知。无论推销什么，归根结底推销的都是产品对顾客的好处，而不只是产品本身。如果你没有掌握这一精髓，那么很多时候，你在进行产品介绍的过程中，便很难靠近顾客。只有把它说明白了，顾客才会去寻找你的产品与自身需求之间的切合点。FABE 所要做的就是将产品的功能、特点、属性展示给顾客，从而引申出对顾客的利益。

上述四种推销模式是目前影响较大、在实际推销中应用较多的模式。其中，爱达模式产生最早、最具有代表性，它注重利用顾客的心理变化规律；迪伯达模式把爱达模式前两个阶段的内容更加具体化了，应该说更进一步，被称为现代推销模式；在顾客主动的情况下，使用埃德帕模式既简便又有效；费比模式简单明了、层层递进、逻辑严谨，在推销介绍时比较好用，因而得到了广泛的应用。《孙子兵法》说"兵无常势，水无常形"，推销更是如此，没有永恒的唯一模式，因此，推销人员不能盲目照搬这些模式，生搬硬套只会适得其反。应坚持现代推销的基本理念，针对不同的顾客，在不同的环境下，用热情和真诚，把最适合顾客需要的产品提供给顾客，真正与顾客达到双赢。

【本章小结】

推销模式是根据推销活动的特点和对顾客的购买活动各阶段的心理演变的分析以及推销人员应采用的策略进行系统的归纳，总结出的一整套程序化的标准推销形式。

爱达模式的内容是：引起顾客的注意；唤起顾客的兴趣；激发顾客购买的欲望；促成顾客购买的行为。

迪伯达模式的内容是：发现顾客的需要和愿望；将推销品与顾客的需要和愿望结合起来；证实推销品与顾客的需要和愿望相符合；促使顾客接受推销品；刺激顾客购买的欲望；促使顾客采取购买的行动。

埃德帕模式的内容是：把推销品与顾客需要结合起来；向顾客示范合适的产品；淘汰不合适的产品；证实顾客的选择正确；促使顾客接受产品。

费比模式的内容是：向顾客介绍推销品的特征；说明这种特征产生的优点；分析这一优点带给顾客的利益；拿出证据证实推销品确实能给顾客带来利益。

【复习思考题】

1. 什么是推销模式？常见的推销模式有哪些？
2. 爱达模式的步骤有哪些？
3. 爱达模式和迪伯达模式有哪些异同？
4. 促使顾客接受推销品的方法有哪些？
5. 不同推销模式的适用范围是怎样的？

【实训题】

1. 联系实际，谈谈推销人员应如何利用自身条件吸引顾客的注意力。
2. 利用费比模式设计一份向客户推销某品牌汽车的产品介绍说辞。

【案例分析题】

案例 1：推销人员有推销的机会吗？

一位办公设备推销人员去拜访他的一位客户，这位客户正在机房里复印文件。推销人员向他打招呼："您好！这么忙啊！"

客户回答；"是啊，这个破复印机，复印速度太慢，浪费了我不少时间。"

推销人员忽然眼前一亮，这不是顾客表述的一种需要吗，为什么不抓住这个机会？于是，他忙说:"我们公司有一种新型复印机,速度很快,1分钟能复印30页,肯定能满足您的需要。"

像往常一样,客户的态度不冷不热,一副很随意的样子:"那么,你的复印机是什么牌子的?耗材成本如何?复印效果如何?操作是否方便?"

推销人员并不介意他的这种态度,他拿出那种新型复印机的说明书,准备给客户详细介绍:"我们这种复印机……"

这时候,复印工作已经结束了,于是,客户打断推销人员的话说:"我要开始工作了,谢谢你的介绍。不过,我不准备换掉它。"

推销人员很沮丧,难道自己捕捉到的信息是错误的吗?难道客户只是抱怨而已吗?难道他只是拿这个作为一个聊天的话题吗?最后,他判断这位客户只是在抱怨,而根本没有更换一台复印机的需要。

问题:
1. 这个推销人员的判断正确吗?
2. 这个推销人员有推销的机会吗?
3. 推销人员对这样的客户最适宜采用哪种推销模式?为什么?

案例2:一次难忘的业务经历

每个做业务的人总会有一些令自己很难忘的业务经历,我也有。所以,今天和大家讲一个很有意思的故事。

那是2005年的事了,我接到一个来自韩国客户的电话,说是在展览会上拿了我的名片找适配器,但质量一定要好。我说质量好的产品找我就对了,便约好时间谈。放下电话,我便从抽屉里拿出几份产品说明书和产品质量认证书,以及我们的工厂资料,到仓库申请了一个样品就去了他那里。

有些时候遇到这样的客户,还真是没有办法。你一时查不到他是从哪里来的,从事什么行业,信用如何等。但有生意还是要去谈的,何况对方还说来自韩国呢,做外单比做内单好多了。到了客户指定的地点,我才发现是一个酒店。虽然来深圳很多年了,但我对这个酒店还不是很了解,不过装修还是不错的。客户是一个个子比较矮的男人,虽然可以说普通话,但说得不太好,让人听着有些别扭。刚开始的时候,大家都很客气地谈产品的事,他也认真地看我的产品资料和问我一些公司的情况。交谈的时候,他多次强调产品一定要好,因为上次购买的产品就不合格。终于,等他弄清楚我产品的情况后,他便问我产品的价格。我给他报了一个价格,当然报得高了一点,我想反正他都要还价。听完我的报价,他就说:"哇,曹先生,你的产品贵呀。为什么一样的产品,你要贵别人好多呢?"

其实我知道他要这么问,一边拿起产品一边对他说:"金先生,中国不是只生产便宜的产品,我们有些厂家也能做出质量很高的产品。你看我的产品,从外观上看,要比你手上那个光滑很多。"

他听我这么一说,就接过我手上的产品和他手上那个产品对比了起来,然后点了点头。我接着说:"你再看看那个产品的外观,连接缝很大是不是?"他又对比了一下,点了点头问:"这些有什么关系吗?"

"当然有关系了,因为你手上拿的哪个产品,外盒不是用正规的PC料,而是掺了杂料,所以它才那么粗糙。连接缝是因为外盒的材料添了杂料，衔接度不够，才会这样。"听我这么说，他疑惑地问："这样的啊？"

我肯定地点了点头对他说："你烧一下看看！"并做了一个建议他烧一下的手势。于是，他疑惑地拿起打火机对着外盒烧了起来，还没几秒钟，他手上的那个外盒就变形了。发现了这个现象后，他嘴里发出"哦哇！"的惊叫声。他望着我问道："怎么会这样？"我笑了笑说："再烧那个看看。"并做了手势让他烧我的那个样品。他接着拿起我的样品烧了起来，烧了一会外盒被烧黑了，但却没有变形。他说："这样的呀，是这样的呀！"

这个时候，我知道他应该有点明白为什么我的产品这么贵了。于是，我拿过他手中的产品，很用力地往地上摔下去，只见我的样品在地板上弹了几下，摔到很远的地方去，但仍然完好无缺。我又示意他摔一下他手中的那个样品。他看到我这么做，很吃惊，眼睛睁得大大的，好像在问："你这是做什么？"但还是顺从我的指示，用力地摔了一下他手中那个样品，只见"嘭"的一声，那个别人的样品在摔的过程中外盒裂成了两半。他哇哇地叫起来走了过去，但不是捡他丢的那个产品，而是捡起我的那个产品看了又看。我自己走过去捡起他摔的那个产品，拿到插座前通了一下电，只见刚刚还在亮的指示灯已经不亮了。他见我这么做，也走过来把我的样品插上电，我的样品指示灯还亮着，又测了一下电压，还正常。看到这种情况后，他举起拇指说："曹先生，你的产品好哇！"

我拿起自己的包对他说："金先生，这个样品我暂时放在你这，你可以再拿去对比一下其他人的产品，如果别人也能做到这个样子，价格还便宜的话，你再还给我。"和他握了一下手，我接着说："我们中国也可以做出高质量的产品的。"说完我发现他脸上闪过一丝不好意思的神色，然后我走出了他的房间。

几天过后，我接到他的电话，说想拿一批产品回韩国去试一下，如果合格了再下大单，价格可以先维持原价，接着传来了一份2000个产品的订单，并付了30%的订金。直到今天，我还经常和金先生用MSN聊天，他的普通话虽然说得不是很标准，但文字功底还是很好的，有些时候还会用一些我都感到陌生的成语。

问题：
1. 这个业务员推销成功的秘密在哪里？
2. 从推销模式的角度分析一下这个业务员推销的过程。

【资料阅读】

介绍自己和产品的艺术

1. 给人留下良好的第一印象

在推销产品之前，首先要把自己推销给客户，这叫作"推销中的推销"。"推销中的推销"反映的正是推销界的一个重要理念——"要想成功推销产品，首先成功推销自己"。通常情况下，客户都不会愿意把时间浪费在一个自己不喜欢的人身上，那么他又怎么会愿意购买你推销的产品呢？

心理学方面的有关研究表明，人们对其他人或事物在7s之内的第一印象可以保持7年。给他人留下的第一印象一旦形成，就很难改变，所以说，是否给客户留下良好的第一印象对接下来的相互沟通很重要。据相关资料统计，推销人员的失败，80%的原因是留给客户的第一印象不好。也就是说，很多时候，在你还没开口介绍产品之前，客户就已经决定不与你进行进一步的沟通了。

既然给客户留下的第一印象如此重要，那么推销人员应该如何给客户留下良好的第一印象呢？

（1）衣着打扮得体。俗话说："佛靠金装，人靠衣装。"从某种程度上说，得体的衣着打扮对推销人员的作用就相当于一个赏心悦目的标签对于商品的作用一样。如果你在第一次约见客户时穿着随便甚至脏乱邋遢，那么你此前通过电话或者电子邮件、信件等建立的良好客户关系可能会在客户看见你的一刹那全部化为乌有。你要想令客户对你的恶劣印象发生转变，就要在今后的沟通过程中加倍努力，更何况，有时候不论你付出多少努力，客户都会受第一印象的影响而忽视你的努力。

所谓得体的衣着打扮，并非要求所有的推销人员都穿着华丽。事实上，华丽的服饰不一定适合所有的人、所有的场合，而且也不见得会得到客户的认同。作为一名专业的推销人员，必须根据本行业的特点选择合适的衣着。

在选择服饰时，推销人员应该注意一点，那就是不论任何一种服饰，都必须整洁、明快，而且服饰的搭配必须协调，千万不要为了追求新奇而把自己打扮得不伦不类。为此，推销人员可以经常留心身边气质不凡的上司或同事，以及比较专业的杂志或电视节目等。

（2）举止大方，态度沉稳。如果说得体的衣着打扮体现了推销人员的外在美，那么大方的举止和沉稳的态度体现的则是推销人员的内在素质。推销人员的内在素质实际上就相当于商品的质地和档次。

推销人员的一举一动都会在客户心目中形成一个印象，这种印象最终会影响客户对公司产品以及对公司整体形象的看法。

（3）保持自信，不卑不亢。推销的过程有时候就像是买卖双方在某些方面的较量，无论是推销人员还是客户，其实时时都能感受到这种较量。所以，很多推销人员经常把这一过程看作是困难的或者伤脑筋的事情，于是就会在潜意识里形成一种恐惧，甚至有些推销人员说他们"在去见客户的路上就有了打退堂鼓的想法"。

如果恐惧能够将产品成功销售出去的话，那么问题就会变得简单多了。可事实是，恐惧除了会加剧与客户沟通时的阻碍之外，实在没有任何好处。其实，心存恐惧的推销人员从内心深处就没有形成一种正确的思想，他们实际上对要推销的产品以及自己的沟通技巧不够自信。在他们看来，推销活动本身可能就是一厢情愿的"赴汤蹈火"。

也许只有那些业绩优秀的推销人员才知道，与客户沟通的过程实际上完全可以成为一种享受，而且推销活动本身不仅可以为公司带来厚利、为自己增加业绩，同时更可以令客户的需求得到满足。当意识到这些之后，身为推销人员的你还有什么理由在客户面前表现得畏畏缩缩呢？

运用以下几种方式可以让客户感受到你的自信：

在见到客户之前就要树立积极乐观的态度。

把与客户的沟通当成一次愉快的活动。

保持和缓的语速，不要急促不清。

谈话要清晰有力，在开口之前先组织好语言。

不要东张西望，也不要做小动作，要保持体态的端正，并且平和地直视对方。

2. 设计一个吸引人的开场白

米尔顿·马文是汤姆·詹姆士服装公司的董事长。当他还是该公司一名普通的推销人员的时候，他曾经运用精彩的开场白给客户们留下了非常深刻的印象。米尔顿在见到客户时，从来不会像其他推销人员那样拘谨地说上一句："您好，我是××公司的推销人员……"。他经常这样与自己的客户开始谈话："××先生（女士），我来这里的原因是因为我要成为您的私人服装商。我知道您在我这儿买衣服，是因为您对我、我们的公司或者对我们公司的产品有信心。而我所做的事情就是要使您的这种信心得到不断增强，我相信自己能够做到这一点。您一定希望对我有所了解，那么请允许我做一个简单的介绍：我从事这项工作已经很多年了，我对服装的式样和质地以及它们适合哪种类型的人都有着深入的研究。所以，我一定可以帮您挑选出一套最合适您的衣服，而且这项服务是完全免费的。"

一段精彩的开场白，不仅可以引起客户对你的重视，而且还能引起客户对你接下来言谈举止的强烈兴趣。所以，有人说："一个吸引人的开场白，就已经使一次销售成功地实现了一半。"对于推销人员来说，在与客户沟通的过程中，一段好的开场白能够起到的作用不仅仅是成功地向客户介绍自己以及自己要推销的产品，而且还为后来的良好沟通奠定了坚实的基础。为此，推销人员不妨在见到客户之前，就针对自己的销售目标和客户的实际需求对开场白进行一番精心设计。

3. 清晰地表达自己的观点

在与客户进行初次约见时，由于心情紧张等原因，推销人员可能会因为急于表达自己的销售意图而忽视自己的表达方式。很多推销人员都有过这样的体验：越是慌慌张张地表达自己的意图，语言组织就越是错误百出，结果与客户沟通起来就越吃力。因此，这些忙中出错的推销人员给客户留下的印象常常是非常糟糕的：客户常常认为，一个无法清晰地表明自己观点的人是无法弄清客户的真实需求的，他所代表的企业恐怕也缺少科学的组织性和系统性。

所以，推销人员在了解和掌握足够的产品信息的同时，也十分有必要培养和锻炼自身的语言组织和表达能力，尽可能地用最清晰、简明的语言使客户获得其想要知道的相关信息。

4. 积极而客观地评价你的产品

在推销人员与客户展开沟通的过程中，大多数时候，双方沟通的主要话题都是围绕所推销的产品展开的，可以说，所推销的产品在通常情况下都是推销人员与客户关注和谈论的焦点。无论是推销人员还是客户，对产品各方面条件的关注都将贯穿于整个推销活动当中，而且双方对这些产品的态度将决定着最后的交易能否成功；而客户对产品的态度在很大程度上又要受到推销人员的影响。因此，如何对自己推销的产品进行合适的评价就成为推销人员必须注意的又一问题。

在介绍自己推销的产品时，推销人员需要注意以下几点：

（1）不要使用太多客户可能听不懂的专业术语。

（2）忌夸大产品的功效和优势，不要无中生有，要实事求是。

（3）针对客户的实际需求展开介绍，要深入客户的内心深处，并且让客户感觉到他（她）的需求就是你工作的重心。

（4）观察客户的反应，如果发现客户对某些介绍不感兴趣，马上停止。

（5）当客户指出产品确实存在的缺点时，不要隐瞒，也不要置之不理，而应该做出积极的回应。例如，当客户提出产品的功能不如××品牌齐全时，你不妨先肯定客户的意见，再指出产品的其他优势:"是的,不过它的其他功能正好可以因此而更充分地发挥作用,而且该产品的价格比其他同类产品的价格要低20%。"

5. 专家提醒

在约见客户时,做好从态度、知识到言行举止的全方位准备。

一定不要忽视第一印象对今后与客户沟通的重要性。

不论是对自己的介绍还是对产品的说明,都必须清晰、客观,而且还要时刻保持自信。

争取在最短时间内打动客户,千万不要谈一些无聊的话题令客户感到厌烦。

面对客户的任何质疑都要做出积极的回应,不要企图蒙混过关。

(资料来源:李建军,俞慧霞. 与客户有效沟通的N个技巧 [M]. 北京:中国纺织出版社,2006.)

阅读思考:

推销人员应如何成功地介绍自己和自己的产品?尝试按此方法介绍一下自己和自己所熟悉的产品或服务。

第六章

推 销 接 近

【学习目标】
- 推销接近的含义、作用、目标与准备
- 推销接近的顾客约见
- 推销接近的主要方法

【基本概念】
接近顾客、接近准备、约见、陈述式接近、演示式接近、提问式接近

【引导案例】
小张是某不太知名的热水器厂家的业务人员,初到某区域市场,翻阅了当地的电话号码簿找到一家比较有名的家电代理公司,便匆匆前往拜访。还算幸运,刚好那天公司老板没太多事就直接接见了他。寒暄过后,老板问小张:"如果我销售你们品牌的产品,你们准备怎么操作呀?"小张说:"我们一般是小区域代理……"而事实上,该客户是当地最有影响的客户之一,网络成熟、资金雄厚,其所代理的品牌基本上是省级代理,并且该老板自恃资历老、实力强,对于不太知名的品牌根本不做小区域的代理。老板听完后含糊其辞地"哦"了一声就开始转换话题,几分钟后就把小张打发走了,根本没有谈具体的合作事宜。

小张的推销失败说明,成功的推销始于成功的推销接近。在推销前,推销人员必须锁定潜在目标顾客,然后为接近潜在目标顾客做好充分的准备。

本章将对推销接近的准备工作和约见潜在目标顾客,以及接近潜在目标顾客的方法、技巧与所要注意的问题展开研究。

第一节 推销接近概述

一、推销接近的含义

推销接近是推销过程中的一个重要环节,它是推销人员为进行推销洽谈而与目标顾客进行的初步接触。能否成功地接近顾客,直接关系到整个推销工作的成败,许多推销人员的成功与失败,往往都取决于最初的几秒钟。然而,要成功地完成接近阶段的任务,却需要进行精心策划和准备。

接近不了推销对象,便无法开展推销活动。接近是推销人员正式接触推销对象的一个步

骤，是推销面谈的前奏，是推销过程的必要环节，是推销的核心职能之一。在接近推销对象的时候，推销人员的主要任务是简要地介绍自己，介绍自己所代表的企业的背景与概况，介绍推销品的特点等，以引起顾客的注意和兴趣。同时，在接近过程中，推销人员要注意收集顾客的需要和意见，帮助顾客确定其购买需求，提出适当的购买建议，以满足顾客的需要。接近是一种双向沟通的过程，推销人员在向顾客输出推销信息的同时，也向企业反馈有关的购买信息。兵法云"知彼知己，百战不殆"，欲使每次推销都有收获，就必须熟悉自己推销产品的特点并了解顾客的真实需求。

二、推销接近的作用

成功的接近并不一定能够促成交易，然而，成功的交易却不可缺少成功的接近。在接近准备和约见工作完成以后，推销人员就可以正式接近顾客了。应该认识到，成功的接近是成功推销的重要环节，具有重要的作用。

（一）有助于进一步认定准顾客的资格

在初步认定准顾客资格的基础上，推销人员已基本确定某些个人或团体是自己的准顾客。但有时会出现这样的情况：原来审定的准顾客，由于形势的变化而不是准顾客了。可能他们已经拥有了你所推销的产品，或购买能力不足，或购买决策权制约，或已有亲戚朋友在推销同种产品。对于这些影响因素，都要求推销人员必须对准顾客的资格进行进一步认定，以免盲目地接近顾客。

（二）有助于拟定接近策略

推销人员面对的推销对象，是一个千姿百态、五花八门的人群。他们有些喜欢开门见山的商业化接近方式，有些则喜欢拐弯抹角的非商业化接近方式；有些要求推销人员要严格守约、准时赴会，有些则对违约、误约等现象毫不在意。因此，推销人员不能以同一种方式去接近所有的准顾客，而应该以不同的方式去接近不同的准顾客。例如，有的准顾客讨厌在交谈时抽烟，有的有自己的隐私，有的具有某种缺陷等。推销人员如有所准备，事先早已了解，就可加以注意，从而避免不愉快的事情发生。

（三）有利于推销人员制订推销面谈计划

通过接近准备，推销人员能够更全面地了解准顾客的有关情况，了解其购买动机，掌握最有效的说服方法，制订最可靠的面谈计划。因为每个人各有所爱、各有所求，推销人员不能用一个万能的计划去应对所有的准顾客，也不能把所有的人都作为自己的准顾客，只能采取不同的方式展开重点面谈。例如，对有些顾客可以强调产品的经济性为重点，对有些顾客则可强调产品的特性来激发。一个优秀的推销人员应该充分利用接近准备中所掌握的资料，针对每一位特定的顾客制订一个具体的面谈计划。

（四）可以减少或避免推销工作中的失误

推销人员在推销产品时，总是要面对各种各样的顾客，每一位顾客都有着不同的个性和特点。因此，推销人员必须做好充分的前期接近准备，了解目标顾客的个性、习惯、爱好、厌恶、生理缺陷等，才能制定出接近目标顾客的最恰当的策略，尽可能地满足顾客需求，避免触及顾客的忌讳，导致推销的失败。

（五）能够增强推销人员工作成功的信心

信心对于推销人员能否取得成功至关重要。推销人员在准备不充分的情况下接近顾客，因目标顾客的情况不明、底数不清，担心满足不了顾客的需求，言词模棱两可，容易引起顾客的反感，得不到信任，难以被顾客接受。推销人员只有对目标顾客的情况了如指掌，才会对自己的推销说服能力底气十足，在说服过程中从容不迫，言语举止得当，从而容易取得顾客的信任。

三、推销接近的目标

推销接近阶段的特定目标在于引起顾客的注意和兴趣，顺利地转入推销洽谈阶段。首先，推销人员应该采取适当的方法引起顾客的注意，并设法稳住顾客的注意力；其次，推销人员必须设法引起顾客的购买兴趣，要告诉顾客你能帮助他解决什么问题，满足他的哪些需要，引起顾客的兴趣，愿意继续听取推销人员的介绍；接近的最终目标就是引导顾客轻松自然地转入洽谈阶段，为实质性的推销洽谈铺平道路。

（一）引起顾客的注意

成功的推销需要顾客的购买热情，而顾客的购买热情总是表现为对推销人员和所推销产品的注意力。只有使顾客的注意力完全集中在推销人员的身上，推销工作才能正式开始。如果顾客正在忙于其他事情，则接近工作应该推迟或改日进行。

"注意"在推销活动中的作用十分重要。在接近顾客之初，推销人员就应采取适当的方法引起顾客的注意，包括有意注意和无意注意。同时，还要分析顾客的个性特征，研究顾客的生理基础和外部表现，把握注意的广度和紧张性，识别"似注意"和"似不注意"现象，稳定顾客的注意力，防止顾客注意力转移。当顾客边听边忙于其他事，或虽眼睛盯着推销人员，但心不在焉，心里想着其他的问题，这是"似注意"。推销人员应设法将其注意力转到产品上来；有些顾客看起来没集中注意力听推销人员介绍，而实际上却在注意着推销人员的举止行为，这是"似不注意"。这时推销员应我行我素，继续接近或转入面谈。总之，接近是一场十分微妙的心理战，推销人员应该具有一定职业敏感性，设法稳定住顾客的注意力。

（二）引起顾客的兴趣

在推销关系中，如果只有顾客对推销人员和推销品的注意力，而没有顾客对推销人员和推销品的兴趣，那顾客的购买热情仍难以形成，也无法稳定住顾客的注意力。有些推销人员善于引起顾客的注意，却不善于引起顾客的兴趣。事实证明，引起顾客的注意比引起顾客的兴趣要容易得多。困难的是，如何稳定住顾客的注意力。如果推销人员不能立即引起顾客的兴趣，即使一时引起了顾客的注意，这种注意也不会持久。因此，在接近过程中，推销人员必须设法引起顾客的兴趣。

从心理学上来说，兴趣是指一个人积极探究某种事物的认识倾向。兴趣是一种人性特征，而注意力则是个人的表情，兴趣是注意力的基础。在生活实践中，人们的兴趣不仅是千差万别的，而且是千变万化的，这就要求推销人员在宣传、推销商品时，注意分析各类顾客的兴趣爱好的特点，掌握他们变化的趋向，有针对性地开展接近工作，做到自己的一言一行都能引起顾客的注意，力求使这种注意提高到兴趣的程度，投其所好，即能收到明显的效果。

人们的兴趣爱好与其需要动机密切相关。推销人员可从顾客的需要和动机入手，诱发顾客的购买兴趣。实际上，推销人员的一个眼神、一个动作、一件产品、一句妙语，都可能引起顾客的兴趣。

综上所述，推销必须接近顾客，接近顾客则必须引起顾客的注意，要使注意力稳定，则必须使顾客产生兴趣。推销人员如果不能引起顾客的注意和兴趣，就无法最终成功推销。

（三）转入面谈阶段

对顾客有了较多了解后，推销人员就应在简短的接近过程之后，自然而然地步入洽谈的阶段。这里，接近与洽谈很难找到一个准确的"界碑"来区别两个不同的推销阶段。推销人员应视具体的推销对象和推销品，把握接近过程的"火候"，及时地转入交易洽谈过程。在实际推销工作中，我们常常看见一些推销人员进屋就问买不买，开口就问要不要，使顾客感到莫名其妙。其原因是他们忽视了接近阶段的意义，认为越快越好，谁知欲速则不达。也有一些推销人员善于接近顾客，却不会趁机转入面谈，时间一久，顾客便很厌烦。这两个极端都不可取，应该避免。正确的做法是一旦接近第二个目的，应立即顺水推舟，使顾客在不知不觉中进入面谈的阶段，这样才会水到渠成。

综上所述，顾客的注意和兴趣是推销的必要条件，高度的注意和浓厚的兴趣可以造成有利的推销气氛。在接近阶段，推销人员要努力引起顾客的注意和兴趣，在转入面谈之后，仍然要设法保持顾客的注意和兴趣，继续活跃推销气氛。不然，一旦顾客的注意力分散或兴趣减退消失，就会使推销工作半途而废，甚至满盘皆输。在接近顾客时，推销人员必须心平气和、胆大心细、不慌不忙、循序渐进，既要用新奇的方式引起顾客的注意和兴趣，又要抓住适当时机转入面谈，既要引人注目，又不可哗众取宠，既要引人入胜，又不可故弄玄虚。只要推销人员目标明确、方法得当、不断创新、大胆接近，就能顺利完成接近阶段的任务。

四、推销接近的准备

推销人员欲达到接近的目标，顺利地完成接近阶段的任务，就必须做好接近准备工作。所谓接近准备，是指推销人员在接近某一特定推销顾客前，进一步了解该顾客情况的过程。接近准备的主要目的，就是进一步审查准顾客的资格，设计接近准顾客的最佳方案，制订推销面谈计划，避免推销工作中出现严重失误，从而增强推销人员的信心。推销接近的准备工作主要有以下几个方面：

（一）知识准备

推销人员在推销接近前，应该对企业的有关知识和产品知识进行检查，看看是否已经全面掌握；能否保证面对潜在目标顾客有问必答、一清二楚；看一看能否通过自己对企业、对推销品胸有成竹的详细介绍，赢得顾客的信任。

（二）顾客准备

尽管在寻找潜在目标顾客时已经经过了顾客资格鉴定，对潜在目标顾客的需求、购买力、决策权、信用等情况有了基本了解，但是要进一步接近潜在目标顾客，进行推销洽谈，还必须对他们的基本情况做更深入的了解。在实际推销过程中，推销人员推销接近的对象是顾客，顾客又分个体准顾客和团体准顾客两大类。对个体准顾客应了解顾客的姓名、籍贯、住址、职业、收入、家庭及成员情况、需求情况等内容；对团体准顾客应了解该组织的一般情况、生产经营情况、购买习惯和购买行为特点，以及关键部门与关键人物等情况。

（三）方案准备

推销接近方案是推销人员在展开正式推销接近活动前，对推销接近活动所做的规划和安排。主要回答以下几个问题：

1. 访问谁

推销人员经过对潜在目标顾客的鉴定后，手中有一大堆潜在目标顾客名单。这时，并不是推销人员想访问谁就访问谁，而是首先要确定最有可能购买推销品的访问对象，并从中选出对推销人员来说最容易访问的潜在目标顾客，同时，向其推销产品，成功的概率也最大。因此，确定具体的访问对象，就是对潜在目标顾客具体落实到某人或某家庭；对团体潜在目标顾客具体落实到对购买决策有重大影响的关键部门与关键人物。推销人员对访问对象一定要认真分析、仔细选择。

2. 在什么时间和地点访问

确定与潜在目标顾客见面的时间和地点，直接关系到接近潜在目标顾客，甚至整个推销工作的成效。一般来讲，见面的时间和地点要视推销对象和推销品等的具体情况来确定，其基本规则就是，见面时间和地点应该选择在潜在目标顾客允许和接受的范围内，否则就容易遭到拒绝，或对推销面谈产生不良影响。聪明的推销人员在安排与预访的潜在目标顾客见面时，时间和地点总是遵循方便顾客的原则，在充分考虑潜在目标顾客的职业、作息时间、起居规律、办公及居住地址，交通情况的基础上，做出合理的安排。最好是推销人员提出可供顾客选择的适当范围，让潜在目标顾客根据自己的具体情况参考选择或与对方商定。这样既表示了推销人员对顾客的尊重，又为成功地接近顾客创造了条件。

另外，推销人员在选择见面地点时，应该针对不同的潜在目标顾客有不同的选择。一般应该注意以下三点：

（1）对于团体组织的决策者或对购买决策有重大影响的人，见面地点一般可以选择在其工作地点、社交场所，甚至也可选在顾客家中。

（2）对于消费者个人或家庭，见面的最佳地点通常是在潜在目标顾客的居住地。

（3）公共场合也可作为访问顾客的地点。

3. 怎样接近及谈些什么

推销人员为成功地接近潜在目标顾客，对待不同的潜在目标顾客、不同的推销品时，不能千篇一律，而是要采用不同的、有的放矢的推销接近方法。这就要求推销人员在接近顾客之前，结合产品特点，并针对顾客的基本情况、特点等认真分析、精心设计，选择最恰当的方法；同时还应精心准备不同谈话的内容、推销重点、商品展示的方法等。

4. 要达到怎样的接近目标

推销人员接近潜在目标顾客，心中必须有一定的目标，这样才会有具体的行动计划。当然，推销人员不可期盼着一次接近就大功告成，而应设定多个目标。

5. 出现意外情况如何应对

在推销接近过程中，推销人员虽然事前考虑细致、设计周到，但有时候仍会出现一些意想不到的问题。例如，被访对象因有紧急事务外出，甚至迟迟不肯见面等情况。推销人员对此要有充分的心理准备和应对方法，否则就会束手无策，甚至会引起潜在目标顾客的反感，最终导致推销失败。

（四）物品准备

物品准备主要是指推销人员在接近潜在目标顾客时所需的各种资料、工具等方面的准备。在实际推销工作中，因推销品不同、潜在目标顾客不同、访问的目的不同，所需的推销辅助物品也不相同。一般推销物品准备应包括以下四个方面：

（1）产品目录册、样品、幻灯片、录像带、照片、效果图、光盘等，以便向潜在目标顾客直接展示商品的实物形态，有助于吸引潜在目标顾客的注意力，促使顾客直接感受商品。

（2）各种宣传材料，包括各种印刷广告、有关新闻剪报、说明书、价格表、检验报告、鉴定报告、营业执照等，以帮助推销人员增强说服潜在目标顾客的力度。

（3）各种票据、印章、合同文本，以便达成交易时尽快履行有关手续，不贻误时机。

（4）其他物品，如笔、记事本、介绍信、名片、身份证、计算器，以及为帮助推销而进行的商品演示等。它们能为推销人员的工作带来方便。

（五）心理准备

推销人员的工作就是把尚未想买推销品的顾客变成想买的顾客，这的确是一件很难办的事情。有一位优秀的推销人员曾经说过，在你还没有推销之前，推销的成败不在于产品的魅力，而在于推销人员本身的魅力。因此，推销人员在接触潜在目标顾客之前，必须做好充分的心理准备，即推销人员必须克服自卑感、羞怯感，对自己、对推销品都充满自信，以昂扬的斗志、顽强的精神、无限的热情、最佳的精神状态和心理素质接近潜在目标顾客。

（六）仪表准备

推销人员要想推销产品，首先要推销自己。初次访问的第一印象，对推销人员来说至关重要。潜在目标顾客是否接纳你，接纳推销品，同第一印象关系极大。影响潜在目标顾客对推销人员第一印象的因素有两个方面：一是推销人员的外表；二是推销人员的礼仪。如果推销人员在这两方面下功夫做好了，那么，接触潜在目标顾客的工作便成功了一大半。具体要求如下：

1. 外表干净整洁

谁也不愿与一个卫生不佳、衣着不整的人在一起。如果推销人员不讲究个人卫生，即使产品再吸引人，顾客也不愿购买。因此，推销人员从身体的清洁到指甲的修剪，从头发的修整到着装、服饰的整洁，都需要十分注意，要讲究个人仪表的卫生整洁。

2. 服饰得体

服饰往往可以体现一个人的社会地位、经济状况、内在修养与个人气质等。当推销人员与潜在目标顾客初次接触时，顾客对推销人员的第一印象很大程度上是由于服饰而产生的。因此，推销人员平时要多注意这方面的学习，在接近顾客前选择好适宜的服饰。

一般情况下，推销人员要根据推销品和推销对象的不同，选择适宜的着装。如果拜访的地方是办公室、家庭等清洁、高雅的地方，西装则很合适；如果去工厂、农村推销机械零件或农药等，则最好穿工装。这样会避免不协调而引起潜在目标顾客对推销人员的不良印象，为成功推销打下基础。

3. 讲究礼仪

推销人员在与顾客接触时还必须注意推销礼仪，有礼有节的推销才会赢得顾客。首先，在举止和谈吐方面，推销人员要保持适度的仪态，行路走姿要稳健、利落，不能拖拖拉拉；在与潜在目标顾客接触时，推销人员要面带微笑、目光温和；在与顾客寒暄或交谈时，推销人员的语言要清晰、响亮、礼貌、幽默。同时，推销人员还要注意克服自身举止、谈吐的不良习惯。例如，一边说话一边晃动身体、说话时抓耳挠腮、不良口头语等，从而给潜在目标顾客留下一个好印象。其次，在礼节方面，如称呼、问候的礼节、握手的礼节、使用名片的礼节、入座的礼节、告别的礼节等，推销人员都需要加以重视。最后，打电话、喝茶、吸烟、进餐、出席舞会等礼节，也是一个成功的推销人员所必备的。

【案例 6-1】

麦克·贝柯的推销准备

麦克·贝柯具有丰富的产品知识，对客户的需要也很了解。在拜访客户以前，麦克总是掌握了客户的一些基本资料。麦克常常以打电话的方式先和客户约定拜访的时间。

从上午 7 点开始，麦克便开始了一天的工作。麦克除了吃饭的时间，始终没有闲过。他下午 5 点半有一个约会。为了利用 4 点至 5 点半这段时间，麦克便打电话，向潜在目标顾客约定拜访的时间，以便为下星期的推销拜访而预做安排。

打完电话，麦克拿出数十张卡片，卡片上记载着客户的姓名、职业、地址、电话号码资料以及资料的来源。卡片上的客户都居住在市内东北方的商业区内。

麦克·贝柯选择潜在目标顾客的标准包括客户的年收入、职业、年龄、生活方式和嗜好。

麦克·贝柯的客户来源主要有三种：一是现有顾客提供的潜在目标顾客的资料；二是从报刊上的人物报道中收集的资料；三是从职业分类上寻找的潜在目标顾客。

在拜访潜在目标顾客以前，麦克一定要先弄清楚潜在目标顾客的姓名。例如，想拜访某公司的执行副总裁，但不知道他的姓名，麦克会打电话到该公司，向总机人员或公关人员请教副总裁的姓名。知道了姓名以后，麦克·贝柯才进行下一步的推销活动。

麦克·贝柯拜访客户是有计划的。他把一天当中所要拜访的客户都选定在某一区域之内，这样可以减少来回奔波的时间。根据麦克·贝柯的经验，利用 45min 的时间做拜访前的电话联系，即可在某一区域内选定足够的客户供一天拜访之用。

（资料来源：http://qun.51.com/qiyewenhua.）

第二节　推销接近的顾客约见

一、约见的含义和重要性

（一）约见的含义

推销人员在完成必要的推销接近的准备工作以后，就可以进一步约见、接近潜在目标顾客。这是整个推销过程中十分重要的工作。推销人员要特别注意约见、接近潜在目标顾客的方式、方法，力争成功，为进一步的洽谈奠定基础。

所谓约见，从字面上来讲，就是预约见面。从推销人员的工作来看，是指推销人员事先征得潜在目标顾客同意见面洽谈的行动过程。约见既是推销准备工作的延续，也是实施推销工作的开始。推销人员若不能成功地约见潜在目标顾客，就谈不上接近潜在目标顾客，也就更谈不上推销了。因此，推销人员必须重视这个环节的工作。

（二）约见的重要性

约见的重要性主要表现在以下几个方面：

1. 有利于推销人员成功地接近顾客，提高推销效率

客观地讲，每个人都有自己的事情要做，任何人都不可能随时处于接待状态；再加上社会上对推销人员的一些偏见，有的潜在目标顾客不太愿意，甚至拒绝推销人员来访。因此，推销人员为能自然、顺利地接近潜在目标顾客，必须事先与顾客约定。另外，约见潜在目标顾客还能避免推销人员扑空，白白浪费宝贵的时间。推销人员的每一分钟都是十分宝贵的，为了在激烈的竞争中保证推销业绩的稳步增长，每天必须拜访很多客户。为了保证每次拜访都能有所收获，推销人员必须事先与顾客预约，以防止因盲目拜访而扑空，白白浪费时间。因此，事先约见潜在目标顾客，不仅能顺利、成功地接近顾客，而且还有利于推销人员合理地安排时间，提高推销效率。

2. 有利于推销人员顺利地开展推销洽谈

事先征得潜在目标顾客同意的约见，既体现了推销人员对潜在目标顾客的尊重，又有利于潜在目标顾客做好接待的准备工作。这样，当双方正式接触时，由于都是有备而来，交谈的气氛会相对融洽，顾客也较容易接受推销人员，为导入推销面谈工作奠定了基础。

3. 有利于推销人员更充分地进行推销洽谈准备

推销人员事先约见潜在目标顾客，确定拜访的时间、地点等，潜在目标顾客可能做出种种反应。据此，推销人员对潜在目标顾客的有关情况可以有更深入的洞察，有利于推销人员更充分地进行推销洽谈准备。

二、约见的内容

推销人员为接近潜在目标顾客而与其事先预约，其主要内容包括以下几个方面：

（一）约见的对象

虽然推销人员在开始约见潜在目标顾客之前已选定了访问对象，但在实际推销过程中，往往发现自己有时很难确定具体的访问对象，或无法直接约见访问对象。例如，不清楚谁是购买商品的最终决策者。因此，推销人员应注意以下问题：

（1）尽量设法直接约见购买决策者以及其他对购买决策具有重大影响的人，避免在无权或无关人员身上浪费时间。对于企业顾客而言，董事长、总经理、厂长等是企业或有关组织的决策者，他们拥有最终的决定权，是推销人员首选的约见对象。推销人员若能成功地约见这些决策者，将为以后在该企业或组织里的推销铺平道路。

（2）要尊重接待人员或决策者周围的人

在尽力约见购买决策者的同时，也不要忽视那些对购买有影响力的人，如总经理助理、秘书、办公室主任、部门经理等。这些人虽然没有最终购买决定权，但他们接近决策层，可以在公司中行使较大的权力，对决策者的决策活动有很大的影响。所以，推销人员绝对不可以对接待人员、秘书以及对决策者有重大影响的人怠慢、不尊重，而要把他们当作同等重要甚至更加重要的"要人"，力争取得他们的合作与支持，使他们乐于帮助推销人员顺利约见购买决策者。

（二）约见的目的

每次推销约见的目的不尽相同。推销约见的目的除了推销商品之外，还要进行市场调查、收集信息、传递信息、反馈信息以及服务顾客等。所以，应该根据推销活动的不同进展，确定每次约见的事由。约见的事由主要有：

（1）以认识推销对象，给对方留下一个好印象为目的，并约定下次会谈的时间。

（2）与顾客进行试探性接触，目的是进一步进行市场调查，完善洽谈前的准备工作。

（3）正式向约见对象推销商品。

（4）与顾客正式签订合同。

（5）向顾客提供咨询与售前、售中、售后等各种服务。

(6) 收取货款或催促顾客缴偿拖欠的货款。
(7) 与顾客联络感情，加深交往。

（三）约见的时间

应该选择一个推销人员与顾客双方都合适的时间。但推销人员应该尽量替顾客着想，最好由顾客主动安排约会时间。如何选择一个适当的访问时间呢？推销人员应根据访问的对象、访问的目的、访问的方式、访问的地点和路线等的不同，确定一个最佳访问时间。下面几种情况，可能是推销人员最佳拜访约见顾客的时间：

(1) 顾客刚开张营业，正需要产品或服务的时候。
(2) 顾客遇到喜事吉庆的时候，如晋升提拔、获得某种奖励等。
(3) 顾客刚领到工资或提高工资级别，心情愉快的时候。
(4) 节假日之际，或者碰上对方厂庆纪念、大楼奠基、工程竣工之际。
(5) 顾客遇到暂时困难，急需帮助的时候。
(6) 顾客对原先的产品有意见，对你的竞争对手最不满意的时候。
(7) 下雨、下雪的时候。因为在这样的环境下前往推销访问，往往会感动顾客。

当顾客的时间倾向与推销人员的时间安排有矛盾时，应尽量迁就与尊重顾客意愿。推销人员一旦与顾客确定约见后，应讲究推销信用，准时赴约。在时间安排上，推销人员应尽量减少各种等待时间，增加与顾客见面和开展推销业务的时间，努力提高推销访问的效率。总之，推销人员应努力加快自己的推销节奏，选择有利时机约见顾客，合理安排和利用访问时间，严格守信践约。但是，在实际的推销活动中，由于各种不可预见的原因，可能会影响推销访问的时间。一旦约定了会面时间，除非顾客要求变动，推销人员不应随意加以改变。

（四）约见的地点

选择与确定约见地点应坚持方便顾客、有利于约见和推销的原则，这样才可能利于交易的达成。约见地点的选择方式一般有以下几种：

(1) 选择推销人员的工作单位作为约见地点。此种选择方式可以增进顾客对本公司的了解，从而增强其对公司和产品的信赖感。但选择本公司作为约见地点，要求事先进行一些相应的准备和策划。一般来说，在本单位约见顾客，推销成功的机会比较大。

(2) 也可以根据具体情况，利用各种社交场合和公共场所，以此作为约见顾客的地点，如歌舞厅、酒会、座谈会、公园、广场等。在这种场合下，双方企业的影响力是均等的，相对较容易对顾客施加影响。

(3) 选择顾客的工作单位作为约见地点。这是较为常用的方式，因为在大多数情况下，顾客是被动的，而推销人员应该主动行动。但这种选择容易使推销人员在心理上处于弱势地位，不利于推销人员进行推销活动。如果推销的产品是日常消费品，则通常以顾客的居住地为约见地点，既方便顾客，又显得亲切、自然。

任何场所，无论是工作地点、居住地点、社交场所、一般公共场所，只要是能够接近顾客的地方，都可以被选择为访问地点，以免误约。必须注意的是：在户外场所约见顾客时，地点一定要详细具体、准确可靠，最好有一个容易识别的参照标志。

三、约见的方法

在确定了约见的内容之后，就要运用各种有效的手段来达成约见的目的。所谓约见，就是推销人员与推销对象之间的一种交际活动，是一种社会联系的形成过程，也是一种信息沟通的实现过程。推销人员应该遵循推销活动的客观规律，寻找最佳的约见方法。在现代社会里，人际传播和大众传播并存，信息量大、扩散面广、传播迅速。推销人员除了传统的面约方法之外，还可以利用电话、电报、信函、电视、报纸等各种沟通手段约见顾客。

（一）面约

面约是指推销人员与推销对象当面约定访问的时间、地点、事宜。推销人员可以利用与顾客会面的各种机会进行面约。例如，在招待会、展销会等各种公众活动场所不期而遇，而当时又没有充足的时间进行推销洽谈时，推销人员就可以借机面约顾客，另定时间进行推销洽谈。

当面约见具有以下优点：

（1）能及时得到顾客的反应，缩短双方的距离，增加亲近感，甚至建立信任与友谊关系。

（2）信息传递准确、可靠，保守商业秘密，并能消除顾客疑虑。

（3）节约信息传递费用，简便易行，于人于己都比较方便。

当然，当面约见也有一定的局限性：

（1）受地理位置的限制，远距离的顾客往往很难面约。

（2）受时机的限制，有时很难碰巧遇到所要面约的顾客。

（3）效率限制。面约花费的时间与精力较多，面约较少的顾客还行，顾客多了就很难在短时期内办到。

（4）一旦当面约见遭到顾客拒绝，推销人员便处于被动局面，难以挽回败局。

（二）函约

所谓函约，即信函约见，是指推销人员利用各种推销信函约见顾客。这是推销人员利用书信约见顾客的一种方法。信函通常包括个人书信、会议通知、社交柬帖、广告函件等。特别在面约、电约不成的情况下，函约有助于推销人员敲开顾客的大门。函约费用比较低廉，但是费时较多，而且不利于信息反馈。

为了提高信函约见的成功率，推销人员在写约见信函时应注意以下几个问题：

（1）措辞委婉恳切。写信约见顾客，对方能否接受，既要看顾客的需要与购买力，也要看推销人员是否诚恳待人。一封措辞委婉恳切的信函往往能博得顾客的信任与好感，使对方同意会面。

（2）内容简单明了。书信应尽可能言简意赅，只要把约见的时间、地点、事由写清即可，切不可长篇大论、不着边际。

（3）传递的信息要投其所好。约见书信应该以说服顾客为中心，投其所好，以顾客的利益为主线劝说或建议其接受约见要求。

（4）信函形式要亲切。约见信函要尽可能自己动手书写，而不使用冷冰冰的印刷品；信封上最好不要盖"邮资已付"的标志，要动手贴邮票。

（5）电话追踪。在信函发出一段时间后要打电话联系，询问顾客的想法与意见。把电话约见与信函约见结合起来使用，可大大提高约见效果。

（三）电约

所谓电约，即电话约见，是指推销人员利用电话约见顾客。电话约见的谈话时间不宜太长，尽量做到言简意明、重点突出。电话约见是现代推销活动中常用的一种约见方法，它的优势在于能在短时间内接触更多的潜在目标顾客，是一种效率极高的约见方式。但电话约见也有明显的缺点：由于推销人员与顾客没有直接见面，顾客占被动地位，推销人员处主动地位，容易遭到顾客的推脱和拒绝。

电话约见成功的关键在于推销人员必须懂得打电话的技巧：

(1) 要精心设计开场白，激起对方足够的好奇心，使他们有继续交谈的愿望。

(2) 约见事由要充分，用词简明精炼。

(3) 态度要诚恳，语气平缓、亲切。

(4) 掌握电话约见的基本步骤。电话约见的一般步骤包括问候、介绍自己和公司、感谢顾客倾听、道明约见目的、确定约见时间和地点、再一次致谢。

(四) 托约

所谓托约，即委托约见，是指推销人员委托第三者约见顾客，包括对顾客有一定社会影响的有关人士，如助理人员、接待人员、秘书、朋友、邻居等。托约有利于推销人员接近顾客。当推销人员不能或不便亲自约见顾客时，可以通过各种社会联系，委托顾客周围的社会关系网内的有关人士约见顾客。

委托约见的优点是可以通过第三者与目标顾客的特殊关系对其施加影响，从而克服约见障碍，顺利达成交易。这样，推销人员更容易接近推销对象，节省推销时间，提高推销效率。托约有利于反馈信息，因为顾客与托约人关系比较密切，往往能够直言提出异议。这样，推销人员就能有针对性地制定推销策略，排除推销障碍，促成洽谈成功。

(五) 广约

所谓广约，即广告约见，是指推销人员利用各种广告媒介约见顾客。例如，利用各种报纸、杂志、广播、电视、直接邮寄、散发印刷广告等。利用广告进行约见可以把约见的目的、对象、内容、要求、时间、地点等准确地告诉广告受众，然后在约定的时间、地点等待顾客上门，变上门推销为顾客登门求购，使推销人员处于积极主动的有利地位。广告约见比较适用于约见顾客较多或约见对象不太具体、明确，或者约见对象姓名、地址不详，在短期内无法找到等情况。

广告约见具有很多优点：①约见对象较多，覆盖面大；②能够吸引顾客主动上门约见；③节省推销时间，提高约见效率；④可以扩大推销人员的影响，树立企业形象等。广告约见也有一定的局限性：①针对性较差；②费用高；③在广告烟海中，很难引起目标顾客的注意等。

(六) 网约

所谓网约，即网上约见。计算机网络的发展为现代推销提供了快捷的沟通工具，尤其是互联网的迅速发展，不仅为网上推销提供了便利，而且为网上购物、交谈、联络情感提供了可能。尤其是电子邮件（E-mail）的普遍使用，加快了网上约见与洽谈的进程。

网上约见的优点是快捷、便利、费用低、范围广，不仅可以非常容易地约见国内顾客，而且为约见国外顾客提供了非常有效的途径。不过，网上约见也有较大的局限性，如企业要有自己的网站，推销人员还必须掌握上网技术，而且必须有顾客的邮箱地址等。

以上介绍了六种基本的约见方法。作为推销人员，应尝试运用各种不同的方法，判断哪种方法对自己的销售最有帮助，并把它作为推销约见的工具，同时，也应虚心地向业内人士学习新的方法。

总之，推销人员应该根据具体情况确定具体的约见方法。例如，对于经常见面的顾客，可以面约；对于距离较近的顾客，可以电话约见；对于电信不通的顾客，可以函约；对于比较难接近的顾客，可以托约；在约见对象不明的情况下，可以广约。而且，各种约见方法可以同时并用，互相补充。

只要推销人员认真地进行接近准备，灵活运用各种约见方法，就能够接近推销对象，促进推销活动的成功。

第三节 推销接近的主要方法

推销人员在正式接近顾客时，能否争取主动，使顾客有继续谈下去的热情和信心，取决于推销人员是否掌握了一定的接近方法和技巧。最常见的接近方法和技巧有三大类，即陈述式接近、演示式接近和提问式接近。每一大类又包括若干种具体的方法。

一、陈述式接近

陈述式接近是指推销人员直接说明产品给顾客带来的好处，以引起其注意和兴趣，进而转入洽谈的接近方法。推销人员陈述的内容可以是推销品的利益，也可以是推销品使用之后所带来的感觉，或直接是某位顾客的评价意见；陈述完后，常常提出一个问题以试探顾客的反应。陈述式接近又包括介绍接近法、赞美接近法、馈赠接近法、利益接近法等方法。

（一）介绍接近法

介绍接近法是指推销人员通过自我介绍或经由第三者介绍而接近潜在目标顾客的办法。介绍接近法按介绍主体不同，可分为自我介绍法和他人介绍法。

（1）自我介绍法。自我介绍法是指推销人员自我口头表述，然后用名片、身份证、工作证等来辅佐，达到与顾客相识的目的。在正式接近顾客时，推销人员除了进行必要的口头自我介绍外，还应主动出示推销介绍信、身份证及其他有关证件。在目前的推销环境里，推销人员必须随身携带各种证件。尤其是当你第一次接近访问对象的顾客时，为使顾客更加相信自己，消除心中的疑虑，少不了用到上述证件，否则很容易遭到拒绝、碰到麻烦。因此，为了加深顾客的印象，发展人际关系，便于进一步联系，推销人员往往首先递上自己的名片。名片可以收到书面自我介绍的效果。在名片上，顾客可以了解推销人员、推销品及其代表企业的有关情况，同样可以弥补口头介绍的不足，并且便于日后联系。自我介绍法是最常见的一种接近顾客的方法，大多数推销人员都采用了这种接近技巧。但是，这种方法很难在一开始就引起顾客的注意和兴趣。因此，通常还要与其他方法配合使用，以便顺利地进入正式面谈阶段。

（2）他人介绍法。他人介绍法是推销人员利用与顾客熟悉的第三者，通过打电话、写信函字条或当面介绍的方式接近顾客。在推销人员与所拜访顾客不熟悉的情况下，托人介绍是一种行之有效的接近方法，因为受托者是跟顾客有一定社会交往的人，如亲戚、朋友、战友、同乡、同学、部下、同事等，这种方式往往使顾客碍于人情面子而不得不接见推销人员。介绍人与顾客之间的关系越密切，介绍的作用就越大，推销的目的也就越易达到。所以，推销人员应设法摸清与顾客有一定交往的人，尽量争取有力人士的介绍和推荐。但推销人员应用此法时，必须尊重第三者的意愿，切不可勉为其难，更不要招摇撞骗。

他人介绍法也有其局限性。因为顾客是出于人情难却或碍于面子而接见推销人员的，并不一定对推销品感兴趣，只是表面应付而已。所以，他人介绍法虽然省力易奏效，但不可加以滥用，对某些特定的顾客只能使用一次。而有些顾客则讨厌这种接近方式，他们不愿意别人利用自己的友谊和感情来做交易。如果推销人员贸然使用此法，可能弄巧成拙、不好下台。一旦惹恼了顾客，再好的生意也可能告吹。

（二）赞美接近法

赞美接近法是指推销人员利用顾客的自尊心来引起顾客的注意和兴趣，进而转入正式洽谈的接近方法。赞美就是夸奖或恭维。人是社会人，每个人都希望受到别人的尊重，得到社会的承认，受到同行的赞许。推销人员对顾客的赞美能缩短与顾客的距离，只要赞美得适时、适度，就有利于促成交易。在现实生活中，有许多值得赞美的事物；在实际推销工作中，推销人员会遇到各种类型的顾客，虽然也有一些不通情理的顾客，但只要推销人员不抱成见、不先入为主，总能找得到顾客值得赞美的地方，这就是推销学的辩证法。一般来说，在利用赞美接近法时，推销人员还应注意下面问题：

（1）选择适当的赞美目标。推销人员必须选择适当的目标加以赞美。就个人购买者来说，个人的长相、衣着、举止谈吐、风度气质、才华成就、家庭环境、亲戚朋友等，都可以给予赞美；就组织购买者来说，除了上述赞美目标之外，企业名称、规模、产品质量、服务态度、经营业绩等，也可以作为赞美对象。但最佳赞美目标是符合顾客心理、顾客自以为最值得赞美的人或事。只有双方的认识相统一，才会产生共鸣，才会营造出融洽和谐的气氛，才能达到接近顾客的目的。如果推销人员信口开河、胡吹乱捧，则必将弄巧成拙。

（2）选择适当的赞美方式。对不同个性的顾客，推销人员应有不同的赞美方式。即使是同一个顾客，在不同的时候，由于心境不同，对同样的赞美，他也会产生不同的反应。所以，推销人员一定要事先掌握多种不同的赞美方式。对于严肃的顾客，赞语应自然朴实、点到为止；对于虚荣的顾客，则可以尽量发挥赞美的作用。对于年老的顾客，应该多用间接、委婉的赞美语言；对于年轻的顾客，则可以使用比较直接、热情的赞美语言。

【案例 6-2】

推销从赞美开始

一个乳制品厂的推销人员说："王经理，我多次去过你们的超市，你们超市的客流比其他超市多很多。虽然只是一个超市，但你们的货柜摆放很有艺术性，产品的品位也很高，有很多省内外著名品牌的产品，让人一进来就有购物的热情，还有服务员的服务也很到位，一切都井井有条，看得出来，王经理为此花费了不少心血吧，可敬可佩！"听了推销人员这一席恭维话，王经理不由得连声说："做得还不够，请多包涵，请多包涵！"虽然嘴里这样说，他的心里却是美滋滋的。这位推销人员用这种赞美对方的方式开始推销洽谈，很容易获得顾客对自己的好感，推销成功的可能也大大增加。

（三）馈赠接近法

馈赠接近法是指推销人员通过附赠品来接近顾客的方法，又称附赠接近法或有奖接近法。在推销工作中，可以向购买者馈赠一些价值较低的礼品，作为接近顾客的见面礼。从推销学理论上讲，馈赠接近法符合一些顾客求小利的心理。一般来说，人们总希望无偿地获取一些东西，如一支印有公司名称的圆珠笔或印有公司产品的挂历等。小小的礼品既是有效的接近媒介，又是有力的促销手段。如果所馈赠的礼品就是推销品则效果更佳，顾客通过试用推销品，留下美好的印象，进而决定购买推销品。应用馈赠接近法时，应注意以下几点：小礼品应是接近客户的见面礼或媒介，而不能当作恩赐；礼品的内容与金额必须符合有关规定，不可将馈赠变为贿赂；礼品尽量与所服务的项目和所推广的产品有某种联系。

（四）利益接近法

所谓利益接近法，是指推销人员抓住顾客追求利益的心理，利用所推销的产品能给顾客带来的利益、实惠、好处，引起顾客的注意和兴趣，进而转入面谈的接近方法。例如，一位推销人员对顾客说："本厂生产的产品比其他厂家生产的同类产品便宜一成，量大还可优惠。"

应用利益接近法时，应注意下面两个问题：

（1）产品利益必须符合实际，不可浮夸。在正式接近顾客前，推销人员应该进行市场行情和用户情况调查，科学地测算出商品的实际效益，并且要留有一定余地。

（2）产品利益必须经过验证，才能取信于顾客。推销人员必须为产品利益找到可靠的证据，如财务分析或用户反馈情况资料，以及有关实际数据和处理对比资料等。即使推销人员对产品利益有十足的把握，也必须拿出有关证据来，并且要帮助顾客真正受益。因此，推销人员平时应注意收集、整理有关证明材料，包括各种技术性能鉴定书、经济效益鉴定书等文件，以备接近和面谈时使用。

二、演示式接近

演示式接近是指通过向顾客展示具体的产品使用过程和效果或直接让顾客参与产品的试用，以引起顾客注意，并激发其购买欲望的方法。演示式接近按顾客参与的方式不同，可分为产品接近法和表演接近法。

（一）产品接近法

所谓产品接近法，是指推销人员直接利用所推销的产品引起顾客的注意和兴趣，从而顺利进入推销面谈的接近方法。由于这种方法是以推销品本身作为接近媒介，因而也称它为实物接近法。产品接近法也是推销人员第一次与顾客见面时经常采用的方式。

这种方法的关键之处在于，让产品做无声的介绍，让产品默默地推销自己，凭借产品的用途、性能、色彩、造型、味道、手感等特征来取代推销人员的口头宣传。产品接近法给顾客提供了一个亲手试用产品的机会，充分调动了顾客的五官、四肢的积极性，直接引起了顾客的注意和兴趣，符合顾客的购买心理，因而接近的效果也比较好。采用产品接近法时，推销人员应注意下述问题：

（1）产品本身必须具有一定的吸引力，能够引起顾客的注意和兴趣，才能达到接近顾客的目的。在顾客看来毫无特色的一般产品，不宜单独使用产品接近法，即使推销人员自信产品独特新颖，而且事实上也的确如此。如果顾客不能立即认识到这一点时，应该等待一下，而不要使用产品接近法。在实际推销工作中，不同的顾客注意的方向不同，兴趣也有很大差异，有人关心产品的技术指标和性能，有人在意产品的造型和色彩；内行看门道，外行看热闹。因此，推销人员要注意发挥产品的优势，选用适当的接近方法。

（2）产品本身必须精美轻巧，便于推销人员访问时携带，也便于顾客试用。例如，像推土机那样的笨重庞然大物就不宜使用产品接近法，但可利用产品模型、图片等作为媒介接近潜在目标顾客。

（3）推销品必须是有形的实物产品，可以直接作用于顾客的感官。看不见、摸不着的无形商品或服务不能使用产品接近法。例如，理发、洗澡、旅游服务、美容等，都无法利用产品接近法。

(4) 产品本身必须质地优良，经得起顾客反复接触，不易损坏或变质。推销人员应准备一些专用的接近产品，平时注意加以保养，以免在顾客试用时出毛病，影响推销效果。

【案例 6-3】

过硬的产品是最好的广告

有一家生产塑料薄膜企业的推销员到农用资料市场推销产品，他拿出了一块塑料薄膜让两人撑开，让观众往上面扔石子，然后两个人再使劲扯拽，费了好大的劲才扯断。他并没做过多的口头宣传，只求农民顾客看一看塑料薄膜的真实质量如何，不一会儿的工夫，一整车的塑料薄膜全都卖了出去。

（二）表演接近法

表演接近法是指推销人员利用各种戏剧性的表演活动引起顾客注意和兴趣，进而转入面谈的接近方法。表演接近法要运用多种"艺术"手段，充分调动人们的主观能动性，引起顾客的注意和兴趣。这是一种比较传统的推销接近方法，如街头杂耍、卖艺等都是采用现场演示的方法招徕顾客。在现代推销活动中，有些场合仍然可以用表演的方法接近顾客。在实际推销工作中，要注意下面问题：

(1) 表演必须具有一定的戏剧性效果，引起潜在目标顾客的注意和兴趣。对不同潜在目标顾客，应采用不同的表演手法。

(2) 表演必须自然合理，能打动顾客的心灵。推销表演毕竟不同于舞台唱戏，既无伴奏的、跑龙套的，也无帮腔的、布景的、搞灯光的，推销表演是独角戏。推销人员既是演员，又是编导，要让潜在目标顾客的感情跟着表演而不自觉地发生变化，不经过苦心的演练是达不到这种"艺术境界"的。

(3) 推销人员应尽量使潜在目标顾客卷入接近戏剧中，并成为重要角色。如果推销人员引导顾客也进入接近戏剧的表演之中，将更有利于推销。

(4) 在表演中的道具最好是推销品及其他与推销活动有关的物品，这会有利于推销接近的正常开展，从而有效地促成交易。

【案例 6-4】

一个推销茶具的女推销员，当她把一套玻璃茶具中的一个杯子递给茶具经销商时，她故意把杯子掉到地上，但杯子却完好无损。当她捡起来后，说道："这是采用钢化技术处理的茶具，不易破碎，不破坏茶具的整体性，您的顾客特别是家里有小孩的顾客肯定会喜欢这样的产品，难道您不这样想吗？"结果，这位经销商一周后就与她签订了经销合同。

三、提问式接近

提问式接近是指推销人员利用直接提问来引起顾客的注意和兴趣，进而转入面谈的接近方法。因为提问方式能使推销人员更好地确定顾客的需求，促成顾客的参与。在提问式接近中，问题的确定是至关重要的，应该提出那些已被证明能够收到顾客积极响应的问题。通过提问去接近顾客的具体方法很多，这里主要介绍问题接近法、好奇接近法、求教接近法和震惊接近法四种方法。

（一）问题接近法

问题接近法是指通过推销人员直接面对顾客提出有关问题，通过提问的形式激发顾客的注意力和兴趣点，进而顺利过渡到正式洽谈的一种接近方法。推销人员在不了解顾客真实想法的情况下，通过向顾客提出问题，可引发双方的讨论，而在讨论的过程中，顾客的真实需求、意见、观点等就比较容易得到表露，就可能发现顾客的需求；然后根据顾客对问题的反应，循循善诱地解答问题，从而把顾客的需求与所推销的产品有机地联系起来。问题接近法虽然是一种比较有效的方法，但其要求也较高。推销人员在提问与讨论中应注意以下两点：

（1）提出的问题应表述明确，避免使用含糊不清或模棱两可的问句，以免顾客费解或误解。例如，"您愿意节省一点成本吗？"这个问题就不够明确。只是说明"节省成本"，究竟节省什么成本，节省多少，多长时间，都没有加以说明，很难引起顾客的注意和兴趣。而"您希望在明年年内节省7万元材料成本吗？"这个问题就比较明白、确切，容易达到接近顾客的目的。一般说来，问题越明确，接近效果越好。

（2）提出的问题应突出重点、扣人心弦，而不可隔靴搔痒、拾人牙慧。在实际生活中，每一个人都面对着许许多多的问题，其中有主要问题，也有次要问题。推销人员只有抓住最重要的问题，才能真正打动人心。推销人员提出的问题，重点应放在顾客感兴趣的主要利益上。如果顾客的主要动机在于节省金钱，提问应着眼于经济性；如果顾客的主要动机在于追求名气，提问则宜着眼于品牌价值。因此，推销人员必须设计适当的问题，把顾客的注意力集中于他所希望解决的问题上面，缩短成交距离。

【案例6-5】

小王是M品牌冰箱的导购员。一天，一对夫妇走进该品牌的展厅，打算看看冰箱。

"先生，家里几口人？"丈夫回答五口人。

小王又看着太太问："您是喜欢隔日买菜，还是每天都去市场？"

太太笑而未答。

小王并未放弃，采用选择式提问，刺激太太回答："听说有人一星期买一次菜，有人三天买一次，如三天买一次，菜色、菜味一般不会变化。太太您喜欢哪一种买法？"

太太终于回答了："三天买一次。"

小王："在冰箱里储存食品、菜肉，既可以保鲜，又可以节省买菜的时间，还可以随时享用自己最喜欢的饮料和啤酒……"

（二）好奇接近法

好奇接近法是指推销人员利用准顾客的好奇心理达到接近顾客之目的的方法。好奇心理是人们的一种原始驱动力，在此动力的驱使下，人类会去探索未知的事物。好奇接近法正是利用顾客的好奇心理，引起顾客对推销人员或推销品的注意和兴趣，从而点明推销品的利益，以顺利进入洽谈的接近方法。好奇接近法需要的就是推销人员发挥创造性的灵感，制造好奇的问题与事情。例如，国外一位科普书籍推销员见到顾客时说："这本书可以告诉你，丈夫的寿命与妻子有关。"顾客立即好奇地拿起书来翻阅，他也达到了接近的目的。唤起顾客好奇心的办法多种多样，推销人员应灵活使用，尽量做到得心应手、使用自如。采用好奇接近法时，应该注意下列问题：
(1) 引起顾客好奇的方式必须与推销活动有关。
(2) 在认真研究顾客的心理特征的基础上，真正做到出奇制胜。
(3) 引起顾客好奇的事物必须真实可信，而不能凭空捏造。

(三) 求教接近法

求教接近法是指推销人员虚心向客户讨教问题，利用这个机会以达到接近顾客目的的一种方法。这种方法体现了敬重顾客、以满足顾客自尊的心理需求为原则的推销思想，在实际应用中的效果较好，尤其是对那些个性较强，有一定学识、身份和地位的专家型顾客，这种方法更为奏效。

求教的问题可以是推销品经营方面的问题，也可以是人品修养、个人情趣等方面的问题。但不论请教什么方面的内容，推销人员都应本着谦虚诚恳、多听少说的思想，并遵循"赞美在前、求教在后，求教在前、推销在后"的原则。

在实际推销工作中，很多顾客都有一些"自视甚高"的心态，推销员若能登门求教，自然会受欢迎。例如，"李总，您是电子方面的专家，您看看我们公司研制投产的这台电子仪器在哪些方面优于同类产品？""我是这方面的新手，我想知道您是否能够帮助我？""我的同事说我们公司的产品是同类中最好的，请问您是怎么看的？"

(四) 震惊接近法

所谓震惊接近法，是指推销人员设计一个令人吃惊或震撼人心的事物来引起顾客的兴趣，进而转入正式洽谈的接近方法。在现代推销中，推销人员的一句话、一个动作，都可能令人震惊，引起顾客的注意和兴趣。在实际推销工作中，有时面对的顾客思想保守、因循守旧，拒绝接受新观念，拒绝购买新产品，因此，推销人员确有必要使某些顾客震惊，转变观念，正视现实。震惊接近法给现代推销人员提供了一个有力法宝，使推销员有可能打破某些顾客的心理防线，从而顺利地接近顾客。例如，一个家庭防盗报警系统推销人员可能会这样开始他的推销接近："您知道家庭被盗问题吗？根据公安机关的公布数据，今年家庭被盗比率比去年上升了15个百分点。"采用震惊接近法时，应注意以下问题：
(1) 震撼顾客的事物应与该项推销活动有关。
(2) 精心设计，确保奏效，以取得一鸣惊人的效果。
(3) 恰到好处，令人震惊但不让人惊恐。
(4) 讲究科学，尊重事实。

总之，震惊接近法是一种比较有效的接近顾客的方法。利用震惊接近法接近顾客，可以促使顾客不得不去思考一些他们不愿思考的问题，帮助顾客正视事实真相，促使顾客与推销人员接近，增强推销的说服力，有利于达成交易。

【案例6-6】

有一位饮水机企业的推销人员利用一项统计资料接近顾客：据世界卫生组织统计资料表明，80%的病例和1/3的死亡是由于饮用"不洁水"而引起的。自来水协会的报道更触目惊心，每年约有2500万名儿童因饮用受污染的水而生病致死，每年至少有1240万名成人因饮用不洁水而病故。水能养命也能害命，水质的好坏、活性的高低决定了人类健康和长寿与否。人类究竟要喝哪种水才能够达到健康的要求？国际权威饮水专家指出："饮水质量要符合人体各种生理机能的健康需求,必须达到无毒无味、水分子团簇结构小、溶解力强、溶氧量大的优质水。"纯净活性水就是符合这一要求的健康水。你是否打算购买一台家用活性饮水机?愿您早日喝上健康水。

以上介绍的接近顾客的技巧方法,在实际工作中推销人员应灵活运用,既可以单独使用一种方法接近顾客,也可以多种方法配合使用,还可以自创独特方法接近顾客。

【辅学资料】

经典推销开场白

在销售拜访中,准顾客看到的第一件事,就是推销人员的专业形象。接下来便是开场白给予他的印象。你的表达方式、真诚与创意则会影响整个洽谈的气氛。

当代最具权威的销售专家戈德曼博士强调,在面对面的销售中,说好第一句话是十分重要的。顾客听第一句话要比听后面的话认真得多。听完第一句话,许多顾客就会不自觉地决定是买还是不买,是打发推销人员走还是继续谈下去。因此,打动人心的开场白是推销成功的关键。

1. 问句开场白

假如你总是可以把客户的利益与自己的利益相结合,提问题将特别有用。顾客是向你购买想法、观念、物品或服务的人,当你提问题时,将带领你的潜在顾客为他的最佳利益做出选择。

有一位某图书公司的推销员总是从容不迫、平心静气地以提出问题的方式来接近顾客。

"如果我送给您一套有关个人效率的书籍,您打开书发现内容十分有趣,您会读一读吗?"

"如果您读了之后非常喜欢这套书,您会买下吗?"

"如果您没有发现其中的乐趣,请您把书重新塞进这个包里给我寄回,行吗?"

这位推销员的开场白简单明了,使顾客几乎找不出说"不"的理由。后来这三个问题被该公司的全体推销员所采用,成为标准的接近顾客的方式。

2. 建立期待心理开场白

这是一种非常有效的开场白,会激起顾客的好奇与兴趣,并且会抓住准顾客的全部注意力。你可以这样说:

"您一定会喜欢我带来给您看的东西!""我带来给您看的东西是一套革命性的作业方法!"

"我们公司开发了一套能在30天之内降低您现在一半成本的计算机软件!"

不管你用哪一句,都会激起对方不自觉的反应:"那就是我要的东西!"或是"我等不及了!"假如对方的职位具有对是否购买你的产品或服务的决定权,他就会热切地想对你推销的东西多了解一些。

好的开场白应该会引发顾客的第二个问题:当你花了30s的时间说完你的开场白以后,最佳的结果是让顾客询问你的东西是什么。每当顾客问你是干什么的时候,就表示顾客已经对你的产品产生了兴趣。如果没有让顾客对你的产品产生好奇或是兴趣,那就表示你这30s的开场白是无效的,你应该尽快设计另外一个更好的开场白来替代。

3. 假设问句开场白

假设问句开场白是指将产品最终能带给顾客的利益及好处转换成一种问句的方式来询问客

户，借此让顾客在你一开始进行产品介绍时，就能产生好奇心及期待感。

举例来说，假设你的产品最终能带给顾客的利益是可以节省他们的某些成本开支和增加他们的某些利润，那么在一开始接触顾客时，我们可以直接问：

"先生/小姐，如果我有一种方法能够帮助您每月提高1000元的利润或节省1000元的开支，请问您会有兴趣抽出10min的时间来了解一下吗？"

使用此种问句方式，让顾客给你一个机会开始介绍产品。而当你介绍完产品之后，只要你能够证明你的产品能够达到当初所承诺的效果，那么这个顾客就不会说"没有兴趣"。或者你可以问：

"假设我有一种方法可以帮助你们公司提高20%～30%的业绩，而且这一方法经过验证之后真正有效，您是否愿意花几百元在这件事情上面投资呢？"

在这种情况下，如果顾客的回答是肯定的，那么接下来你所要做的产品介绍和说明，就是很简单地去验证你的产品能否帮助顾客提高他们的业绩，那么他们自然而然地就能够做出购买决定了。

找出在你的产品销售过程中最常见的顾客抗拒点，可以使用假设问句开场白来询问你的顾客。

例如，你所销售的是健康食品，而一般顾客最常见的抗拒点可能是怀疑产品的有效性。那么，你可以一开始就问他：

"如果我能证明这一产品真的有效，您是不是会有兴趣购买呢？"

使用这种假设问句法，让顾客自己回答说：

"只要……我就会买。"

让顾客自己做出承诺。这样，只要你能证明产品是有效的，顾客购买的意愿自然就会增加。任何一位顾客都不能被别人说服，能够说服他的只有他自己。

4. 打消准顾客疑惑的开场白

日本销售之神原一平对打消准顾客的疑惑，取得准顾客对自己的信任有一套独特的方法：

"先生，您好！"

"你是谁啊？"

"我是明治保险公司的原一平，今天我到贵地，有两件事专程来请教您这位附近最有名的老板。"

"附近最有名的老板？"

"是啊！根据我打听的结果，大伙儿都说这个问题最好请教您。"

"喔！大伙儿都说是我啊！真不敢当，到底是什么问题呢？"

"实不相瞒，是如何有效地规避税收和风险的事。"

"站着不方便，请进来说话吧！"

……

突然地销售未免显得有点唐突，而且很容易招致别人的反感，以至于拒绝；先拐弯抹角地恭维准顾客，打消准顾客的疑惑，取得准顾客的信赖，销售便成了顺理成章的事了。

打消准顾客疑惑的方式有：

（1）赞美、恭维准顾客。

（2）利用顾客见证。

(3) 切中对方要害。

提出相关的问题，并善意地为准顾客解决问题，做准顾客的朋友，是打消准顾客怀疑的有效方法。

5. 感激开场白

在初次见面的时候，可以以感激作为开场白。

"××先生，很高兴您能够接见我。我知道您很忙，我也非常感谢您在百忙之中能够给我几分钟。我会很简要地说明。"

当你凡事都向人致谢的时候，就会引起他们的自我肯定心态，并让他们对你心生好感。不管准顾客为你做了些什么，你都要说声"谢谢"，这样会让准顾客更喜欢你、尊重你。

6. 解决问题开场白

有位推销人员去某公司经理的办公室推销他公司的服务，他一进门就自我介绍：

"我叫××，是××公司的销售顾问。我可以肯定我的到来不是为你们添麻烦的，而是来与你们一起处理问题，帮你们赚钱的。"

然后他问公司经理："您对我们公司非常了解吗？"

之后，他用这个简单的问题主导了销售访谈，并吸引了准顾客的全部注意力。他继续说：

"我们公司在这一市场区域内是规模最大的。我们在本区的经营已有10年历史，而在过去10年里，我们的员工人数由10人扩张至260人。我们占有35%的市场，其中大部分顾客都是感到满意而再度惠顾的。"

"××先生，您有没有看到××经理采用了我们的产品，公司营运状况已大有起色？"

用这样一个简单的开场白，他已经为自己和所在公司以及服务建立了从零到最大的信赖度。他已经回答了"它安全吗？"和"它可靠吗？"这两个问题。他打开了准顾客的心扉，并且降低了准顾客的抗拒程度，所以准顾客马上就很有兴趣地想知道他过去的客户得到了哪些利益，而自己将会从他的服务中得到哪些好处。准顾客从开始的抗拒变成了后来的开放与接受。

7. 反问句开场白

当你在销售时感到对方传来了强烈的抗拒时，就可以用反问句开场白方法。准顾客可能过去曾经对一些强迫而又强势的推销人员留下了恶劣的印象，所以当他觉得自己置身相同的状况时，他就会感到压力，对来者产生反感。

反问句开场白可以这么说：

"××先生，在我开始介绍以前，我要让您了解，我不是来这里销售任何产品的。在我们今天短短几分钟的会面里，我要做的只是问一些问题，来看看我们公司是否可以在哪些方面帮助您达成目标。"

假如你要给准顾客留下深刻的印象，就应该在见面之前准备好一张你想与他讨论的3～5个问题的议程表；见面时给他一份这样的议程表，并告诉他你想进一步了解的范围。

事先询问他这些问题是否可以问。如果他的回答是肯定的，你就可以用这些话作为开场白：

"在我们开始以前，我能请教您一个问题吗？您在公司中真正的任务是什么？"

当你把谈话的焦点偏离销售，转到一系列探索性的问题上，然后再问与他的工作及职业生涯直接相关的问题时，他就会彻底放松并且敞开心胸。从那时开始，把你的注意力放在他本人以及他的处境上，问他一些有水准的问题，并且很专心地听他回答。

能够让顾客放松并让他开始讲话的一种最佳"解除武器"的问题就是"您怎么会进入这一行（或做这份工作）的？"大多数人都会对自己的职业生涯津津乐道，所以如果你问他这个问题，他通常都会很高兴地与你谈论，而让你有机会去聆听及博得顾客的信赖。

8. 激发准顾客兴趣开场白

"如果有一种已经被证实能够在6个月当中增加销售业绩达20%~30%的方法，您感兴趣吗？"

对于这种问题，大部分人都会回答有兴趣。所以，当你问完类似的问题后，接下来必须马上说：

"我只占用您大概10min的时间来向您介绍这种方法，当您听完后，完全可以自行判断这种方法是不是适合您。"

在这种情况下，你一方面要提前告诉顾客你不会占用他太多的时间，而同时你要让顾客能够比较清楚地知道，你在销售的过程中不会对他进行强迫式的销售。

顾客之所以愿意购买，是因为他有足够的购买动机。购买动机是促成购买行为的原动力。

9. 深刻印象开场白

有一位推销顾问去某家公司做了一次产品介绍，就用了这种问题及这种回答：

"我们是本市××业里最大的一家公司。我们在这个产业中已有28年的历史，而且我们的母公司是业界一个拥有120家最优秀关系企业的世界性集团。我们的名气来自我们每收客户1元钱，就会为他省下5元钱。"

这是一个令人印象非常深刻、非常引人注意的开场白，这位顾问让自己及公司被视为业界重量级的角色。最后，他做成了一笔大买卖。

这位顾问在产品介绍中提到了决定准顾客是否购买的三大影响力：你的公司规模、公司在行业中的历史以及产品的市场占有率。

10. 引起注意开场白

康宁玻璃公司的一位顶尖推销人员有这么一则有名的故事。他是全国安全玻璃销售量的总冠军。当他被问及如何打开销售对话时，他说，他一走进会议室就问：

"您有没有看过一种破了却不曾碎掉的玻璃？"

当准顾客表示不曾见过的时候，他拿出一块完整的玻璃样本，把它放在顾客的桌子上，然后用一个榔头用力敲打。

这时准顾客会往后跳开以躲避玻璃碎片，但却发现根本没有任何碎片。这位推销人员就吸引了顾客完全的注意力，之后销售活动就能迅速进行了。

他在全国会议中把这种销售方法分享给所有的推销人员。从此以后，他们外出推销的时候，都会携带安全玻璃的样本和一把榔头去向客户做示范。到了第二年，他仍然是全国销售总冠军。有人问道，即使别人都使用了同样的技巧，他怎么依然能够卖出更多的产品？

他解释说，他在第二年稍微改变了做法。

现在，当他去见一位准顾客的时候，他会问：

"您想不想看一块敲不碎的玻璃？"

然后，他就把榔头交给准顾客，请准顾客自己敲碎玻璃。

11. 2min开场白

"您有2min吗？我想向您介绍一项让您既省钱又提高生产力的产品。"

当你说这句话的时候，拿下你的手表，放在客户的桌子上。当你说至1min或50s的时候，尽管还没说完，也一定要打住，然后说：

"我的时间到了。我希望告诉您一件事：本公司言出必行，如果您允许的话，我可以再继续。要不然，就此告辞。我知道您很忙，这是我的名片。"

这时你会惊讶地发现，多数时候你会被留下，而且拿到订单。

（资料来源：http://hi.baidu.com/stl18/blog/item/bb0b3a384b5f56fab211c718.html.）

【本章小结】

推销接近是推销过程中的一个重要环节，它是推销人员为进行推销洽谈而与潜在目标顾客进行的初步接触。能否成功地接近顾客，直接关系到整个推销工作的成败。做好推销接近工作，有助于进一步认定准顾客的资格，有助于拟定接近策略，有利于推销人员制订推销面谈计划，可以减少或避免推销工作中的失误，能够增强推销人员的工作成功的信心。推销接近的目标：接近顾客，引起顾客的注意与兴趣，转入面谈阶段。推销接近的准备工作主要有以下几个方面：知识准备；顾客准备；方案准备；物品准备；心理准备；仪表准备。

推销人员在完成必要的推销接近的准备工作以后，就可以进一步约见、接近潜在目标顾客。约见的重要性主要表现在以下几个方面：有利于推销人员成功地接近顾客，提高推销效率；有利于推销人员顺利地开展推销洽谈；有利于推销人员客观地进行推销预测。

推销人员为接近潜在目标顾客，需与其事先预约，其约见的内容包括确定约见的对象、目的、时间和地点；其约见的方法有面约、函约、电约、托约、广约和网约。

推销人员在正式接近顾客时，能否争取主动，使顾客有继续谈下去的热情和信心，取决于是否掌握一定的接近方法和技巧。最常见的接近方法和技巧有三大类，即陈述式接近（介绍接近法、赞美接近法、馈赠接近法、利益接近法）、演示式接近（产品接近法和表演接近法）和提问式接近（问题接近法、好奇接近法、求教接近法和震惊接近法）。

【复习思考题】

1. 什么是接近准备？做好接近准备工作有什么重要意义？
2. 接近顾客的目标有哪些？
3. 什么是接近准备？接近准备的作用何在？
4. 主要有哪些推销接近技术，分别适用于哪些情形？
5. 试以推销某一件具体产品为例，举出五种以上接近顾客的方法。
6. 什么是约见？约见有哪些重要意义？
7. 约见的基本内容是什么？约见的主要方式有哪些？拟定一份函约、电约的文稿。
8. 怎样理解接近的含义？其主要目的是什么？

【实训题】

试分析以下几位推销人员所使用的是哪一种接近顾客的方法，其优点是什么。

（1）一个冰淇淋供应商向一位餐厅经理推销时，开口就问："您愿不愿意每销售1加仑⊖的冰淇淋节省40%的投资？"

⊖ 1加仑（USgal）＝3.78541dm^3。

（2）一个保险推销员递给一位顾客一张600美元的模拟支票问："您想不想在退休后每月收到这样一张支票？"

（3）胶印机推销员见到顾客的开场白是："用我的胶印机印你们公文签的抬头，1000张才合5美元。您上次请别人印是什么价？20美元吧。"

（4）加德纳正准备把他的汽车开进库房。由于近来天气很冷，斜坡道上结了厚厚的一层冰，给行车驾驶带来了一定困难。这时候，一位懂文明、讲礼貌的过路行人顺势走过来帮助，他又是打手势又是指方向，在他的帮助下，汽车顺利地绕过了门柱。他凑过来问加德纳："你有拖绳吗？"加德纳回答说："没有。"然后加德纳又补充道："可能没有。不过，我一直想买一条，但总是没有时间。怎么啦？你的汽车是否坏了？"过路人回答说："不是的，我的车没有坏，但我可以给你提供一条尼龙拖绳。经试验，它的拉力是5t。"这个过路人的问话即刻引起了加德纳的注意，并且使他意识到他确实需要一条拖绳。这个过路人采用这种方法销售了很多拖绳。

（5）推销员马休正想以老套话"我们又生产出一些新产品"来开始他的销售谈话，但他马上意识到这样是错误的。于是，他改口说："班尼斯特先生，如果一笔生意能为你节省125英镑，你会有兴趣吗？""我当然感兴趣了，你说吧！""今年秋天，香料和食品罐头的价格最起码要上涨20%。我已经算好了，今年你能出售多少香料和食品罐头，我告诉你……"然后，他就把一些数据写了下来。多少年来，他对顾客的生意情况非常了解，这一次，他又得到了顾客很大一笔订货。

（6）门铃响了，一个衣冠整齐的人站在大门的台阶上。当主人把门打开时，这个人问道："您家里有高级的食品搅拌器吗？"男人怔住了，这突然的一问使主人不知怎样回答才好。他转过脸来和夫人商量，夫人有点窘迫但又好奇地回答："我们家有一个食品搅拌器，不过不是特别高级的。"推销员回答说："我这里有一个高级的。"说着，他从提包里掏出一个高级食品搅拌器。如果顾客承认他缺少某种产品，就可以借题发挥推销了。假如这个推销员改变一下说话方式，一开口就说："我来是想问一下，你们是否愿意购买一个新型食品搅拌器？"或者"您需要高级食品搅拌器吗？"这种说法的推销效果又将会是如何呢？相比之下，两种不同方式的问话，效果是大有区别的。

【案例分析题】

案例1：销售代表是怎样接近客户的

一位销售代表在参加部门的销售会议时，他的主管通知他开始负责《上海晨报》的业务拓展工作。《上海晨报》是华东地区最有影响的报社之一。

会议后，销售代表开始做销售的计划和准备。谁负责计算机的采购？应该与谁联系？最近有采购吗？什么时间？谁做决定？他首先必须了解这些最基本的客户资料后，才能与客户接触。但是，《上海晨报》是一个全新的客户，应该怎样收集这些资料呢？

首先，销售代表登录了《上海晨报》的网页，了解报社的组织结构、经营理念、通信地址和电话。然后，销售代表把这些资料记录到客户资料档案中。他还有一些报社的老客户，所以打了一个电话给另一家上海报社的信息中心主任，了解到报业的计算机系统主要应用于编辑排版系统和记者采编系统。接着，销售代表向行业界的朋友打听了关于《上海晨报》的资料，他们告诉销售代表，《上海晨报》信息中心有一位工程师叫达奚，经常与厂家联系，最近达奚一直在了解互联网数据中心方面的进展。最后,销售代表从邮件中找到了市场部定期发送给每个销售代表关于最近市场活动的时间表,发现两周以后将会有一个新产品发布会在上海商城举行。所有的准备工作结束后,销售代表拨通了达昊的电话:

"您好,请问达工在吗?"

"我是。"

"达工,您好。我是××公司的销售代表。我们公司即将在上海商城举办一个新产品展会,时间是5月16日,请问您可以参加吗?"

"我现在还不能确定。"

"我们所有的产品都有展示,而且我们请来了公司电子商务的专家,他对互联网数据中心很有经验,您一定会感兴趣。"

"有数据中心的讲座?如果有时间我一定去。"

"我马上寄请柬给您并会提前打电话与您确认。另外,达工,我可以了解一下《上海晨报》的情况吗?"

"我一会儿要去开会。"

"那好,我抓紧时间。《上海晨报》发展很快,上一周我在厦门出差时,厦门的报摊上也可以买到《上海晨报》了。报社高速发展依赖于信息系统的支持,《上海晨报》的信息系统主要有哪些部分?"

"我们主要有编辑系统、记者采编系统、办公系统和我们的网站。"

"您现在的主要工作重点是什么呢?"

"我们现在正在研究报社的互联网数据中心。我们刚刚在厦门开了一个这方面的研讨会。"

"是吗?我也常去厦门,您喜欢厦门吗?"

"厦门很好,风景和气候都很好。"

"饮食呢?您喜欢厦门的小吃吗?"

"不错,鼓浪屿馅饼很有特点。"

"哦,您的会议开得怎么样?"

"很好,所以我对你们的会议有一些兴趣。对不起,我要去开会了。"

"好吧,我现在就将请柬寄给您,我们上海商城见。"

一周以后,达昊收到了请柬。与请柬一起,还有几盒不同口味的鼓浪屿馅饼。

问题:

1. 在销售准备阶段应该如何收集销售所需的信息?
2. 这位销售代表是怎样拉近与客户关系的?

案例2:销售代表小陈约见客户周总

X牌冰箱销售代表小陈被派到S市做销售代表,刚到S市就想快点开展工作,做出点成绩给领导看看。于是他拿出手机,先给S市最大的客户周总打了个电话:

"您好,周总,我是X电器新调来的区域经理小陈,公司最近人事调整,我现在负责管理S区域的业务开展。我现在已经到达S市,能否约您下午3点见个面呢?主要谈一下本月的产品订货、回款工作、库存处理以及您卖场的临时促销问题,您看怎么样?周总!"

周总:"噢,你是新来的陈经理啊。真不好意思,我这两天有几个会议要开,事情特别多,你看改天吧！"

小陈："怎么会这样呢？那您说个具体时间吧！"

周总："这样吧，你没事就到我办公室门口来看看，如果我在你就进来和我谈谈吧！"

小陈一听就火上心头，心中暗骂"刚来就给我个下马威，看我以后怎么整你"，但又怕和周总因"话不投机半句多"，影响以后的相处，于是强忍着不满说："好的，周总，谢谢你，那我准备三顾茅庐了，呵呵。"

随后两天小陈在周总的卖场、办公室附近溜达，希望来个"瓮中捉鳖"，可是总看不到周总的身影。他不免心中急躁，又给周总打了个电话："周总啊，真不好意思，又打扰你了，会开得怎么样啦？"

周总："陈经理啊，恐怕还要有一天。"

小陈："哎呀，周总啊！您总不能让我天天等您吧！周总，这怎么行呢？您得抽个时间，我刚来这里也有很多的事情要做，这已经是月中了，您的货款如果再不办出来，这个月的促销政策可能真没什么指望啦，我也要考虑一下您的忠诚度了！"

小陈还想再表述什么，发觉对方已经把电话挂了，小陈很郁闷。

晚上，小陈在网上同朋友牢骚一番。朋友说："你初到别人的一亩三分地，就想着摆谱，你是做什么的？同客户讲话，尤其是电话沟通，全靠语气、语意表达你的思想、意图，一旦表达不好，很容易引起别人的误会，我想可能是周总领会错了你的意思。第一次电话沟通，注意制造友善气氛，包括尊重的称呼、请教的语气、赞美的心态，这样别人才容易接受，给你机会；否则客户会误以为你在对他吆三喝四，不免想给你下马威。"小陈一听也是，也许是自己话语专业味道太重，拉开了与客户间的距离，形成了沟通的障碍。

终于，在第三天下午，小陈和周总在其办公室进行了一次零距离的会面。

小陈："周总，拜会您这商业圈的老大哥真不容易啊！在公司里经常听到你的大名，一直就想着向您这位老大哥取经学习，现在终于有机会了。"

周总："哈哈，小兄弟闻其声不如见其面啊，没想到你比电话中会讲话多了。"

小陈一惊，原来自己遭遇他的冷落的确是因表达方式不对，双方产生误解。

小陈："真对不起，电话中太急躁，表达不清。我主要想把我们这个月的促销政策通知您一下，不想越急越表达得不清楚。"

周总："是吗？小兄弟，真感谢你们公司一来就给我们提供大力支持。有何促销政策？"

小陈："这两天，我在附近几家商场溜达，发觉您的商场人流量最大、销量最大。"

周总："这个不用你说，搞起活动来，销量将会更大！"

小陈："您讲得对，所以，我决定给公司申请在每个双休日再增派两名促销员，还有……"小陈故意停顿了一下。

周总不动声色看着小陈，他一定知道小陈在卖关子。

小陈："还有本月我为您做了60台冰箱进货计划！"

周总："60台冰箱，你没搞错吧？"

小陈："周总，先别生气，您先看下计划，里面的利润机型很有冲击力的，这是我送给您的见面礼！"

周总看着进货计划，说："这还差不多，凭我对你们公司的支持这么大，20台独家买断型号的特价机，还能说得过去。"

小陈："您对我们公司支持，我们公司一直感激不尽，领导千叮咛万嘱咐，要我一定配合好周总的工作。"

周总："我明天把款打过去，你一定要确保这款机型是我卖场独家经销，否则……"

问题：

1. 在小陈拜访客户的这段故事中，我们看到了小陈不同的处事方式而带来的不同结果。对此你有何感想？

2. 假如在本案例中，小陈把约谈的话语改变一下，结果会如何？

小陈："周总，您好。您现在说话方便吗？"

周总："你是哪位？"

小陈："我是 X 牌冰箱新调来的小陈，公司最近人事调整，让我负责你们区域的业务。"

周总："你有事吗？我现在很忙！"

小陈："也没有什么大事，就是想和您预约个时间，去拜会一下您。您想，我初来贵宝地，第一件应该做的事情，是不是拜会下您这位当地的老大，好为您鞍前马后的效效力啊？"

【资料阅读】

资料1：业务员该如何设计你的开场白？

你能用一两句话就吸引住客户的注意力，并让他主动地参与到你的谈话中来吗？

通常我们好不容易见到客户（决策者）之后，还没来得及进入谈判的中心内容，客户就已经没耐心听下去了，而你也不得不草草收场。这样，精心设计的销售计划就此泡汤了，甚至失去了再次拜访的机会。

我们都知道，好的开始是成功的一半。

因此，无论是电话营销，还是登门拜访，都涉及一个开场白的问题。一个好的开场白能够在最短的时间内和客户建立起良好的洽谈关系，同时也为谈判的成功打下了良好的基础；反之，则适得其反。

例如，小刘是某广告公司的业务员。

初次拜访客户时，他的开场白是这样的："王总您好！我是某广告公司的小刘。今天来是想和您谈一谈在某报发布广告的事情。我们的报纸……"或"您考虑过在某报上发布广告吗？……"

又如，小马是某保险公司的业务员。

他常用的开场白是："汪先生您好！我是某保险公司的，我们公司最近新推出了某某新险种，有种种好处，非常适合您，我只占用您一点时间给您介绍一下好吗？……"

如果你遇到这样的业务员或接到这样的电话，会怎样处理呢？

"对不起，我现在很忙，改天再谈吧！"（赶紧走吧，真够烦的）

"不行！我手机快没电了。"（真讨厌，又浪费我两毛钱电话费）

"嗯！东西很不错，你把材料留下，我先看看再说吧！"（什么破玩意儿，跑到这儿推销来了，下辈子也不会找你的）

"我一会儿还有个会要开，你先找我们的主任谈一谈，这事儿由他负责！"（对于比较执着的业务员，先把你支开再说）

以上的这些开场白只是想碰运气。可是，绝大多数客户并不是正好处在刚好急切需要这种产品的状态。

要知道：你要找的负责人有可能很忙。他每天都会接待很多像你这样的业务员，甚至推销的都是同一种产品。他为什么要在你身上花费更多的时间和精力呢？

如果他不给你洽谈时间，你的满腹经纶又去向谁倾诉呢？所以，这就需要事先在研究市场、研究客户需求的基础上，巧妙地设计出能吸引负责人建立洽谈关系的切入点（开场白）。

其实，要想让负责人关注你，放下手边的工作来听你阐述，或跟你进行洽谈的原则很简单。那就是：

(1) 让他觉得你对他有用。

(2) 让他觉得有趣，产生好奇。

(3) 让他能得到自我满足，或在情感上受到刺激。

要想做到以上提到的三点，你的开场白就必须具有冲击力、预谋性和预见性。

在这里向大家推荐几种比较实用的开场白方式（仅供参考）：

一、重大利益冲击式的开场白

打印机推销员："王总，现在激光打印机的价格便宜得几乎要白给了！原先一台的价格，现在能给您三台！"（真的吗？现在多少钱？说来听听）

机械推销员："谢主任，我们的设备一下子可以给您节约近20万元。"（不可能，怎么个节约法）

新型散热器推销员："马先生，我能让您的房间多出 $2m^2$ 来！"（开玩笑！你会变戏法吗？我倒要听听）

以上这些开场白都极具冲击力，使客户不由得会听你讲下去。

二、立场反转式的开场白

通常客户都是有逆反心理的，你越是夸赞你的产品好，他就越会觉得你在欺骗他。所以，我们就反其道而行之。

例如：

广告公司的业务员："聂总，我注意到您公司长期在《京华时报》《信报》等报纸上做广告，但从来不在我们《××报》上做。我想，这其中一定有您的道理。是不是我们哪里做得不够好，您能否给我们提提意见呢？"（对方会说："其实也不是，主要是我们……"看，这样是不是就好往下谈了呢？而且对方会很沾沾自喜）

搞印刷的业务员："许经理，我发现您只是在某某地印刷图书，而从来没在本地的厂里印过。我想一定有他们的长处，我们也想学一学。您最看重的是他们什么方面呢？是价格还是……"（既然你那么诚恳，对方也就不好推却，搞不好要聊上一下午也说不定）

三、利用竞争者弱点式的开场白

注意：这种方式并不是要我们公开诋毁同行，而是充分站在客户的立场上，以你十分专业的业务知识，对客户进行指导，由此来建立起沟通的桥梁。

业务员："王老板，我发现贵公司目前使用的产品在……方面存在着某些缺陷，会给您造成……损失，是由……原因造成的。我可以给您提供一个解决方案！"（唔！听起来好像是很专业哦！不妨听听看）

业务员："张总，目前在我们报纸上做广告的企业的客户反馈率都在百分之……以上，不知您现在所做的广告能达到多少？对这样的数字您满意吗？是否会对公司的经营造成影响呢？"（真的吗？难道是我以前的选择错了吗？听她怎样说）

四、故事引入式的开场白

讲一个生动的或是有悬念的故事,吸引对方听下去。

业务员:"方老板,去年有姓胡的兄弟俩买了我们的机器,结果不到一年就把本钱给赚回来了,而且还略有盈余。您知道他们是怎么干的吗?"

五、对客户产品感兴趣式的开场白

曾经有一个客户十分难对付,许多保险公司的业务员在他面前纷纷落马。于小姐决定冒险一试。

她来到客户的办公桌前,客户早就被秘书通知来的是一个推销员,因此头也不抬:"你是今天第三个推销员了,估计也没什么新意,就别再浪费我们两个人的时间了,你就请便吧!"

几分钟后,客户抬起头来,发现于小姐还在面前坐着,便厉声道:"我叫你出去没听见吗?"

于小姐依然坐在那里看着桌子上客户生产的样品说:"您公司就是制造这个的吗?"

"没错!"显然客户因为一个外行人关注他的产品而引起了他的注意,语气不禁柔和了许多,目光也有了交流,变得友善了些。

于小姐抓住时机:"您做这一行有多少年了?""哦!有好几年了吧!"客户颇有感触,同时也放下了手中的资料。"那您是怎样开始您的事业的呢?"……

以上只是象征性地介绍几种开场白的方式。只要遵循上面提到过的三个原则,应该能派生出很多种优秀的开场白方式,这里不过是抛砖引玉。

还是那句话:没有最好,只有更好!

资料2:推销的12种创造性开场白

推销人员与准顾客交谈之前,需要适当的开场白。开场白的好坏,几乎可以决定一次访问的成败,换言之,好的开场,就是推销人员成功的一半。推销高手常用以下几种创造性的开场白。

1. 金钱

几乎所有的人都对金钱感兴趣,省钱和赚钱的方法很容易引起顾客的兴趣。例如:

"张经理,我是来告诉您一个帮助贵公司节省一半电费的方法。"

"王厂长,我们的机器比您目前的机器速度快、耗电少、更精确,能降低您的生产成本。"

"陈厂长,您愿意每年在毛巾生产上节约5万元吗?"

2. 真诚的赞美

每个人都喜欢听到好听话,顾客也不例外。因此,赞美就成为接近顾客的好方法。

赞美准顾客必须找出别人可能忽略的特点,而让准顾客知道你的话是真诚的。赞美的话若不真诚,就成为拍马屁,这样效果当然不会好。

赞美比拍马屁难,它要先经过思索,不但要有诚意,而且要适合选定的既定目标。

"王总,您这房子真漂亮。"这句话听起来像拍马屁。"王总,您这房子的大厅设计得真别致。"这句话就是赞美了。

下面是两个赞美顾客的开场白实例:

"林经理,我听华美服装厂的张总说,跟您做生意最痛快不过了。他夸赞您是一位热心、爽快的人。"

"恭喜您啊，李总，我刚在报纸上看到消息，祝贺您当选十大杰出企业家！"

3. 利用好奇心

现代心理学表明，好奇是人类行为的基本动机之一。美国杰克逊州立大学的刘安彦教授说："探索与好奇，似乎是一般人的天性。神秘奥妙的事物，往往是大家所熟悉关心和注目的对象。"那些顾客不熟悉、不了解、不知道或与众不同的东西，往往会引起他们的注意，推销人员可以利用人人皆有的好奇心来引起顾客的注意。

一位推销人员对顾客说："老李，您知道世界上最懒的东西是什么吗？"顾客感到迷惑，但也很好奇。

这位推销人员继续说，"就是您藏起来不用的钱。它们本来可以购买我们的空调，让您度过一个凉爽的夏天。"

某地毯推销员对顾客说："每天只花1毛6分钱就可以使您的卧室铺上地毯。"顾客对此感到惊奇。

地毯推销员接着讲道："您卧室 $12m^2$，我厂地毯价格每平方米为24.8元，这样需297.6元。我厂地毯可铺用5年，每年365天，这样平均每天的花费只有1毛6分钱。"

地毯推销员通过制造神秘气氛，引起对方的好奇，然后在解答疑问时，很有技巧地把产品介绍给顾客。

4. 提及有影响的第三者

告诉顾客，是第三者（顾客的亲友）要你来找他的。这是一种迂回战术，因为每个人都有"不看僧面看佛面"的心理，所以，大多数人对亲友介绍来的推销人员都很客气。例如：

"何先生，您的好友张安平先生要我来找您，他认为您可能对我们的印刷机械感兴趣，因为这些产品为他的公司带来了很多好处与方便。"

打着别人的旗号来推介自己的方法虽然很管用，但要注意，一定要确有其人其事，绝不可自己杜撰，要不然，顾客一旦查对起来，后果将得不偿失。

为了取信顾客，若能出示引荐人的名片或介绍信，效果更佳。

5. 举著名的公司或人为例

人们的购买行为常常受到其他人的影响，推销人员若能把握顾客的这层心理，好好利用，常常会收到很好的效果。

"李厂长，××公司的张总采纳了我们的建议后，公司的营业状况大有起色。"

举著名的公司或人为例，可以壮大自己的声势，特别是如果你举的例子正好是顾客所景仰的人或与顾客的公司性质相同的公司时，效果就会更显著。

6. 提出问题

推销人员直接向顾客提出问题，利用所提的问题来引起顾客的注意和兴趣。例如：

"张厂长，您认为影响贵厂产品质量的主要因素是什么？"产品质量自然是厂长最关心的问题之一，推销人员这么一问，无疑将引导对方逐步进入面谈阶段。

在运用这一技巧时应注意，推销人员所提问题应是对方最关心的问题，提问必须明确具体，不可言语不清楚、模棱两可，否则，很难引起顾客的注意。

7. 向顾客提供信息

推销人员向顾客提供一些对顾客有帮助的信息，如市场行情、新技术、新产品知识等，会引起顾客的注意。这就要求推销人员能站到顾客的立场上，为顾客着想，尽量阅读报刊，掌握市场动态，充实自己的知识，把自己训练成为这一行业的专家。顾客或许对推销人员应付了事，可是对专家则是非常尊重的。例如，对顾客说："我在某某刊物上看到一项新的技术发明，觉得对贵厂很有用。"

推销人员为顾客提供了信息，关心了顾客的利益，也获得了顾客的尊敬与好感。

8. 表演展示

推销人员利用各种戏剧性的动作来展示产品的特点，最能引起顾客的注意。

一位消防用品推销员见到顾客后，并不急于开口说话，而是从提包里拿出一件防火衣，将其装入一个大纸袋，旋即用火点燃纸袋，等纸袋烧完后，里面的衣服仍完好无损。这一戏剧性的表演使顾客产生了极大的兴趣。卖高级领带的推销员，光说"这是××牌高级领带"，这没什么效果。但是，如果把领带揉成一团，再轻易地拉平，说"这是××牌高级领带"，就能给人留下深刻的印象。

9. 利用产品

推销人员利用所推销的产品来引起顾客的注意和兴趣。这种方法的最大特点就是让产品做自我介绍，用产品来吸引顾客。

河南省一乡镇企业厂长把该厂生产的设计新颖、做工考究的皮鞋放到郑州华联商厦经理办公桌上时，经理不禁眼睛一亮，问："哪儿产的？多少钱一双？"广州表壳厂的推销员到上海手表三厂去推销，他们准备了一个产品箱，里面放上制作精美、琳琅满目的新产品，进门后不说太多的话，把箱子打开，一下子就吸引住了顾客。

10. 向顾客求教

推销人员可以利用向顾客请教问题的方法来引起顾客注意。

有些人好为人师，喜欢指导、教育别人，或显示自己。推销人员可以有意找一些不懂的问题，或装作不懂地向顾客请教。一般顾客是不会拒绝虚心讨教的推销人员的。例如："王总，在计算机方面您可是专家。这是我公司研制的新型计算机，请您指导，在设计方面还存在什么问题？"受到这番抬举，对方就会接过计算机资料信手翻翻，一旦被计算机先进的技术性能所吸引，推销便大功告成。

11. 强调与众不同

推销人员要力图创造新的推销方法与推销风格，用新奇的方法来引起顾客的注意。日本一位人寿保险推销员在名片上印着"76600"的数字，顾客感到奇怪，就问："这个数字是什么意思？"推销员反问道："您一生中吃多少顿饭？"几乎没有一个顾客能答得出来。推销员接着说："76600顿吗？假定退休年龄为55岁，按照日本人的平均寿命计算，您还剩下19年的饭，即20805顿……"这位推销员用一张新奇的名片吸引住了顾客的注意力。

12. 利用赠品

很多人都有贪小便宜的心理，赠品就是利用这种心理进行推销的。很少人会拒绝免费的东西，用赠品作为敲门砖，既新鲜，又实用。

（资料来源：世界营销评论．业务员网．http：//www.yewuyuan.com.）

阅读思考：

开场白的重要性体现在哪里？结合上面资料，谈谈推销人员应如何设计开场白。

第七章

推 销 洽 谈

【学习目标】
- 推销洽谈的概念、目标与内容
- 推销洽谈的原则与程序
- 推销洽谈的策略与技巧

【基本概念】

推销洽谈、先发制人策略、避实就虚策略、调和折中策略、软硬兼施策略、欲擒故纵策略、兵不厌诈策略、限制性提问、引导性提问、探测性提问、协商性提问

【引导案例】

M牌冰箱推销员小舒在S县开发销售网点，相中了南城家电商场，可是该商场老板邱总是一位心高气傲的客户，根本看不上该品牌。数次拜访都遭到冷遇，小舒还是心有不甘，通过这家商场的一位员工了解到，邱总的最大爱好是汽车，对收藏车模情有独钟。

这天，小舒带着上海朋友快递过来的三款最新款式的赛车模型，走进了邱总办公室，说："邱总，听说您是爱车一族。我托朋友带来三款最新的赛车模型，不知您喜欢不喜欢？"邱总接过车模，如获稀世珍宝，连声说好。结果，两人仿佛相见恨晚，大谈关于各类轿车的优劣和各种赛车的故事。没出10天，邱总就在商场里腾出一块位置给小舒，而且作为主推品牌进行操作。

邱总由原来的看不上该品牌到后来的把该品牌作为主推品牌，其原因就是推销员小舒投其所好。与顾客有着共同的爱好、共同的语言，推销就容易成功。

按照现代推销活动的程序，推销人员成功地接近顾客之后，就转入推销洽谈阶段。进行推销洽谈是推销人员最重要的工作之一，能否说服顾客实现交易，成败往往在此一举。

第一节　推销洽谈概述

一、推销洽谈的概念

推销洽谈也称交易谈判，是指推销人员运用各种方式、方法和手段，向顾客传递推销信息，并设法说服顾客购买产品或服务的协商过程。在通信技术不发达的时代，推销人员主要依靠一双"铁腿"和一张"巧嘴"，行万里路，登万户门，说万次话，讨万回价，当面商议，各

得其所。因此，该时期所称的推销洽谈基本上属于当面洽谈。在现代推销环境里，新的推销方法、推销技术和推销手段不断涌现，使得推销洽谈的方式和方法也在不断变化。现代推销洽谈可以利用人类所能利用的一切信息沟通工具，除面对面的直接洽谈外，还有电话、书信、电报、电子邮件等推销洽谈方式。因此，作为现代推销学中的一个科学概念，推销洽谈具有特定的含义，是一个既丰富又复杂的活动。推销洽谈具有以下特点：

1. 利益的合作性与冲突性并存

推销洽谈是建立在双方的利益既有共同点又有分歧点的基础之上的。合作性表明双方利益共同的一面；冲突性表明双方利益分歧的一面。

2. 洽谈的原则性与可调整性并存

原则性是指洽谈双方在洽谈中最后退让的底线。可调整性是指洽谈双方在坚持彼此基本原则的基础上，在某些问题上可以向对方做出一定的让步和妥协。

二、推销洽谈的目标

推销洽谈的目标既取决于顾客购买活动的一般心理过程，又取决于推销活动的发展过程。现代推销洽谈的目标在于向顾客传递推销信息，诱发顾客的购买动机，激发顾客的购买欲望，说服顾客并达成交易。

推销洽谈的目标主要有以下几点：

1. 传递信息，介绍情况

为了说服顾客达成交易，必须向顾客全面介绍推销品的情况以及生产企业的情况，包括品牌、商标、功能、质量、价格、服务、销售量、市场地位以及生产企业的其他情况。顾客只有在对相关信息充分了解的情况下，才能做出购买决策。在洽谈之初，推销人员要将自己所掌握的有关信息迅速传递给顾客，以帮助顾客尽快认识和了解推销品的特性及其所能给顾客带来的利益，增强顾客对推销品以及生产企业的好感，诱发顾客的购买兴趣，为顾客进行购买决策提供信息依据。同时，推销人员在向顾客传递信息时，必须客观、恰当、实事求是。

2. 把握需求，展示商品

从营销学的角度讲，只要能够发现人们的购买需求和动机，就可以预测和引导人们的购买行为。购买行为是受购买动机支配的，而购买动机又源于人的基本需要。为此，推销人员在洽谈之初就必须找到顾客当时的心理需要，并投其所好地开展推销洽谈。同时，在推销洽谈中，针对顾客的需求展示推销品的功能，满足顾客的需求。只有当顾客真正认识到推销品的功能和利益，感受到其所带来的满足感时，才能产生购买动机。一种推销品往往有多种功能和利益，但不同的顾客对该产品有不同的需求。例如，手机是一种通信工具，但不同的顾客，由于性格、职业、经济状况、年龄、性别等方面的不同，决定了他们对手机的需求不同。推销人员要善于发现顾客的需求，并紧紧围绕着这个需求来展示推销品的功能和利益。否则，即使推销人员向顾客传递的信息面面俱到，而对顾客想要了解的功能却一带而过，也不能起到诱发顾客的购买动机、刺激顾客的购买需求的作用。因此，只有针对顾客的需求传递推销品的信息，展示推销品为顾客带来的利益，才能真正地激发顾客的购买欲望，最终达成交易。

3. 交流沟通，处理异议

在推销洽谈中，顾客接收到推销人员传递的有关推销品的信息后，经过分析会提出一系列的看法和意见，这就是人们常说的顾客异议。如果顾客异议处理不好或不排除，就很难说服顾客达成交易。所以，处理顾客异议是推销洽谈的关键任务。产生顾客异议的根源有两方面：一是推销人员所发出的信息本身不全面，顾客因信息不全面而提出异议；二是顾客对推销品知识的不了解或欠缺。因此，优秀的推销人员必须掌握尽可能多的与推销品相关的知识。例如，计算机推销人员必须是一位熟悉基本计算机制造技术和使用技术的技术人员，化妆品推销人员最好是一位业余化妆师。只有这样，推销人员才能圆满地解答顾客提出的各种问题，妥善处理顾客异议，帮助顾客加深对推销品的认识，取得顾客的信任，从而顺利达成交易。

4. 激发需求，达成交易

推销人员寻找、接近并说服顾客的最终目的是让顾客购买推销品。顾客购买活动的心理过程，历经认识阶段之后，还要经过情绪变化和意志决定这两个发展阶段。在认识明确、动机诱发之后，顾客会产生相应的情绪反应和意志行为，甚至会产生错综复杂的心理冲突。经过一番激烈的思想斗争之后，顾客就会做出购买或不购买的决策。在洽谈过程中，推销人员必须准确把握顾客做出购买决策前的心理冲突，利用各种理智的和情感的手段去刺激顾客的购买欲望，引导顾客做出购买决策，促成交易。所以，推销人员可以采用各种方式说服顾客，强调顾客购买推销品所能得到的利益，满足顾客的特殊要求，给予顾客一些优惠，提供优质的服务，强化顾客的购买欲望，为顾客最终做出购买决策而努力。

总之，推销洽谈的目标在于沟通推销信息，诱发顾客的购买动机，刺激顾客的购买欲望，促使顾客采取购买行为，最终目的在于达成交易，成功推销产品。

三、推销洽谈的内容

推销洽谈的内容涉及面广、内容丰富。不同商品的推销有不同的洽谈内容，但基本内容是大致相同的，主要有以下几个方面：

1. 商品品质

商品品质是商品内在质量和外观形态的综合，是顾客购买商品的主要依据之一，也是影响价格的主要因素。所以，商品品质是推销洽谈的主要内容之一，推销人员必须全面向顾客介绍推销品的质量、功能和外观特点，让顾客对推销品有一个全面了解，也可以把商品获得的品质标准（如 ISO 9001、ISO 9002、ISO 14000 等）介绍给顾客。

2. 商品数量

商品数量是指按照一定的度量衡来表示商品的质量、个数、长度、面积、容积等的量。成交商品数量的多少直接关系到交易规模的大小以及交易价格的高低。在推销洽谈中，买卖双方应协商采用一致的计量单位、计量方法。通常情况下是将数量与价格进行挂钩的，成交量大时，通常商品的价格都会有一些优惠。

3. 商品价格

商品价格的高低直接影响交易双方的经济利益，所以价格是推销洽谈中最重要的内容，也是洽谈中极为敏感的问题。买卖双方能否成交，关键在于价格是否适宜。在洽谈中，买卖双方要考虑与价格相关的成本、付款条件、通货膨胀状况、彼此信任与合作程度等有关因素，最终商定一个双方都满意的价格。

在商品交易中，货款的支付也是一个关系到双方利益的重要内容。在洽谈中，双方应确定货款结算方式及结算使用的货币、结算的时间等具体事项。

4. 销售服务

销售服务是顾客极为关心的内容之一。洽谈中所涉及的服务项目主要有：保证按时交货方面的服务；送货方式、地点等方面的服务；售后维修、养护、保管等方面的服务；技术指导、操作使用、消费需求等方面的服务；零配件、工具、供应等方面的服务。

在洽谈过程中，推销人员和企业应尽量满足顾客的正当要求，以消除顾客的后顾之忧。

5. 保证条款

保证条款的主要内容是担保。在商品交易活动中，卖方对售出的商品要承担某种义务以保证买方的利益，这种卖方的义务和责任称为担保。对于日期较长、数量、金额较大、风险较高的商品交易，权利方都可要求义务方提供担保。为限制卖方售货后不执行担保的行为，有必要洽谈保证条款。

为了预防意外情况和随机因素对合同执行的影响，应就合同的取消条件以及履约、违约等有关权利、义务进行洽谈，并对合同纠纷中引起的诉讼及处理办法进行协商，以免引起不必要的麻烦。

第二节 推销洽谈的原则与程序

一、推销洽谈的原则

为了顺利达到推销洽谈的目的，推销人员可以灵活采用各种方法和技巧与顾客进行洽谈，但无论采用哪一种方法或技巧，都应该遵循以下基本原则：

（一）针对性原则

针对性原则是指推销员要针对推销对象和推销品的特点来开展洽谈。

（1）针对推销对象开展洽谈。推销洽谈应该从顾客的购买动机出发，加以引导。顾客的购买动机是多种多样的，如求实、求廉、求新、求美、好奇、求安全、仿效、好胜、求异、嗜好等，推销人员应该以此为基础，组织洽谈内容。如果顾客求名，推销人员就应推销"名"；如果顾客求利，推销人员就应推销"利"；如果顾客求美，推销人员就应推销"美"；如果顾客求异，推销人员就应推销"异"。推销人员必须针对顾客的个性需求特征开展洽谈。同时，针对不同顾客所具有的不同个性和心理特征，如内向、外向、随和、顽固、自卑、自傲、慎重、草率、冷淡、热情等，采取不同的洽谈策略。

（2）针对推销品的特点开展洽谈。推销人员必须根据推销品的特点设计洽谈方案，突出推销品的特色，推销与众不同的产品与概念；学会运用产品、包装、信息、质量、广告、价格、服务等产品整体概念的竞争方式，通过推销产品差别化策略，增强产品的竞争能力，使自己处于有利的推销地位。

（二）鼓动性原则

鼓动性原则是指推销人员在洽谈中用自己的热情、信心、知识、语言等去感染顾客，鼓动顾客采取购买行动。推销洽谈既是说服的艺术，又是鼓励的艺术，洽谈成功与否，关键在于推销人员能否有效地说服和鼓动顾客。

（1）推销人员要用自己的信心和热情去鼓舞和感染顾客。推销人员要对企业和推销品充满信心，相信自己企业的产品，相信自己的推销工作能满足顾客的需要。同时，对推销工作充满热情，热爱自己的事业。只有这样，推销人员才能把这种热情传递给顾客，感染顾客并激发其购买信心。

（2）推销人员要以自己丰富的产品知识去说服顾客。推销洽谈必须以丰富的产品知识为基础，推销人员在推销洽谈中要表现出专家风范，做到有问必答，用广博的知识去说服和鼓动顾客。

（3）推销人员要以情感性的语言和气氛去鼓动顾客。在推销洽谈中，推销人员要善于使用鼓动性的情感语言进行洽谈，善于运用各种推销工具营造热烈的、鼓动性的推销气氛，因为非理性的感情因素在购买活动中往往起着非常重要的作用，具有更强的感染力和鼓动性，更容易打动顾客的心。

（三）参与性原则

参与性原则是指推销人员设法引导顾客积极参与推销洽谈，促进信息的双向沟通，增强洽谈的说服力。现代推销洽谈的方式应该是会议式的洽谈方式和讨论式的洽谈方式。推销人员既是顾客的老师，又是顾客的学生；既是顾客的顾问，又是顾客的朋友。顾客参与洽谈的程度直接影响着顾客接受、处理、反馈信息和制定购买决策的水平。为此，推销人员应尽力做到：

（1）推销人员要与顾客同化，消除顾客的戒备心理。要寻找与顾客相同或相似的因素，如相同的爱好、共同的兴趣。在洽谈时，要关心顾客的问题，赞同顾客的见解，同情顾客的困难，想顾客之所想，急顾客之所急，忧顾客之所忧，使顾客产生认同感。这样才能与顾客打成一片，营造一种良好的推销气氛，瓦解顾客的心理防线，提高洽谈的效率。

（2）推销人员要设法引导顾客积极参与洽谈过程。在洽谈中要引导顾客提出对产品的问题和见解，与顾客展开讨论，推销自己的思想，影响顾客的消费观念，同时认真听取顾客的"高见"，使顾客产生一种满足感，从而充分调动顾客的积极性和主动性，创造有利的洽谈氛围，提高推销洽谈的成功率。

【案例7-1】

一个成功的经营者，能运用技巧让顾客产生参与感，形成一种强大的影响力，让顾客最终接受自己的建议。

史密斯先生在美国亚特兰大经营一家汽车修理厂，同时他还是一位十分有名的二手车推销员，在亚特兰大奥运会期间，他总是亲自驾车去拜访想临时购买廉价二手车的顾客。

他总是这样说："这部车我已经维修好了，您试试性能如何？如果还有不满意的地方，我会为您修好。"然后请顾客开几公里，再问道："怎么样？有什么地方不对劲吗？"

"我想方向盘可能有些松动。"

"您真高明。我也注意到这个问题，还有没有其他意见？"

"发动机很不错，离合器没有问题。"

"真了不起，看来您的确是行家。"

这时，顾客便会问他："史密斯先生，这部车要卖多少钱？"

他总是微笑着回答："您已经试过了，一定清楚它值多少钱。"

若这时生意还没有谈妥，他会怂恿顾客一边开车一边继续商量。如此做法，使他的笔笔生意几乎都顺利成交。

其实，这种提高成功率的经营术并不仅限于推销汽车，其他方面也同样适用：假如你经营美容用品，可以提供一部分试用品请顾客免费试用；推销食品则可以先让顾客品尝；经营药品不妨把试验统计结果对顾客公开。这种经营方式最有力之处就是把顾客变成主人，使顾客产生一种参与感，引起他的购买欲望。

（四）辩证性原则

辩证性原则是指推销人员必须运用唯物辩证法来指导推销洽谈。推销人员应该坚持辩证地看待顾客，辩证地看待推销品。

（1）辩证地看待顾客。要全面地、发展地、联系地看待顾客，而不是片面地、静止地、孤立地看待顾客。推销人员应该看到顾客的个体差异，如不同的心理特征、不同的购买动机、不同的支付能力、不同的购买模式等，并且要辩证地看待这些差异性，对顾客不抱成见。辩证地看待顾客，有利于消除成见，加深相互了解，创造融洽的洽谈氛围。

（2）辩证地看待推销品。推销人员既要辩证地介绍推销品，又要引导顾客用辩证的眼光来看待推销品。任何推销品既不可能是绝对完美的，也不可能是毫无用处的。推销人员应该全面地介绍推销品的特性，突出其优点，指出存在的不足之处，运用唯物辩证法回答顾客提出的问题。例如，当顾客提出推销品的价格偏高时，推销人员应承认推销品的价格比同类产品略高一些，同时强调推销品的质量也比同类产品高出一筹，正所谓"一分钱一分货"。这样的辩证解答，可以排除顾客因推销品价格高而提出的异议。

（五）诚实性原则

诚实性原则是指推销人员在洽谈中要遵循讲真话、卖真货、出实证的原则，对顾客抱着负责的态度，诚实地进行洽谈，不玩骗术。诚实是现代推销人员起码的行为准则。唯有诚实，才能取信于顾客，才能赢得顾客。在推销洽谈中，推销人员要做到：

（1）讲真话。真实地向顾客传递推销信息，如推销品的特性、质量标准、原材料、使用寿命、销售价格、服务项目等，以便顾客在正确分析判断的基础上做出购买决策。

（2）卖真货。卖真货才能取得顾客的信任，树立推销的信誉。信誉是推销的法宝，以假充真、以劣充优，只会害人又害己。例如，有的公司挂出"无假冒伪劣商品"的招牌，注明"假一赔十"等承诺，以此树立企业的信誉。

（3）出实证。真话、真货要靠实证来证明，只有出示真凭实据，才能打消顾客对推销人员、推销品和推销信息的种种疑虑，坚定购买的决心。因此，在实际推销活动中，推销人员必须适时地向顾客出示真实可靠的推销证明，如身份证明、企业营业执照、产品鉴定证明、产品检验证明、获奖证明等，以增强推销洽谈的说服力。

【案例7-2】

一个房地产经纪商正在和顾客讨论一栋房子的买卖问题。他们一起去看房子，房地产经纪商对顾客说："现在，当着您的面，我想告诉您，这栋房子有下列几个问题：①取暖设备要彻底检修；②车库需要粉刷；③房子后面的花园要整理。"顾客很感激房地产商把问题指出来。尔后他们又继续讨论房子交易的其他一些问题。

问题：

你认为房地产经纪商的做法对吗？自愿通报这栋房子的缺点和问题对他有好处吗？

【案例7-3】

肯尼思·纽博尔德是一个机器设备推销员。他在回答顾客的问题时，总是不假思索地说："从来没有人提出过这样的问题，我不知道应该怎样回答这个问题。不过，我们的专家罗伯特

·米勒工程师肯定知道，这些机器是他从意大利买来的。我去问问他，明天写信告诉您。"说完以后，他们继续进行业务洽谈。事后，肯尼思·纽博尔德请教了罗伯特·米勒。罗伯特·米勒一一回答了他的问题，然后说："这个问题你可以不用问我，你自己完全能够回答。顾客一旦发现我们的推销代表连这种问题都回答不上来，那会给他们留下多么不好的印象呀！""我当然知道怎样回答。"肯尼思·纽博尔德表示同意，"不过，在没有与有关人士商量以前，我不想当即回答顾客提出的问题。""我不明白你为什么这样做。"罗伯特·米勒迷惑不解地说。

问题：

你知道肯尼思·纽博尔德为什么要采取这样的策略吗？

（六）灵活性原则

灵活性原则是指推销人员应根据不同的具体情况做出具体分析，随机应变。推销洽谈并没有固定不变的模式，坚持灵活性原则，要求推销人员能根据不同情况，采用不同的方式、方法开展洽谈。一个成熟的推销人员在洽谈之前总会尽可能地预测洽谈中可能出现的情况，因为顾客也在随时调整自己的洽谈计划、方针和态度，推销人员只有以变应变，灵活处理各种情况，才能达到预期的推销目标。

推销人员既要在洽谈中坚持各项基本原则，又要明确这些基本原则是相互联系、相互渗透、相互影响、相互转化的。要明确这些基本原则只是方法论原则，而不是具体的洽谈方法。推销人员应该将这些基本原则运用到推销洽谈的方法中，指导具体的推销洽谈工作。

二、推销洽谈的程序

一场完整的推销洽谈，大致可分为准备、开局、报价、磋商、成交和检查确认六个阶段。每个阶段都有不同的基本要求和工作重点。正式推销洽谈必须按照一定的步骤进行，以加强洽谈的计划性，将洽谈的各个阶段或各个环节有机地统一起来，增强洽谈的整体效果。

（一）准备

推销洽谈是一项较为复杂的推销业务工作，它受诸多因素的影响，特别是对大中型的推销洽谈来说，局面更加错综复杂。因此，推销洽谈人员必须进行充分的准备，才有可能有效地实现推销的预期目的。推销洽谈之前应做好以下准备工作：

(1) 信息资料的准备。推销洽谈之前，必须将在洽谈当中需要用到的各种资料准备好。一般来说，洽谈当中需要用到的资料有产品说明书、报价单、配件一览表、有关的图片、证明材料、营业执照、专利证明、合约文本、售货发票等。要将这些资料分门别类整理好，在需要的时候能够迅速取出。

(2) 工具的准备。在推销洽谈中，除了双方口头交换意见和运用书面资料加以说明外，越来越多的推销洽谈人员开始运用一些辅助工具，使洽谈更具有直观和形象效果。例如，幻灯片、录像、录音、挂图、投影、计算机多媒体演示和推销品的现场展示等。

(3) 心理的准备。洽谈的心理准备主要是指洽谈人员要在思想上高度重视，对洽谈过程中可能会出现的一些预想不到的情况，除做好应对的措施外，更要处变不惊、沉着冷静，不可慌乱。

(4) 洽谈场所和人员的准备。推销洽谈如果是在卖方的公司、展览会、订货会等地进行，卖方就要对洽谈场所进行准备。洽谈场所的准备包括房间、家具、文具、需要使用的相关设备等。对洽谈人员的组成也应提前安排与通知，既要分工明确，又能紧密配合。

（二）开局

开局是指谈判双方走到一起并提出各自的基本要求、立场的阶段。在这一阶段，谈判各方要处理好以下两个方面的问题：

（1）营造融洽的谈判气氛。谈判一开始形成的谈判气氛，如洽谈双方是对立的还是友好的，是坦诚的还是猜忌的等，将会在很大程度上影响到谈判的结果。因此，在谈判的初始阶段，谈判双方最好不要直奔主题。最好以一些非业务性的、轻松的话题开头，竭力营造一种轻松、友好、愉快与和谐的谈判气氛。这将对推销洽谈起积极的促进作用，是谈判得以顺利进行的润滑剂。

（2）明确谈判议题，试探对方谈判底线。当谈判双方在一种轻松友好的气氛中就有关的谈判事项达成共识之后，双方正式进入谈判的议题。在这一阶段，谈判双方要进行开场陈述，各方要将自己的立场、要求做一个全面的叙述，同时听取对方的陈述。推销人员通过初步接触来判断顾客的真正目标，以及可能的让步程度。推销人员应聚精会神地倾听顾客的陈述，观察顾客的举止，想办法让顾客敞开胸怀、畅所欲言，而自己则应谨言慎行、少说为宜。

（三）报价

报价是推销洽谈双方分别提出协议的具体交易条件，它涉及谈判双方的基本利益。报价是敏感的问题，也是洽谈最关键的环节。谈判一方在向另一方报价时，首先应该弄清楚报价时机与报价原则。一般而言，应在对方对推销品的使用价值有所了解后才报价；对方询问价格时是报价的最好时机；报价时既要尽可能最大限度地实现己方利益，也要有被对方接受的可能性。在报价时要做到表达清楚、明确，态度坚定、果断，不要试图对报价加以解释和说明。

【案例 7-4】

某公司张老板想雇用职业经理人陈凯到他公司担任销售部经理。陈凯提出 12 万元的年薪要求，而张老板只愿支付 10 万元左右。张老板没有如此说："就 10 万元，能接受就接受，接受不了就算了。"因为这样说很可能使协商破裂。

张老板说："作为经验丰富的销售经理，你的要求不算高，但在这个级别的薪酬等级中，公司确定的年薪是 8 万~10 万元，我不能破坏制度。你看你想要多少？"

陈凯："我想要 10 万元。"

张老板略加思索："9 万元吧，你看如何？"

陈凯："不，我要 10 万元。"

张老板叹了口气，无奈地说："好吧，谁让我求贤若渴呢！10 万元就 10 万元吧。"

明明是张老板的意见，最后竟成了陈凯的意见和争取的目标。由此不难看出，在这一谈判过程中，真正的赢家是张老板。

（四）磋商

磋商也称"讨价还价"，是指谈判双方为了各自的利益、立场，寻求双方利益的共同点，并对各种具体交易条件进行磋商和商讨，以逐步减少彼此分歧的过程。在报价之后，就进入了艰难的磋商阶段。在这一阶段，双方都会极力阐述自己的立场、利益的合理性，施展各自的策略和手段，试图说服对方接受自己的主张或做出一定程度的让步。磋商阶段是双方利益矛盾的交锋阶段,也是推销洽谈过程中的一个关键步骤。在这一步骤中,谈判双方之间存在分歧或彼此处于对立状态是不可避免的,它是影响双方顺利达成交易的障碍。因此,双方要积极采取各种有效的策略与方法,谋求分歧的解决方法。积极的、充分的、恰到好处的妥协与让步是解决彼此分歧、达成协议的一种基本策略和手段。在没有真正把握对方意图和想法的时候,不可轻易做出妥协、让步。让步应坚持"要价要高,还价要低"的原则,留出进一步讨价还价的余地,争取在讨价还价中处于有利的地位;不做无利益的让步;不做同等幅度的让步;不要过早地让步;每次让步幅度不宜太大。

达成最后妥协之前,发生冲突的危险性也悄然增大。为了避免前功尽弃,推销人员应加强自我控制,保持清醒、冷静的头脑。如果在重大的、主要的问题上已经达成了妥协,必要时做一点最后的、无碍大局的让步也是可以的。如果顾客仍然坚持一些不切实际的要求,致使洽谈不能成交,推销人员千万不能和顾客发生不愉快的争吵。要坚持"买卖不成仁义在"的理念,和顾客建立良好的公共关系,为今后的推销洽谈留下余地。许多重大的推销洽谈,往往要经过多次,甚至几十次地反复洽谈,才能最终达成交易。

【案例 7-5】

推销人员是怎样与客户进行价格磋商的?

"你给我再便宜一点,我能在市场上买到更便宜的,如果不给我降价,我只能重新做选择了。"客户往往会将这句话作为博弈的撒手锏。面对这招,很多推销人员往往会屈服——为了市场,能接受就接受吧。正因为如此,很多时候企业只能是微利经营。

客户的这招撒手锏真的就没办法接住吗?不尽然。如何接招,我们看看偶联剂产品推销员赵峰是怎么做的。

赵峰有个客户是做密封胶的,对用在其上面的偶联剂的质量要求其实并不高,国内很多厂家都能提供符合其产品要求的偶联剂型号。在选择供应商的时候,这家客户是占据了很大的优势的,而客户最关心的,就是如何找到最便宜的供应商。

客户向很多做偶联剂的供应商询过价,当然也包括赵峰所在的公司。赵峰公司的产品价格在此类产品的供应商中算是中等水平。客户要购买的是 KH-550,准备先买 300kg。

下面是推销员赵峰和密封胶生产企业王总有关偶联剂价格方面的磋商:

"你们是生产厂家,应该比其他家在价格上有优势啊,怎么会比一些经销商的价格还要高呢?"

"王总,我也认为现在偶联剂市场上的价格相差很大。对于经销商,我的建议是,虽然您对偶联剂的质量要求不高,但也要保证产品的稳定性。经销商拿货的厂家不固定,哪家便宜拿哪家,产品的稳定性肯定不如厂家。您也希望您购买的产品有一个很好的稳定性吧?"

"那也不会比他们高啊,哪有经销商的价格比厂家的价格做得低的?"

"王总,您说的这个问题确实是存在的。我给您算笔账:我们给您供货,还要对您进行技术指导,保证您使用的时候能达到最理想的效果;另外,还得投入一定的资金对产品质量和稳定性的提高进行研究,这样才能不断提高我们产品的质量,也间接地提高您的产品质量。经销商可不会专门花钱做这方面的研究,您说是吧?"

"你跟其他厂家比起来,价格也不便宜哦!其他厂家也是能提供这些的。你就给我个最低价,能接受的话,我就从你这边拿货了。"

"其实王总您可以想一下,同样的一个产品,可以用和用得非常好是不同的。如果您的客户用您的密封胶,要求也不是很高,我也是建议您找再便宜一点的偶联剂;如果说客户对您的产品质量要求高一些,那还是考虑一下我们家的产品。毕竟这个型号我们也在给信越做贴牌,这个我也跟您提过的。当然,我们投入的研发以及对产品质量的把控,都比其他厂家要多一些。"

"我也知道信越,他们产品的质量确实很好。你要是再便宜些,我们就签合同,如果不能再便宜了,那只能先这样了。"

"我也知道王总肯定要考虑成本的,当然我们的成本比其他厂家可能也要高一点。这样好不好,每千克我再给您降2块钱,您那边成本节约一些,我们这边也就走个量,您也帮帮忙啦,我们的产品质量也在这。以后您用量大了,我再帮您向公司申请更低的价格。"

"那先给我做份合同吧,以后拿货的时候给我优惠点,这次先看看大生产怎么样。"

这个客户的第一次拿货选择了赵峰所在的公司,其实最后的价格也不是很低,还是有一部分利润的。此案例给我们的启示:

(1)客户要求低价是正常的。客户谈价格,我们就谈其他方面,尽量不要在价格上和客户进行"拉锯战"。

(2)先"yes",后"but"。也就是先肯定客户说的话,然后陈列自己的理由,让客户能了解推销人员要高价的原因,让客户跟着推销人员的思维走。

(3)适当地给客户一些优惠。在保证利润的前提下,适当给客户降点价,自己利润少一点,客户成本低一点,交易也就顺利一点了。

推销人员在与客户的博弈中,如果让客户跟着自己的思维去想问题,往往会朝着对自己有利的方向去发展,即便最后做出一些让步,也不至于让自己太过被动,仅仅为了保证市场而只剩下"微利"。

(资料来源:百度百科,价格谈判经典案例分享,有删改。)

(五)成交

当谈判双方进行实质性的磋商后,经过彼此的妥协让步,重大分歧已基本消除,意见逐步统一,趋势逐渐明朗,最终双方就有关的交易条款达成共识,于是推销洽谈便进入了成交阶段。在这一阶段,当谈判双方都产生成交的愿望,而又都不愿意直接说出来的时候,推销人员应把握时机,用言语或行为向对方发出成交的信号。当买方明确表示成交意愿时,推销人员应对最后成交的有关问题进行归纳和总结,双方最好根据已经讨论过的内容起草一个协定备忘录。备忘录并不视为合同或协议,它只是双方当事人暂时商定的一个意向,是以后达成正式协议的基础。协定备忘录代表双方的承诺,整个谈判过程基本结束,下一步工作就是签订合同或协议。

签约是洽谈人员以双方达成的原则性协议为基础,对洽谈的内容加以归纳、总结、整理,并用准确、规范的文字进行表述,最后由洽谈双方代表正式签字生效的过程。正式协议的条款要求具体、明确、规范、严密;价格、数量、质量要求等要准确;支付方式、交货期限、售后服务及履约责任要明确;标的名称要标准化、规范化。当谈判协议审核通过之后,谈判双方都要履行正式的签约手续。因为双方在洽谈中获得的利益只有通过书面形式予以肯定之后,才能受到法律、法规的保护。

(六) 检查确认

推销洽谈的检查确认阶段是推销洽谈的最后阶段。在这一阶段，主要应做好以下工作：

(1) 检查成交协议文本。应该对文本进行一次详细的检查，对关键的词句和数据的检查尤其要仔细认真。一般应该采用统一的、经过公司法律顾问审定的标准式文本，如合同书、订货单等；对大宗或成套项目交易，其最终文本一定要经过公司法律顾问的审核。

(2) 签字认可。经过检查审核之后，由洽谈负责人进行签字认可。

(3) 点收货款与检查移交产品。对小额直接交易，在检查确认阶段，主要应做好货款的点收与产品的检查移交工作。

(4) 致谢。最后，无论是哪一种洽谈结果，均应诚恳地感谢对方，礼貌道别。

第三节 推销洽谈的策略与技巧

一、推销洽谈的策略

俗话说"商场如战场"，推销洽谈是一个合作性和冲突性并存的复杂过程，在洽谈过程中，推销人员不仅要掌握一些常规的洽谈方法，还应当讲究一些洽谈策略。常用的推销洽谈策略一般有以下几种：

(一) 先发制人策略

先发制人策略是指在洽谈中由己方先提出有关交易条件和合同文本草案的策略。例如，预先提出产品规格、产品价格、供应地点、付款方式等洽谈框架，在这种情况下，对方很难另起炉灶，而只能在己方已提出的这一方案基础上提出自己的意见。采用这种策略要知己知彼，熟悉行情及双方力量对比，且提出的条件要适度。除了可以这样防止客户讨价还价之外，还可以参考下面两种先发制人的方法：

(1) 向客户说明影响价格制定的因素，如原料配方独特、加工工艺先进、广告促销有力等，表明"高价"的原因，让客户感到物超所值。

(2) 表明运作这一产品，自己同样没有赚钱，完全是看在与客户多年的老朋友关系上才接下这笔业务，希望客户也能给予理解；并向客户表明本次合作无法让价了，但在以后其他产品的合作上一定给予更大的优惠。

当然，实施这种"先发制人"的办法必须有一个前提，那就是产品本身质量过硬，销势很好，不会因为价格高低而直接影响到顾客的最终购买决定；否则，就会拒客户于千里之外，适得其反。

(二) 避实就虚策略

避实就虚策略是指己方为达到某种目的和需要，有意识地将洽谈的议题引导到相对次要的问题上，借此来转移对方的注意力，以求实现洽谈目标。这一策略在于把对方的注意力集中在对己方来说不太重要的问题上，使对方增加满足感。具体做法是在无关紧要的事情上纠缠不休，或在对己方来说不成问题的地方大做文章，以分散对方对自己真正要解决问题方面的注意力，从而在对方毫无警觉的情况下，顺利实现自己的谈判意图。例如，对方最关心的是价格问题，而我方最关心的是交货时间。这时，谈判的焦点不要直接放在价格和交货时间上，而是放到价格和运输方式上，在讨价还价时，可以在运输方式上做出让步，而作为让步的条件，可要求对方在交货时间上做出重大让步，这样，对方感到比较满意，自己的目的也达到了。这种策略如果能够运用熟练，对方是很难反攻的。它可以成为影响洽谈的积极因素，而不必承担风险。

（三）调和折中策略

调和折中策略是指在洽谈处于僵持局面时，由一方提出调和折中方案，双方都做出一些让步，以退为进，以此来达成协议的策略。例如，卖方要价为100元，买方还价为50元，经过多次折中，最后双方以80元达成协议。首先，要明确什么时候才能提出折中。卖方总是希望尽量少降价，即要求买方折中，假如买方同意，则对卖方有利；而买方则希望卖方多降价，即要求卖方折中，假如卖方同意，则对买方有利。有时，在价格让步的余地不大的情况下，可选择其他折中途径，如订货数量增加，改变交货地点、付款期限等方式来补偿。此处"折中"是结束的信号。所以，提出折中方案应是洽谈的尾声，而不是中间，更不是开始。那么，由谁提出"调和折中"方案较好呢？对此没有明确的规定。但有一点可以肯定，即当自己认为折中的结果在自己的预算之内时，就可以主动提出。这样，一方面可以显示自己的诚意，另一方面也可以促成谈判。调和折中策略看似公平，但实际上可能并非如此。应对这种策略必须权衡得失，要经过仔细计算，用数字说明问题；而不能认为对方让步一半，我方也让步一半，这是对等的，谁也不吃亏，这种想法有时会使己方受到较大的损失。

（四）软硬兼施策略

推销工作乃至日常生活中，都会发生一些令人难以对付的局面或出现一些难堪事，如何去应对这种局面和事件，如何巧妙地把来自对方的难堪事处理好，这就需要一种高明的推销、处事技巧。在人们的生活中，在许多推销场合下，事情的成败关键往往决定于此。

在推销洽谈中，软硬兼施，分别唱"白脸"和"红脸"的方法经常被使用。所谓"白脸"，是指京剧中的反派角色，一般对事情采取尖酸苛刻的态度；所谓"红脸"，是指京剧中的正派角色，对事情采取宽容忍让的态度。例如，警察审问犯罪嫌疑人时，第一个审问他的警察往往扮演"白脸"的角色，声色俱厉；接着进来审问的警察往往扮演"红脸"的角色，他可能是一个温和、友善的人，甚至可能会递给犯罪嫌疑人一支烟，耐心讲解国家的政策法规，抱着帮助犯罪嫌疑人解决问题的态度。于是，不知不觉中，在感激与感动之中，往往就突破了犯罪嫌疑人的心理防线。

总之，一旦决定使用软硬兼施策略，就必须在谈判之前选好"白脸"和"红脸"的人选，并保证他们能够在洽谈过程中密切配合、齐心协力，因为只有这样才会保证洽谈的顺利进行，达到理想的洽谈效果。

（五）欲擒故纵策略

欲擒故纵策略是指心里想谈成某项生意，但表面却装出满不在乎的样子，以免对方漫天要价。"欲擒故纵"的手法是多变的，要因条件而异，但不难掌握。例如，从态度上，不过分忍让、屈从；在日程安排上，不应非常急切，可附和对方，既显得礼貌，又可以择机利用于己有利的意见，采用一种半热半冷、似紧不紧的做法，使对方摸不到己方的真实意图。有时在对方激烈的攻势下，可采用不计较后果的轻蔑态度，不慌不忙，让对方摸不着头脑，以制造心理上的优势。这样可以获得比较好的谈判条件。这种策略也是一个谈判原则，即在谈判中不求于人。

（六）兵不厌诈策略

"兵不厌诈"是《孙子兵法》中的一条重要原则，意思是作战时尽可能地用假象迷惑敌人以取得胜利。推销洽谈，特别是涉及国家利益的贸易洽谈，洽谈人员不但需要有极大的耐心，而且还需要极其细心，既不能操之过急，也不能粗心大意，要时刻警惕洽谈过程中对手设下的陷阱，避免中了对方的圈套。

在一般的推销洽谈中，不可避免地要谈到各种各样的数据，如价格、成本、运费、利息或调试设备的各项技术指标等，这些数据对谈判双方都有重大意义。但是，一般来说，许多人都不善于迅速地处理数字，特别是在紧张的谈判气氛中，更容易犯错误。例如，有人提出，我以高价收购你的货物，但我需要在某时某地交货。这时，自己先不要庆幸卖了个好价钱，而应马上了解通向交货地点的交通状况，能使用何种运输工具。由于运输工具不同，运输成本相差很大，如果时间紧迫，你无法选择低成本的运输方式，或无法在规定的时间内实现，最后将付出高昂的赔偿金。

二、推销洽谈的技巧

推销洽谈是一项技巧性、艺术性、科学性较强的工作，没有固定不变的模式。推销人员与顾客双方在洽谈中必须不断磋商、互相妥协、解决分歧，以求最终达成双方均可接受、彼此获益的协议。为了保证洽谈的顺利进行，推销人员不仅要具备倾听和语言表达的能力，而且还要能够恰当地运用洽谈的技巧。

（一）开谈入题的技巧

当推销人员与顾客之间初步建立起和谐的洽谈氛围后，双方就应进入正式洽谈。在开谈阶段，推销人员应巧妙地把话题转入正题。

开谈入题要做到自然、轻松、适时。推销人员在与顾客进行开场白时，应顺理成章，自然地将闲谈转入正题。入题的话应使顾客感到轻松愉快，而无成交压迫感。入题的时机要把握好，一般在对方对你产生好感、乐意与你交谈时入题最好。若入题太早，顾客尚未对你产生好感，那么就不可能对你的推销品产生好感；若入题太晚，开场白的时间太长，则会使顾客不耐烦，从而对推销品失去兴趣。

开谈时，可以从以下几方面入题：

(1) 以关心人的方式入题。
(2) 以赞誉的方式入题。
(3) 以请教的方式入题。
(4) 以炫耀的方式入题。
(5) 以消极的方式入题。

归根结底，开谈入题的方式要指出顾客存在的问题，有效地刺激顾客，迅速引起顾客反应。

（二）倾听的技巧

在推销洽谈中，"听"往往比"说"更重要。倾听能发掘事实真相，能探明顾客的购买动机，能探索顾客的真实意图，从而调整自己的洽谈策略。

倾听有五种境界：

第一种为听而不闻，即左耳进右耳出。
第二种为虚应，即貌似在听，实则心不在焉。
第三种为选择性听，即挑自己感兴趣的内容听。

第四种为专注地听，即全神贯注地听。

第五种为设身处地地听，这是聆听的最高境界。

推销人员在倾听顾客谈话时要做到以下几点：

（1）神情专注。一般来说，由于心理的原因，人的注意力并不总是稳定持久的，会受到各种因素的干扰。因此，要全神贯注地听顾客讲话，善于控制自己的注意力，克服各种干扰，使自己的注意力始终集中在顾客的谈话内容上，这样才能保持自己跟得上顾客的思路。

（2）听出真意。要反复思考、善于听出顾客言语中所蕴含的观念和用意，探明顾客讲话的真实含义。

（3）约束自己。要控制自己的言行，顾客讲话时，不要轻易插话或打断顾客的讲话，也不要自作聪明地妄加评论。为促使讲话者保持积极的讲话态度，要始终面对顾客，用亲切的目光注视对方，面带微笑地点头，或用"是""对"等词语表示赞同和肯定；尤其要听进一些对己方来说是负面的讲话，让对方讲完，不要中途打断或驳斥，要乐意倾听顾客的不同意见，并设法解决这些异议。

（三）叙述的技巧

推销人员在洽谈中要交流信息，要介绍己方的情况，阐述对某一问题的具体看法。这就需要推销人员能准确表达自己的观点与见解，而且表达得条理清晰、恰到好处，以便顾客了解己方的观点和立场。这就需要叙述的技巧。推销洽谈中的叙述技巧主要有以下几种：

（1）转折用语。推销洽谈中，推销人员如遇到问题难以解决，或者有话不得不说，或者需要接过顾客的话题转向有利于自己的方面，都可使用转折语，如"可是""虽然如此""然而"等。这种用语具有缓冲作用，可以防止气氛僵化，既不使对方感到太难堪，又可以使问题向有利于自己的方向转化。

（2）解围用语。当洽谈出现困难时，为突破困境给自己解围，推销人员可运用此类语言。例如，"这样做肯定对双方都不利""再这样下去，只怕最后也不妙"。这种解围用语，有时能产生较好的效果。只要双方都有谈判的诚意，顾客可能会接受你的意见，促成谈判成功。

（3）弹性用语。对不同的顾客，用语应因人而异。如果顾客很有修养、语言文雅，那么推销人员也可以采取相应的语言风格；如果顾客语言豪爽、耿直，那么推销人员就无须迂回曲折，可以干脆利索地摊牌。

（四）提问的技巧

在推销洽谈中，通过问话可以引起顾客的注意，传递信息，引发思考，使洽谈趋向成功。为了摸清对方意图，表达己方的意愿，往往需要向顾客提出问题。提问的技巧一般有以下几种：

（1）限制性提问。提出的问题最好是范围界限比较清楚的，使顾客的回答能带有具体内容；可以采取选择式问句，使顾客能够在一个较小的范围内加以选择。

（2）引导性提问。所谓引导式提问，是指对答案具有强烈暗示性的，尽快促成洽谈成功的问句。提问要促进洽谈成功，对那些似是而非、可答可不答的问题，以及与洽谈无关的问题，可采取引导式问句，要避免使用多主题式的问句或含义不清的问句。

（3）探测性提问。这种提问是在没有摸清对方虚实的情况下的投石问路，避免对方拒绝而出现难堪局面，而且能探出对方的虚实，达到提问的目的。例如，"这种产品的性能还不错吧？""您能评价一下吗？"如果顾客满意，他会接受；如果不满意，他的拒绝也不会使双方难堪。

（4）协商性提问。如果推销人员要顾客同意自己的观点，要用婉转的方法和语气，尽量使用商量的口吻向顾客提问，如"我退让一步，这样的价格可以吗？"尽量避免使用强调式的问句，使洽谈陷入僵局，如"我退让一步了，这样的价格总可以了吧？"

总之，洽谈中，推销人员应像记者一样事先准备问题，提前把提纲写好；像律师一样引导问题，引导顾客，让顾客自己得出结论，甚至得出自相矛盾的结论；像侦探一样发现问题，找出蛛丝马迹。

（五）答复的技巧

推销洽谈是由一系列问与答构成的，回答得不准确或不适宜会使洽谈陷入被动局面，因此答话时必须十分慎重。在洽谈中，按顾客的提问准确地回答问题，未必是最佳的答话技巧。答话的技巧在于要分清哪些是该说的、哪些是不该说的。对于顾客的提问，推销人员首先要坚持诚实的原则，给予客观真实的回答，既不言过其实，又不有所保留，以赢得顾客的好感和信任。但是，有些顾客为了自己的利益，提出一些难题、怪题，甚至是别有用心的问题，或者是涉及企业机密等不便回答的问题时，推销人员则应采取灵活的方法给自己留下进退的余地。推销人员在答复顾客问题时，应注意运用以下一些技巧：

（1）不要确切回答对方的提问。推销人员在回答顾客的问题时，要给自己留有一定的余地。在回答时，不要过早暴露自己的实力。通常，可先说明一件类似的事情，再拉回正题，利用反问进行重点转移。对有些不值得回答的问题，可表示无可奉告或置之不理；对有些问题只做局部回答即可；还有些问题可做答非所问的回避式答复。例如，顾客询问产品的价格，如果本企业的产品在价格方面没有竞争力，在回答时可先避开价格转向其他方面。可以这样回答："我相信我们产品的价格会令您满意的。请先让我把这种产品的性能介绍一下，我相信您会感兴趣的。"

（2）减少顾客追问的兴致和机会。推销人员回答问题必须谨慎从事，对问题要认真思考，以免有不妥的地方被顾客抓到，失去谈判的主动性。一旦顾客发现推销人员的漏洞，刨根问底地追问下去，推销人员更要沉着，不必顾忌顾客的催问，而应转告对方你必须进行认真思考，因而需要时间，或找些客观理由表示无法或暂时无法回答对方问题；对于应否定的问题，为避免直接的冲突，可用幽默的语言，委婉含蓄地表达。

（3）不轻易作答。推销人员在回答问题之前要明确对方提问的用意，因此必须认真思考问题的真正含义。有时顾客会提出一些模棱两可或旁敲侧击的问题，意在以此了解推销人员的底线。对这类问题，推销人员更要清楚地了解顾客的用意，否则，轻易、随意地作答，会造成己方的被动。

（六）说服的技巧

在推销洽谈中，说服顾客接受你的观点和方案，是推销洽谈成功的关键。推销人员只有掌握高明的说服技巧，才能在变幻莫测的洽谈过程中左右逢源，达到推销的目的。推销洽谈中的说服技巧可归纳为以下几点：

（1）洽谈开始时，要先讨论容易解决的问题，然后再讨论容易引起争论的问题。如果把僵持不下的问题和已经解决的问题连在一起，就没有希望达成协议。

（2）强调双方处境相同要比强调彼此处境的差异更能使顾客理解和接受。

（3）强调买卖合同中有利于顾客的条款，能较容易地使顾客在合同上签字。

（4）说出一个问题的两面性，比仅仅说出一方面更能使顾客信服。

（5）通常顾客比较容易记得推销人员所说的头尾部分，中间部分则不容易记清楚，因此能打动顾客的部分应先说或最后说。

（七）处理僵局的技巧

在推销洽谈中，由于推销人员与顾客双方的利益与认识不同，会出现各抒己见、互不相让的僵持局面，使洽谈无法进行下去，甚至导致洽谈不欢而散，无法取得交易的成功。形成僵局的原因很多，在洽谈中，僵局随时都可能发生，但只要掌握一些处理僵局的技巧，问题就会迎刃而解。

1. 尽量避免僵局出现

推销人员要将形成僵局的因素消灭在萌芽状态。推销人员在洽谈中，首先，要对顾客的批评意见持冷静态度，不要因激烈反驳顾客的批评意见而发生争吵；其次，要积极探寻顾客意见和建议的价值，在应对意见时，先对意见的可取之处进行肯定，再根据客观信息和理由给予否定；再次，要善于直接或间接利用顾客的意见说服顾客。最后，在直接答复顾客的反对意见时，要大量引入事实和数据资料，用充分的理由说服顾客。

2. 设法绕过僵局

在洽谈中，若僵局已形成，一时无法解决，可采用下列方法绕过僵局：

（1）撇开争执不下的问题，去谈容易达成一致意见的问题。

（2）在发生分歧、出现僵局时，回顾以前的友好交往，削弱对立情绪。

（3）暂时休会调整情绪和策略。

（4）推心置腹地交换意见，化解冲突。

（5）邀请有影响力的第三者调停。

3. 最终打破僵局

在僵局形成之后，绕过僵局只是权宜之策，最终要想办法打破僵局。打破僵局的方法有如下几种：

（1）扩展洽谈领域。单一的交易条件不能达成协议，可扩展洽谈的范围。例如，价格上出现僵局时，可将交货期限、付款方式一起进行洽谈。

（2）改变洽谈环境。洽谈出现僵局容易使人产生压抑感，推销人员可以建议去旅游观光或参加一些娱乐活动，在轻松活泼、融洽愉快的气氛中，解决洽谈中的棘手问题。

（3）更换洽谈人员。在洽谈陷入僵局时，如果各方为了顾全自己的面子和尊严，谁也不愿先让步，这时可以换一个推销人员参与洽谈。

（4）改期。当僵局暂时无法打破时，可暂时中止谈判，使双方冷静下来，进行理智的思考。

（5）让步。在不过分损害己方利益时，可以考虑以高姿态首先做一些小的让步。

【本章小结】

推销洽谈也称交易谈判，是指推销人员运用各种方式、方法和手段，向顾客传递推销信息，并设法说服顾客购买商品和服务的协商过程。推销洽谈具有利益的合作性与利益的冲突性并存、洽谈的原则性与可调整性并存的特点。推销洽谈的目标在于：传递信息，介绍情况；把握需求，展示商品；交流沟通，处理异议；激发需求，达成交易等。推销洽谈的内容包括商品品质、商品数量、商品价格、销售服务、保证条款等。

推销洽谈应遵循针对性、鼓动性、参与性、辩证性、诚实性和灵活性六项原则。一场完整的推销洽谈，大致可分为准备、开局、报价、磋商、成交和确认检查六个阶段。每个阶段都有不同的要求和工作重点。

为了取得推销洽谈的成功，推销人员应熟练应用一些常用的洽谈策略与技巧。不仅要具备倾听和语言表达的能力，掌握一些常规的洽谈方法，还应当讲究洽谈策略。常用的推销洽谈策略有先发制人、避实就虚、调和折中、软硬兼施、欲擒故纵和兵不厌诈等。推销洽谈是一项技巧性、艺术性、科学性较强的工作，没有固定不变的模式。推销员除了要讲究洽谈策略之外，还应灵活运用洽谈的一些技巧，如开谈入题的技巧、倾听的技巧、叙述的技巧、提问的技巧、答复的技巧、说服的技巧和处理僵局的技巧等。

【复习思考题】

1. 什么叫推销洽谈？它有何特点？
2. 推销洽谈的目标与内容有哪些？
3. 推销洽谈应遵循哪些原则？
4. 推销洽谈前应做好哪些准备？
5. 怎样建立和谐的洽谈气氛？
6. 简述各种推销洽谈策略所适用的条件。
7. 简述推销洽谈各种技巧的要点。

【实训题】

推销洽谈模拟训练：

（1）演练者：学生。

（2）设定条件：根据有关资料，选定××公司为待开拓的新客户，推销人员首次前往该公司与采购部部长洽谈推销事宜。作为一个专职推销人员，你应如何与对方洽谈，以拿到对方的订单？

（3）背景资料：

客户名称：××公司。

经营规模：年销售额8000万元，下属店铺16个。

采购部长：50岁，精力充沛，经验老到，善谈。

【案例分析题】

案例1：推销人员应怎样答复客户？

问答1：

客户："请问您对我们这次交易能否获得成功怎么看？是充满了信心吗？"

推销人员："我想贵方应当是已经充分理解了我方在价格上的立场，只要价格合适，我想我们应当是信心百倍的。"

问答2：

客户："请问这种产品价格是多少？"

推销人员："请让我先把这种产品的几种特殊性能说明一下好吗？您一定会对这种产品感兴趣的，我相信我们的价格也会令您满意的。"

问答 3：

客户："这批产品能不能再给我让利 10%？"

推销人员："对不起，这个问题我要请示一下经理，一会儿给您电话答复。"

问答 4：

客户："你们的面包这么硬，是不是过期了？"

推销人员："面包保质期一般是 3 天，您可以看看面包包装上的生产日期。"

问题：

1. 以上 4 个问答中，推销人员使用的答复技巧各是什么？
2. 一般情况下，推销人员在洽谈中回答客户问题时应注意什么？

案例 2：推销人员是如何向客户演示的？

演示 1：

郑州柴油机厂为打开该厂"××"牌柴油机在内蒙古的市场，举行了一场别开生面的"拔河赛"。一台装有"××"牌柴油机的拖拉机，与十几台装有相同马力、不同牌号柴油机的拖拉机轮番较量，无不取胜。

演示 2：

推销人员："王总，您是相信新闻媒体的，尤其相信党报，这是《人民日报》刊登的关于我们厂的消息。您看，这是中央领导到我们厂参观视察的报道。"推销人员把报纸的复印件及其中画了红线的地方指给王总看。

演示 3：

楼房推销员向顾客说："您看看，这是实地拍摄的我们楼盘的照片。您看，远处是山，近处是水，这是超市、学校、公路，楼房位置就在这里。这里风景秀美、交通便利，不久的将来楼盘肯定升值，实在是买房置业的好地方。"推销人员把房子及四周景色的实际拍摄照片递给顾客看，并介绍着说。

演示 4：

一位推销人员为在某省会城市推销生长在高山云雾中的绿色蔬菜，把种植蔬菜的某高山盆地的风景及蔬菜的长势拍摄成录像带，在超市门口播放，宣传无化肥、无农药污染蔬菜的好处，一下子吸引了来超市购物的顾客，从此打开了省城的市场。

问题：

以上 4 例演示中，推销人员在洽谈时各使用了什么演示技巧？每种演示技巧各有什么特点？

【资料阅读】

只是想买些鸡蛋

华尔菲亚电器公司是生产自动化养鸡设备的，经理威伯先生发现，宾夕法尼亚州的销售情况不妙。当他到达该地区时，推销人员代表皱着眉头向他诉苦，抱怨当地富裕的农民：

"他们一毛不拔，你无法卖给他们任何东西。"

"是吗？"威伯先生微笑着，盯住推销人员的眼睛。

"真的，"推销人员的眼睛没有躲闪，"他们对公司的意见很大，我试过多次，一点希望也没有！"

"也许是真的。"威伯先生说,"让我们一起去看看吧。"

推销人员特地选了一家最难对付的农户。

"笃笃笃!"威伯先生轻轻地敲那家农舍的门。

门打开一条小缝,屈根保老太太探出头来。当她看见站在威伯先生后面的推销人员时,"砰"的一声,关上了大门。

威伯先生继续敲门,屈根保老太太又打开门,满脸怒色,恶狠狠地说:

"我不买你的电器,什么电器公司,一帮骗子!"

"对不起,屈根保太太,打扰您了。"威伯先生笑着说,"我不是来推销电器的,我是想买一篓鸡蛋。"

屈根保老太太把门开大了一点儿,用怀疑的眼光上下打量着威伯先生。

"我知道您养了许多'美尼克'鸡,我想买一篓新鲜鸡蛋。"

门又打开了一点儿,屈根保老太太好奇地问:

"你怎么知道我的鸡是良种鸡?"

"是这样的,"威伯先生说,"我也养了一些鸡,可是,我的鸡没有您的鸡好。"

适当的称赞消去了屈根保老太太脸上的怒色,但她还是有些怀疑:

"那你为什么不吃自己的鸡蛋呢?"

"我养的鸡下白蛋,您养的鸡下棕蛋。您知道,棕蛋比白蛋营养价值高。"

到这时,屈根保老太太疑虑全消,放胆走出门来。大门打开时,威伯先生发现了一个精致的牛栏。

"我想,"威伯先生继续说,"您养鸡赚的钱,一定比您先生养牛赚的钱要多。"

"是嘛!"屈根保老太太眉开眼笑地说,"明明我赚的钱比他多,他就是不承认。"

这时,威伯先生成了屈根保老太太受欢迎的客人,她邀请威伯先生参观她的鸡舍,推销人员也跟着威伯先生走进了屈根保老太太的家。

在参观的时候,威伯先生注意到,屈根保老太太在鸡舍里安装了一些各式各样的小型机械,这些小型机械可以帮助老太太省力省时地完成许多工作。威伯先生是"诚于嘉许,宽于称道"的老手,适时地给了老太太许多赞扬之词。

一边参观,一边交谈,威伯先生"漫不经心"地介绍了几种新饲料,某个关于养鸡的新方法,又"郑重"地向屈根保老太太"请教"了几个问题。"内行话"缩短了他们之间的距离,顷刻间,屈根保老太太就高兴地和威伯先生交流起养鸡的经验来。

没过多久,屈根保老太太主动提起她的一些邻居在鸡舍里安装了自动化电器,"据说效果很好",她诚恳地征求威伯先生"诚实的"意见,问威伯先生这样做是否"值得"……

两个星期之后,屈根保老太太的良种鸡就处在电灯的照耀下了。威伯先生推销了电器,屈根保老太太得到了更多的鸡蛋,双方皆大欢喜。

【评析】

在推销人员看来几乎是无法做到的事,威伯先生在很短的时间内就做到了。这是为什么呢?就是因为威伯先生掌握了"处理人际关系"这把金钥匙。

商业活动最重要的是人与人之间的关系,如果没有交流和沟通,在顾客不认为你是个"诚实的、可信赖的人"之前,许多生意是无法做成的。

上门推销的第一件事是要能进门。

门都不让你进，怎么能推销商品呢？要进门，就不能正面进攻，得使用技巧。一般情况下，被推销者心理上有一道"防卫屏障"，如果将你的目的直接说出来，即使是"威伯先生"，也要吃"闭门羹"。

要推销商品，进门以后就要进行"交流和沟通"，即进行对话。

怎样对话呢？这里面又有技巧，就是要把对方感兴趣的话题引出来。屈根保老太太是养鸡的，话题自然离不开"鸡"字。这时你如果大谈"养牛赚钱"或谈别的话题，屈根保老太太是不会感兴趣的。

话题引出来之后，就要会"听"。许多推销人员说得太多，而没有耐心听，结果生意依旧做不成。要让屈根保老太太畅所欲言，让她说得眉开眼笑，就会有生意了。

推销人员也得"说"，不过要有节制。威伯先生在养鸡方面，肯定比屈根保老太太懂得多。他如果大谈特谈，让人插不上嘴，那有什么用呢？他的目的是推销电器，所以，只能"漫不经心"地谈一谈，引起屈根保老太太的兴趣就适可而止。

推销人员虽然谈得少，但要谈在重点上，不要谈外行话。但许多时候，你在顾客面前不能太内行，不能太优越。如果你的水平超过了顾客，也会引起他的不快。因此，威伯先生"露一手"以后，马上"郑重"地向屈根保老太太"请教"，于是引起了双方的"经验交流"。

担任"导演"兼"演员"的威伯先生，始终不会忘记"推销电器"这个目的。只要屈根保老太太多说，他终究会把话题引到"电器"上去。交流和沟通使屈根保老太太觉得威伯先生是一位"诚实的、可以信赖的人"，这时再推销，就"水到渠成"了。

（资料来源：维普资讯网. http: //www.cqvip.com/QK/81777X/2007003/23856816.html.）

阅读思考：

读了以上案例与评析，你有何感想？

第八章

异议处理

【学习目标】
- 顾客异议的含义与成因
- 顾客异议处理的原则与方法
- 顾客异议处理的技巧

【基本概念】

顾客异议、试探性异议、针对性异议、强辩性异议、有效异议、无效异议、价格异议、需求异议、货源异议、财力异议、权力异议、购买时间异议、预防法、但是法、反驳法、利用法、询问法和补偿法、时机激励法、利益得失法、竞争诱导法

【引导案例】

有一名推销员，代表华汉公司经销高质量复印机。一天，他走进顾客王先生的办公室，交谈中才知道王先生是华汉公司的老主顾。一开始，推销员就陷入了困境。王先生说："两年前，我们购买了一台华汉复印机，但它的速度太慢了，我们只得抛开不用。用你们的复印机，我们损失了不少宝贵的工作时间。"在这种情况下，一般的推销员通常会进行争辩，说华汉复印机速度同其他复印机一样快。但这样的争辩很少能有结果，常常会得到这样的回答："好啦，我听到了，但是我们不再想要华汉复印机。谢谢光临，再见。"然而，这位推销员却没有这么做，而是把华汉公司董事长的帽子戴到了王先生的头上，说："王先生，假定您是华汉公司的董事长，已经发现复印机速度慢的问题，您会怎么办呢？"王先生说："我会叫我的工程技术部门采取措施，促使他们尽快解决这个问题。"接着推销员笑着说："这正是华汉公司董事长所做的事情。"异议被突破了！王先生继续听完推销员的介绍后，又订购了一台华汉高质量、高速度的复印机。

在整个推销过程中，顾客基于自身利益的考虑，会不断提出各种各样的异议。推销人员能否巧妙地处理这些异议，从而打消顾客的各种顾虑，强化其购买信心，是推销成败的关键所在。本章就来探讨如何处理顾客异议的问题。

第一节 顾客异议的含义与成因

一、顾客异议的含义

在实际推销过程中，推销人员会经常遇到："对不起，我很忙。""对不起，我没时间。"

"对不起，我没兴趣。""价格太贵了。""质量能保证吗？"等被顾客用来作为拒绝购买推销品的说辞，这就是顾客异议。所谓顾客异议，是指顾客对推销品、推销人员以及推销方式和交易条件发出的怀疑、抱怨、提出否定或反面的意见。为了弄清顾客异议的完整含义，必须明确以下问题：

1. 顾客异议是推销活动中不可避免的必然现象

常言说："拒绝是推销成交的信号。"一般来说，推销人员和顾客作为现代推销的双重主体，他们关心的都是同一个客体——推销品，双方之间存在着传递商品信息和反馈商品信息的沟通。从理论上讲，如果顾客非常了解推销品，并且具有浓厚的购买兴趣，形成了很强烈的购买欲望，照此理论，应该是不存在多大的障碍了。但是，实际情况是，顾客对推销品的兴趣越浓厚，购买欲望越强烈，反而反对意见就越多。顾客提出异议之时，也正是顾客开始注意推销品并产生兴趣之时。从这个意义上讲，顾客异议可以说是顾客对推销品是否感兴趣的指示器，是一种或明或隐的成交信号。换言之，在推销活动中，完全不提任何反对意见的顾客，则往往是缺乏购买兴趣和欲望的顾客，或者是未能获得发表反对意见机会的顾客。西方一些推销专家认为，推销进入实质性阶段是从顾客说"不"开始的。因此，顾客异议是推销活动中的正常现象，推销人员应该正确对待。

2. 顾客异议的形式和内容多种多样

顾客对推销品、推销人员及推销活动本身的异议是复杂多样的。从顾客异议的内容看，有产品异议、价格异议、需求异议、供货条件异议、服务态度异议等。尤其应注意的是，顾客的异议有真实与虚假之分，还有直接与间接之分。推销人员必须注意区别，善于观察和判断顾客的言行举止，把握其心理状态，正确理解并有效处理顾客提出的各种异议。

【辅学资料8-1】

虚假异议很常见

在实际推销活动中，虚假异议占顾客异议的比例比较大。日本有关推销专家曾对378名推销对象做了如下调查："当你受到推销人员访问时，你是如何拒绝的？"结果发现：有明确拒绝理由的只有71名，占18.8%；没有明确理由，随便找个理由拒绝的有64名，占16.9%；因为忙碌而拒绝的有26名，占6.9%；不记得是什么理由，好像是凭直觉而拒绝的有178名，占47.1%；其他类型的有39名，占10.3%。

这一结果说明，有近七成的推销对象并没有什么明确的理由，只是随便地找个理由来反对推销人员的打扰，把推销人员打发走。

（资料来源：吴金法，李海琼. 现代推销理论与实务［M］. 大连：东北财经大学出版社，2002.）

3. 顾客异议是改善营销工作的动力

辩证看待顾客异议，一是它能让推销人员及时从顾客那里了解到产品、自己的行为以及推销活动计划等方面所存在的问题，不断纠正自己的推销行为和活动，保证推销的顺利进行；同时，收集了顾客对企业产品及相关要素的意见和看法，便于推销人员掌握向决策者反馈信息的资料和依据。二是顾客提出的反对意见，能帮助企业发现推销活动乃至整个营销工作中存在的问题，发现企业所面临的处境，使企业的营销工作得到改善和纠正。

二、顾客异议的成因

推销是从被拒绝开始的，顾客购买商品出现异议是很常见的事。只有了解异议产生的可能成因，才能更冷静地判断异议产生的真正成因，并针对成因"有的放矢"，如此，才能真正有效地化解异议。

在推销过程中，顾客异议的成因是多种多样的。既有必然因素，又有偶然因素；既有可控因素，又有不可控因素；既有主观因素，又有客观因素。但归纳起来，主要有以下三个方面的成因：

（一）顾客方面的成因

顾客是推销的对象，也是推销的双重主体之一。购买商品的是顾客，设置推销障碍的也是顾客，因此，推销过程中的异议首先表现在顾客方面。来源于顾客方面的异议，其根源主要表现为：

1. 顾客的需要

顾客的需要是顾客产生购买行为和形成推销异议的最基本的成因。顾客的需要是多方面、多层次的，有生理需要和心理需要，有物质需要和精神需要，有有形推销品需要和无形推销品需要等。顾客的需要是不断变化的，它会因不同的推销品、不同的时间、不同的购买场所而不断变化。顾客需要的多样性、层次性、伸缩性，必然导致其购买行为的变化性，这主要表现为推销过程中顾客必然会以各种不同的反对意见来"约束"其购买行为的实现。

2. 顾客的偏见

顾客认识的个性色彩会使同一种推销品在不同顾客心中留下不同的印象，由认识所导致的异议直接表现为顾客的偏见或成见。消费心理学认为，任何顾客都具有一定的偏见，这与顾客个人的文化水平、社会经历、社会交往以及广告宣传、社会舆论有关。顾客的偏见往往带有强烈的感情色彩，通常是对事物（推销、推销品、推销人员）缺乏公正、客观、全面的评价。顾客的偏见往往会导致各种类型的推销异议，且难以在短时间内通过说理的方式消除。

3. 顾客的自我表现

由于自尊心的驱使，顾客往往会在不同场合以不同的方式不同程度地自我表现。对于推销人员所进行的推销品介绍，顾客往往认为没有必要，会自以为是。推销人员越是在顾客面前介绍推销品的优点和提出推销建议，他就越觉得自己有必要提出一些不同的看法，甚至试探一下推销人员的能力和见识。当推销人员在其言行举止中流露出自鸣得意的神情时，顾客则往往会采取自我表现的态度，以求得心理上的满足。

4. 顾客的自我保护

当推销人员向顾客推销时，对于顾客来说，推销人员就是一位不速之客，推销品也是陌生之物。人有本能的自我保护意识，在没弄清楚事情之前，会对陌生人心存恐惧，自然会心存警戒，摆出排斥的态度，以自我保护。绝大多数的顾客所提出的异议都是在进行自我保护，也就是自我利益的保护。他们总是把得到的与付出的做比较。因此，推销人员要注意唤起顾客的兴趣，提醒顾客购买推销品所能带来的利益，才能消除顾客的不安，排除异议，进而达成交易。

5. 顾客缺乏足够的购买力

一般来说，顾客的购买力大小往往与推销成交的顺利程度成正比，尤其是在购买欲望产生后更为明显。如果顾客缺乏购买力，就会拒绝购买，或者希望得到一定的优惠。有时顾客也会以此作为借口来拒绝推销人员，有时会利用其他异议来掩饰自己缺乏购买力的真正成因。例如，顾客"吹毛求疵"、故意挑毛病，提出一些无关的异议等，往往是购买力不足所致。因此，推销人员要认真分析顾客缺乏购买力的成因，以便做出适宜的处理。

（二）推销品方面的成因

推销品是推销的客体，是一个多因素的集合体。构成推销品的要素主要包括质量效用、功能、品种、规格、花色、式样、包装、商标、价格、服务等。推销品自身的问题致使顾客对推销品产生异议的成因也有很多，大致可归纳为以下几个方面：

1. 推销品的质量

质量从广义上说是一个大概念，包括内在质量、外在质量和服务质量。这里作为推销品要素而言，指的是狭义上的质量，即推销品的内在品质，包括推销品的性能（适用性、有效性、可靠性、方便性等）、规格、颜色、型号、外观包装等。

源于质量的异议主要表现在两个方面：一是没有处理好质与价的关系。当推销人员提供的推销品质次价高时，顾客则必然会提出反对意见；当推销品质优价廉时，也是一种质价不相符，也可能遇到顾客异议，但此类异议属于顾客心理方面的异议或价格方面的异议。二是没有处理好质与求的关系。在消费水平较高的市场上，质次价低的推销品未必有销路；而在购买力有限的市场上，质优价高的推销品也未必有人问津。当企业或推销人员没有处理好质与求的关系时，顾客必然会提出相应的反对意见。所以，推销人员要耐心听取顾客的异议，去伪存真，发掘其真实的成因，对症下药，设法消除异议。

2. 推销品的功能与效用

推销品是供顾客使用的，它必须具有使用价值，具有它应当具备的最基本的功能与效用，能够满足顾客的某种需要，否则，再好的推销品也无法为顾客所接受。推销品的功能与推销品的价值成正比，但它并不一定与顾客需求成等比例变化。功能过多、功能太少或功能不齐全，都会引起顾客提出反对意见。在这里，推销品的功能直接表现为推销品应具有适用性。推销品的效用是推销品的自然属性，也是顾客之所以购买它的最根本的衡量标准。在这里，推销品的效用则表现为推销品应具有实用性。对于顾客而言，推销品的适宜性与实用性最为重要。推销品的功能、效用越符合顾客的需要，推销品就越有销路；否则，即使质量再好也无人问津。

3. 推销品的形式

推销品的形式包括品种、规格、花色、式样、包装、品牌等。它们都是产品整体概念的一部分，是推销品在顾客眼中的直观形象。顾客购买推销品的行为方式直接表现为"望、闻、问、试"，观察推销品的外形是第一关。推销人员所推销的推销品在品种、规格、花色、式样上，一要做到齐全，二要做到适销，三要做到对路；在推销品包装和商标上，应做到新颖、别致、具有吸引力，能够引起顾客注意，诱发顾客的兴趣。如果推销品在外形上存在问题，不能满足顾客的特定需求，那么在推销过程中就会遇到有关的顾客异议。

4. 推销品的价格

商品价格是顾客最关注的问题之一，也是最容易提出异议的问题之一。美国的一项调查显示，有 75.1% 的推销人员在推销过程中遇到过有价格异议的顾客。顾客产生价格异议的成因主要有：顾客主观上认为推销品价格太高，物非所值；顾客希望通过价格异议达到其他目的；顾客无购买能力，等等。要解决价格异议，推销人员必须加强学习，掌握丰富的商品知识、市场知识和一定的推销技巧，提高自身的业务素质，通过有效的沟通与说服，让顾客感到推销品物超所值。

5. 推销品的服务

推销品的服务包括商品的售前、售中和售后服务。在日益激烈的市场竞争中，顾客对销售服务的要求越来越高。销售服务的好坏直接影响到顾客的购买行为。服务的竞争是现代企业的主要竞争方式，谁能提供优质的服务，谁就能赢得顾客。推销品的品质、价格、功效都存在一定的限度，不能随意超越；而服务却没有限度，服务项目越多、花样越新，顾客就越欢迎。如果顾客感到服务不周，一般不会就服务直接提出异议，而是通过货源异议或推销人员异议来拒绝接受推销。推销人员为减少顾客的异议，应尽其所能，为顾客提供一流的、全方位的服务，以赢得顾客，扩大销售。

（三）推销人员方面的成因

推销人员是企业形象的代表，其行为在一定程度上代表企业行为。顾客面对推销人员，往往会联想到推销人员所在的企业及其推销品。如果推销人员自身存在着某些主观或者客观上的问题，必然会引起顾客的反感，并因此而流露出抵触情绪或提出反对意见。一般来说，源于推销人员方面的反对意见主要表现在以下几个方面：

1. 推销人员素质较低

作为一名合格的推销人员，必须具备良好的思想品质、职业道德，顾客至上的推销观念和忘我的敬业精神；精通业务，熟练地运用推销技巧，具有全面的市场知识和商品知识；除具备一般能力外，还应具备能吸引顾客、诱导顾客等特殊能力。当推销人员不具备上述条件时，必然会引起顾客反感，从而导致顾客异议的产生。

2. 推销人员形象欠佳

这里主要是指相对内在气质而言的外部形象。尽管推销人员的外部形象在相当大的程度上取决于遗传，但是可以通过内在气质的衬托和形象的设计来弥补的。优秀的推销人员往往会巧妙地设计个人形象，并逐步在客户心目中形成较为固定的形象，以便促使推销的顺利进行。如果推销人员不拘小节、不修边幅、不讲礼仪，往往会引起顾客反感，遭到顾客排斥。

3. 推销人员方法不当

一种推销策略和技巧运用之所以成功了，是因为运用者选择了恰当的时间、恰当的地点、恰当的对象。同样的策略和技巧，不同的人去运用，最后取得的结果是不相同的。这说明，推销方法的运用是有条件的。苏联社会心理学家林切夫斯基认为，面对想要吵架、故意刁难的顾客，推销人员的热情与积极性无异于"火上浇油"，只能强化"冲突"的发生。因此，当推销人员选择了错误的时机去运用"正确"的方法时，结果可能适得其反。此外，推销人员在方法运用上的某些"误区"也容易引起顾客异议。例如，推销人员往往会认为推销就是运用三寸不烂之舌去竭力推销，因此忽略了给顾客表达想法的机会；还有人认为，推销是以推销人员自己为中心的单方面的行为，因而忽视了另一个推销主体——顾客，等等。这些成因都会引起顾客反感。

4. 推销人员受顾客排斥

这是一个具有双重性的问题，它反映的是推销人员与顾客的有效配合问题。顾客排斥推销人员，犹如顾客排斥广告宣传一样，这是顾客所持偏见造成的，可以视为常规性的异议。此外，某些顾客排斥推销人员并非是单纯地排斥推销品或所有的推销人员，而是排斥某些特定的推销人员，即排斥某一性别的或某一年龄的或某一类型的推销人员。这种排斥是一种非常规的排斥，由此引起的顾客异议也是一种非常规排斥异议。它既可以归结为由顾客成因所引起的顾客异议，也可以归结为由推销人员的成因所引起的顾客异议。

第二节　顾客异议处理的原则与方法

一、顾客异议处理的原则

顾客异议无论是怎样产生的，都是潜在顾客拒绝推销品的理由。推销人员必须妥善地处理顾客异议，才能有希望取得推销的成功。为了有效而顺利地完成这一任务，推销人员在处理顾客异议时必须遵循一些基本原则。

1. 尊重顾客

顾客对推销活动产生疑问、抱怨和否定态度，总是有一定原因的，即使是顾客对物美价廉的产品和优惠的交易条件缺乏了解而提出异议，也说明了推销活动还存在不足之处。同时，能否尊重顾客异议，也是推销人员是否具有良好素质与修养的一种体现。只有尊重顾客异议，才能在此基础上做好转化工作。要知道，顾客之所以购买推销品，并非完全是出于理智，在许多情况下是出于感情。尊重顾客异议应具体地体现在推销人员的言谈举止中。

由于买卖双方的价值观、态度、利益、角度及其需要的不同，异议自然而然地产生了，并且异议是循序渐进的销售过程中必不可少的环节。顾客异议既然是一种客观的存在，推销人员就需要正确理解、正确对待。当顾客提出异议时，推销人员要认真听取，并表现出极大的关心和兴趣，这本身就是赢得顾客好感的有效方法，必要时还可以重述顾客异议，但要注意不要曲解顾客异议的内容。这一方面可以为自己明确异议的内容和根源，寻找有效的解决方法赢得时间；另一方面也会使顾客觉得受到了尊重。只有正确地对待顾客异议，才能促进推销成功。

2. 真实可信

在处理顾客异议的过程中，应该坚持说真话、说实话，处理异议凭实据，应本着科学的态度对待证据，不可无中生有、移花接木、夸大宣传。推销介绍中所讲的、所提示的、所演示的都是真实的，化解顾客异议的关键是对顾客"诚实"，并且使顾客相信所证实的内容，可用有关单位或权威部门出具的证明材料，如检验单、鉴定测试报告、使用测试记录、证明、证书，还可以用一些典型实例来化解异议。

3. 永不争辩

推销洽谈的过程是一个人际交流的过程，推销人员与顾客保持融洽的关系是一个永恒的原则。在推销洽谈过程中，推销人员应避免与顾客争论，因为满足受尊重的需要是顾客愿意接受推销的心理基础。顾客提出异议，意味着他需要更多的信息。一旦与顾客发生争论，拿出各种各样的理由来压服顾客时，推销人员即使在争论中取胜，也会彻底失去成交的机会。因此，应坚持尊重对方的人格，和气开导，增加信息传递的数量和质量，以自身的知识和能力影响顾客，使推销洽谈顺利进行。

二、顾客异议处理的方法

顾客的异议是多种多样的，处理的方法也千差万别，必须因时、因地、因人、因事而采取不同的方法。在推销过程中，常见的顾客异议的处理方法有以下几种：

（一）预防法

预防法是指推销人员在推销拜访中，确信顾客会提出某种异议，在顾客提出异议前事先化解可能提出的异议。一般来说，推销人员不要引起顾客提出异议，因为顾客提出异议以后，需要花费一定的时间和精力才能化解。但是，推销人员不能消极地回避顾客可能提出的异议，而应该主动防止顾客有可能提出的异议。例如，推销人员希望顾客在15天内付款："先生，您一眼就可以看出我们公司产品的质量是可靠的，并且价格也比较合理，在操作上也很有特点。您也知道，我们公司要维持合理价格，既凭借可靠的质量、高效率的操作，同时也采用企业界的一般做法，如请求顾客在规定期限内付款。虽然顾客对此方面略有抱怨，但由于我们产品的特点是物美价廉，实质上是增加了顾客的利益。"

由此可见，预防处理法的最大好处就是先发制人，有效地阻止顾客提出异议。但采用这种方法时，推销人员必须在接近顾客之前，将顾客有可能提出的各种异议列出来，并详细准备好处理方法，在推销中灵活运用。

（二）"但是"法

"但是"法也称转折处理法，是处理顾客异议的常用方法，即推销人员根据有关事实和理由来间接否定顾客的意见。应用这种方法是首先承认顾客的看法有一定道理，也就是向顾客做出一定让步，然后再讲出自己的看法。在实际处理异议过程中，要尽可能少地使用"但是"一词，而真实意见中却隐含否定的意思，这样效果会更好。例如：

顾客："不行，这个价格太高了。"

推销人员："先生，您说得是，许多人都这么认为。但是，我们的这种产品比其同类产品多了三个功能，您看……"（给顾客演示）

由于"但是"法是一种间接否定法，因而这种方法不是直截了当地否定顾客的异议，而是先退后进，语气比较委婉，一般不会得罪顾客，容易被顾客接受，能够缩短推销人员与顾客的心理距离，使顾客找到成为重要人物的感觉，委婉而富有人情味，有利于保持良好的推销气氛和人际关系。

"但是"法虽然有很多优点，但也有缺点与不足，过分使用这一方法往往会引起顾客的防御行为。推销人员首先做出的"退让"，可能会影响顾客对推销品的购买信念，进而成为顾客拒绝购买的理由。此法一旦使用不当，可能会使顾客提出更多的意见。因此，推销人员应注意推销引导，主动提供更多的推销信息，用真实可靠的佐证消除顾客成见，既保持良好的洽谈气氛，又为自己的谈话留有余地。例如，顾客提出推销人员推销的服装颜色过时了，推销人员不妨这样回答："小姐，您的记忆力的确很好，这种颜色几年前已经流行过了。我想您是知道的，服装的潮流是轮回的，如今又有了这种颜色回潮的迹象。"这样就轻松地反驳了顾客的意见。

（三）反驳法

反驳法也称直接否定法，是指推销人员根据事实，对顾客异议进行针锋相对、直接驳斥的一种处理方法。使用此法处理顾客异议时，需要注意的是：态度一定要友好而温和，最好是引经据典，这样才有说服力。

理论上讲，直接驳斥客户的做法是最不明智的，这种方法应该尽量避免。但在有些情况下，使用反驳法却很奏效。反驳法适用于处理由于顾客的偏见、狭隘等导致的有明显漏洞、自相矛盾的异议。一般地说，当顾客无端指责推销人员或其所在企业涉及不道德的行为，而推销人员知道此事并不属实时，就可以加以反驳；当顾客提出的异议与事实大不相符，而推销人员又熟悉并掌握了大量材料时，也可以予以反驳。例如，顾客提出"你们的产品比别人的贵"，推销员回答"不会吧，我这里有其他厂家同类产品的报价单，我们的产品价格是最低的"。在这个例子里，推销人员有效地使用反驳法否定了顾客所提出的有关异议。

正确地运用反驳法可以让顾客感到推销人员的信心，从而增强顾客对产品的信心，同时直接说明有关情况，澄清是非，有利于消除顾客的各种借口，促使顾客尽快接受推销。

但反驳法也有不足之处，这种方法容易增加顾客的心理压力，弄不好还会伤害顾客的自尊心和自信心，造成推销洽谈的紧张气氛，不仅没有化解顾客异议，反而使异议成为成交的障碍。因此，推销人员采用此方法处理顾客异议时，应该尽量避免针锋相对，防止与顾客直接对立，由于要直接驳斥顾客的意见，为了避免触怒顾客或引起顾客不快，推销人员要态度友好，切勿对顾客横加指责，伤害顾客的自尊。但是，这并不是绝对的。使用反驳法，一般是针对这样两种顾客：①对商品缺乏了解，对购买存在疑虑而提出购买异议；②想通过提出异议取得优势地位，以利于讨价还价，这就是所谓的虚假异议。另外，对固执己见、气量狭小的顾客最好不要使用这种方法，因为这类顾客会认为推销人员不尊重自己，从而产生争执。

（四）利用法

利用法也称转化处理法或自食其果法。此法是利用顾客异议本身对推销有利的一面来处理异议，把顾客拒绝购买的原因转化为说服顾客购买的理由。换句话说，顾客异议一经推销人员的巧妙转化，可以变成反击顾客的武器，使顾客作茧自缚，陷入自设陷阱之中，被推销人员说服。这种做法能化解多种常见的顾客异议，是推销中最常见的技巧之一。顾客的反对意见是有双重属性的，它既是成交的助力，同时又是一次成交的良机。推销人员要是能利用其积极因素去抵消其消极因素，未尝不是一件好事。

运用此法比较有效，它能将顾客的异议变成说服顾客的理由，使自己从"守"转为"攻"，易于保持良好的气氛，并且直接引证顾客自己的话更有说服力，往往可以顺水推舟达成交易。

采用此法要谨慎，语言尽可能诙谐风趣，态度一定要诚恳，以免使顾客觉得你在抓他们的话柄、钻他们的空子而感到有损于自尊。在运用这一方法时，推销人员要注意本身必须经验丰富，精于推销技巧，因为只有有经验的、精通技巧的人，才能察言观色、当机立断，将客户异议转化为有利于成交的理由。要善于找出顾客异议的内在矛盾，而不要直接否定顾客异议，转化矛盾时注意语言艺术，应尊重、肯定、承认、利用和转化顾客异议，做到刚柔相济、曲直结合，解决矛盾应有说服力，能使顾客信服。例如，顾客说："抱歉，我财力有限，现在没钱买。"推销人员可以说："张先生，您可别这么说，现在房价上涨这么快，赶早不赶晚呀！"在本例中，顾客以"没钱"为拒绝的异议，但在物价不断上涨之时，与其延迟购买，不如及早做出购买的决定，"财力不足"原来是不买的原因，一经推销人员巧言转化，反而成为必须购买的理由。

（五）询问法

询问法是指推销人员利用顾客提出的异议，直接以询问的方式向顾客提出问题，引导顾客在回答问题的过程中不知不觉回答自己的异议，甚至否定自己，而同意推销人员观点的方法。询问法是一种间接处理顾客异议的方法，即推销人员不直接回答顾客异议，而是通过询问让顾客回答来代替自己答复。

询问法主要是通过询问来了解顾客异议，即当顾客提出异议后，推销人员通过追问"为什么"来寻找异议根源。因此，这种方法一般适用于处理那些不确定型的顾客异议。当然，当顾客异议是确定的，而推销人员想借此掌握对方更多的信息，或要解决其他相关的问题时，也可采用该方法。

询问法的优点在于：采用该方法，由推销人员主动发问，直接询问顾客，请教顾客，便于把握洽谈的主动权，通过询问可以了解更多的情况，掌握更多的信息，便于摸清顾客的底细，查出异议根源，明确异议性质，使异议得到及时有效地处理。

但这种方法如果运用不当，可能引发顾客的反感与抵触情绪。顾客在推销人员的多次询问或追问下，可能会产生更多的异议，破坏推销气氛，阻碍推销工作的顺利进行。推销人员在运用这种方法时，对顾客的询问应当及时。因为只有及时询问顾客，才能了解顾客的真实想法，以把握出现购买障碍的真实根源；询问应紧紧围绕顾客的有关异议，避开次要的、无效的顾客异议，以提高推销效率；追问应适可而止，并注意尊重顾客。对于不形成购买障碍的，顾客不愿意讲的，或者根本说不清楚根源的异议就不要再追问。例如，顾客："我希望你们的价格再下降一些。"推销人员："我知道您一定希望我们对您的售货服务做得十分完美，难道您希望我们的服务质量打折吗"？顾客："我希望你们所提供的款式能够让顾客充分选择。"推销人员："报告某某总经理，我们已经选了10种最时尚的款式，难道您希望拥有更多款式的产品来增加你们的库存负担吗？"

（六）补偿法

补偿法是指推销人员坦率地承认顾客异议所指出的问题的确存在，同时指出顾客可以从推销品及其购买条件中得到另外的实惠，使异议所提问题造成的损失从其他方面得到充分补偿，从而使顾客得到心理平衡、增强购买信心的一种异议处理方法。这一方法在推销工作中是普遍运用的方法，特别是顾客提出的异议有理有据时。当顾客提出异议且有事实依据时，推销人员应该承认并欣然接受，强力否认事实是不明智的举动，但要设法给顾客一些补偿，让他得到心理上的平衡，即让他产生两种感觉：产品的价格与售价一致；产品具有的优点对顾客重要，产品没有的优点则较不重要。

补偿法的运用范围非常广泛，如果顾客的反对意见的确切中了产品或公司所提供的服务的缺陷，千万不可回避或直接否定。明智的方法是肯定有关缺点，然后淡化处理，利用产品的优点来补偿甚至抵消这些缺点。这样有利于使顾客的心理得到一定程度的平衡，有利于使顾客做出购买决策。例如，美国艾维士汽车出租公司一句有名的广告："我们是第二位，因此我们更努力！"这就是一种补偿法。又如，客户嫌车身过短时，汽车销售人员可以告诉客户："车身短有助于您方便地停车"。

补偿法具有很多优点：推销人员能实事求是地承认推销品的不足之处，不是否定顾客异议，而是肯定顾客异议，给顾客的感觉是真诚、客观、可以信赖，有利于改善推销人员与顾客之间的关系。补偿法在承认问题的基础上，向顾客做必要的说明或提出附加条件，不至于出现纯粹的让步。

但这一方法也有其缺点：推销人员首先要承认顾客提出的异议，这可能会使顾客得寸进尺，提出更多的异议，增加推销劝说的难度；也可能因此影响顾客对推销品的看法，增加购买的顾虑；还可能会拖延推销时间，降低推销效率。

为了用好补偿法，推销人员应正视顾客异议并妥善加以解决。要认真分析顾客异议的原因，确定异议的性质，可以以得补失，也可以以失补得、以少补多、以次补重，使顾客得到心理平衡。但同时推销人员还应学会重点推销，并非顾客提出的所有有效异议都要一一找到相关条件去补偿。例如，当推销的产品质量确实有些问题时，而顾客恰恰提出："这东西质量不好。"推销人员可以从容地告诉他："这种产品的质量的确有些问题，所以我们才削价处理。不但价格优惠很多，而且公司还确保这种产品的质量不会影响您的使用效果。"

这样一来，既打消了顾客的疑虑，又以价格优势激励顾客购买。这种方法侧重于心理上对顾客的补偿，以便使顾客获得心理平衡感。

处理顾客异议的方法还有多种，如拖延法、举证说明法、有效类比法、旁敲侧击法等等。在推销实践中，推销人员应根据不同的推销情况加以灵活运用，并善于创新，以提高推销效率，提升推销业绩。

【辅学资料8-2】

巧妙提问处理顾客拒绝

推销是推销主体与推销对象双向交流的过程。在推销过程中，我们经常发现有的顾客会不假思索地拒绝推销，因此，"推销是从被拒绝开始的"。遇到这种情况，推销人员不应"退避三舍"，而应"迎难而上"，巧妙提问是关键。提问可以消除双方的压迫感，缓和商谈气氛；可以摸清对方底牌而让对方了解"我"的想法；可以确定推销过程进行的程度；可以了解顾客的障碍所在，寻找应对措施；可以留有情面地反驳不同意见……提问是处理客户拒绝的最有力手段，一定要熟练掌握运用。

例如，当碰到"不要""今天不买""再说吧"等托词时，拒绝的背后隐藏着各种因素：

(1) 因为时机不理想，现在不急着买。
(2) 因为价格问题，在货款方面有顾虑。
(3) 不喜欢推销人员。
(4) 不喜欢制造商。
(5) 不喜欢这个牌子。
(6) 已经订购了。
(7) 真正无意购买。

针对以上情况，推销人员可以提问：

(1) 您是不是认为目前没有必要买？
(2) 价钱方面是否满意呢？
(3) 关于我的说明有无不清楚的地方？
(4) 这家制造厂家您觉得如何？
(5) 您认为这种款式怎样？
(6) 您是不是已经向其他公司订购过了？
(7) 对这个商品您有兴趣吗？

如果遇到顾客直接拒绝商品推销，可针对顾客的反对意见直接询问，以了解对方的真实想法，再对症下药。例如：

顾客："这个价格太贵了！"

推销人员："您认为什么价格合适呢？"

当顾客讲出他认为合适的价格时，你可从产品的功能、质量及售后服务等方面强调所推销产品价格的合理性，说服对方接受你的价格。千万不能说"价钱可以商量……"，因为价格是综合多种因素而定的，一般不宜更改。若你让了50步，顾客可能认为应该让100步。此时，推销人员可继续运用巧妙提问法：

推销人员："的确，2000元不是一笔小数目。可是这种商品的寿命都在10年以上，一年平均也就是200元，平均到每天仅仅只有6角。您是抽烟的，只当每天少抽1根烟，就能得到现代生活的享受，这钱值得花，您又何乐而不为呢？"

"您所考虑的是资金问题吧？不过请允许我对您说两句话：一句是'一分钱，一分货'，花钱买了好东西值得；另一句是'机不可失，时不再来'，谁能保证明年的价格不涨呢？再说早一点投资，早一点受益，何乐而不为呢？"

（资料来源：技巧天空网. http：//www.tipsky.net/Work/yingxiao/Work_ 4552_ 2. html.）

以上介绍了六种主要的处理顾客异议的技巧和方法，在实践中，推销人员可根据具体情况进行选择，巧妙应用。这里应注意的是，任何推销上的技巧和方法，妙在能相互换用，才有效果。

需要提醒的是，技巧固然能帮助提高效率，但前提是必须对异议持正确态度。只有正确、客观、积极地认识异议，才能在面对顾客异议时保持冷静、沉稳；也只有保持冷静、沉稳，才可能辨别异议真伪，才可能从异议中发现顾客需求，才能把异议转换成销售机会。因此，推销人员不但要训练自己的异议处理技巧，而且要培养对待顾客异议的正确态度。

第三节　顾客异议处理的技巧

一、需求异议处理的技巧

需求异议是顾客自以为不需要推销品所形成的一种障碍。真实的需求异议是推销人员对顾客选择的失误，应中止推销，重新选择推销对象；虚假的需求异议则是以不需要推销品作为借口所形成的一种障碍。对这种异议的处理，可选择运用下列技巧：

（一）渐进式推销

这是一种逐步推进式的推销方法。初次拜访顾客"点到为止"；第二次拜访时，找出合适的话题，让对方能够接纳你，并愿意与你交谈，以便进一步和顾客建立关系；第三次拜访再转向推销事宜，并根据顾客反应逐步推向深入，过渡到洽谈上来。

（二）再次拜访

第一次拜访顾客，顾客拒绝接受推销品，这是很正常的。如果你确认顾客确实需要并有购买能力时，必须坚持再次拜访，并力求下次拜访时使推销有所进展，哪怕进展很小。

（三）适时告辞

对于推销人员来说，面对具有需求异议的顾客，适时告辞非常重要。当顾客拒绝推销品时，推销人员应该说"打扰您了真是抱歉，那我改天再来拜访"，而不要等顾客下了逐客令之后再离开。重要的是一定要告诉对方你"改天再来"；同时，在告辞时，推销人员要注意控制情绪，态度要好，不要来时笑脸、走时冷脸，令顾客感到厌恶。

二、价格异议处理的技巧

价格可以说是推销中最为重要和常见的障碍，这主要是由于价格直接涉及交易双方的实际利益。推销人员能否处理好价格障碍，直接关系到交易的成败和利益的得失。处理价格异议的技巧主要有：

（一）放缓价格的讨论

向顾客介绍产品的时候，顾客会问推销人员多少钱，而推销人员总是用一句话："价格好说。"这个意思就是说先暂且放缓关于价格的讨论。

（二）迅速回答价格异议

价格是直接涉及双方利益的因素，价格异议是关键性异议。如果不马上对价格异议做出处理，会使顾客感觉推销人员害怕提及价格的信息，从而认为其价格异议是真实的，阻碍其对推销的接受性。因此，当顾客提出价格异议，推销人员应马上给予答复。如果推迟答复价格异议，会加强价格在顾客心目中的地位，增加推销的难度。

（三）强调相对价格

就顾客而言，在交易过程中始终会衡量这种交易是否对自己有利。因此，推销人员应先让顾客充分认识到产品的价值，以及购买能给他带来的好处，激发其购买欲望，从而分散其对价格问题的看法。在此之前，推销人员最好不要提及价格，而是采用"先价值，后价格""不问价不报价，问价才报价"的策略。

商品价格的高与低总是相对而言的，且往往带有浓厚的主观色彩。在很大程度上，价格的"贵"与"贱"是接受者的一种心理感受。因此，推销人员面对顾客所提出的价格异议，应注意不要与顾客单纯讨论价格问题，而应该把顾客的注意力吸引到商品的相对价格上来。相对价格即与产品价值、功能、效用相对应的价格。从理论上讲、价格是与商品的有用性相对应的，如果不与产品价值相比较，价格也就失去了自身的意义。当客户提到这个价格他不能接受或者他不愿意支付的时候，你要学会强调物超所值，让他了解到价格与价值之间还有一定的差异性。推销人员要通过介绍商品的性能、特点、优点、顾客购买后将获得的利益和好处，使顾客最终认识到，你所推销的商品实用价值是高的，而相对其实用性而言，价格是低的。

（四）运用心理策略

根据顾客不同的价格心理，运用不同的报价技巧和价格解释技巧。具体讲包括利用优惠价、缩小报价单位、加法报价、减法报价、价格比较等。例如，"这个产品的确不便宜，但它的使用期可以达到3～5年甚至更长，而一般的产品不长的一段时间就坏了，这是否也等于没有价值呢？"

【案例】

客户说"你们的价格太高了"

对于客户提出"你们的价格太高了"这样的问题，严格来说还谈不上是一种拒绝。这实际上是一种购买的信号，言外之意就是"如果你们的价格合理，还是可以考虑的"。除了"价格太高"之外，客户实际上已经接受了除这个因素之外的其他方面。

在处理客户关于"价格太高"的问题时，一般可以采取以下策略：

（1）运用同理心，肯定对方的感受。

"王总，我可以理解您的感受，我们在做任何一项决策时，价格都是要考虑的一个重要因素。"

"王总，您这样说肯定有您的理由，您能谈谈为什么您会有这样的感觉吗？"

（2）巧妙地将客户关注的价格问题引导到其他同样重要的因素上来。

"王总，我可以理解您的感受。价格虽然是决策的一个重要因素，但却不是唯一的因素，质量和服务比价格更重要，不是吗？"

"王总，价格确实高了那么一点点，但考虑到优质的服务和高质量的产品，价格就不算很高了，对吧。"

"王总，我可以理解您的处境，但您认为稍微多投资一点钱买最好的产品和少花一点钱买最终证明经常出问题的产品相比，哪一个更好呢？"

（3）询问客户与哪类产品比较后才觉得价格高。

"王总，您认为我们的产品价格高，那么您是和什么产品相比才觉得高呢？"

可以看看客户比较的产品是不是同类产品，因为有很多客户经常拿不是同一个档次的产品进行比较。通过比较，让客户明白"一分钱一分货"的道理，最终愿意为高质量的产品多付一些钱。

（4）将问题锁定。

"王总，除了价格因素，您还有没有其他问题呢？"

"王总，如果价格问题可以解决的话，我们是不是就可以马上签约了呢？"

以上两个问题可以帮助你发现真正的问题所在。有时客户因为一些难以明言的原因而不和你合作，从而以"价格太高"作为理由拒绝你。当客户回答"价格就是唯一的原因"时，你可以接着问："是与您的预算有关呢，还是有其他原因使您对这笔投资如此关心？"这样一步一步发现问题，并找出解决办法。

（5）切忌不要只降价格，而不改变其他附加条件。

你可以随其他附加条件的变动，如延长交货时间、减少某些服务、增加某些功能等，适当调整价格，让客户感觉到你公司的价格体系是很严格、科学的，利润空间非常有限，让步是有条件的，否则合作很难。

"王总，是这样的，我们公司有一个优惠政策，如果您同时购买两种以上产品，我们可以给您10%的优惠，您看如何？"

"王总，您在这个行业做了那么多年，您一定知道，每年的这个时候都是我们这个产品的旺销时期，所以目前我们公司的订单很多，设计制作日期都排得很满。您看这样好不好，如果您能将交货期延后一个星期，价格方面我帮您申请一下，看能不能给10%的优惠，您看如何？"

"王总，我们给您提供的产品中，增加了一些额外服务，就是您在使用我们的产品时，我们还会安排一名专业的增值客户人员给您提供一对一的服务，保证您的产品使用效果，这样您就不需要请专人来操作了，可以节省您的人员成本。如果您觉得我们的价格有点高的话，我建议您可以取消这项服务，这样可以节约一笔服务成本，我再向公司申请一下，看能不能给您10%的优惠，您看如何？"

（资料来源：中国职信平台：客户异议处理时的基本案例分析，2013-11-14.）

三、推销品异议处理的技巧

由于顾客对推销品的认知程度不同，顾客的需求表现是多样化的，推销品的表现形式也有多个方面，所以，消除推销品的异议是能否达到推销目标的关键。推销品的异议处理的技巧如下：

（一）强调产品适合顾客需要

当顾客提出产品异议后，推销人员应先分析顾客的需要与动机，以及所推销的产品是否与顾客的特定需要相适应，然后将其与产品特性联系起来，以引导顾客认识到产品正适合其特定需要。

（二）介绍产品的使用价值

推销人员在推销产品时，不能单纯地向顾客介绍产品信息，而应重点介绍产品的使用价值。一件产品只有当它被顾客使用并能满足顾客的特定需要时才能发挥其作用。只有让顾客了解产品的使用价值和功能效用，才能有效地刺激需求，转化产品异议。

（三）围绕产品质量进行重点推销

推销人员应找准顾客对产品质量因素中最感兴趣的关键点，并围绕这一关键点展开重点推销。产品最佳质量是当质与价、质与求、质与量相符时的质量。

四、货源异议处理的技巧

货源异议是指顾客已经接受某厂产品，只是不愿意向某一推销人员及其代表的企业购买，是一种竞争性的障碍。处理货源异议，应根据异议的特点分别采取不同的处理措施。

（一）顾客强调已有货源时

当顾客强调自己有供货单位或准备向其他卖主购买时，表明顾客对推销人员所提供的新货源存在疑虑。一般来说，顾客对货源的考虑因素中，购买经验的影响较大。所以，在接触顾客时要以诚相待，以达到"金石为开"的目的。同时，如果顾客要求将你的产品与竞争对手的产品相比较，应以客观公正的态度进行评价，不要贬低竞争对手及其产品，并注意强调自己所推销产品特有的优点，向顾客明示多渠道进货的益处，以便促成顾客转化异议。

（二）原有顾客因货源原因要停止合作时

如果顾客提出该异议确实是因为本企业在货源问题上存在缺陷，那么应实事求是，敢于承认顾客提出的意见，并将出现问题的原因向顾客委婉说明；或者运用幽默的语言技巧，避其锋芒，待对方冷静后再解释说明。为赢得顾客的信任与谅解，要对顾客说明可以在本次合作中采取的补救（补偿）措施。

如果顾客提出该异议是由于竞争对手采用策略，而使顾客的合作意向发生了动摇，首先要查明原因，有针对性地进行处理；同时，保持与顾客的现有关系，消除顾客以货源为借口来易其卖主的障碍。

（三）顾客货源选择具有习惯性心理时

有些货源异议源于顾客存在偏见即习惯性心理，如买进口产品不买国产的，买名牌的不买新品牌等。有效的处理方法是通过各种方式来证明所推销产品的质量优势、供应能力、服务水平等，以便获得顾客的认可与信任，消除顾客的成见，而不是采用低价竞争或采用不正当手段推销产品。

（四）货源异议只是讨价借口时

对于有些顾客提出货源异议作为讨价还价的借口或铺垫时，推销人员可以不予理睬，待其显露出真实意图时，再用相应的异议处理技巧加以处理。

五、推销人员异议处理的技巧

推销人员异议也就是人员障碍，它是一种顾客排斥推销人员，拒绝推销人员推销，而不是对产品有看法的异议。处理这种障碍应注意：

（一）塑造良好的个人形象

常言说，要想推销商品，必先推销自己。服饰是自我的延长，塑造良好的个人形象，给顾客留下良好的第一印象，推销人员应加强自身修养，同时要注意外部形象的塑造。

（二）加强与顾客的感情联络

与顾客进行感情联络、采用感情投资战术，推销人员应注意投资量的积累，不能寄希望于一两次投资即有回报，而应持之以恒，增加联络的次数。障碍的消除需要一个过程，这正如投资回报需要看准形势并通过一段时间的艰苦努力一样，不是立竿见影、轻而易举的。

六、购买时间异议处理的技巧

购买时间异议即时间障碍，是一种顾客申明下次再买或暂时不买的反对意见。处理这类异议（作为借口的时间异议）应注意如下技巧：

（一）时机激励法

"机不可失，时不再来"，以此来刺激顾客的购买欲望，可以根据掌握的市场信息、情报资料，向顾客说明马上购买的时机性，让顾客感到马上购买是一种机会，从而有效转化顾客异议。运用这一方法，推销人员应实事求是，不可故弄玄虚、欺骗顾客，那样只能适得其反。

（二）利益得失法

推销人员通过对顾客早购买和晚购买在利益上的得与失的比较分析，即"早购买早受益、多受益，晚购买晚受益、少受益"，诱导顾客及时购买的一种方法。

（三）竞争诱导法

推销人员可以向顾客指出，他的同行竞争对手已经购买了同类产品，倘若再不尽快购买就会在竞争中处于劣势，来诱导顾客的竞争意识，激起竞争欲望。

【辅学资料8-3】

处理顾客拒绝示例：用过去、后来、现在的方式造句

例如，抱怨服务不太好。处理示例："没错，过去我们的确有服务做得不够完善的地方，后来我们加以整改、提高，现在我们的顾客对我们的服务都觉得很满意。"

例如，抱怨产品价格太贵。处理示例："没错，过去有不少的顾客有与您类似的想法，后来他们还是尝试着使用了我们的产品，现在他们认为我们的产品物有所值。"

例如，抱怨产品质量不好。处理示例："您说得很有道理，过去我们的确是有一些做得不够完善的地方，后来我们做了改进，现在顾客都说我们做得很棒。"

（资料来源：狄振鹏．如何成为销售高手——快速提升销售绩效的八项技能［M］．北京：北京大学出版社，2005．）

【本章小结】

顾客异议是指顾客对推销品、推销人员以及推销方式和交易条件发出的怀疑、抱怨、提出否定或反面的意见。推销人员应正确对待顾客异议：顾客异议是推销活动中不可避免的必然现象；顾客异议的形式和内容多种多样；顾客异议是改善营销工作的动力。顾客异议的成因归纳起来主要有以下三个方面：顾客方面的成因、推销品方面的成因和推销人员方面的成因。

推销人员在处理顾客异议时，必须坚持尊重顾客、真实可信、永不争辩的原则。顾客异议处理的方法有预防法、"但是"法、反驳法、利用法、询问法和补偿法。

处理顾客异议应采用一定的技巧。需求异议处理的技巧有渐进式推销、再次拜访、适时告辞；价格异议处理的技巧有放缓价格的讨论、迅速回答价格异议、强调相对价格、运用心理策略；推销品异议处理的技巧有：强调产品适合顾客需要、介绍产品的使用价值、围绕产品质量进行重点推销；货源异议处理的技巧：应根据不同情况灵活掌握；推销人员异议处理的技巧有：塑造良好的个人形象、加强与顾客的感情联络；购买时间异议处理的技巧有：时机激励法、利益得失法、竞争诱导法。

【复习思考题】

1. 什么是顾客异议？为什么老练的推销人员欢迎顾客提出异议？
2. 顾客异议产生的根源是什么？
3. 处理顾客异议应遵循哪些原则？
4. 怎样运用心理策略消除价格异议？
5. 一般情况下，顾客认为"价格太高"的主要原因及推销人员的对策是什么？
6. 有哪些处理顾客异议的方法和技巧？试就其中一两种方法说明其基本概念、优缺点及应注意的问题。

【实训题】

1. 假定你是某手机公司的推销人员，假定你要向顾客推销你公司的产品，完成下列练习：
（1）列出顾客可能向你提出的三个异议。
（2）选择不同的方法分别处理以上三个异议。
（3）为每个异议的处理写出你与顾客之间的对话。

2. 以下是对于购买产品的一些普通异议，列出你对每一种异议的回答：
（1）对汽车：我需要和我的妻子商量商量。
（2）对计算机：我们不需要这个牌子的计算机。
（3）对人寿保险：我感觉自己很健康。
（4）对清洁器：这个产品比你们竞争对手的产品要贵。
（5）对空调器：这个东西看起来没有必要买。
（6）对微波炉：我看不出你们的微波炉有加热快的优势。
（7）对广播广告：我看不出你们相较报纸广告有任何优势。
（8）对药品：我们已经有非阿司匹林止痛药的过多存货。
（9）对化妆品：你们的商品价格太高了。
（10）对房产：这里离市区太远了，干什么都不方便啊！

【案例分析题】

案例1：巧妙处理顾客异议

异议处理1：

推销人员："这是今年的新款箱包。"

顾客："不会吧，你们的产品比其他品牌要贵那么多？"

推销人员："确实，我们的产品价格比较高，但您应该知道，我们的原材料、生产线……都是一流的，为了保证产品质量，维护消费者权益，我们还……"

异议处理 2：
顾客："这包食品怎么过期了？"
推销人员："不好意思，您看到的这个日期是生产日期，这批产品是上个星期才出厂的，这里才是保质期。"

异议处理 3：
一位中年女士来到化妆品柜台前，欲购护肤品，售货员向她推荐了一种高级护肤霜。
顾客："我这个年纪买这么高档的化妆品干什么，我只是想保护皮肤，可不是像年轻人那样要漂亮。"
售货员："这种护肤品的作用就是保护皮肤的。年轻人皮肤嫩，且生命力旺盛，用一般的护肤霜就可以了。人上了年纪，皮肤就不如年轻时，正需要这种高级一点的护肤霜。"

异议处理 4：
在一次冰箱展销会上，一位打算购买冰箱的顾客指着不远处的一台冰箱和身边的推销人员交流：
顾客："那种 AE 牌的冰箱和你们的这种冰箱同一类型、同一规格、同一星级，可是它的制冷速度要比你们的快，噪声也要小一些，而且冷冻室比你们的大 12L，看来你们的冰箱不如 AE 牌的呀！"
推销人员："是的，您说得不错。我们的冰箱噪声是大点，但仍然在国家标准允许的范围以内，不会影响到你家人的生活与健康。我们的冰箱制冷速度慢，可耗电量却比 AE 牌冰箱少得多。我们冰箱的冷冻室小但冷藏室很大，能储藏更多的食物。您一家三口人，能有多少东西需要冰冻呢？再说我们的冰箱在价格上要比 AE 牌冰箱便宜 300 元，保修期也要长 6 年，我们还可以上门维修。"
顾客听后，脸上露出欣然之色。

异议处理 5：
推销人员："王总，既然产品很好，您为什么现在不买呢？"
王总："产品虽然不错，可它不值 5 万元一件啊！"
推销人员："那您说说这样的产品应该卖什么价格？"
王总："总之太贵了，我们买不起！"
推销人员："看您说的，王总！如果连您都买不起，还有什么人买得起？您还个价吧。"

异议处理 6：
一位办公用品制造公司的女性推销人员到一家公司进行推销。
顾客："你们公司怎么会聘用女性推销人员？"
推销人员（回答1）："这种复印机是引进国外先进设备生产的，各项质量指标在国内都是一流的。"（不予理睬）
推销人员（回答2）："男女都一样，这种复印机是引进国外先进设备生产的，各项质量指标在国内都是一流的。"（一带而过）

异议处理 7：
经销商："你们企业把太多的钱花在广告上，为什么不把这个钱省下来，作为我们进货的折扣，让我们多一点利润多好呀。"
推销人员："就是因为我们投入了大量的广告费用，顾客才会被吸引到指定的地方去购买我们的品牌。这不但能帮助您扩大销量,同时还有利于您顺便销售其他商品,您的总利润还是最大的吧?"(如果顾客异议与成交无关和属于敏感问题时,不宜采用此法)

异议处理8:

顾客对商场有意见且气冲冲地找到经理室,诉说店员态度不好,现要退货。经理先礼貌让座,并客气地倒上一杯水,微笑地说:"先坐坐,喝口水再给您解决问题。"

等这位顾客歇一会儿后,怒气消失了,说话也比进来时平和多了,然后通过解释工作,顾客就能心平气和地离去。

异议处理9:

顾客: "这是啥破手机呀,用了不到半年就坏了,我要调换。"

推销人员: "对不起,按照国家规定,自售出之日起7日内,手机出现说明书所列功能失效等情况,消费者可以选择退货、换货或者修理。不过您的手机使用已超过半年,而且损坏的原因显然是使用不当,所以我公司不应承担责任。"

异议处理10:

一对年轻人在一款50in⊖液晶电视机前驻足很长时间。

推销人员: "是不是看上了这款电视?这是刚上市的新款……"

顾客: "电视的款型、大小正适合我们布置的新房,就是价格贵了点,我们手头不宽裕……"

推销人员: "结婚新房用品可不能马虎,要买就要买称心如意的!针对您'手头紧'的情况,只要在我们店交800元的首付,以后每月可以按揭贷款支付余额。"

顾客: "那就开票吧!"

问题:

1. 在以上10种情境中,顾客各提出了什么异议?
2. 针对这些异议,推销人员采用了什么处理异议的方法?这种方法使用时运用的条件和应注意的问题是什么?

案例2:洗耳恭听,对"症"释疑

东方厂的多功能搅拌机在某商场设有展销专柜。推销人员刘明是厂方生产车间的工人,他的突出特点是细心、耐心。在展销会上,他不断地向顾客介绍产品的用途、使用方法和优点。一位中年男顾客看了一眼演示情况,就说这个搅拌机不容易洗干净,也不安全。刘明听了,二话没说,重新演示了一遍,并说明如果部件放置不到位,机器不会起动,有一定的安全保障。顾客又看了一下产品,犹豫不决地说,搅拌机功能多是优点,但是零部件塑料制品多,容易坏。刘明拿出保修单,说明东方厂在商场所在城市设有多个特约维修点,对本产品实行的维修政策是:一年内,不论任何原因损坏,均可免费保修、包换;超过一年,整机终身维修,修理费免收,零部件按成本价供应。

问题:

1. 刘明处理顾客异议时,采用了哪种方法?
2. 案例中的顾客异议属于哪种类型?其根源会是什么?

⊖ 1in=0.0254m。

【资料阅读】

资料1：如何处理顾客的拒绝？

（1）如果顾客说："我没时间！"那么推销人员应该说："我理解，我也老是时间不够用。不过只要3min，您就会相信，这是一个对您绝对重要的议题……。

（2）如果顾客说："我现在没空！"那么推销人员就应该说："先生，美国富豪洛克菲勒说过，每个月花一天时间在钱上好好盘算，要比整整30天都工作来得重要！而我们只要花25min的时间！麻烦您定个日子，选个你方便的时间。我星期一和星期二都会在贵公司附近，所以可以在星期一上午或者星期二下午来拜访您！"

（3）如果顾客说："我没兴趣。"那么推销人员就应该说："是，我完全理解。对一个谈不上相信或者手上没有什么资料的事情，您当然不可能立刻产生兴趣，有疑虑、有问题是十分合理自然的。让我为您解说一下吧，您看星期几合适呢？"

（4）如果顾客说："我没兴趣参加！"那么推销人员就应该说："我非常理解，先生，要您对不晓得有什么好处的东西感兴趣实在是强人所难。正因为如此，我才想向您亲自报告或说明。星期一或者星期二过来拜访您，行吗？"

（5）如果顾客说："请你把资料寄过来给我怎么样？"那么推销人员就应该说："先生，我们的资料都是精心设计的纲要和草案，必须配合人员的说明，而且要对每一位客户分别按个人情况再做修订，等于是量体裁衣。所以，最好是我星期一或者星期二过来拜访您。您看上午还是下午比较好？"

（6）如果顾客说："抱歉，我没有钱！"那么推销人员就应该说："先生，我知道只有您才最了解自己的财务状况。不过，现在告急做个全盘规划，对将来才会最有利！我可以在星期一或者星期二过来拜访吗？"或者说："我了解。要什么有什么的人毕竟不多，正因如此，我们现在开始选一种方法，用最少的资金创造最大的利润，这不是对未来的最好保障吗？在这方面，我愿意贡献一己之力，可不可以下星期三，或者周末来拜访您呢？"

（7）如果顾客说："目前我们还无法确定业务发展会如何。"那么推销人员就应该说："先生，我们营销要担心这项业务日后的发展，您先参考一下，看看我们的供货方案优点在哪里，是不是可行。我星期一过来还是星期二比较好？"

（8）如果顾客说："要做决定的话，我得先跟合伙人谈谈！"那么推销人员就应该说："我完全理解，先生。我们什么时候可以跟您的合伙人一起谈？"

（9）如果顾客说："我们会再跟你联络！"那么推销人员就应该说："先生，也许您目前不会有什么太大的意愿，不过，我还是很乐意让您了解，要是能参与这项业务，对您会大有裨益！"

（10）如果顾客说："说来说去，还是要推销东西？"那么推销人员就应该说："我当然是很想销售东西给您了，不过要是能带给您让您觉得值得期望的，我才会卖给您。有关这一点，我们要不要一起讨论研究看看？下星期一我来拜访您？还是您觉我星期五过来比较好？"

（11）如果顾客说："我要先好好想想。"那么推销人员就应该说："先生，其实相关的重点我们不是已经讨论过了吗？恕我直率地问一问：您顾虑的是什么？"

（12）如果顾客说："我再考虑考虑，下星期给你电话！"那么推销人员就应该说："欢迎您来电话，先生，您看这样会不会更简单些：我星期三下午晚一点的时候给您打电话，还是您觉得星期四上午比较好？"

（13）如果顾客说："我要先跟我太太商量一下！"那么推销人员就应该说："好，先生，我理解。可不可以约夫人一起来谈谈？约在这个周末，或者您喜欢哪一天？"

类似的拒绝自然还有很多，这里无法一一列举出来，但是，处理的方法其实一样，就是要把拒绝转化为肯定，让顾客拒绝的意愿动摇，推销人员乘机跟进，促使顾客接受自己的建议。

（资料来源：加盟网．http：//www.zjgzw.com.cn/tztj/64/.）

阅读思考：

以上应对顾客拒绝的话术对你有何启发？针对顾客的这些拒绝，你有更好的应对话术吗？

资料2：服装销售人员应对顾客"砍价"的8种话术

服装销售人员每天都会无数次面对顾客的砍价，有时候简直恨不得在门口写上"谢绝还价"四个大字，可是一般店家又不会去写。因为一旦写上"谢绝还价"，门外一部分顾客就会止住脚步。因为消费者心理就是：都不能还价，那还是不进去看了，指不定卖得有多贵！那么应该怎么应对这些非得"砍价"心里才爽的顾客呢？

一般喜欢"砍价"的顾客可以分成下面几种类型：

1. 试探型

"能不能便宜点？给优惠点吧。"

这类顾客大部分不是特别坚持能砍下多少钱，就是觉得试试看，说不定还有优惠呢。对于这类顾客，可以礼貌地拒绝他们的还价，再进一步观察顾客的反应。

如果顾客没再坚持，欣然选购商品，那我们就保住利润。如果顾客表示还想坚持砍价，再进一步应对。

参考性话术：

（1）"实在抱歉，我们的价格本身就很实在了哦，而且我们现在还有'满299元立减50元'的活动，您可以多看看。"

（2）"我们店铺正在做促销活动，现在已经是非常优惠的价格了哦，您可以放心选购。"

如果商品还有不错的利润，大可以用满多少给予优惠、赠送小礼物等方式应对砍价，最后退一步抹去零头等促成交易；但如果商品利润已经很薄、无法再让，也一定不能生硬地拒绝顾客或不耐烦，因为这样会给顾客很差的体验感。

2. 允诺型

"太贵了，第一次来买，你给我便宜点，下次我会再来买的，还会介绍很多朋友来买的。"

这样的顾客相信大家都不陌生，其实这个时候他已经下定决心购买了，只要应对得当，是很容易成交的。

参考性话术：

（1）"非常感谢您的惠顾。我们的商品质量是很过硬的，价格也已经十分公道，所以第二次来小店购买的老顾客还是很多的。"

（2）"这个已经很便宜了。我们店的价格一直都很实在，所以老顾客很多，希望您也成为我们的老顾客。"

3. 对比型

"隔壁店的衣服都比你店里的便宜，你就便宜点吧？"

面对这样的砍价,一开始销售员总会纳闷,为什么顾客不买那件便宜的?

其实这时候顾客心里已经比较过了,显然他是更青睐我们这个"贵一点"的,但是又担心买贵了吃亏。那么,这时候服装销售员要做的就是增加顾客的信任感,坚定他购买的决心。应该引导顾客关注性价比和服务,价格并非是唯一因素。

参考性话术:

"您好,我不知道别家店铺的商品质量是不是与我们的一样,现在外面很多店铺的商品都是以次充好,这就需要您的火眼金睛了。但是对于我们的产品质量,我们是有信心的。而且买回去后如果有任何问题,您都可以随时联系我们。"

4. 武断型

"其他的什么都好,就是价格太贵!"

这类顾客看起来挺强势,其实还是很好沟通的,他可能就是想砍价。这时应当顺着顾客的意思,让顾客知道这个价格是物有所值的。

参考性话术:

"我完全同意您的意见。但俗话说得好:一分钱一分货。买的时候我们主要关注价格,但是在整个产品的使用期间,我们其实更在意这个产品的品质。所以,我相信您会有正确的判断。"

5. 威逼利诱型

"就按我说的价格吧,卖的话我现在就给钱,不卖我就走了(去别家了)。"

遇到这样的砍价不用慌,大部分顾客的心理只是不想买贵了吃亏;还有一点就是价格不能让步,不然顾客会觉得怎么还有空间让价,这样反而会使客户信任感降低。这个时候应该保持冷静,不要被顾客牵着走,而要坚定自己的价格。

参考性话术:

(1) 砍后的价格相差不大。

"这个价格真没有的,我也是很诚心想卖给您。这样吧,我送您一份小礼物,本来购买满299元才送的。以后还请多关照小店啊!"

(2) 砍后的价格相差很大。

"我们已经是没有利润的了,您手下留情啊!这款商品选用的都是很好的材料,品质以及款式都是有保障的。您现在购买还有满299元送T恤的活动哦。"

6. 博取同情型

"我还是学生(刚参加工作)呢,老板你就便宜点呗!"

参考性话术:

"现在服装店的生意也难做呀,竞争也激烈。其实大家都不容易,请你也理解一下我们的苦衷吧,好吗?"

7. 借口型

"哎呀,我身上带的钱不够,刚好就只有这么多钱(正好是他讲价时提出的金额)。"

这类客户还真不少,真真假假很难分辨,但是不管是真是假,坚持自己的原则,不亏本地成交就是了。应对这类顾客,如果最后的价钱相差不大,可以接受,就成交了;如果相差很大,就请他想别的办法,或者施加一点压力。

参考性话术:

（1）砍后的价格相差不大。

"那好吧，我也是诚心想跟您做生意，记得下次多惠顾我们店哦！"

（2）砍后的价格相差较大。

"您这个价钱就相差多了，我们没有那么多利润的。如果您真的很中意这件衣服，您看能否想办法用其他方式付款，如支付宝、银行转账、微信等。这件销售得不错，晚些再来我们真的不能保证一定有合适的尺码哦！"

8. 死缠烂打型

一些顾客死缠烂打，各种招式都用，销售员也用了各种应对办法，但是他还是不屈不挠，与你砍价半小时甚至几小时。

其实，这样的顾客流失了并不可惜，因为他们是铁了心要砍价成功再下单，而对商品和服务方面的要求并不看重。对于这类顾客，可以好言拒绝或者保持一定的沉默。

参考性话术：

"非常感谢您的惠顾，可能是我们缘分未到。不过没有关系，买卖不成仁义在，下次有合适的一定第一时间推荐给您。"

看了上面这么多顾客砍价类型，你了解应对顾客砍价的技巧了吗？其实顾客砍价不可怕，应对好了，说不定他就成为我们的长期顾客了！

（资料来源：批发市场——53货源网．http：//pf.53shop.com/news/show7627.html.）

第九章

推 销 成 交

【学习目标】

- 成交的信号
- 成交的过程
- 成交的方法
- 客户的维系

【基本概念】

推销成交、成交信号、请求成交法、优惠成交法、假定成交法、选择成交法、总结利益成交法、连续点头成交法、小狗成交法、选择成交法、从众成交法、小点成交法、技术成交法、保证成交法、肯定成交法、最后机会成交法、顾客维系、顾客投诉

【引导案例】

盖兹创办了一家风景服务公司,该公司以服务优质、快捷而著称。但客户反映,尽管公司的工作不错,但收费太高了。罗斯一家刚刚搬入一幢价值225000美元的房子,房子占地面积为$167m^2$,地面潮湿,还有沙土,仅有的几棵树也太高、太老,快要枯死了。罗斯先生已经打电话向盖兹询问了这一服务,他们星期五下午见了面。盖兹在罗斯家的住宅周围转了几圈,罗斯先生也提出了自己对房子的看法。盖兹在心中已经有了一个大体的框架,两人约好下周三见面详谈。第二次的会面情形如下。

盖兹:"我现在有几张草图。"

罗斯:"您能解释一下吗?"

盖兹:"您的房子太漂亮了,您和夫人一定为之骄傲吧。"

罗斯:"是的。"

盖兹:"为了更完善一些,您必须有一个漂亮的环境——草坪、灌木丛、花卉和树荫。我建议您不用10cm厚的填土,而是直接从麦伦庄园引入一层5cm厚的沃土,并种植那里的兰草。这虽然贵了一些,但您今年夏天就可以有漂亮、迷人的草坪了。如果让我们撒种,那要花很长时间(盖兹又做了其他解释)。您意下如何?"

罗斯:"听起来不错,要多少钱?"

盖兹:"我们的服务将一直延续两年,全部费用要10000美元。"

罗斯:"10000美元!太贵了。我们两年前只为这块空地花了3500美元。"

盖兹:"看起来是贵了点,但是,我们还要向您提供两年内的各项配套服务,如种植灌木、

养护等。"

罗斯:"我们也与其他几家风景公司谈过,价格比您的便宜。"

盖兹:"如果那样的话,我们也可以做到,帮您植草、翻土、种树,直到草坪变绿,那要用约一个月的时间,只需3000美元,但是以后的事情我们就不负责了。根据经验,有一些草坪挺好,但有的会出问题。"

罗斯:"我也明白,3000美元和10000美元的服务会大不一样。我只是在想,为了那些服务差异而多花7000美元是否值得?"

盖兹:"让我们回顾一下那些差异。首先,地皮是全套优质地皮,来自麦伦庄园,每一棵灌木都精心挑选,放在合适的位置,有一些是常青的,有一些是四季变化的。这样,您的花园便四季如春、景色各异。另外,每一棵树都是不同类型的,有两棵6m高,一年后便可有树荫,而且,我们在两年内免费替换任何死去的草木。如果按照便宜的价格,您得到的只不过是一个绿草坪、一点灌木、几棵小树。但多花一点钱,您便可以迅速地拥有一所豪华宅院。"

罗斯:"听起来真是不错,但我还是不确定那多花的7000美元是否合理。我要等我夫人下周回来,同她商量。"

(资料来源:三亿文库. 推销学案例13. http://3y.uu456.com/.)

你认为盖兹能做成这笔生意吗?为什么?如果你是盖兹,下一次见面会怎样做呢?相信学完这一章,你就会找到解决的办法。

推销成交,是指顾客接受推销人员的推销建议及推销演示,并且立即购买推销产品的行动过程。在成交过程中,当推销人员与顾客的洽谈陷入僵局时,推销人员常会想:"为什么他就是下不了决心购买呢?"而潜在顾客则在想:"我这样决定是最好的吗?"许多推销活动都在进行到这一步时失败了。为什么呢?因为你还没有真正掌握促成交易的技巧。

第一节 成交的信号

一、成交信号的含义

成交信号是指顾客通过表情、语言、行动等显示出来的,表明其可能采取购买行为的暗示信号。成交信号一旦出现,就要及时抓住机会,促进成交。通常情况下,顾客不会主动请求购买,特别是在当前买方市场的情况下。但他们往往会有意无意地流露出某种成交信号,推销人员要能正确识别这些信号,当场促成交易。顾客的成交信号因人而异,且受一定的推销环境和推销对象的影响。因而,推销人员应密切注意并善于捕捉顾客的成交信号。

二、成交信号的类型

成交信号的表现形式是复杂多样的,一般可分为表情信号、语言信号、行为信号和其他信号四种典型的类型。

1. 表情信号

表情信号是顾客在洽谈过程中通过面部表情表现出来的成交信号。这是一种无声的言语,它能够反映顾客的心情与感受,其表现形式微妙,具有迷惑性。例如,顾客在听取推销人员介绍商品时,紧锁的双眉分开、上扬,表现出深思的样子;神色活跃,态度更加友好,表情变得开朗,自然微笑;眼神、目光对产品的关注或分散、脸部表情变得很认真,或者不断点头等。

表情信号是顾客的心理活动在面部表情上的反映，它是判断成交时机的重要依据。通常来说，顾客决定成交的表情信号有如下几种类型：

（1）面部表情突然变得轻松起来，紧皱的双眉舒展开。
（2）露出惊喜的神色，说道："真的很便宜哦！"
（3）露出微笑或欣赏的神情。
（4）双眉上扬。
（5）眼睛转动加快。
（6）态度更加友好。

当以上任何情形出现时，你就可以征求订单了，因为你观察到了正确的购买信号。细致地观察顾客的表情，并根据其变化的趋势采取相应的策略、技巧加以诱导，在成交阶段是十分重要的。

2. 语言信号

当顾客有购买意向时，会从语言中流露出某种信号，这是成交信号中最直接、最明显的表现形式，推销人员也最易觉察到。例如，顾客对你推销的产品产生兴趣时，会对产品的一些具体问题（包装、颜色、规格）提出具体要求和意见，或用假定的口吻谈及购买、关于产品的使用与保养事项等。例如，"我可以再试一试你的产品吗？""你们公司的产品售后服务有保障吗？""您的产品真是太美观了！""我的朋友也建议我购买这种产品，说它性能非常可靠，真是这样吗？"。

归纳起来，客户表示成交的语言信号有以下几种类型：

（1）表示肯定或赞同。例如，"是，你说得对。""我们目前确实需要这种产品。"
（2）请教产品使用的方法。例如，"产品看起来是不错，但我不知道使用和保养方法。""用起来方便吗？"
（3）打听有关产品的详细情况。例如，"如果产品出现故障，你们派人上门维修吗？"
（4）提出购买的细节问题。例如，"一周之内能送货吧？"
（5）提出异议。例如，"价格太贵了，能否再优惠一些？"
（6）与同伴议论产品。例如，"你看怎么样？"
（7）重复问已经问过的问题。例如，"对于我刚才提出的问题，你能否再详细解释一下？"
（8）问"假如……"的问题。

当顾客出现上述语言信号时，那么，这个顾客已经是你的了。当然，在实际的工作中，顾客的语言信号往往不那么明显，它们经常存在于顾客的异议中。这就要求推销人员善于察言观色，掌握倾听和辨别的艺术。这说明顾客正在准备接受推销建议，推销人员应抓住时机，及时提出成交。

3. 行为信号

行为信号是指顾客在举止行为上表露出来的购买意向。推销人员还可以从观察顾客的动作来识别顾客的成交意向。从心理学上讲，顾客表现出来的某些行为是受其思想支配的，是其心理活动的一种外在反应。例如，不断用手触摸商品并不住点头，拍拍推销人员的手臂或肩膀，做出身体自然放松的姿势等，均是有意成交的表现。当有以下信号发生的时候，推销人员要立即抓住良机，勇敢、果断地去试探、引导顾客签单：

（1）反复阅读文件和说明书，查看、询问合同条款。

(2) 认真观看有关的视听资料，要求推销人员展示样品，并亲手触摸、试用产品。

(3) 突然沉默或沉思，眼神和表情变得严肃，或表示好感，或笑容满面。

(4) 对推销人员突然变得热情起来，主动请出本公司有决定权的负责人，或主动向推销人员介绍其他部门的负责人等。

4. 其他信号

除以上三种比较明显的成交信号外，还有其他一些成交信号。例如，有时顾客虽有购买意向，但会提出一些反对意见。这些反对意见也是一种信号，说明双方很快就有可能达成协议，即俗语所谓的"褒贬是买主"。例如，顾客可能会提出："这种产品在社会上真的很流行吗？""你能保证产品的质量吗？"以及"如果产品质量有问题的话，你们能上门服务吗？"这些反对意见一般来说都不是根本的反对意见，顾客一般也不会把这些意见放在心上。如同做出其他任何一种决定一样，顾客在决定拍板时，心里总是犯嘀咕，认为这是决定性的时刻，成败在此一举。因为顾客有各种各样的顾忌，如性价比、费用、购买后出现的困难、产品使用方面的困难，有时甚至担心因感情冲动而导致做亏本生意。

有经验的推销人员会捕捉顾客透露出来的有关信息，并把它们作为促成交易的线索，勇敢地向顾客提出销售建议，积极诱导顾客，增强顾客的购买信心，从而把成交信号变为购买行为。而迟钝的或缺乏经验的推销人员发现不了、理解不了顾客的外在表现，就常常失去交易机会。例如，当一位顾客在商场的化妆品柜台前仔细查观看了某种护肤品，并要求再看几种其他品牌，营业员却无动于衷，顾客犹豫一下就走开了。在这里，顾客仔细观察商品已发出了信号——想买护肤品，但拿不定主意，需要营业员的参考意见，而营业员不主动参与顾客购买，就错过了成交的机会。

推销人员要密切注意顾客所说的和所做的一切，也许获得订单的最大绊脚石是推销人员本人太过健谈，从而忽视了顾客的购买信号。因此，在推销的过程中，只要你认为听到或看到了一种购买信号，就可以马上征求订单了。

第二节 成交的过程

成交的过程一般可概括为以下五个阶段：排除成交心理障碍；激起顾客购买欲望；促成顾客购买；抓住有利时机；提出成交建议。

一、排除成交心理障碍

成交是整个推销过程中最重要的一环，气氛往往比较紧张，容易使推销人员产生一些心理障碍。所谓成交心理障碍，主要是指推销人员心中存在的不利于甚至阻碍成交实现的推销心理因素。例如，一位推销人员多次前往一家公司推销而没有结果。一天，该公司采购部经理拿出一份早已签好字的合同，推销人员愣住了，问顾客为何在过了这么长时间以后才决定购买，顾客的回答竟然是："今天是您第一次要求我们订货。"这个例子说明，绝大多数顾客都不会主动提出购买要求，他们在等待推销人员首先提出成交要求。即使顾客非常想购买，如果推销人员不主动提出成交要求，顾客也不一定采取购买的行动。所以，推销人员必须克服心理障碍，在准确识别成交信号的基础上，及时、大胆地向顾客提出成交的建议。

推销人员的成交心理障碍主要表现在：害怕被顾客拒绝、不敢提出成交建议、放弃继续努力和职业自卑感。要排除成交心理障碍，推销人员应努力做到：

1. 敢于面对顾客拒绝

在推销工作的实践中,许多推销人员害怕主动接近顾客,更怕遭到顾客的奚落和拒绝。这是推销人员常常遇到的一种最大的心理障碍,起源于推销人员缺乏足够的推销工作经验,对于顾客可能的拒绝还无法坦然接受而造成的恐惧心态。因为有些推销人员比较重视自己的面子,一旦受挫会自然产生羞愧心理,因而在推销工作中总处于担心害怕的状态之中。而大量的推销实践证明,大多数的推销努力因种种原因可能都是以失败告终,只有极少数能达成交易。因此,如果一个推销人员不能学会应对顾客的拒绝,不能从屡次遭到顾客拒绝的经历中取得经验并保持心理平衡的话,就会丧失自信心,最终一事无成。因此,推销人员应清楚地认识到只有少数推销可能一次成功的事实,要敢于面对顾客的拒绝,做好推销失败的心理准备,适时调整好自己的心态,始终充满必胜的信念。

在推销过程中,一般推销人员最怕的有两种情形:一是很怕听到"我不要"或"我考虑考虑";二是怕客户说"你把材料留下来,我有机会再跟你联络"。

【案例 9-1】

王红是一个害羞的女孩,从事保险业务以来,每次与顾客特别是亲戚、朋友进行业务洽谈时,即使时机已经成熟,她也不好意思开口要求对方把订单签下来,因为她害怕这样会引起他们的反感,好像自己的目的只是为了签单而已,而她的顾客则一直等着她开口。所以很多业务就这样一直拖着,迟迟没有结果。

其实,许多推销人员都有这样的心理,由于害怕遭到顾客的拒绝,而不敢诱导顾客做出购买决定。他们希望在业务洽谈时,顾客会突然打断他的谈话,兴高采烈地表示愿意购买;而如果客户不声不响、无所表示,推销人员就不知所措,以为时机还不成熟,因此,就直接或间接地把经过努力可以达成交易的大好时机白白错过了。

2. 敢于提出成交建议

有些推销人员在成交前期的工作完成得非常出色,而且与顾客谈得也比较投机,形成了良好的人际关系,因而认为成交是水到渠成的事,从而放松了警惕,不去主动促成交易,而是被动地等待顾客提出成交。而事实上,顾客主动提出成交的情况往往是很少的。顾客多等待由推销人员提出成交,特别是当顾客抱着可买可不买的心态时更是如此。一方面,顾客自认为有一定的优越感,不应主动提出成交而失了身份和面子;另一方面,由推销人员主动提出成交,顾客就能掌握敦促推销人员进一步让步的主动权。推销人员若一味地等待下去,不但浪费时间,而且有可能引起顾客的反感,最终丧失促成交易的有利时机。因此,推销人员必须改变上述错觉,适时主动地提出成交,并适当地施加压力,积极促成交易。

推销界有句行话:"你没有向客户提出成交要求,就好像瞄准了目标却没有扣动扳机。"顾客基本不会说"我要买",推销人员一旦发现成交信号,就要大胆地向顾客提出成交的建议。有很多推销人员失败的原因就在于,他们害怕提出让顾客购买的请求。事实上,只有3%的顾客(直销情况下)会主动提出购买,如"听起来不错,我买一个",或者"好的,不错,我们可以成交",或"你已经做成一笔买卖了";而其余97%的顾客都需要推销人员请他们购买。

所以,推销人员不要等顾客先开口,而应主动地先向顾客开口。例如,可以这样说:

"如果我能给您找到合适的,您是否今天就订货?"

"如果我现在找出您要的那种产品,您是否肯定会买?"

"如果价格没有问题,您是不是今天就买了?"

"除了价格以外,是否还有其他方面妨碍您现在就买呢?"

3. 绝不轻言放弃

如果顾客说"我考虑一下",你就放弃了,那将前功尽弃。在签订销售合同或者是现款现货的交易中,一些推销人员的不良心理倾向会阻碍成交,所以,必须克服这种情形。

【案例9-2】

著名保险推销经理于文博先生曾多次向他的一位朋友介绍保险,但他的朋友一直没有购买。于文博先生有一次对他的朋友说:"如果哪一天你遭到不幸了,我不会去参加你的追悼会。"朋友听了很生气:"为什么?咱们这么多年的关系,你怎么如此不够意思呢?于先生说:"大家都知道我是做保险的,又是你多年的好朋友,这样的好事情没有向你介绍,而使你遭到不幸之后家属不能得到足够的保险费,不能有足够的钱安稳地生活,大家一定会责怪我不够朋友的。而我已经向你介绍过许多次了,只是你没有投保而已。你说,我去干什么?受大家的责骂吗?"朋友听了很感动,最后终于为自己买了一份保险,也为家人买了一份保障。

想想看,如果于文博先生面对朋友的一次拒绝就退缩不前,那么他就永远也不可能签订这份保单。面对客户的拒绝,我们是应该退缩不前,还是应该毫不气馁呢?

黎明前的黑暗是最黑暗的时候,但只要度过这一段时间,光明就在眼前。在推销过程中,进入到最后促成的阶段,也是最多人放弃的时候:不是成交不了,而是放弃了成交的果实,没有坚持到最后。因此,应该常常告诉自己"我是最棒的""我能成功"。

在推销界中,会开口要求的人才是赢家。但遗憾的是,太多的人都因为害怕失败和被拒绝,而不愿意开口要求他们想要和需要的东西。他们会用猜测、含蓄、暗示等各种方式,却不愿冒被拒绝的风险而直接提出要求。你的生活是否快乐,你的事业是否成功,大都取决于你的能力,以及开口要求所想事物的意愿。

要学习如何积极地要求、愉快地要求、有礼貌地要求、有所期待地要求,要求安排见面,要求顾客告诉你他犹豫不决的理由。最重要的是,你得要求顾客下订单,即要在所有的解说完毕、进入尾声之际,请求顾客做出购买决定。

4. 克服职业自卑感

有些推销人员认为自己的工作低人一等,存在着很强的自卑感,这也是一种常见的成交心理障碍。这些推销人员认为主动上门推销形同乞讨,是恳求别人买东西,因而自觉羞愧。他们没有意识到职业不分尊卑、贵贱,推销与餐饮业、批发业一样,是一种服务业,它提供的是一种对顾客和推销人员都有好处的互惠服务。这种职业自卑感主要来自社会上对推销人员的极大成见,认为推销人员都是"骗子"。当然,这也与推销人员自身的知识水平和素质有关。推销人员应加强学习,丰富自己的知识,努力掌握推销理论和技巧,提高自身的素质;同时,也要注意自己的着装和言谈举止,做到不急不火、彬彬有礼,改变社会对推销人员的错误认识。另外,推销人员对待顾客要和蔼可亲,善于察言观色,但不要卑躬屈膝,在必要的时候要不卑不亢、坚持原则,并维护自己的人格和尊严。

在成交的过程中，气氛往往比较紧张，推销人员容易产生一些心理障碍，阻碍了成交。以上这些属于推销人员方面的成交障碍，必须由推销人员通过自己的主观努力加以克服。

二、激起顾客购买欲望

激起顾客购买欲望是指推销人员在证实产品可以满足顾客需求后，针对顾客的心理开展活动，使顾客的心理产生不平衡、产生想要拥有推销产品及满足需求的欲望，并且加强这种欲望的迫切性，从而使顾客产生实际购买行为的全部活动。激起就是激励、唤醒、刺激。推销人员应该通过运用成交技术，激励、唤醒和刺激顾客客观存在的购买欲望。顾客的购买欲望越强烈，实现欲望的意志力越坚强，就越会采取购买行为。激起顾客欲望的方法主要有以下几种：

1. 诚恳沟通，检核信任

现代推销学强调建立顾客对推销人员及推销品的信任的重要性。推销人员应在示范并引起顾客对推销品的兴趣后，及时检验顾客对推销品的认识程度。例如，询问顾客是否有明显不理解的地方，是否有需要进一步示范及说明的地方等。如果有的话，推销人员应立即进行示范说明，直至顾客表示明白并形成整体的良好印象为止。有时，顾客在对产品发生兴趣后仍不买，或者提出一些不能成交的理由。这说明顾客缺乏欲望不是因为对产品无兴趣或不了解，而是情感上仍不能全部接受推销人员及推销品。一个不想被说服的人是永远也不会被说服的。如果顾客情感上有对立情绪，那么无论推销人员怎样介绍产品，也不可能激起顾客的购买欲望。所以，推销人员在检验出顾客在情感上仍有消极心态时，不应急于介绍产品，而应再一次对客户的问题、困难、处境等表示同情与理解。这时需要重新建立顾客信任，重新让顾客理解推销人员愿意为顾客服务的愿望。

2. 利弊分析，充分说理

人们在考虑是否支付货币购买时，总是多方权衡利弊得失。只有当顾客意识到拥有产品获得的众多利益时，才可能有强烈的购买欲望。因此，推销人员应多方面举例，详述获得产品的好处，诱导顾客去想象购买产品后的种种好处和不买的种种遗憾，从而达到激发顾客购买欲望的目的。利弊分析是通过理性诉求激发顾客的购买欲望，而充分说理是通过真凭实据打消顾客的购买顾虑，进一步唤起顾客的购买欲望。这些真凭实据包括：有关权威部门的鉴定、验证文件；有关技术与职能部门提供的资料、数据、认可证书；有关权威人士的批示、意见等；有关购买与使用者的验证、鉴定文件、心得体会、来信来函等；有关部门颁发的证书、奖状、奖章等。

三、促成顾客购买

当顾客的购买欲望被激发之后，接着就要想方设法促成购买，为此，还必须注意以下问题：

（1）询问顾客还有无其他要求。例如，"请问您还有什么问题吗？"

（2）当感到顾客基本满意时，应积极主动地建议购买，并说明购买的好处。

（3）切忌反复多次地建议购买。研究表明，当推销人员建议购买的次数过多时，反而达不到效果。因为顾客在听到第一次建议后没有反应必有原因。此时，推销人员不应一味催促，而要回头来进一步了解顾客仍有哪些顾虑或新的想法。例如，"您觉得还有什么问题吗？""您还需要了解哪方面的信息？""您是不是觉得条件还不够优惠？"

（4）若确认顾客无意购买，不要失望，而要感谢其提供了一次接受拜访的机会。应做到：

不纠缠顾客；不以任何方式催促或逼迫顾客；保持积极的态度；表达对顾客的谢意。

四、抓住有利时机

推销工作最终的目标是达成生意，推销人员必须了解何时向顾客提出成交的请求。

何时向顾客提出成交，首先要找到很好的成交时机，而这就要依靠推销人员敏锐的洞察力。在进行推销的过程中，推销人员自始至终都要非常专注，了解顾客的一举一动，尤其是其表现出来的肢体语言。一般来说，以下时机是成交的最佳时机，推销人员应该很好地把握：

（1）顾客心情非常快乐时。当顾客心情非常快乐、轻松时，推销人员提出成交要求，成交的概率会很大。例如，顾客受到表彰或取得重大成果时，顾客请推销人员喝茶或递烟时，推销人员要抓住这样的请求时机。因为此时顾客的心情非常快乐，会比较愿意购买。

（2）介绍完商品说明后。当推销人员进行完商品说明和介绍之后，就抓住时机，询问顾客需要产品的型号、数量或者颜色等外表特征，这时提出的请求是成交的一种最好的时机。

（3）解释完反对意见后。顾客有反对意见非常正常，当顾客提出反对意见时，推销人员就要向顾客解释，解释完之后，征求顾客意见，询问顾客是否完全了解产品说明，是否需要补充。当顾客认可了推销人员的介绍时，推销人员就要抓住这一有利时机，询问顾客选择何种产品。

五、提出成交建议

在推销中，如果顾客拒绝，推销人员还可以利用与顾客告辞的机会，采取一定的技巧来吸引顾客，创造新的成交机会。例如，一位推销人员到一家日化厂推销塑料垫片，眼看厂长就要下逐客令，这时他有意将自己发明的国际时差挂钟露出来——这是一块用各国国旗替代常见的时针、分针的挂钟，它立即吸引住了厂长。当厂长得知这块钟多次获奖，已申请了中国和美国专利时，顿时对他热情起来。最后，这位推销人员终于叩开了成交的大门。

告别的客人往往是最受欢迎的客人。大量的推销实践和推销学研究成果表明，许多生意就是在推销人员与顾客即将告别的那一刻成交的。顾客的情绪、态度和成交机会复杂多变。机会需要及时把握，同时也必须不懈地做出努力。即使在推销洽谈中多次成交失败，也不能放弃最后的机会。在正式洽谈以后，顾客没有成交的心理压力，心情变得轻松愉快。他们可能会同情推销人员，并且也会担心失去好机会。在推销人员忙于收拾推销工具，重新包好产品样品，眼看就要起身告辞时，推销气氛达到了高潮，是成交的好时机。推销人员如果善于利用这一时机，则很可能是"山重水复疑无路，柳暗花明又一村"。有的推销人员很善于利用这一时机，每当与顾客告别时便慢慢收拾东西，有意无意地露出一些能引起顾客注意的其他物品，试图达到交易。如果推销人员完全忽视了这最后的成交机会，则是很大的损失。

总之，在成交过程中，推销人员要讲究一定的成交策略，坚持一定的成交原则，并配合相应的成交技术和成交方法，才能成功地促成交易，完成推销任务。

第三节　成交的方法

所谓成交方法，是指推销人员用来启发顾客做出购买决定，促成顾客购买推销产品的推销技术与技巧。常用的成交方法有下列几种：

一、请求成交法

请求成交法又称直接成交法或"快刀斩乱麻"法，是指推销人员向顾客主动提出成交要求,直接要求顾客购买推销产品的一种方法。当买卖已经"瓜熟蒂落"时,推销人员自然就应说:"请您看看订单,我马上要把数字填到合同里去。"或者说:"既然一切都谈妥了,那就请在合同上签字吧。"

很多推销人员在进行了成功的推销洽谈、商品演示后,一直等着顾客提出成交的建议,或者根本就不曾考虑应该自己主动提出成交的问题,而丧失了一次又一次的成交良机。这好比一对恋爱已久的青年,在彼此相互了解熟悉后,都认可对方是自己的意中人,但通常是由男方主动向女方表达爱慕之情,如果男方迟迟不传递这种爱意,很可能引起女方的猜疑,最后由于男方缺乏勇气和信心使得双方不欢而散、抱憾终身。在推销人员与顾客的洽谈中何尝不是如此,如果推销人员不及时地提出成交要求,顾客"羞"于启齿和恐惧成交的风险,订单往往擦肩而过。因此,要求推销人员善于识别顾客的购买信号,把胆怯抛到九霄云外,放下腼腆,勇敢地向准顾客去追求订单。这种方法的优势是简洁方便、效率很高,也不拖泥带水,给人干净利落的感觉。但是,这种方法容易给顾客造成一种心理压力,引起顾客的抵触情绪,引发顾客的异议。因此,推销人员应注意时机和区分对象。当顾客已表现出明确的购买意向,已不再提出任何异议,但又不好意思提出购买或犹豫不决时,以及面对比较熟悉的顾客,可运用此法。针对理智型顾客,请求成交法也是最有效的方法。

请求成交法主要适合以下两种情形:

(1)推销人员对达成利于双方的交易结果充满自信。

(2)其他成交法都未获得成功,直接成交法也许是促成购买的最后机会。但是,推销人员在使用此法的时候要注意以下几个问题:首先,判断要准确,如果没到"瓜熟蒂落"的时候就提出成交,顾客会觉得推销人员自作主张、急躁冒进,不值得信赖,这样很不利于推销过程的继续进行;其次,说话要委婉,语气要平和,不然会给顾客命令的感觉,使顾客很不舒服,推销气氛也会变得紧张。

二、优惠成交法

优惠成交法又称让步成交法,是指推销人员通过提供优惠的条件促使顾客立即购买的一种方法。例如,"李经理,我们这段时间有一个促销活动,如果您现在购买我们的产品,我们可以给您提供免费培训,还有五年免费维修。"优惠成交法是对顾客的一种让步,主要满足顾客的求利心理动机。求利心理动机是促成交易的一种动力。优惠成交法正是利用这一点,直接向顾客提示成交优惠条件,诱使顾客成交。

成交优惠条件主要是指价格优惠。提供价格优惠的方式也有多种形式,如提供成交时间的优惠、提供成交批量价格优惠等。

例如,"张经理,这批产品质量不错,你们应多订些,超过2000箱,我给您打八五折。"

成交优惠条件除价格优惠外,还可以提供试用、赠品、回扣、设备安装、人员培训,或以旧换新以及满足对方的某种特殊需要等优惠条件。

例如,"大姐,如果您在我们这里一次订购20桶纯净水,我们可以送您一台饮水机。"

三、假定成交法

假定成交法是指推销人员假定准顾客已经接受推销建议而直接要求顾客购买推销品的成交方法。例如,推销人员可做如下陈述:"金总,我打电话给厂里,安排马上给您送货。"这时,如果顾客让推销人员打电话,就意味着成交了,尽管顾客没有明确提出订货。"金总,既然您很满意,那么就这样定了,我明天给您送货。"推销人员看准了成交时机,假定顾客已购买,用假定成交法提示成交要求。如果准顾客对此不表示任何异议,则可认为顾客已经默许成交。

采用假定成交法,要求推销人员始终有这样的信念:准顾客将要购买,而且也一定购买;通过接近准备了解到顾客确实有这种购买需要,也有购买能力;推销人员对自己充满了必胜的信心,认为自己的推销洽谈十分出色;既然是双方都受益的事情,准顾客没有理由放弃这样的机会。推销人员不仅要有这样的信念,而且应通过言谈举止、神态表情显示出来,注意购买信号,主动提出成交的假定,如果准顾客不表示反对,买卖便可做成。推销人员运用此法时,应尽量营造和谐融洽的谈话气氛,注意观察顾客的成交信号。如果顾客对推销品不感兴趣或存有疑虑时,就不能够盲目使用,以免失去顾客。而对于较为熟悉的老顾客或个性随和、依赖性强的顾客,可以采用假定成交法。对于自我意识强、过于自信或自以为是的顾客,这种方法也不适宜。

假定成交法是一种积极的、行之有效的方法,它自然地跨越了敏感的成交决定环节,便于有效地促使顾客做出决策,能适当地减轻顾客的压力,节省推销时间,提高推销效率。但如果使用时机不当,则会有碍顾客的自由选择,产生强加于人、自以为是的负面效应,引起顾客反感。

四、选择成交法

选择成交法是指推销人员向准顾客提供两种或两种以上的购买选择方案,并要求其迅速做出抉择的成交方法。它的一个前提是假定顾客购买,然后提供限制一定范围的选择方案,使顾客无论选择何种答案,结果都是成交。例如,"这种款式有两种颜色,您喜欢红色还是绿色?""您喜欢哪种环境,是面对大海,还是能远眺高尔夫球场?"这种方法适用于顾客在选择的过程中犹豫不决,对于是否购买也犹豫不决的情况。此时推销人员就应该着重询问顾客购买哪种商品,引导顾客尽快做出购买决策。这种方法的应用原理是:人的心理需要有一定的引导,引导的方向就是他思维的方向。所以,推销人员尽量淡化顾客买还是不买的问题,而是强调买哪种的问题,这是对顾客的一种强烈的心理暗示。

选择成交法并不让准顾客在买与不买之间选择,而是让其选择购买哪一种型号或购买多少的问题,即顾客必须做出购买选择,在此情形下再来讨论成交的细节问题,从而避开了是否购买的问题。选择成交法表面看似乎是由顾客自己做出决定的,实际上是推销人员运用对比的方式帮助顾客做出决定,仅把购买的选择权交给顾客,没有强加给人的感觉,因而可以减轻顾客的心理负担。同时,采用这种方法也便于推销人员真心为顾客当好参谋,利于交易的尽快完成。但是,推销人员向顾客提供的选择不能太多,否则会分散顾客的精力,使顾客举棋不定或更糊涂。推销人员应能正确分析和确定顾客的需要,提供适当的选择方案,不要给顾客拒绝的机会;同时,要注意语言自然得体、态度热情诚恳,不要让顾客有受人支配的感觉。

【案例9-3】

电器批发商推销员的成交组合

推销员:约翰,我们已经知道了奥克纯(Octron)牌电灯泡将会由于较长的寿命而减少你们的存货，能为你们的设计人员提供高亮度的无影灯，使眼睛减少疲劳。您看我是这个星期给您发货呢，还是下星期？

购买者：这些确实不错，但就是太贵了，因而我不打算购买。

推销员：您是说我的产品没什么特别之处，却要那么高的价格，是这样的吗？

购买者：我想是吧。

推销员：早些时候我们谈到了通用电气公司节能型灯泡的寿命较长，如果替换现有的灯泡，每年就可节省375美元的开支。

购买者：我想您说的是对的。

推销员：很好，那您是想在本周末安装呢还是在下周呢？

购买者：不，我还要考虑考虑。

推销员：您犹犹豫豫一定有什么特别的原因，您不介意我问吧？

购买者：我主要是考虑一时我们没有这么多资金来购买照明设备。

推销员：除此之外，还有没有其他原因呢？

购买者：没有。

推销员：您肯定知道一次性替换比分批替换开支要小……您想现在就得到吗？

购买者：我想如此吧。

推销员：当然，不是必须全换不可。但是您要知道，全部更换后可以马上节省固定费用开支，而且也比分期安装节省劳动力成本，因为安装是按照生产线来进行的。您明白我的意思吗？

购买者：我明白。

推销员：那您看是在晚上安装呢还是周末？

购买者：我还得想一想。

推销员：您如此犹豫不决一定有别的什么原因，您不反对直接告诉我吧？

购买者：很不凑巧，我们现在没有这么多资金来做这方面的投资。

推销员：除此之外，是否还有其他原因呢？

购买者：没有。我的主管不让我买任何东西。

推销员：您同意这宗购买能为公司省钱，对吧？

购买者：是的。

推销员：好的，约翰，现在就打电话给您的"头儿"，告诉她能节省多少钱，除此之外还能减少不必要的存货，保护雇员的视力。或许我们两人得走一遭去拜访你们的"头儿"。

(资料来源：邱少波. 现代推销技能 [M]. 上海：立信会计出版社, 2005.)

五、总结利益成交法

总结利益成交法是指推销人员在推销洽谈中记住准顾客关注的主要特色、优点和利益，在成交中以一种积极的方式成功地加以概括总结，以得到准顾客的认同并最终取得订单成交的方法。

例如，吸尘器推销员运用总结利益成交法，可能说："我们前面已经讨论过，这种配备高速电机的吸尘器比一般吸尘器转速快两倍（优点），可以使清扫时间减少15～30min（利益），

工作起来轻轻松松,使您免去推动笨重吸尘器的劳累(更多的利益),是这样吧?"(试探成交,如果得到积极回应)

总结利益成交法也许是争取订单的最流行的方法。总结利益成交法成交的三个基本步骤是:①在推销洽谈中确定准顾客关注的核心利益;②总结这些利益;③做出购买提议。总结利益成交法特别适用于直来直去的顾客,而不是有特殊个性的顾客。

总结利益成交法是推销人员经常用到的技巧,特别是在做完产品介绍时,可运用总结利益成交法向关键人士提出订单的要求;另外,写建议书做结论时,也可以运用这项技巧。但是,使用总结利益成交法,推销人员必须把握住顾客确实的内在需求,有针对性地汇总产品的优点,而不要将顾客提出异议的方面作为优点予以阐述,以免遭到顾客的再次反对,导致总结利益的劝说达不到效果。

六、连续点头成交法

这种方法是利用一连串的同意方案,使顾客被询问时有肯定的答复,最后引导为促成交易。这需要推销人员设计一系列相互关联的而且只能以"是"来回答的问题询问顾客,使顾客产生一种惯性,当问到最后一个问题时,他就会自然地觉得很好、有道理。例如,房产推销人员可以问一些这样的问题,以便让顾客做出肯定的回答:

"您的意思是比较看中这所房子的居住格局和地理位置对吗?"
"您的意思是认为这所房子的格局设计得很合理对吗?"
"您认为这样的住所对于一个三口之家来说比较合适对吗?"
"房屋格局的合理性会为您在居住的过程中带来很多方便对吗?"
"好的地理位置会为您的出行带来便利对吗?"
"居住舒适的环境和良好的地理位置是很多购房者在购房时会首先考虑的对吗?"
"的确,您所看重的这一点也是很多顾客所关注的。因此,这样的房子在目前的价位上很快就会被卖出。我想如果您看中的话,也会尽早决定的对吗?"

像这样设定连续让顾客点头并回答"是"的问题的方法,就是连续点头成交法。

在这里需要注意的是,要避免说一些绝对性的词汇,如一定、绝对、百分之百等。

当然,也要认识到某些准顾客可能先假装同意你所陈述的所有产品利益,但当你提出购买请求时,却出人意料地说"不要",有意想看到你惊奇的表情。此外,多疑的准顾客可能把连续点头成交法视为陷阱,或看成是对他们智商的轻视,无助于购买决策。无论是对于恶作剧准顾客还是多疑的准顾客,心平气和地对待和处理是推销人员必须具备的职业素养。

七、小狗成交法

小狗成交法来源于一个小故事。

一位妈妈带着小男孩来到一家宠物商店。小男孩非常喜欢一只小狗,但是妈妈拒绝给他买,小男孩又哭又闹。店主发现后就说:"如果你喜欢的话,就把这只小狗带回去吧,相处两三天后再做决定。如果你不喜欢,就把它带回来吧。"在几天之后,全家人都喜欢上了这只小狗,妈妈又来到宠物商店买下了这只小狗。

这就是先使用、后付款的小狗成交法。有统计表明,如果准客户能够在实际承诺购买之前先行拥有该产品,交易的成功率将会大为增加。国内外的统计表明,先使用、后付款的交易方式欠款率并不比其他方式高。

【案例9-4】

车间里的"小狗"

有一名推销机床的推销员来到一家工厂,他所推销的机器要比这家工厂正在使用的所有机器速度都快,而且用途多、坚韧度高,但价格高出现有机器的10倍以上。虽然该厂需要这台机器,而且也能买得起,但厂长是那种只买旧机器的人。所以不管机器多么好,多么有利可图,只是因为价格太高,厂长仍决定不购买。推销员说:"告诉您,除非这机器正好适合您的车间,否则我不会卖给您。假如您能挤出个地方,让我把机器装上,您可以在这里试用一段时间,不花您一分钱,你看如何?"

"我可以用多久?"厂长问,他已想到可把这台机器用于一些特殊的零部件加工生产中。如果机器真像推销员说的那样能干许多活的话,他就能节省大笔劳工费用。推销员说:"要真正了解这种机器能干些什么,至少需要3个月的时间。让您使用1个月,您看如何?"机器一到,厂长就将其开动起来,只用了4天时间,就把他准备好的活加工完了。此时,这台机器被闲置在一边,他注视着它,认为没有它也能对付过去,毕竟这台机器太贵了。正在此时,推销员打来了电话:"机器运行得好吗?"厂长说:"很好。""您还有什么问题吗?是否需要进一步说明如何使用?"厂长回答说:"没什么问题。"他本来想要怎样才能应付推销员,但对方却没提起成交之事,只是询问机器运行情况,他很高兴,就挂下了电话。

第二天,厂长走进车间,注意到新机器正在加工部件,车间主任正在干他没想到机器能够干的活。在第二个星期里,他注意到新机器一直在运转,正像推销员所说的那样,机床速度快、用途多、坚韧性高。当他跟车间的工人谈到新机器不久就要运回去的时候,他的车间主任列出了许多理由,以说明他们必须拥有这台机器,别的工人也纷纷过来帮腔。

"好吧,我会考虑的。"他回答说。

一个月后,当推销员再次来到工厂时,厂长已经填好了一份购买这台机器的订货单,他不准备失去他车间里的"小狗"。

八、从众成交法

从众成交法是指推销人员利用从众心理来促成准顾客购买推销品的成交方法。例如,计算机推销员说:"这是今年最流行的机型,我们一天就卖出50多台,请问先生什么时候要货?"

在日常生活中,人们或多或少都有一定的从众心理,而从众心理必然导致社会趋同的从众行为。人们的购买行为受到自身性格、价值观念、兴趣爱好等因素的影响,同时又受到家庭、参考群体、社会等环境因素的影响。因而顾客在购买产品时,不仅要依据自身的需求、爱好、价值观选购产品,而且也要考虑全社会的行为规范和审美观念,甚至在某些时候不得不屈从于社会的压力而放弃自身的爱好,以符合大多数人的消费行为。从众成交法正是抓住了人们的这一心理特点,力争创造一种时尚或流行来鼓动人们随大流,促成交易的成功。从众成交法主要适合推销具有一定时尚程度的产品,并且要求推销对象具有从众心理。如果产品流行性差、号召力不强,又遇到自我意识强的顾客,采用此法必然要失败。

具体运用时,应注意把握:在推销产品前,先发动广告攻势,利用名人宣传品牌,造成从众的声势;寻找具有影响力的核心顾客,把推销重点放在说服核心顾客上,利用他们的影响和声望带动和号召其他顾客。

九、小点成交法

小点成交法是指推销人员利用交易活动中的次要方面来间接促成交易的成交方法。一般来说，准顾客就所购物品的某些细节达成交易比全面做出买与不买的决策更加容易。在次要问题或产品价值较低时做出决策的心理压力较小，会较为轻松地接受推销人员的引荐；某些购买者对重大的购买决策往往难以决断，特别是购买金额较大的产品时，承受的压力也较大，害怕购买有风险而造成重大损失，通常较为慎重。小点成交法主要利用的是"减压"原理，以若干细小问题的决定来避开是否购买的决定，营造良好的洽谈氛围，导向最后的成交。

推销人员运用小点成交法时，要注意顾客的购买意向，慎重选择小点，以利于营造和谐的气氛，保证以小点的成交促进整个交易的实现。从顾客的购买心理来说，重大问题往往会产生较大的心理压力，顾客往往比较慎重，不轻易做出购买决策，如在房屋、汽车、高档家电等的购买方面尤为突出；而在比较小的问题上，如购买日用品，顾客往往信心十足，比较果断，容易做出成交的决定。小点成交法就是利用顾客的这种心理特点，对大型交易，先就局部或次要问题与顾客达成交易，然后在此基础上，再就整体交易与顾客取得一致意见，最后成交。

小点成交法与选择成交法有类似之处，二者都要求购买者在两个备选项中做选择。选择成交法要求准顾客在两种产品之间选择，以避开某些准顾客不做出决策给成交带来的困难。通常由于产品细节部分（如交货期，产品外观、大小，付款条件和订货量等）的成本低，因而小点成交法要求准顾客所做成交决策的风险自然也较小。小点成交法采取先易后难、逐渐推进、步步为营的方法，避免大笔交易给顾客带来的心理压力，运用较为灵活。但如果运用不当，容易分散顾客的注意力，不利于突出推销品的主要优点，顾客会因此对问题纠缠不清，导致交易失败。

十、技术成交法

技术成交法是指当推销人员和准顾客商讨完有关产品、营销计划及交易条件，总结了产品的主要利益后，运用图表直观地展示其产品的成交方法。例如，取出便携式计算机，安放在购买者的办公桌上，让准顾客能够看到显示屏或投影到墙上，运用图表指出购买者过去购货及将来的销售趋势，接着发出推荐品的购买提议。要是顾客问起付款事项，就从计算机里调出并显示不同购买数量的价目折扣表。这就是技术成交法，它能给顾客留下非常深刻的直观印象。

技术成交法的正确运用取决于产品类型和推销对象的情况。毫无疑问，将现代科学技术手段融入推销洽谈中，有助于与更多现实和潜在的顾客达成交易。

十一、保证成交法

保证成交法是指推销人员通过向顾客提供售后保证促成交易的一种方法。顾客成交有多种不同的心理障碍，有的担心购买后商品质量有问题，有的担心送货不及时，无人上门安装修理等。如果不消除这些顾虑，顾客往往会拖延购买或以借口拒绝购买。推销人员针对顾客的心理，可积极采用保证成交法达成交易。例如，"张经理，这种影碟机的质量您尽管放心，开箱后一旦发现任何问题，我公司保证无条件退换。"

保证成交法是针对顾客的忧虑，通过提供各种保证以增强顾客购买的决心，利于顾客迅速做出购买决定，有针对性地化解顾客异议。但这要求推销人员必须做到"言必信，行必果"，否则势必失去顾客的信任。

十二、肯定成交法

肯定成交法是指推销人员以肯定的赞语坚定顾客的购买信心，促成购买的方法。肯定的赞语对顾客而言是一种积极的动力，可以使犹豫者变得果断，拒绝者无法拒绝，从而使顾客别无选择地成交。例如，当一位女顾客为挑选上衣的颜色而犹豫不决时，营业员肯定地说："您还是选那件黑色的上衣吧！黑色上衣配上您白皙的皮肤更显得您特别年轻。""您真有眼光，这是今年最流行的款式。"

推销人员采用肯定成交法，必须确认顾客对推销品已产生浓厚的兴趣。赞扬顾客时一定要发自内心、态度诚恳，语言要实在，不要夸张，更不能说些违心的话。

肯定成交法的关键是先声夺人，推销人员的由衷赞美是对顾客的最大鼓励，可促使顾客做出购买决定。但这种方法有强加于人的感觉，可能会招致顾客的拒绝，难以再进行深入的洽谈。

十三、最后机会成交法

最后机会成交法也称最后通牒法，即推销人员向准顾客暗示最后成交机会，促成立即购买推销品的成交方法。例如，汽车推销员说："这种车型的汽车非常好卖，这一辆卖出去以后，我们也很难再进到同样的车子。"或"由于原材料需要进口，这批货卖完后，可能需要很长时间才有货。"一般人都有"机不可失，时不再来"的心理，遇到有利机会一旦错过，将会后悔莫及。最后机会成交法正是抓住顾客在最后机会面前的犹豫并将其变为果断购买。例如，生活中常见到："本店拆迁大甩卖，全部商品一律五折！""这种商品今天搞促销，后天开始恢复原价，今天只剩这么多了。"最后机会成交法要求推销人员利用购买机会原理，向顾客提示"机不可失，时不再来"，施加一定的成交机会压力，促使顾客珍惜时机，最终达成购买。

最后机会成交法利用人们怕失去能够得到某种利益的心理，极大地刺激了顾客的购买欲望，降低了推销劝说的难度，增强了顾客主动成交的动力。但在运用时，要求推销人员必须实事求是，不能欺骗和愚弄顾客，否则会影响企业的信誉和顾客对推销人员的信任。

第四节　顾客的维系

一、成交并非结束

成交并非意味着推销活动的结束，而仅仅只是"关系推销"进程的开始。推销人员在签订买卖合同之后，应及时向顾客告别，根据合同的规定和要求，做好货物发放、装运、安装与操作指导等后续服务工作，保持与顾客的联系，解决顾客在使用产品中所遇到的各种问题，真正让顾客满意，并发展和巩固双方之间的友谊，为下一次更大规模的交易打下坚实的基础。

二、成交后顾客的维系

顾客的维系是指推销人员本身以及产品的生产销售组织与顾客的维系。此种维系工作是售后服务的主体，售后服务是否圆满，应视是否充分做到了与顾客之间的维系。推销人员的售后服务工作，本质上就是为了维系顾客。优良的售后服务，无论对推销人员个人，还是对产品生产企业，都是极为重要的。

1. 联络感情

售后服务的大部分工作，实际上就是联络顾客的感情。由交易而产生的人际关系是一种自然而融洽的关系。人常常因为买东西而与卖方交上朋友，推销人员及其推销组织同样因为与顾客的交易促成了深厚的友谊。于是，顾客不但成为产品的购买者、使用者，而且也变成销售组织的拥护者与推销人员的好朋友。一般与顾客联络感情的方法主要有：

（1）拜访。经常去拜访顾客是很重要的事。拜访不一定非要销售商品，主要是让顾客觉得推销人员关心他，并且愿意对所推销的商品负责。推销人员的拜访不一定有任何目的，也许只是问好，也许是顺道而访。推销人员在拜访顾客时，要遵循一个原则，即尽可能地把拜访做得自然些，不要使顾客觉得推销人员的出现只是有意讨好自己，更不要因为拜访而给顾客的生活带来不方便。

（2）书信、电话联络。书信、电话都是推销人员用来联络顾客感情的工具。当推销人员需要将一些新资料送给顾客时，可以用书信方式附上便签；当顾客个人、家庭及工作上有喜忧婚丧变故时，致函示意，如贺年、贺节、贺生日等，通常顾客对推销人员的函件会感到意外和喜悦。以电话或手机短信与顾客联络所发挥的作用是不可忽视的，偶尔几句简短的问候，会使顾客觉得很高兴。这里要注意，交谊性的电话或手机短信，用词要适当，问话要得体，不能显得太陌生，也不能表现得太热情。

（3）赠送纪念品。赠送纪念品是一种常见的招徕手法，有些销售组织一直对其顾客提供很周到的服务，经常给老顾客赠送一些纪念品。纪念品不一定很贵重。赠送纪念品主要发挥两种作用：一是满足普通顾客喜欢贪小便宜的心理；二是可以使纪念品成为推销人员再次访问顾客或探知有关情报的手段或借口，这是成功推销的捷径。

2. 搜集情报

搜集情报，是售后服务的另一个目的。许多精明的推销人员利用各种售后服务增加与顾客接触的机会，以实现搜集情报的目的。因此，推销人员应该把握每一次售后服务的时机，尽量去发掘有价值的顾客，搜集任何有益于商品推销的情报。推销人员在售后服务中，要想有效地搜集相关情报，必须注意以下几点：

（1）了解顾客背景。在与顾客联系感情时，不论是在拜访之中、电话洽谈之中、顾客的办公室里，还是在其他场合，推销人员都应该巧妙地通过询问和观察探知顾客的背景情况。这包括顾客的家庭状况、职业、受教育程度、经济状况、宗教信仰等。对顾客的背景资料，推销人员应该花工夫去整理、研究。接触对象多了以后，很可能获得有利于推销的线索，因为对顾客的背景了解得越多，就越容易把握顾客。

（2）连锁推销。老顾客可以成为推销人员的义务"通信员"，一位以真诚、热情打动顾客的推销人员，碰见一些热心助人的顾客，许多事情的沟通都会很顺利地进行。推销人员请顾客连锁介绍，由顾客口中道出的"情报"一定具有某种程度的价值。因此，在推销人员进行售后服务工作的每一种场合，除了要以售后服务的热忱让顾客感觉有所便利外，还应该与顾客探讨一些有利于连锁推销的情报，或者请顾客在某一路线、某一范围内代为打听有价值的信息。依靠连锁推销获取情报，在做法上必须极为谨慎，以免引起顾客的反感。

三、做好售后服务工作

在现代推销中，售后服务是无声的推销员，是企业开拓市场、提高竞争能力的有力武器，是扩大产品销路、实现企业销售目标的重要手段，是实现企业经济效益的保证。售后服务要以多种服务形式、最大限度地方便顾客，推销人员要以良好的态度，礼貌、主动、热情、耐心、

友好、和善地对待顾客,提供快捷、有效的服务,从而赢得更多、更稳定的顾客。售后服务工作的内容包括:

(一) 送货上门

顾客购买产品之后,可能存在运输问题,需要企业或推销人员提供送货上门服务。这些顾客包括购买设备的产业用户,购买大型的家具、电器和装饰材料的普通消费者,以及一次购买数量很大的消费者。送货上门服务包括两种形式:自办送货和代办送货。自办送货是指用企业自己的运输工具为顾客送货;代办送货是指企业委托专业的运输机构或物流公司为顾客送货上门。单个消费者如果自行将产品运送到家,相对的成本比较高,如果企业自己设立运输部门或者与其他物流企业合作,实施规模经营,那就可以大大降低成本,解决顾客的困难,赢得顾客的好评,使顾客愿意做回头客。否则,则会令顾客因此打消购买念头,影响到推销工作的绩效以及企业或推销人员的形象。

(二) 商品质量保证

产品质量保证服务,换句话说就是"三包"服务。这主要是指顾客购买产品后,若出现质量问题,能够及时得到检修或予以退换的服务。质量保证服务体现了企业对顾客的负责,能减少顾客不安的心理,坚定购买决心。这种作用在某些大型、高价产品上较为明显。企业在售出产品之后,可能都会对消费者做出一些承诺,如在10天之内包退,在一年之内包换,在三年之内包修等。企业对消费者做出的承诺就是为了对消费者负责,保证售出产品的功能和使用价值能够圆满实现。在规定的使用时间和使用条件下,如果发现产品质量问题,企业应该为用户包退、包换和包修,并承担由此而产生的经济责任。生产和经营企业应该根据不同产品的特点、顾客的需求、竞争对手的做法以及国家或法律对产品质量保证服务的各项法规和制度,明确质量保证范围、质量保证办法、保用期限,以及企业和顾客在质量保证服务过程中所承担的责任和义务,还有由谁来承担经济责任等问题。

1. 包退

企业如果做出包退的服务承诺,那么服务的期限应该是比较短的。如果设定的期限越长,那么顾客做出退货的可能性就越大。因为产品使用时间越长,产品的质量越容易出现问题。企业要理解顾客的心理,满足顾客的要求。顾客可能因为以下三种原因退货:首先,可能是在规定的时间内,发现产品存在严重的质量问题,无法正常使用,顾客对该产品的质量和企业的信誉发生怀疑,并且不愿意为了刚买的产品就进行维修和调换;其次,可能是顾客购买的产品在包退的时间内出现质量问题或者外观的破损,而不愿意维修和调换;最后,可能是由于顾客购买产品以后发现并不是自己所喜欢的,如果继续拥有此产品会使自己不愉快,在产品没有被损坏、不影响正常销售的情况下,而且是在包退期的范围内,企业应该接受顾客的退货。包退服务对企业的要求是很高的。从表面看来,企业可能会因此遭受损失;但是从长远看,宽松的退货服务表明了企业的实力和信誉,会使顾客放心地购买,不用担心企业欺骗顾客,而且也不用左思右想。事实表明,大多数顾客在购买到产品后,不会无缘无故地退货,即使有少部分的退货,卖出去的远比退回来的要多得多。因此,宽松的退货服务有利于促进销售、增加盈利。所以,企业应该建立这样的认识:绝大部分消费者是理性的、通情达理的,不会蛮不讲理。顾客所看重的是企业的信誉和产品的质量。顾客心里会这样认为,如果企业敢做出退货的服务,就说明企业产品的质量是过硬的。而顾客就是冲着这一点才购买。所谓"退一件可以打开十件的销路"就是这个道理。美国的沃尔玛超市就专门有一个退货专柜,从不询问顾客退货的理由,只要产品不影响二次销售就接受退货。因此，沃尔玛的生意很兴隆，每天都是顾客盈门。这也是全球最大零售商的风范。当然，退货也要讲究原则，并不是所有的产品都可以退货。推销人员在销售产品时应该向顾客解释清楚，如果是由于顾客自己的使用不当造成产品质量出现问题，则企业不应接受退货。

2. 包换

包换是服务时间较长的一种产品质量保证服务。企业约定，在规定的时间内，如果顾客购买的产品出现质量问题，企业接受顾客的换货业务。包换服务主要包括以下内容：首先，产品在包换期间内出现严重的质量问题无法维修，企业应该为顾客包换同种类型或品牌的产品；其次，产品在包换期间内出现有损产品功能正常发挥和影响产品外观的质量问题，企业应该对顾客提供包换服务；最后，顾客由于缺乏产品知识或不了解情况而购买了不适合使用或不喜欢的产品，并且产品并没有出现质量问题，顾客要求换另一种款式或颜色的产品，企业应接受顾客的要求。包换服务虽然不像包退服务那样能够强烈吸引顾客前来购买产品，但是其影响力和作用也是不能忽略的。包换服务给顾客的影响就是，虽然不能退掉产品，但起码可以在产品出现问题的情况下换到一款新的、质量有保证的产品。因此，在现代市场竞争如此激烈的情况下，企业逐渐转向以换代修的方法，即一旦发现产品质量问题，不论程度如何，一律给予调换。这样做虽然成本比较高，但是也可以免去维修的麻烦，有时维修的成本比换一款新产品的成本都高，而且有了包换服务做保证，顾客可以放心大胆地购买，扩大的产品销售量从而抵消了因换货而产生的高成本。但是，有的企业对产品的调换做了严格的规定，实际上就是不愿意提供包换的服务，这是一种目光短浅的做法。特别是在信息时代，顾客对产品信息的了解并不亚于企业，他会挑选尊重消费者权益、尊重而且给顾客让利更多的企业。因此，企业要用长远的眼光来看待信息时代下激烈的市场竞争，谁拥有顾客，谁就可能胜利。当然，并不是所有的产品都属于可以包换的范围。不在包换期间内或者因为顾客使用不当或人为原因损坏的产品一般不属于包换的范围，推销人员应该向顾客解释清楚，可以为顾客提供维修服务，收取一定的维修费用。

3. 包修

包修服务是企业在售后服务中一项很常见的产品质量保证服务。包修服务的期限是三者中最长的，一般是三年。在包修期限内，企业为顾客免费维修；如果超出了包修服务的期限，企业会收取一定的维修费用。对于产业用户的设备或者一些大件的普通消费品，企业还提供上门的免费维修服务，充分考虑到消费者的利益。

即使质量再好的产品也不可避免地会出现质量问题，对产品实施包修服务，可使顾客放心，如同吃了一粒定心丸。在产品质量相同或者稍逊色于同类产品的情况下，提供包修服务或延长包修期都有助于增强企业的竞争优势，战胜竞争对手。目前，我国的家电市场竞争非常激烈，一些家电企业甚至打出"终身免费维修"的服务口号。这也是在激烈市场竞争条件下企业对售后服务的重视、对消费者需求的满足，市场竞争的结果使消费者从中得到好处和利益。

（三）安装维修服务

安装维修服务特别适用于产业用户购买的设备以及一般顾客购买的需要由技术人员安装调试以后才可以使用的产品，如空调、家用防盗门、取暖设备以及家用计算机等。因为这些产品需要在使用地点进行安装调试，因此，企业应该派专业的技术人员上门服务，免费安装，即可当场使用，保证售出产品的质量。安装维修服务也是售后服务的一种主要形式。由于大多数顾客缺乏某些产品的安装技术和安装条件，推销人员提供上门安装服务能够保证产品的正常运行和产品功能的正常发挥，不仅方便了用户，而且也减少了以后的维修业务。因为安装得合理到位，调试得合乎技术要求，如果不出现大的意外，产品的质量一般是不会有问题的，因此也就不需要进行维修了。有的企业由于没有提供安装服务，顾客自己安装或者让技术不是很熟练的人安装，结果出现了产品质量问题，就损害了顾客的利益，也影响了企业的声誉和销售业绩。对大型、结构复杂的工业品及技术复杂的高档消费品，推销人员要保证顾客能够及时投入正常使用，满足顾客的需求。安装调试服务可以消除顾客疑虑，增强顾客在购买时的安全感和信任感，避免顾客由于安装不当造成损失；同时，通过安装调试服务可以增进推销人员与顾客之间的感情，提高推销人员和企业的知名度。

企业除了对推销人员进行技术培训外，还应该对其进行品德教育。一切从顾客的利益出发，一切为顾客着想，为顾客提供优质快捷的安装服务。海信集团的安装人员进入顾客家里安装空调的时候，从不接受任何顾客给予的东西，包括茶水和烟等。给顾客的感觉就是这个公司的员工是有素质的，而且从安装的速度和质量上看是有技术的，因此，这样的企业生产的产品肯定是可以信赖的，重复购买或者购买该企业的其他产品便成了该顾客的首选。当然，企业要对这些从事安装的服务人员进行监督和考核，以确保服务人员不会对顾客的利益造成损害。

维修和前面所讲的包修的意义差不多，这里的维修更强调的是安装完以后对产品的维修服务，安装和维修是一个整体服务。有的企业规定，是谁安装的哪个区域的空调就由谁来负责维修。这样做就给了安装人员一定的压力和责任，如果他安装不好的话，那么他以后的维修工作量可能就要增加。因此，要想在以后的工作中减少维修工作量，就需要在安装的过程中提供优质、周到的服务。

（四）提供技术培训和咨询服务

顾客经常有这样的麻烦：产品安装完以后，等到自己使用时，却经常出现问题，导致产品不能正常地发挥功能。这主要是因为产品的结构、性能和使用方法较为复杂，或者是产品的技术性太强，顾客由于缺乏相关的知识而无法熟练掌握。因此，有必要对使用人员进行培训，并经常提供指导和咨询服务，防止因产品使用不当而导致产品功能无法发挥甚至造成事故。

技术培训因使用对象的不同可以分为对产业用户的技术人员进行的培训和对一般顾客进行培训。培训对象不同，其相应的培训内容也不同。

（1）对产业用户技术人员进行的培训。这是指对产业用户直接使用、维修和保养设备产品的技术人员进行的培训。由于这类技术人员已经具有一定的技术水平，因此对他们的培训比较容易。培训的内容包括产品的设计原理、结构、特征、用途、安装调试技术、使用方法、检测技术、维修技术和保养知识等。对产业用户的技术人员的培训应该是免费的，而且在培训结束以后要对技术人员进行考核，以检查技术人员对产品各方面的掌握情况，以确保其不再需要企业进行培训了。

（2）对一般顾客进行的培训。一般顾客购买的产品的技术复杂性相对来说比较弱，因此只要对顾客进行简单的培训，就可以让其能够比较熟练地使用产品。其主要的培训内容包括产品的使用方法、保养和简单的故障排除方法等。如果顾客遇到无法解决的问题，就只有到企业找专业人员维修。

即使对顾客进行了适当的培训，在产品的使用过程中，仍然会出现一些顾客不十分清楚的问题。这些问题可能只是一些小问题，顾客向企业咨询就可以解决，而不需要请专业人员维修。因此，企业可以开通一个为顾客提供咨询服务的平台，随时解答顾客的疑问，为顾客提供产品的维修和保养知识，同时也节省了企业的维修费用。

（五）与顾客沟通、处理顾客意见的服务

前面已经说过，产品销售出去是长期合作的开始。那么，怎么才能与顾客保持长期的合作呢？那就是与顾客经常进行沟通，了解顾客的使用感受和对产品或企业的看法和建议，努力解决顾客的问题，满足顾客新的需求等。与顾客沟通的方法很多，如开通电话和网络沟通平台，在论坛上与顾客进行沟通，制定专门的接待和回访制度，与顾客面对面地进行沟通等。

(1) 开通电话和网络沟通平台，在论坛上与顾客进行沟通。企业通过开设自己的服务电话和服务网站，了解顾客的意见和建议。无论是企业还是顾客，在这样的平台上交流都是很方便的。顾客如果有什么问题，可以直接与企业进行联系和沟通，企业也会迅速解答顾客的问题。这种服务是赢得顾客的重要竞争手段，可以以此加强顾客对企业的忠诚度。

(2) 制定专门的接待和回访制度，与顾客进行面对面的沟通。顾客既然来与企业沟通，表明顾客对企业的关心。因此，企业的服务人员要热情地招待顾客，细心地倾听顾客的意见和建议，并认真地做好记录。如果顾客遇到问题，要为顾客提供优质的服务，使顾客满意；如果有必要进行上门服务的，就要为顾客提供上门服务，解决顾客的问题。不仅是顾客来找企业沟通，企业也要主动地去找顾客沟通，这就是回访制度。企业要派服务人员定期或不定期地去回访顾客，主动上门了解意见和解决问题。回访的效果比顾客亲自来与企业沟通的效果强得多。当服务人员亲自上门为顾客进行服务时，顾客可能会感到受宠若惊，觉得这么大的一个企业会亲自来关心自己这样一个普通消费者，真是不容易啊！如果今后要是有需要，还要购买该企业的产品。现在我国的家电企业在这方面做得比较好，几乎所有大型家电企业都推出了接待和回访制度，如海尔、海信等。回访的真正目的在于争取同一个顾客的下一笔生意，也是争取老顾客给企业推荐新顾客。下一笔生意可能马上就会实现，也可能几年后才会实现，但是，聪明的推销人员从售后回访那一刻起就开始了这种努力。即使该顾客长时间不购买自己的产品，也会赢得对方的好感。

与顾客沟通、处理顾客意见，是企业与顾客联系的重要途径，可以直接了解产品的使用情况、顾客的要求和意见，同时也是搜索市场信息的主要渠道之一，是提高顾客满意度的主要方法。企业越来越重视与顾客经常沟通的重要性，纷纷推出各种服务方式来了解顾客的需求和对产品使用的感受，增强顾客的品牌忠实度和对企业的忠诚度。

（六）建立顾客信息系统的服务

推销人员在给顾客提供服务时，要尽量了解顾客的需求和动态的变化，建立顾客信息系统对于企业来说是很有必要的。沃尔玛零售连锁商店就建立了全球最大的民用消费者资料库。顾客信息系统可以反映什么样的顾客购买的产品最多，什么样的顾客喜欢某一类型的产品，哪些顾客对企业利润收入做出的贡献最大等。对产业用户建立信息系统，包括产业用户的产品、企业规模、订货时间和订货次数，以及对销售服务的要求等。通过建立这样的信息系统，可以充分了解与企业合作的产业用户的情况，为以后保持良好的合作打下坚实的基础；同时，通过了解产业用户使用产品的情况，预测企业的需求趋势，可以更好地为产业用户服务。而且，系统会反映出哪些用户对企业贡献的利润最大，企业可以给这些用户一定的价格折扣以奖励其做出的贡献。

总之，建立顾客信息系统，有助于了解顾客购买商品的种类、数量、频率以及购买价格等，及时预测顾客的消费需求变化和市场需求状况，从而调整企业的生产经营策略，更好地为顾客服务。

建立顾客信息系统还有利于推销人员准确了解顾客需求和产品销售态势，增强产品销售的预见性和售后服务的针对性。推销人员对顾客和产品信息要留心观察、全面分析、及时记录、科学管理，保证顾客信息系统的系统性和准确性。

（七）维持长期合作关系的服务

与顾客维持长期的合作关系，是推销人员推销艺术的最高境界。所谓合作关系，就是指在商品销售出去以后，在赢得顾客满意的条件下，通过各种方式与顾客建立长期的友谊和稳定的贸易伙伴关系。从某种意义上讲，企业和顾客之间更像是一种朋友关系。

保持原有顾客，争取新顾客；保持原有顾客的忠诚度，扩大现有的顾客群，是建立长期关系的目的。80/20原则同样适用于企业的销售情况，一般来说，80%的利润来自20%忠实于企业的老顾客。因此，企业要设法与顾客建立关系，成为朋友，使他们永远成为企业的顾客。但是，要想让顾客成为忠实的老顾客，企业就要为其提供优质的服务，包括优质的售前服务、销售现场服务、售后服务等。企业不仅仅要为顾客提供与销售有关的服务，而且还可以提供一些与销售无关的服务。例如，有的企业或推销人员非常清楚地了解顾客的信息，知道顾客的生日或特殊纪念日，在顾客生日、子女上大学、结婚周年纪念日等时候，赠送顾客贺卡或礼物等祝贺品，以增进与顾客之间的关系。保持与顾客的长期合作关系，是现代企业应该追求的服务境界。

当然，在与顾客建立长期合作关系的时候，要符合法律的规定，不能出现回扣、贿赂等违法的情况，这样对企业、对顾客都会造成伤害。

售后服务是企业竞争的强有力的手段，谁的服务好，谁就能占有市场、赢得顾客。售后服务的心理效应是使顾客树立对产品和企业的信任感，企业可以以此巩固已争取到的顾客，促使其继续购买。同时，可以通过这些顾客的宣传作用来争取更多的新顾客，开拓新的市场，扩大销售，提高经济效益和社会效益。

推销服务的竞争在企业的竞争中变得越来越重要。21世纪经济的快速发展，带动了企业服务方式和服务品种的发展和革新，新的服务方式和服务项目层出不穷。但不论环境如何变化，竞争对手如何改变自己的服务方式，企业都要抓住顾客的需求，以顾客需求为中心，以服务为导向，追求与顾客建立长期合作关系的最高境界。

即使交易促成，推销工作也远未结束，还必须进行跟踪服务。售后服务和跟踪是推销过程中不可或缺的重要步骤。在市场竞争白热化的今天，售后维系、服务和跟踪对推销人员取得成功是十分重要的。

（八）建立顾客档案

推销人员在售出产品后，应建立顾客档案，以作为对顾客进行跟踪服务、掌握顾客的使用情况、与顾客保持沟通的依据。这是提高顾客满意度、掌握顾客需求状况、争取顾客重复购买的有效手段。

四、妥善处理顾客的投诉

在售出产品后，由于某种原因，难免会招致一些投诉。推销人员要尽量减少顾客的投诉，在遇到投诉时，可运用一定的技巧来使顾客从不满意到满意，从而提高推销人员的美誉度和知名度，不断巩固老顾客和发展新顾客。

（一）关注顾客购买后的感受

顾客购买产品之后，总会产生对产品或服务的评价，他们可能对产品的使用比较满意。顾客购买后的感受对于重复购买具有非常重要的意义。适时的回访是关注顾客感受的好办法。回访的目的应是尽可能地使顾客对产品的评价趋于满意。卓有成效的回访有这样几个优点：首先，它为推销人员提供了一个机会，从而可以了解顾客在使用你的产品方面有何问题，如果你宣讲的"买点"和"卖点"没能实际兑现，一定要查明原因，并予以纠正和解决；其次，如果顾客的购后评价是很满意，那就增加了再次获得订单的机会；再次，减轻了顾客产生"该不该买"的悔意，坚定了他对所做决定的信念；最后，回访还表明了推销人员对顾客的关心，从而有助于与顾客建立长期合作的关系。

当然，回访不一定非要推销人员躬身前往，信函回访和电话回访也能起到相当的效果。有许多人主张，只有交易是一宗大生意或顾客以后再次购买的可能性很大时，推销人员才必须亲自前往。事实上，由于营销渠道的不断改进，推销人员直接面对最终用户去推销价格极低的产品的可能性几乎没有，因为这是极不经济的营销手段。同时，由于产品使用周期的延长，顾客短时间内重复购买的可能性也比较小。过去在卖方市场时期，这种做法也许有一席之地，但时至今日，所有的推销工作都是以顾客为中心展开的。

满足顾客的需要应是推销工作的出发点，售后服务和跟踪是推销过程中不可或缺的步骤。因此，必须摒弃曾经的"金科玉律"，推销工作不能止于拿到订单，售后服务和跟踪也是推销工作的重要组成部分，必须恪守并身体力行。否则，推销人员的职业生涯不会长久，也不会有很大建树。以下是一些有助于推销人员在售后服务和跟踪中能更有效地发挥作用的建议。

1. 核查订货

在发出所订货物之前，应对组织货源、在何时发货为宜等事项予以核查，确保合同的绝对执行和货物的发送安全。让顾客了解有关你为其货物发送所做的准备工作的进展情况，便会马上赢得顾客的好感。

送货延误对顾客和供货商而言，都会造成一些不必要的损失。诚然，这也绝非推销人员期望而又能够控制的，但顾客对那些他们认为供货商完全可以控制的延误尤为反感。显然，企业必须更改以尽量减少顾客可能面对的延误。如果延误不可避免，如天灾人祸等人力不可抗因素造成的送货延误，虽不是推销人员的过错，但推销人员有责任及时通知对方。因此，推销人员有必要采取措施预防延误，确保得到的订单正在正常处理当中，并能准确地到达顾客所指定的地点。

2. 调整交易量

如果推销的对象是零售商或中间商，他们往往很难把握进多少货为宜，因为他们无法准确地预测需求量，特别是在出售一种新产品时。推销人员在回访时可以帮助他们调整订货规模，畅销的产品要增加，滞销的产品则要发回厂里进行调配。这样做不仅可能增加销量，也能赢得顾客的信赖。

3. 提供必要的指导

推销人员在回访中也可以向顾客提供一些必要的指导，如安装、调试和保养。如果顾客对购买的产品不知如何使用和操作，一定会很恼火，甚至出现退货的情况。更为糟糕的是，顾客由于缺乏产品知识，操作不当，可能会造成产品的损坏，然后要求退货或赔偿。大多数顾客对陌生产品的操作和使用，不可能在推销人员的演示和培训的过程中全部掌握。因此，应在回访中主动询问顾客安装使用和调试的情况，了解他们有什么疑问或不清楚的地方，进行现场解答和必要的技术指导。精明的推销人员为了确保顾客对产品功能特点的准确掌握，除了提一些相关的问题外，还会设法让顾客单独操作一次。

一些精密仪器和工业设备的科学保养不仅能减少故障的发生频率，而且能延长产品的使用寿命，而这些保养知识很多情况下无法全部涵盖在产品使用说明书中。如果推销人员能给予顾客这方面的指导，则有助于增强其专业形象，并赢得顾客的信赖。

4. 挖掘新的潜在顾客

前面讲过的寻找潜在顾客的方法中，连锁介绍法是一种非常重要的方法，其中现有顾客是提供潜在顾客线索的重要源泉。因此，老练的推销人员往往能有意识地寻找一切可能的机会请现有顾客帮他们介绍新顾客。

请顾客介绍最有效的方法就是：每一次交易成功后或每一次签订重要的合约后，或在售后跟踪和服务的过程中，请你的现有顾客帮你介绍其他人。在你请他们转介绍之前，请先确定你的顾客对你为他们所做的工作是否满意。如果他们很满意，即使你不做要求，他们也会将购买你的优质产品的心得告诉亲朋好友。因此，我们一再强调顾客做出购买决策时，要有他认可的"卖点"，以便将其"卖"给其他人。如果你这时能赶到顾客那里去做售后服务和跟踪工作，就很容易从他那里探知到已有一定购买意向的一些潜在顾客的信息——这就获得了潜在顾客的新线索。一旦你从顾客那里获得了潜在顾客的线索，一定要问清他哪些人最有可能现在就买，让他给这些被介绍的潜在顾客排序。这个被介绍来的潜在顾客通常是经过筛选的，会比你自己找到的潜在顾客更加信任你。原因是他们觉得朋友介绍更为可信，而且"百闻不如一见"，他们可能已经从朋友的购买中看到了你的产品能给自己带来的益处。因此，他们更容易为你带来生意、赚取利润，对你来说更有价值。这时候必须恪守的一点是，你的售后服务和跟踪要更加尽善尽美，因为你必须兼顾到你自己和为你做中转介绍的顾客的声誉。

一般来说，你会发现几个固定的顾客，他们会不断地替你介绍新的潜在顾客。很多情况下，人们把某人介绍给他们的朋友时，并不一定是在有意识地帮助某人。他们这么做表明他们是有价值的信息来源者。对很多人来说，能成为专门提供信息、帮他人取得联系的人，是他们梦寐以求的，而帮推销人员介绍潜在顾客使他们拥有了这样的地位。这也属于一部分人的天性。当然，生活中有意识地帮推销人员的人也不能说没有，原一平早期开发的几个大客户都曾经给过他这种帮助。只要你能与你的顾客将你们之间的关系上升为伙伴关系或朋友关系，他们会期待你事业成功；你应该和他们分享，就像乔·吉拉德一样，你也可以给他们一点物质的回报。

5. 巩固双方关系发展成为忠诚顾客

有相当的学者对这一点持批评态度，他们认为这是导致社会滋生腐败的温床，很容易将推销人员引入死胡同。因为人们在巩固和加强关系方面很容易做过了头，一不留心超过了界限，就会步入商业贿赂和商业收买的泥潭。尤其当推销对象是大公司的领导而不是小业主时更是如此。

对此，总的认识是凡事不能做过了头，总要把握一个适宜的度。在一些商业行为中如有个人友谊做点缀，则往往能起到锦上添花的效用。任何商业行为的主体都是人，作为推销人员，实质上就是做人的工作，因此你要了解人、理解人，才能够重用人。作为推销人员，你的行为要合乎商业规范，同时也不能背离一些约定俗成的观念和文化氛围，人们平常讲的"世事洞察皆学问，人情练达即文章"就指出了人情世故的重要意义。

（二）巧妙化解顾客投诉

顾客产生不满的一个主要原因往往是其对所购买的产品或服务的期望值太高，而现实的服务质量或产品功能与其期望值相去甚远，或者因为他们使用不当，或者因为推销人员所宣讲的"买点"和"卖点"未能现实兑现。顾客将这些不满和抱怨以语言的形式表现出来就是投诉。

无论何时，只要顾客投诉是真诚的、合情合理的，就应该给予公平的解决。"顾客永远是对的"在今天仍是每个推销人员都应遵循的准则。事实上，顾客犯错误的事也时有发生，不过，如果他们偏执地认为自己是对的，那么怎么争论也难使其信服。有效地处理客户的投诉是一种很有艺术性的技巧。下面是有效处理顾客投诉应遵循的原则：

1. 畅通投诉的渠道

如果顾客有怨无处诉，那么他对推销人员及其公司的不满就会根植于内心深处，他们受到压制的时间越长，其怨恨的程度也就越深，一旦爆发出来犹如火山喷发，势不可当；反过来说，有效地处理顾客的投诉，能提高顾客的忠诚度及公司的形象。一项研究表明，如果投诉能得到迅速处理，95%的抱怨者还会和公司做生意；而且，投诉得到满意解决的顾客平均会向五个人讲述他们受到的良好待遇。如果公司或推销人员没有给顾客投诉开辟渠道，则他肯定会向其他人抱怨。因此，有远见的公司不应回避投诉，而是尽力畅通投诉的渠道，让顾客将不满和抱怨宣泄出来并得到适宜的处理，使不满和怨恨所造成的负面影响降到最低。目前，已有越来越多的公司已建立了免费拨入的800电话系统来接受和解决顾客投诉。

2. 鼓励顾客说话

经常地，当顾客向推销人员抱怨时，他们多因气恼、愤怒而说话语无伦次、不得要领。这时，为了缓解顾客的怨恨情绪和尽可能多地从顾客那里获取相关的信息，推销人员应当鼓励顾客说话，并表明会尽力予以解决。

3. 控制自己的情绪

顾客投诉经常是为了捍卫自己受到损害的利益，可能会采取夸大事实、断章取义和理直气壮的做法。在这种情况下，推销人员的好胜心很容易被对方的过激行为激发起来。他们往往很容易打断对方讲话，没等顾客说完，就急于进行申辩。这样的结果往往使双方陷入对立状态，很难达到使顾客满意、增进双方关系的目标。因此，推销人员一定要控制自己的情绪，保持冷静，坚持听下去，并努力寻求最佳的处理办法和补救措施。

4. 立即处理顾客的投诉

这是一个极好的机会，可以用来证明你是一个笃诚守信、处事练达、值得信赖的人。你处理的速度，即使是处理那些微不足道的投诉的速度，也能体现出对顾客的重视程度。

5. 制定一个标准化的处理流程

为了有效、客观地处理投诉，使顾客满意，并留住顾客，许多公司都会制定一个操作性强的处理流程，并给推销人员较大的处理权限，如退货、换货等。现在我们推荐一个处理投诉的流程，它由六个步骤组成：倾听——确认——道歉——征求意见——解决措施——感谢。

（1）倾听。认真倾听顾客的抱怨是非常重要的，它体现了你对顾客的尊重，表明你重视他的投诉，愿意接受和处理他的投诉。无论顾客的怨言在你看来是多么微不足道，但在顾客眼里它们就是大事。因此，你必须表现出友善、关怀、同情和理解，表示出你对此很关心，并愿意了解整个事情的全部过程。

（2）确认。为了确保你对顾客投诉的理解没有歧义并澄清顾客的怨言是针对什么而提的，必须用一个封闭式问题复述你所理解的顾客投诉的真实所指，以便使你的处理做到有的放矢。

（3）道歉。了解顾客已经受到的利益损害，然后设身处地地理解他的困难，让他感受到你真正关心他的利益。但是，特别指出的是，你不能将一切过失推脱得与你毫无干系，或干脆与顾客站在同一立场上指责公司，指责自己推销的产品，这样就彻底破坏了公司和产品在顾客心目中的形象，即使你个人取悦了顾客，但对你的推销毫无益处可言。

（4）征求意见。当确信顾客利益蒙受损失时，可先征求顾客对补偿的意见："您认为我们如何处置较为妥当？"这样的询问能使顾客感受到你对他的尊重和理解，精神上得到了慰藉，怨恨和不满顷刻间就会烟消云散，甚至对自己的过激行为有所悔意，主动降低投诉的要求，对原来苛刻的要求只需给予少许补偿就能平息这场抱怨。从另一角度看，这也体现了以顾客为导向的原则，为你的答复能否使顾客满意提供了一个参照标准。

（5）解决措施。顾客投诉的目的就是期待他的问题能够得到解决。因此，顾客最关心的应该是他的要求能否得到解决，以及如何解决。一旦找到适宜的解决办法，你就应该向其阐明解决措施，并及时实施。顾客总是期望他的投诉能受到重视和得到解决，你也需要有意识地让顾客认识到你在为他付出努力。

（6）感谢。最后，一定要向顾客致谢。因其投诉才使你认识到自己的过失之处，使你能够真正认真地关注并解决这些失误。

【本章小结】

推销成交，是指顾客接受推销人员的推销建议及推销演示，并且立即购买推销产品的行动过程。在成交过程中，推销人员不仅要掌握成交信号和成交过程，还要掌握成交的方法。

成交信号是客户通过表情、语言、行动等显示出来的，表明其可能采取购买行为的暗示信号。成交信号一般可分为表情信号、语言信号、行为信号和其他信号四种类型。

成交是一个行动过程，这一过程包括五个阶段：排除成交心理障碍；激起顾客购买欲望；促成顾客购买；抓住有利时机；提出成交建议。

成交的方法有请求成交法、优惠成交法、假定成交法、选择成交法、总结利益成交法、连续点头成交法、小狗成交法、选择成交法、从众成交法、小点成交法、技术成交法、保证成交法、肯定成交法、最后机会成交法。

成交并非意味推销活动的结束，而仅仅是"关系推销"进程的开始。因此，在成交后推销人员还要定期与顾客联系，做好售后服务工作，妥善处理顾客的投诉，赢得顾客满意，让更多的顾客成为忠诚顾客。

【复习思考题】

1. 简述推销成交的含义。
2. 推销人员应如何把握顾客的成交信号？
3. 成交的过程是怎样的？推销人员如何排除成交心理障碍？
4. 推销成交的方法有哪些？
5. 什么是小点成交法？它在什么情况下才适用？
6. 什么是优惠成交法？它在什么情况下才适用？
7. 推销人员应如何与顾客进行感情联络？

8. 如何做好成交后的售后服务工作？
9. 如何处理顾客投诉？

【实训题】

1. 选择一种你比较熟悉的产品，假如你是这种产品的推销员，请你分析一下该产品的整个推销过程。

2. 一个有经验的药品推销员说："有些顾客非要你把笔塞到他们手里才签字。"他的一些同事也同意这一看法，认为有时确实存在这一情况。不过，他们仍然主张不要对顾客施加压力。你的看法呢？

3. 几个食品推销员坐在一起交流经验。其中一个说："最令我感到为难的是，当我意识到我应该问一下顾客是否需要订货时，心理总是犹豫不决，不好意思开口。假如顾客说他不需要订货，那整个业务洽谈不就宣布彻底失败了吗？正因为如此，我总是尽量等顾客自己决定。"他的一个同事回答说："你那种做法是不正确的。顾客迟早会做出决定。因此，还是由你选择决定时间。"第三人补充说："如果你等待顾客自己决定，那需要等很长时间啊！另外，顾客推迟做出购买决定是很平常的事。"经过一段时间讨论，他们取得了一致的看法，找到了使业务洽谈圆满结束的最佳方法。尽管他们的方法并不总是正确的，但是，这些方法确实能够提高他们的销售量。在业务洽谈的结尾阶段，你认为应该怎样做呢

【案例分析题】

案例1：多种多样的成交方法

方法1：

商场里一名顾客不断调试样机，反复询问产品性能。推销人员对他说："您真有眼光，这款机子可是今年的最新机型，性能可靠，质量有保障，现在还在新品促销期，享受7.5折优惠。要不，您买一台？反正您家里也用得上。"

方法2：

美国一家大型石油公司聘请一位推销专家做顾问。一天推销专家到加油站考察。加油站的员工手里拿着油枪，对前来加油的汽车驾驶员说："先生，加多少？"

推销专家说："停！你这个问法不对。应该说：'先生，给你加满吧？'"

驾驶员开车来加油站，就是来加油的，不是来买汽水的。所以尽管大胆对他说："把油箱加满！"

方法3：

一个办公用品推销人员到某单位办公室推销一种纸张粉碎机。办公室主任在听完产品介绍后摆弄起这台机器，并自言自语道："东西倒很适用，只是办公室这些小青年毛手毛脚，只怕没用两天就坏了。"

推销人员一听，马上接着说："这样好了，明天我把货送来时，顺便把纸张粉碎机的使用方法和注意事项给大家讲一下。这是我的名片，如果使用中出现故障，请随时与我联系，我们负责修理。主任，如果没有其他问题，我们就这么定了？"

方法4：

推销人员："您看这件衣服样式新颖美观，是今年最流行的款式，颜色也合适，您穿上一定很漂亮。我们昨天刚进了20套，今天就只剩下2套了。"

方法5：

推销人员："王总，为了尽快打开市场，如果您在一年内能达到50万元的销售业绩，我们年终再返还您5%的红利。"

方法6：

推销人员给顾客打电话："王小姐，您也看到我们店庆的广告了，今天是店庆活动的最后一天，上周您看上的那款新装现在购买可以享受七折优惠……"顾客回答："那我马上就去。"

问题：

1. 以上例子中，推销人员各采用的是什么成交方法？
2. 每种成交方法的适用条件及需要注意的问题是什么？

案例2：一种新颖盒子销路的打开

日本大阪有一家公司，经过苦心设计，研制了一种可放置茶具、餐具等物品的盒子。这种盒子可以像百叶窗那样上下移动，颇有新意，且外形美观，可投放市场以后却销售不佳，盒子在仓库里堆积如山。

有一位来自东京的推销人员，在了解了这些情况之后，对该公司的经理说："请给我1000个盒子，让我来试试看。"仅仅过了一个月，盒子的订单就开始源源不断了。原来，这位推销人员拿着盒子到旅馆去推销。"请把这种盒子放在客房的冰箱上面，我们过去是先用白布铺在冰箱上，白布上再放置杯子、开瓶起子等东西，上面再盖上白布，每天每间客房要换洗两块白布。如果把这些用品放在盒子里，就不用天天换洗白布了。我留几个盒子在你们旅馆里，过两个星期再来看看。"

就这样，盒子留在了旅馆试用起来，旅馆的服务人员及旅客都觉得它很不错，于是各旅馆纷纷提出要货的要求，订单开始源源不断地出现在公司经理的办公桌上。

问题：

1. 推销人员在推销盒子时，是怎样激发起顾客的购买欲望的？
2. 这位推销人员使用的是哪一种成交方法？

【资料阅读】

排除成交障碍的方法

成交的障碍来自顾客和推销人员两方面。顾客方面的成交障碍主要是顾客对购买决策的修正、推迟、避免行为；推销人员方面的成交障碍则主要是态度不够正确、洽谈不够充分、技巧不够熟练。

那么，如何排除这些障碍呢？

1. 保持自信的态度

推销人员的自信态度可以传染给顾客，同样，推销人员对成交所表现出的一点点怀疑或担心也会传染给顾客；推销人员如果表现得缺乏自信，就会影响顾客对购买的信心。经验证明，绝大多数顾客是从对自己、对产品、对自己公司具有信心的推销人员手中购买产品的。所以，自信的态度是推销人员有效地运用各种成交技巧的必要条件；没有自信心，再好的技巧运用起来都无法产生应有的效果。

2. 掌握洽谈的主动权

有经验的推销人员经常使用"先提供信息、后提出问题"的办法，以把握洽谈的主动权。

提问恰当既可以使顾客参与洽谈，又不致使洽谈失去控制。这种方法可以使双方逐渐取得一致意见，最后促成成交机会的出现。所谓先提供信息，就是向顾客介绍产品的特征和利益，或者向顾客事先说明成交条件。所谓后提出问题，是指就产品或成交条件询问顾客的看法。当顾客的观点与推销人员一致时，可以继续后面的介绍或说明；如果不一致，则要重新讨论，直至双方取得一致。

3. 考虑顾客的特点

对有的顾客来说，直接请求其购买也许是最直接、最有效的方法；而对另外一些顾客来说，直接请求成交则可能意味着推销人员在向其施加压力。对一个专职采购人员，只需推销员简明扼要地介绍一下产品的特征，就能够确定公司是否需要购买；而对一个没有多少产品知识的顾客来说，只有在推销人员详细说明产品的各项特征之后，才能决定是否购买。如果推销人员不考虑特定顾客的需求状况、个性特征等情况，在成交方法的使用上就会有很大的盲目性，难以取得预期的效果。

4. 保留一定的成交余地

保留一定的成交余地，也就是要保留一定的退让余地。任何交易的达成都必须经历一番讨价还价，很少有一项交易是按卖主的最初报价成交的。特别是在买方市场的情况下，几乎所有的交易都是在卖方做出适当让步之后拍板成交的。所以，推销人员在成交之前如果把所有的优惠条件都送给顾客，当顾客要求你再做些让步才同意成交时，你就没有退让的余地了。所以，为了有效地促成交易，推销人员一定要保留适当的退让余地。

5. 诱导顾客主动成交

诱导顾客主动成交，即设法使顾客主动采取购买行动，这是成交的一项基本策略。通常而言，如果顾客主动提出购买，说明推销人员的说服工作非常奏效，也意味着顾客对产品及交易条件十分满意，以至于认为没有必要再讨价还价，因而成交非常顺利。因此，在推销过程中，推销人员应尽可能地诱导顾客主动购买产品，这样可以减少成交的阻力。

（资料来源：http：//hi. baidu. com/jeasonchen/blog/item.）

第十章

推 销 管 理

【学习目标】
- 推销计划
- 推销控制
- 推销人员激励
- 推销绩效评估

【基本概念】

推销计划、推销配额、推销控制、战略控制、过程控制、预算控制、推销绩效评估

【引导案例】

某小型民营商贸公司主要代理品牌家具油漆在当地市场的销售业务,其服务的主要客户群体是装修公司、木工材料厂及家具生产企业。经过5年的发展,公司成绩斐然,年销售额达到1000余万元,毛利率约30%,净利润率约10%,在当地的家具油漆市场占有率位居同行业第一,在行业内具有较高的知名度。

然而,该公司在看似良性发展、营业额不断上升的趋势下,却面临着人员流失、客户流失甚至不断培养竞争对手的尴尬局面。原因是公司员工素质较低,且来源单一,都来自该公司总经理张总的老家。张总老家所在的农村,村民大都在全国各地从事家具漆的代理和销售活动,其中不乏一些较为成功的榜样。在榜样的带动下,许多年轻的村民在初中毕业、高中毕业后就远走全国各地进行油漆的经营和销售。这些员工对油漆行业有较深的了解,来公司工作目的性较强,就是在掌握该行业的经营诀窍后转而自己独立开公司从事该行业经营,因此员工稳定性极差。公司客户资料大多数掌握在这些业务员手中,而业务员离职后,通常会成为公司的竞争对手,使公司丧失很大一部分有效客户,给公司销售业务造成非常不利的影响。此外,公司还存在很多销售管理问题有待解决。例如,管理理念落后,薪酬考核制度不合理,缺乏有效的奖惩制度,业务员的日常管理缺乏手段,管理制度不完善,业务流程不合理等。

目前,公司面临的主要问题有两个:一是公司总经理的文化程度低,缺乏现代的管理理念。总经理张先生本人是初中文化程度。他初中毕业后跟随老家的一个油漆经销商从事油漆的销售,掌握了该行业的客户资源、进货渠道、技术诀窍之后,另立山头发展至今;二是公司销售团队稳定性较差,业务员忠诚度较低,每一个即将离职的员工都有可能成为下一个竞争对手。

为了解决这些问题,公司在营销专家的建议下,采取了一系列措施,包括贯彻现代管理理

念、组建新的销售团队、设立客户服务部、拓宽招聘渠道、改善办公环境、明确岗位职责、划分销售区域、薪酬制度设计、客户档案管理等。

这些销售管理措施的制定与实施取得了明显的成效。一年以后，该公司的销售额基本翻了一番，其中新组建的销售团队的销售额占了其中一半以上，公司的工作氛围有了较大改善，整体面貌焕然一新。

（资料来源：申海波. 小型民营商贸企业营销管理案例研究［J］. 中国外资，2012（6）. 有删改）

上面案例告诉我们，要保持销售业绩的不断提升，必须加强销售管理工作。本章就来探讨推销管理的问题。

第一节 推销计划

推销管理工作要求规划、指导和控制推销活动。推销管理部门的基本任务就是要提出推销目标，制订推销计划，并监督、控制推销计划的实施。

一、推销计划的概念

推销计划是推销管理部门根据企业的生产经营实际情况，确定的销售目标、销售利润和销售费用以及实现目标的方式和步骤。推销计划是企业生产经营计划的重要组成部分，是企业推销工作得以有目的、有步骤、高效率展开的必备条件。推销计划与企业的各项生产经营计划有着紧密的联系，生产计划中的生产进度、生产数量要根据推销计划中的推销量来确定，财务计划中的利润指标也要与推销计划中的推销量、销售额相协调。

二、推销计划的制订依据

推销管理部门在制订推销计划时，主要的依据有：

（1）宏观经济环境。宏观经济环境包括国家经济运行形势、宏观调控政策、物价、利率、经济增长率等因素。

（2）企业的总体规划。企业的总体规划包括企业的长远规划、年度计划，以及实施计划的策略、方针和步骤。

（3）本行业的基本动态。本行业的基本动态包括行业内各企业的销售量、市场占有率及各自的营销目标与营销策略，以及竞争对手的实力和新产品开发情况。

（4）企业的基本状况。企业的基本状况包括企业近年来的销售量、费用水平、利润率变化状况和发展趋势，以及现有人员、机构、设备和资金状况。

（5）企业的促销措施。企业的促销措施包括广告、宣传、公关、推销、价格、分销渠道等方面的决策及其相关的促销措施。

三、推销计划的制订程序

1. 做好市场调研与预测

要使推销计划符合推销工作的实际情况，必须充分掌握企业的营销环境和企业内部资源情况，为制订推销计划提供可靠的依据。为了使推销计划能在相当一段时间内起到指导作用，还必须对市场需求及市场竞争态势做出科学的预测。在充分调研、收集资料的基础上，确定年度推销计划。

2. 确定推销配额

推销配额是推销人员在一定时期内应完成的销售任务。为了避免推销工作陷入漫无目的、缺乏奋斗目标而难以有所作为的困境，也为了避免推销人员之间缺乏沟通，造成重复工作的产生，必须设定一个明确的、具有科学性和合理性的推销配额，即推销管理部门根据销售目标所设定的年度销售预定额，要按月份、地区、推销人员、推销品等逐步细分，使其成为一个组织化和日程化的控制标准。

确定推销配额具有以下作用：

(1) 提供了定量的任务标准。量化指标为推销人员指明了努力方向，并为评价推销人员的工作提供了标准。

(2) 为推销人员提供激励。如果配额设置合理并具有挑战性，可以产生很强的激励效果，鼓励推销人员为实现目标做出最大的努力。

(3) 可作为发放薪金的标准。有些公司将佣金、津贴或工资与推销配额挂钩，完成配额的情况直接决定推销人员收入的多少。

(4) 可用于推销竞赛。推销配额的设置，能为所有推销人员提供取胜的机会。

(5) 有利于控制销售费用。通过配额可以实现对销售费用率的控制，从而增加利润。

实际工作中，通常采用如下方法确定推销配额：

(1) 根据销售成长率确定。其计算公式为

$$销售成长率 = \frac{计划年度（次年）推销配额}{预计本年推销额} \times 100\%$$

确定销售成长率时，可参照经济成长率或行业成长率。

(2) 根据市场占有率确定。其计算公式为

$$市场占有率 = \frac{企业销售收入}{行业销售收入} \times 100\%$$

以上两种方法都可依据全行业销售预测指标来确定推销计划。

(3) 根据实质成长率确定。其计算公式为

$$实质成长率 = \frac{本企业成长率}{行业成长率} \times 100\%$$

(4) 根据每人平均销售收入确定。可以企业总销售收入目标为基础计算，也可根据以往的趋势预测下年度销售成长率，并以此为基础计算。

(5) 根据每人平均毛利额确定。其计算公式为

$$每人平均毛利额 = \frac{销售收入目标值 \times 毛利率}{人数}$$

(6) 根据推销人员申报确定。要求申报时尽量避免过分保守或夸大，并需检查申报内容是否符合市场发展的变化趋势。

3. 确定毛利目标

在确定推销配额的同时，必须规定毛利目标。因为如果没有毛利目标的约束，有可能在年度终结时，推销配额达到了目标，而企业却亏了本。这是由于推销人员在推销配额单一目标的驱使下，往往为了自身经济利益，单纯追求个人推销业绩，盲目采取减价、折扣、附加赠品及给予其他优惠条件等手段，或搞强行推销，损害了企业的整体利益和长远利益。为避免这个缺陷，必须同时确定销售责任额和毛利目标，实现对推销人员个人和整个推销工作的双重约束。

4. 修正推销计划

在推销计划制订以后，应督促推销部门及推销人员组织实施计划，并在计划实施的过程中及时进行检查和考核，修正计划中脱离实际的内容，纠正偏离推销计划目标的问题。

【辅学资料 10-1】

推销人员个人推销计划的制订

（一）目标的确定

1. 销售目标

是否要求老客户增加订货量或订货品种；是否向新客户提出订货单。

2. 行政目标

是否需要收回账款；是否有投诉或咨询需要处理；是否需要传达公司新政策。

（二）客户的选择

1. 选择客户

应选择那些在同行里受到尊重、拥有强大实力、服务水准佳、销售额稳定、市场拓展能力强、有稳定顾客群的客户。

2. 划分客户等级

应根据客户的资信状况、经营规模、人员素质、仓储能力、运输能力、内部管理、组织机构及销售网络的覆盖范围，对客户进行等级划分；再根据公司政策、市场状况等因素决定目标客户。一般可以将准客户划分为三级：

A 级——最近交易的可能性最大。

B 级——有交易的可能性，但还需要时间。

C 级——依现状尚难判断。

判断 A 级客户的 MAN 法则如下：

M（Money）：即对方是否有资金，或能否向第三者筹措资金。事先要了解对方的经济实力，不要贸然行动。

A（Authority）：即你所极力说服的对象是否有购买的决定权，如果没有决定权，最终你将白费口舌。在销售介绍的成功过程中，能否准确掌握真正的购买决定者是成功的关键。

N（Need）：即需要，如果对方不需要这种商品，即便有资金、有购买决定权，结果也还是会失败。不过"需要"的弹性很大。一般来讲，需要是可以创造的，普通的推销人员是适应需要，而专业的推销人员是刺激和创造出顾客的需要，从而激发顾客内心深处的消费欲望。

（三）行动计划的制订

每个推销人员都管理和控制着一个销售区域。为了达到公司制定的销售量或销售额，必须谨慎考虑并计划自己的行程。具体步骤如下：

1. 客户分类

依据客户的重要性和增长潜能，将客户分成 A、B、C 三级。

A 级客户：应安排在第一个星期出访，相应地，每日里也应该将重要的客户安排在上午拜访，以利用最佳的脑力和体力。

B 级客户：多安排在第二个星期出访，由于其数目较 A 级客户多，每家的拜访次数会相应减少。

C级客户：应安排在第三个星期出访。

第四个星期应将精力集中于客户服务（维修、技术与操作）、货品陈列收账和计划下个月的工作方面。当然，推销人员也可以根据实际情况安排ABC客户拜访计划。如每日、每周的拜访客户中既有A、B级客户，也有C级客户，但无论怎样安排，推销人员应当明确地知道，首先拜访A级和B级客户，可以使自己及早掌握所负责区域内的部分营业额。由此，也可以帮助推销人员增强信心和勇气面对未来的挑战。

2. 出访频率及形式

作为推销人员，身负完成公司推销指标的任务，所以显而易见，推销人员的推销重点应集中于那些"销出"迅速、账款回笼及时的客户。因此，推销人员必须以定点巡回的方式反复多次地出访这类客户，以连续不断的客户服务达成推销目标。在激烈竞争的市场中，更要求推销人员保持极高频率和足够数量的拜访次数，以期用稳定的营业额、连续的专业客户服务令竞争对手难以介入我们拥有的客户和市场。每日出访客户的多少，会因推销人员选择的客户等级不同而有所区别。根据权威资料统计，很多推销人员每日花在真正销售上的时间不会超过两个小时。良好的计划工作可以帮助推销人员避免出现在一定区域内因纵横交错的拜访而导致出访时间不够充分的局面。因此，谨慎而周详地计划每日的工作可以增加出访次数，也可以确保每次出访更有实效。最理想的情况是每日的出访行程都预先制定，且保证每次出访安排都是最经济、最有效的。

（四）制订行动计划的注意事项

在推销之前，制订一份推销计划会使你成竹在胸，但是面对不同的客户只用同一份计划是不行的，要因人而异。所以，在制订计划时，要注意以下几个方面的问题：

1. 要有某些特别的提案

要想把产品顺利地推销出去，就要在每次访问之前制订好特别的销售计划。换句话说，当你面对准客户的时候，必须有一个"针对他而制订的某些特别的提案。"

2. 不能只靠普通的商品说明

对准客户的解释说明也要因人而异，应符合不同准客户的特性。这就是说，你必须准备好"访问那位顾客的特殊理由"。要清楚以下问题：

（1）我要向他说（诉求）什么？

（2）我要说服他做什么？

（3）我打算采取什么"方法"让他认同我？

（4）怎样准备"访问的理由"？这些"访问理由"的内容必须都不一样。

也许，你认为这是相当难的事，事实上，只要你下定决心写出来，则只需花费15min。别小看了这个步骤，它会点燃你的斗志，使你不断产生各种销售计划。

当你准备好这份特别的销售计划后，就要接见你的客户了。这时你要给自己几分钟的时间，在脑子里想一下这些事情：

（1）要提醒自己销售的目的，即帮助人们，令他们对自己所购买的产品感到满意，并认为自己的购买抉择是一种明智之举。

（2）设想一下会发生的事情。例如，想象自己穿上了顾客的"鞋子"在走路，也就是站在客户的角度来考虑问题；想象自己的产品、服务或建议的优越性，并想象如何运用这些优越性去满足客户的需要；想象一个美好的结局，自己的顾客获得了他们所希望得到的感受，即对他们所购买的商品及对自己所做出的选择均感满意；想象自己的愿望也实现了，即在轻松的气氛中以较少的力气销售了更多的商品。

（资料来源：营销人俱乐部．http：//www.9ban.com/thread-6103-1-1.html．）

第二节 推销控制

在推销计划的执行过程中，市场格局和销售环境的变化是在所难免的，为了确保推销工作高效率地展开，企业及销售部门必须及时对推销状况进行控制。

一、推销控制的含义

所谓推销控制，就是企业将推销机构各部门、各环节的活动约束在企业经营方针及推销目标、推销计划的轨道上，对各推销要素的运动态势及其相互间的状况进行的监督与考察、审计与评估、操纵与把握等一系列规范化约束行为的总称。推销控制的本质在于对推销活动的操纵与把握，主要通过对推销活动的每一个行为和事件的测试来检验其是否与原定的计划、指令、原则相吻合，是否发生了偏差；如果发生了偏差，就立即采取措施，如调整或修正原来的计划、指令或行动，以便更好地实现既定的推销目标和任务。

从管理学的角度讲，控制是管理的重要职能之一。控制就是将计划的完成情况和计划目标进行对照，然后采取措施纠正计划执行中的偏差，以确保计划目标的实现。如果把管理者制订计划、实施计划和进行管理控制看作一个周而复始的过程，那么，控制可以说是前一次循环的结束，又孕育着新循环的开始。

在推销管理中也是如此。推销控制的目的在于使推销组织的各项活动与组织目标保持一致，通过建立及时、有效的推销控制系统，确保推销计划的顺利执行。

二、推销控制的作用

1. 推销控制有利于推销计划的完成

从管理学原理可知，计划是一个组织为实现一定目标而科学地预计和判定未来的行动方案。这种行动方案多少都带有不确定的因素，在具体的实施过程中，难免会遇到各种意外事件的冲击而发生困难。如果在实施计划的过程中，经常运用某种手段检查计划的执行情况，确保计划在规定的时间内达到其预定的目标，完成任务，这种手段主要就是推销控制。

2. 推销控制有利于推销组织工作效率的提高

推销控制在推销计划的实施过程中，可以及早发现问题，避免事故的发生，以及寻找更好、更有效的管理方法和手段，充分挖掘潜力，提高推销工作的效率。例如，控制某种产品或地区市场的获利性，可使企业保持较高的获利水平；实施产品质量售后跟踪服务，可以避免客户购买后产生不满情绪等。

3. 推销控制有利于对推销人员的监督和激励

对推销人员进行行为控制，可以检查推销人员的推销工作目标和任务完成的程序，预防问题的出现，及时解决推销障碍。同时，促使推销人员努力工作，追求卓越的工作业绩，并更符合推销目标任务的要求。

三、推销控制的程序与内容

推销控制要按照一定的程序完成相应的工作。一般说来，推销控制的程序与内容如下：

1. 确定评价对象

推销控制的系统应包括推销成本、推销收入和推销利润三个方面，测评的范围应该包括推销人员的工作绩效、新产品开发与推销成绩、广告投资收益率及市场调查的效果等。对市场调研、广告、推销、咨询及各项服务等推销活动，均要通过控制来评价其效率；对新产品开发、特别促销、试销等专门项目，则往往采用临时性的控制措施。

管理者在确定测评范围时，应根据各推销组织及推销人员的具体情况而定。在确定测评对象时，要考虑必要性和经济性。测评的业务范围越大、频率越高，所需要的费用也就越多。有的组织、个人或推销环节对企业的整个推销绩效关系重大，或容易脱离计划，或情况不稳定，这就需要对有关推销业务活动做全面测评，以加强控制；反之，则可以只抽查几个主要方面。

2. 确定衡量标准

它是指根据已确定的将予以测评的推销业务活动来选择具体的衡量标准。科学而合理的衡量标准是检测评价工作实绩的客观尺度，也是管理者对具体推销活动实施控制的主要依据。

控制标准有质和量两个方面的规定。控制标准的质是指标准的特定内涵，即对标准所反映的性质的界定，通常是指一系列具有针对性的、可以反映某种行为内在本质的指标规范。例如，推销人员的工作绩效可以用销量增长率、客户年增加率等来说明；市场调查效果可以用每进行一次客户访问的费用表示；宣传促销效果可以用潜在客户中记住广告内容的视听者占全部视听者的百分比来表示等。控制标准的量是指将指标加以定量化，即确定各项控制指标的定额。

多数企业在确定控制标准时，通常选用综合性的工作绩效标准。一般来说，考虑的因素有：①每个推销人员所推销产品的具体特征；②每个推销人员推销区域内的销售潜量；③每个推销人员推销区域内竞争产品的竞争力；④每个推销人员所推销产品的广告强度；⑤推销人员的业务熟练程度；⑥推销人员的推销费用等。

3. 实际工作绩效的检查衡量

企业确定绩效标准的目的是对具体的推销工作进行测度。而测度的前提则是对测度对象进行客观的了解与把握，这就需要采用各种方式和方法对实际工作进行科学的检查衡量。

检查衡量绩效就是将控制标准与实际结果进行比较。实际结果如果与预期标准相吻合，甚至优于预期标准，则可以总结经验，继续发扬；实际结果如果达不到预期标准，则应认真反思，找出问题的症结所在，以便下一步修正计划及实施的方案、措施。

4. 分析、改进绩效与修正标准

从上一步骤中可得知，如果在检查衡量绩效的过程中发现实际结果与预测标准不相符，则说明推销工作中存在一些问题或薄弱点，应对照预期标准，分析和寻找可能存在的原因。在实际中，通常有两种原因：一是实施过程中的，这种问题比较容易发现；二是推销计划本身的，确认这种问题相对比较困难。

在查明原因或问题以后，应采取相应的改进行动。一般来讲，有三种方案可供抉择：①维持原来的标准。当实际结果略微超过或基本达到预期标准时，则不应修正预期标准，而应修正实施方案。②纠正偏差。如果实际结果达不到预期标准，那就必须采取相应措施对预期标准加以修订，以反映推销工作的真实情况。③改变预期计划或标准。如果大多数推销人员都大大超过预期计划或标准，就意味着这个计划或标准可能定得太低了。有时候由于环境发生了意想不到的变化，也可能使预期计划或标准变得不合理了，当出现了上述情况时，就应对预期计划或标准加以修订。

四、推销控制的方法

推销控制活动是连续不断、周而复始的运动过程。企业在确定了具体的控制对象和合理的控制程序后，还必须根据不同的对象，科学地选用控制方法，以保证对推销活动实施有效的控制。推销控制的基本方法有战略控制、过程控制和预算控制等，这些方法从不同的角度实现了对企业推销活动的控制。

（一）战略控制

战略控制的目的在于使企业的营销目标及所采用的策略与推销环境相适应，以保证企业推销任务的顺利完成。它由企业的最高管理层通过多种手段，对企业的推销环境、内部推销系统和各项推销活动定期进行全面而系统的考核。

战略控制的重点有三个方面：

1. 考核推销环境

考核的对象包括：

（1）市场状况。市场状况包括企业目前所面对的市场、细分市场状况、市场特性与发展前景。

（2）客户情况。客户情况包括客户对本企业的认识与看法、客户做出购买决策的依据与过程、客户当前的需求状况与发展趋势。

（3）竞争状况。竞争状况包括企业主要竞争对手的状况、当前竞争态势与可预见的竞争趋势。

（4）宏观环境。宏观环境包括可能对本企业产生影响的政治、经济、社会、法律与科技发展因素。

2. 考核企业内部推销系统

考核的对象包括：

（1）目标。企业的长短期营销目标与销售目标是什么；目标是否明确、合理，是否全面反映了企业的竞争能力，是否把握了有利时机。

（2）策略。企业借以实现目标的核心策略是什么，其成功率有多大；企业能否调配足够的资源完成计划任务，各种要素的配置是否得当。

（3）计划。企业是否制订了完善、有效的年度推销计划，是否按期执行控制步骤以确保计划目标的实现；企业的推销信息系统能否满足各级人员对推销业务进行计划与控制的需要。

（4）推销组织及推销人员。企业中从事推销活动的人员在数量、素质上是否合乎要求；对各级推销人员是否有进一步培养、激励或监督的必要；推销组织结构能否适应不同产品、不同市场与各类推销活动的需要。

3. 考核各项推销业务活动

考核的对象包括：

（1）产品。企业的主要产品和一般产品，产品系列中应淘汰或增加哪些产品，从整体上看各项产品的情况是否正常。

（2）定价。产品定价是否全面考虑了成本、需求与竞争因素，以及对价格变动的反应。

(3) 推销。各推销分部是否按最佳分工方式组成，是否都能实现企业目标；整个推销组织的士气、能力与成果是否相协调；评价劳动成果的目标体系是否合理。

(4) 广告宣传。是否有完整的计划；所制定的目标是否切合实际；媒体选择是否恰当；费用支出是否合理，效果如何。

(二) 过程控制

控制标准有质和量两个方面。控制标准的质是对标准所反映的性质的界定，通常是指一系列具有针对性的可以反映某种行为内在本质的指标规范。过程控制的核心在于实行目标管理，即将计划目标细分为若干小目标，分层落实，并及时纠正偏差。实施过程控制的具体方法有：

1. 销售分析

销售分析的目的在于衡量与评估实际销售额与计划销售额之间的差距。常用方法有以下两种：

(1) 销售差距分析。这种方法主要用于判断不同因素对实现销售目标的影响程度。例如，计划3月份以10元的价格销售某种牙膏40000支，总销售额为400000元；而到3月底，仅以8元的价格售出30000支，总销售额为240000元。造成与计划额相差40%的销售差距，主要原因是售价降低和销量不足。但这两个原因对销售额所产生的影响是不相同的，可以通过计算予以说明

$$售价降低的差距 = [(8-10) \times 30000] 元 = -60000 元$$

即由于实际价格低于计划价格而使销售额比计划销售额减少了60000元。

$$销量不足的差距 = [10 \times (30000 - 40000)] 元 = -100000 元$$

即由于实际销量达不到计划数量而使销售额比计划销售额减少了100000元。

$$综合影响 = [(-60000) + (-100000)] 元 = -160000 元$$

从相对数上来看，由于售价降低造成的影响为 $-60000 元 / -160000 元 \times 100\% = 37.5\%$；由于销量不足造成的影响为 $-100000 元 / -160000 元 \times 100\% = 62.5\%$。

这说明销量降低是影响销售计划实现的主要原因，须进一步找出根本原因并采取办法加以解决。

(2) 地区销售量分析。这种方法主要用于判断导致销售差距的是哪种产品或哪些地区。例如，某企业在甲、乙、丙三个地区的计划销售量分别为400件、800件与1000件，但实际销售量分别为360件、840件和560件，与销售目标相比，销售差距分别为 -10%、5% 和 -44%，据此分析可得出结论：导致销售差距的原因主要是丙地区的销售业绩不佳。

2. 市场占有率分析

销售分析不能反映企业在市场竞争中的地位，而通过市场占有率的分析，则可以清楚地掌握企业同其竞争者在市场竞争中的相互关系。例如，企业只是销售额增加而市场占有率不变，其原因可能是宏观经济环境改善，并不能说明企业竞争地位的提高。企业的销售额下降而市场占有率保持不变，说明整个行业受到了宏观经济环境的不利影响。进行市场占有率分析时，必须注意定期收集、整理全行业的销售资料。

3. 销售费用率分析

实施过程控制时，要注意在确保实现销售目标的同时，销售费用不能超支。管理人员应注意把各项推销费用控制在计划以内，重点考核广告费用与人员推销费用。

（三）预算控制

预算控制是按照事先分配给各项推销活动的费用计划对推销活动实施的控制。管理人员可以采用效率测量的方法，分析研究企业推销资源可产生的推销效果，使推销资源产生最大效益；也可以采用制定推销预算的方法，根据企业预算的目标核算完成预定目标所必需的费用水平，防止费用超支，并对推销成效进行测量。

【辅学资料10-2】

好的推销业绩取决于过程管理

对于推销来说，好的过程会有好的结果；但好的结果却不一定有好的过程。例如，有的推销人员，推销任务虽然完成了，但私下里却是通过压货达到的。所以，好的推销业绩取决于过程管理，必须有一系列推销过程的管理工具与方法。

一、一张表格

表格（推销日报表）是基础。这是推销过程管理中最基本也最重要的一个表格，它显示了以下管理内容：

（1）表头。主要填写推销人员工作的区域、具体日报人、填写日期以及天气状况。通过天气状况的填写，可以避免推销人员借此不出勤、推脱工作责任等现象。

（2）序号。序号的填写能够反映出一个推销人员每天拜访客户的数量，还可以看出推销人员是否按照企业要求进行定量工作。

（3）访问客户。具体填写按照计划访问的客户名称。另外，在表格最后一栏"其他记录"中可加上拜访客户的电话号码，更便于检查推销人员的工作内容是否属实。

（4）访问时间。访问时间是指访问客户的具体时间。例如，很多企业都有自己的团购公关部，然后对团购客户进行ABC分类，对不同的客户有不同的访问频率和具体访谈时间。这样，企业就可以要求推销人员填写访问客户的具体起始时间段，从而便于检查这个时间段推销人员的工作。

（5）访问目的。访问目的分为订货、收款、开发、服务、说明（如新产品、新政策等），由此可以看出推销人员每天的工作重点，进而有助于主管的监督。

（6）商谈结果。从商谈结果可以看出一个推销人员每天的工作绩效，从而可以看出一个推销人员的工作技能，进而可以决定是否需要对推销人员进行培训提升等，以提高工作效率和效益。

（7）客户类别。客户类别包括开发、新增、原有三种，从客户类别可以看出一个推销人员的客户结构是否合理，销售增长是否有保障等。

（8）预订再访时间。预订再访时间是指根据与客户访谈的结果，与目标客户进行二次沟通的具体时间安排。根据四次拜访法则，即80%以上的客户都是拜访四次以上才成功的，可要求推销人员进行有技巧、有频次的拜访。

（9）其他记录。其他记录可以记载客户异议、有待解决的问题、共同商定的事项以及备忘录等。

二、两种管理方式

推销过程管理要想达到预期效果，必须灵活运用两种管理方式。只有如此，推销过程管理才更有效，才能更好地为促进目标达成推波助澜，更好地完成推销任务。

1. 走动管理

麦当劳曾经在一段时间内业绩下滑,后来发现,一些管理人员在办公室做管理,而很难快速、便捷地解决问题。后来,麦当劳把办公室椅子的靠背全部锯掉,让喜欢待在办公室里的管理人员没有了舒服的靠背,从而主动到现场去做管理了,结果快速扭转了局面,提升了业绩。

其实,销售主管要想更好地去做推销过程管理,走动式管理必不可少。娃哈哈集团作为一家民营企业而多年保持增长,归结于娃哈哈集团的董事长宗庆后一年 200 多天在市场上跑。他熟悉市场,熟悉客户,熟悉推销人员,所以,减少了娃哈哈集团决策失误的概率。因此,企业销售主管要想正确决策,取信于下属,也可以借鉴走动式管理的方式,不局限于"办公室管理""电话管理",从而掌握一线市场情况,取得更有效的管理效果。

2. 现场管理

现场管理对于下属及客户更有吸引力。不论是推销人员还是客户,都喜欢能够现场解决问题的主管,而不喜欢在办公室、在电话里指手画脚的领导。销售主管要想树立自己的威信,更好地帮扶下属与客户,就必须到现场去。

(1) 在现场解决市场问题。很多问题是需要主管到现场去调查、取证、喝彩、助威的,如窜货、乱价等问题,就不能轻易听信一方之言,必须到现场去调查,从而追根溯源,合理地予以处理。

(2) 现场培训推销人员。销售主管通过现场管理的方式,可以发现推销人员在工作中存在的问题,尤其是技能方面存在的不足,从而可以现场手把手地教导,并即时演练;更便于销售主管及时地予以纠偏,从而找到目标达成的根本解决途径或者方法、技巧。

三、三个小技巧

推销过程管理对推销目标的达成起着至关重要的作用。除了常规的推销过程管理方式与手段之外,还有三个看似"另类"的推销过程管理方法与技巧。

1. 突击检查法

突击检查法就是除了常规例行性的检查外,在推销过程管理当中,采取"突击"行动,借此检查推销人员的工作状况。这样做的结果是,会让老老实实做工作的推销人员更踏实、更有公平感;同样,也会让脱岗、离岗的推销人员"现出原形",更有助于管理人员抓典型。例如,销售主管每月进行市场检查时,一般情况下,是不会通知推销人员自己行踪的。即使是办公室里的销售内勤,等到了所要检查的市场后,也是先检查渠道状况,尤其是终端,观察产品陈列、POP 张贴、产品生产日期(检查流转速度)、终端人员工作状态,然后根据需要进行现场拍照;掌握了第一手资料后,再到客户那里去,检查推销人员是否在岗。如果推销人员在岗,那两全其美;如果不在岗,那就要按照相关管理规定,进行处罚。实践证明,这个方法非常有效,它就像一把无形的剑,高悬在每个人的头上,会让他们感觉到背后有一双无形的眼睛,从而不敢懈怠,更好地投入到每天的工作中去。

2. 网上沟通法

做市场,难免会有各种各样的问题出现,如产品积压、产品滞销、竞争对手狙击等,有时一两句话很难沟通清楚,特别是远距离管理时,除了打电话之外,还可以借助互联网这个方式来解决这一难题。一是可以通过发邮件的方式,把销售管理报表、市场问题等在规定的时间发出,便于管理人员把握进度,及时调整方向与策略;二是可以通过建立区域推销人员 QQ 交流群的方式,在规定的时间内,大家以此为平台交流工作的心得与体会,甚至包括失败的例子。好的经验，让大家学习和借鉴；不好的方面，让大家引以为戒，从而尽量避免重蹈覆辙，减少摸索的成本与代价。网上沟通法是一种高效的交流方法，很多外资企业，都通过设计销售管理表格文档这种方式快速传递信息，大大提高了管理人员的办事效率，起到了很好的管理效果。

3. 月中例会法

在销售管理当中发现，仅仅通过电话、邮件或者信息鼓励推销人员是不够的，尤其是对一些动力不足的推销人员，需要推一推、拉一拉，甚至要给他们加点"油"。这就需要在每月的中间节点，也就是月中，举行一次区域销售运行分析大会。在会上，一方面，要总结上半月的销售情况，如销售进度是否跟上，产品结构如何，新产品推广、新市场开发、促销活动效果评估等；另一方面，还要对能够促使本月达标的关键因素进行挖掘和寻找，对下半月的工作进行具体安排，如通过上半月的销售目标执行情况，进行相应的计划、策略或者市场调整。这个方法的好处是可以及时检讨销售目标的完成情况，避免"临时抱佛脚"的现象。同时，月中例会法还有一个重要工作，那就是要对推销人员进行培训，针对推销人员工作中存在的不足，进行有针对性的培训，也可以让做得好的推销人员现场示范，与其他推销人员分享其成功的做法。这样既树立了典型，又潜移默化地培养了推销人员的学习意识。

总之，销售过程管理需要常规手段与另类方法相结合，同时注意方式和技巧，通过过程管理，激发团队成员的工作积极性、主动性、能动性，从而让目标达成的基础稳固，最终水到渠成、业绩卓越。

（资料来源：贾昌荣，刘惠. 好的业绩在于过程管理［J］. 糖烟酒周刊，2009（5）.）

第三节 推销人员激励

一、推销人员激励的必要性

企业销售目标的实现有赖于推销人员积极努力的工作，如果推销人员的主动性、创造性得到充分调动，就能创造良好的推销业绩。对于大多数推销人员来说，经常给予表彰和激励是非常必要的。

从主观上来说，绝大多数人的本性是追求舒适轻松的工作和生活，而回避需要付出艰苦努力的劳动。只有给予物质或精神的激励，人们才能克服与生俱来的惰性，克服种种困难，满腔热情地投入工作。

从客观上来说，推销工作的性质使得推销人员常年奔波在外，经常远离企业、同事和家人，极易产生孤独感；推销工作的时间没有规律，会对推销人员的身心健康产生不利影响；推销工作的竞争性很强，推销人员常常和竞争对手直接接触，时时感受到竞争的压力；推销人员在工作中被顾客拒绝是常有的事，即使付出艰苦的努力也不一定能得到订单，经常受到挫败会使他们的自信心受到伤害。管理部门应注意到这几方面的问题，采取妥善的方法，激励推销人员克服困难。

二、推销人员激励的原则

激励推销人员的措施必须具有科学性和合理性，否则将会产生副作用，不仅起不到调动、提高推销人员工作积极性的作用，相反，还会挫伤其原有的工作热情。管理部门在对推销人员进行激励时，应当根据企业、产品、销售地区、推销环境和推销人员的不同情况制订合理的激励方案。其所应遵循的原则有：

1. 公平合理原则

公平合理原则是指所制定的奖励标准和所给予的奖赏必须公平合理。奖励的标准必须恰当，过高或过低都会缺乏驱动力；所给予的奖赏应考虑到推销人员工作条件的不同和付出努力的差别。

2. 明确公开原则

管理部门实行奖励的有关规定必须很明确，并公开宣布，让推销人员充分了解和掌握奖励目标和奖励方法，促使他们自觉地为实现目标而努力。否则，就不可能产生积极的效果。

3. 及时兑现原则

对推销人员的奖励应当按预先的规定，一旦达到奖励目标就兑现许诺，使达标者及时得到奖赏。如果拖延奖励时间，会给推销人员造成"开空头支票"的感觉，将严重打击他们的积极性。

三、推销人员激励的一般方法

管理部门可以根据企业自身情况和内部人员状况，灵活地运用多种激励推销人员的方法，以便激发推销人员的潜能，保证推销目标的实现，促进企业的发展。具体地说，激励推销人员的方法主要有以下几种：环境激励、目标激励、物质激励和精神激励等。

1. 环境激励

环境激励是指企业创造一种良好的工作氛围，使推销人员能心情愉快地开展工作。企业对推销人员的重视程度很重要。有些企业认为推销人员不重要，有些企业则认为他们是实现企业价值的人，给他们提供了许多机会。事实证明，如果对推销人员不重视，其离职率就高，工作绩效就差；如果重视，其离职率就低，工作绩效就高。企业可以召开定期的销售会议或非正式集会，为推销人员提供一个社交场所，给予推销人员与公司领导交谈的机会，给他们在更大的群体范围内结交朋友、交流感情的机会。

2. 目标激励

目标激励是指为推销人员确定一些拟达到的目标，以此来激励推销人员上进。企业应建立的主要目标有销售定额、毛利额、访问户数、新客户数、访问费用和货款回收等。其中，制定销售定额是企业的普遍做法。

许多公司为其推销人员确定销售定额，规定他们一年内按产品分类应推销的数量。销售定额是在制订年度市场营销计划的过程中确定的。公司先确定一个可能达到的合理的预计销售指标，然后管理部门为各分区和地区确定销售定额，各地区的销售经理再将定额分配给本地区的推销人员。

关于如何确定推销人员的定额，有三种学术观点：高定额学派认为，定额应高于大多数推销人员所能达到的水平，这样可刺激推销人员更加努力地工作；中等定额学派认为，定额应是大多数推销人员所能达到的，这样推销人员会感到定额是公平的，易于接受，并增强信心；可变定额学派认为，定额应依推销人员的个体差异分别设定，某些人适合高定额，某些人则适合中等定额。

销售定额的实践经验表明，推销人员的反应不是完全一致的，在实行任何一种标准时均会出现此种情况：一些人受到激励，能发挥出最大潜能；一些人感到气馁，因而失去信心。有些销售经理在确定定额时，对人的因素极为重视。一般来讲，从长远的观点看，优秀的推销人员对精心制定的销售定额会做出良好的反应，特别是当报酬制度按工作业绩做适当调整时更是如此。

对推销人员个人确定销售定额时，应考虑推销人员以往的销售业绩、对所辖地区潜力的估计、对推销人员工作抱负的判断以及对压力与奖励的反应等多种因素。

3. 物质激励

物质激励是指对做出优异成绩的推销人员给予晋级、奖金、奖品和额外报酬等实际利益，以此来调动推销人员的积极性。物质激励往往与目标激励联系起来使用。研究人员在评估各种可行激励的价值大小时发现，物质激励对推销人员的激励作用最为强烈。

建立合理的报酬制度是物质激励的重要保证，对调动推销人员的积极性和主动性、保证推销目标的实现也有重要意义。推销人员的工作能力、工作经验和完成任务的情况是确定报酬的基本依据。企业付给推销人员的报酬主要有三种形式：

（1）薪金制。薪金制即付给推销人员固定的报酬。这种制度简便易行，可简化管理部门的工作；推销人员也因收入稳定而有安全感，不必担心没有推销业务时影响个人收入。但这种制度缺少对推销人员的激励，容易形成吃"大锅饭"的局面，一般只适用于销售内勤人员。

（2）佣金制。佣金制即企业按推销人员实现销售量或利润的大小支付相应的报酬。这种制度与薪金制相比有较强的刺激性，可以促使推销人员充分地发挥自己的才能，管理部门也可根据不同的产品和推销任务更灵活、更有针对性地运用激励的手段。但这种制度不能保障企业对推销人员的有效控制，推销人员往往不愿接受非销售性工作，而且常常出现为追逐自身经济利益而忽视企业长远利益的现象。

（3）薪金加奖励制。薪金加奖励制即企业在给推销人员固定薪金的同时又支付不定额的奖金。这种形式实际是上述两种形式的结合，一般来讲，它兼有薪金制和佣金制的优点，既能保障管理部门对推销人员的有效控制，又能起到激励刺激的作用。但这种形式实行起来较为复杂，增加了管理部门的工作难度。相对而言，这种制度比较有效，目前越来越多的企业趋向于采用这种方式。

4. 精神激励

精神激励是指对做出优异成绩的推销人员给予表扬，如颁发奖状、奖旗，授予称号等，以此激励推销人员上进的方式。对于多数推销人员来讲，精神激励也是不可少的。精神激励是一种较高层次的激励，通常对那些受正规教育、学历较高的年轻推销人员更为有效。所以企业负责人应深入了解推销人员的实际需要。他们不仅有物质生活上的需要，而且还有诸如理想、成就、荣誉、尊敬、安全等方面的精神需要。尤其当物质方面的需要基本满足后，对精神方面的需要就会更强烈。例如，有的公司每年都要评出"冠军推销员""推销状元"等，效果很好。

【辅学资料10-3】

宏达软件推销人员待遇管理办法

为更好地激发推销人员的潜能，创造更好的销售业绩，在给企业和社会创造价值的同时，也提高推销人员自身的福利待遇，为达到这一目标，公司对推销人员的待遇问题进行研究和测算，特制定管理办法如下：

1. 本企业所有推销人员的待遇除另外规定者外，均根据本办法执行。

2. 本企业推销人员销售商品后计算业绩提成时，均按照实际销售额及货款回收数量进行核算（原则按照当月该项目货款回收已经达到80%以上的，按实收货款计算提成额；没有达到80%货款的，在收回第二次货款后，在下月工资发放时按实际回收额核算。货款计算另有规定者例外）。唯有下列情形之一者，不予核准业绩提成奖励：

（1）凡实际销售价低于最低价而未经请示核准同意者。

（2）货款兑现期间过长而未经请示核准同意者。

（3）零售及渠道销售存在未结清的货款部分。

3. 本企业推销人员每月实现销售业绩的计算自每月1日开始，月底截止。

每人必须按照各自工资级别所指定的当月销售任务完成，不能完成的按照相关奖惩措施执行。

4. 本管理办法规定的所有奖金、业绩提成，均按公司工资发放日（每月15日才发放上个月的工资、奖金、提成）统一核算发放。

5. 部门编制

（1）小客户部：额定6人（包括部门经理）。

（2）大客户部：额定3人（包括部门经理）。

下列各项奖罚措施均以规定编制的人数核定。若人员暂时不足，按比例递减；若人员超编，按既定比例根据超过的编制人数递增。

6. 本企业推销人员的待遇

（1）底薪

（2）全勤奖

（3）业绩提成奖

（4）全公司当月成交第一单奖

（5）全公司当月第一个完成当月个人销售任务奖

（6）绩效考核奖

（7）年终奖金。

7. 推销人员级别与销售任务指标及底薪标准

（1）小客户部

1）实习推销员试用期底薪1200元/月，具体要求当月能搜索到6个准客户和完成一笔交易为前提（数额不限）。若连续三个月零销售，按照惩罚措施办理并辞退。

2）实习推销员在试用期满后，即转为正式六级推销员，底薪1600元/月，每月必须完成销售任务4万元（全年销售任务为40万元）。

3）连续三个月足额完成个人销售任务者，经核准可晋升为正式五级推销员，底薪2000元/月，每月必须完成销售任务5万元（全年销售任务为50万元）。

4）正式推销员的晋级和降级均以三个月销售业绩考核为标准（按三个月的平均销售业绩额计算）。若连续三个月不能完成销售任务的，降一级底薪；连续三个月均如期完成销售任务的，晋一级底薪。具体级别和底薪对照如表10-1所示。

表 10-1 小客户部推销人员薪资（底薪）表

级别	当月销售任务及工作成效	底薪/元	年任务/万元	备注
实习推销员	6个准客户、1个销售订单	1200		数额不限
六级推销员	4万元以上	1600	40	
五级推销员	5万元以上	2000	50	
四级推销员	6万元以上	2400	60	
三级推销员	8万元以上	3000	80	
二级推销员	10万元以上	3600	100	
一级推销员	12万元以上	4200	120	

注：1. 按月计算销售业绩时，必须完成月度销售任务；年终核算时，按照年销售任务额计算。月度销售任务与年度销售任务不能混为一谈。
2. 若当月超额完成当月销售任务的，根据下列奖励措施执行。
3. 大客户部亦同此说明执行。

（2）大客户部

1）实习推销员试用期底薪1200元/月，具体要求当月能搜索到6个准客户和完成一笔交易为前提（数额不限）。若连续三个月零销售，新招实习推销员根据惩罚措施罚款和辞退处理；老推销员转入的，降（回原职）级到小客户部。

2）实习推销员在试用期满后，即转为正式五级推销员，底薪2400元/月，每月必须完成销售任务8万元（全年销售任务为80万元）。

3）连续三个月足额完成个人销售任务者，经核准可晋升为正式四级推销员，底薪3000元/月，每月必须完成销售任务10万元（全年销售任务为100万元）。

4）推销员晋级和降级均以三个业绩考核为标准。若连续三个月不能完成销售任务的，降一级底薪；连续三个月均如期完成销售任务的，晋一级底薪。具体如表10-2所示。

表 10-2 大客户部推销人员薪资（底薪）表

级别	当月销售任务及工作成效	底薪/元	年任务/万元	备注
实习推销员	6个准客户、1个销售订单	1200		数额不限
五级推销员	8万元以上	2400	80	
四级推销员	10万元以上	3000	100	
三级推销员	12万元以上	3600	120	
二级推销员	16万元以上	4400	160	
一级推销员	20万元以上	5400	200	

8. 提成计算比率（见表10-3）

表 10-3 提成计算比率表

K3销售价折扣率（%）	提成比例（%）	KIS销售价折扣率（%）	提成比例（%）
10	12	10	15
≥9~9.9	10	≥9~9.9	14
≥8~8.9	8	≥8~8.9	12
≥7~7.9	7	≥7~7.9	10
≥6~6.9	6	≥6~6.9	8

(续)

K3 销售价折扣率（%）	提成比例（%）	KIS 销售价折扣率（%）	提成比例（%）
≥5~5.9	5	≥5~5.9	5
≤5	待议	≤5	2
推销人员的客户信息若是别人提供的，其提成额中应扣除30%给信息提供者			
宏达进销存管理软件提成 = 销售额×20%			
套打纸提成 = 销售额×15%			
新开发软件提成 = 销售额×8%（宏达各种进销存管理软件）			
售后服务人员提成 = 推销人员业务提成额×15%			

9. 奖励措施

（1）特别奖，如表10-4所示。

表10-4　特别奖

奖励项目	销售额/（元/单）	奖金/元
当月第一周第一单	3000~9999	140
当月第一周第一单	10000~20000	200
当月第一周第一单	20001以上	300
当月第一个完成销售任务		400

注：当月部门全体完成销售任务，团队奖3000元，部门经理奖1000元。

（2）团队超额完成销售任务奖，如表10-5所示。

表10-5　团队超额完成销售任务奖

超额完成量/万元	3	5	8	10	15	20
集体奖励金额/万元	0.05	0.08	0.1	0.15	0.18	0.2
部门经理奖/元	100	130	150	200	250	300
超额完成量/万元	25	30	35	40	50	…
集体奖励金额/万元	0.35	0.5	0.65	0.8	1.0	…
部门经理奖/元	400	500	650	800	1000	…

注：1. 各种奖励可以同时兼得。如既得当月第一周第一单奖，又是第一个完成销售任务，又有超额完成销售奖的，那么该推销人员同时可以获得三笔奖金。
　　2. 营销部经理亦同，既有上述个人各项奖励外，同时也可获得团队优胜的奖励。

10. 惩罚措施

本公司对推销人员实施重奖重罚，奖罚分明；鼓励销售业绩优秀者，惩戒销售业绩落后又不思进取和改进者。采取优胜劣汰制度，实施绩效考核辞退制。新推销人员连续三个月零销售者除按规定罚款外，同时被转岗或辞退。具体处罚措施如表10-6和表10-7所示。

表10-6　新推销人员处罚办法

处罚项目	罚款金额/（元/月）	备注
第一个月零销售	—	
第二个月零销售	400	
第三个月零销售	600	同时转岗或辞退

表 10-7　部门集体处罚办法

处罚项目	团体罚款/（元/月）	部门经理罚款/（元/月）
团队只完成当月销售任务的10%	2000	400
团队只完成当月销售任务的20%	1800	300
团队只完成当月销售任务的30%	1600	200
团队只完成当月销售任务的40%	1400	160
团队只完成当月销售任务的50%	1200	100
团队只完成当月销售任务的60%	1000	60
团队只完成当月销售任务的70%	400	—
团队只完成当月销售任务的80%	—	—

11. 各项处罚措施，可能有同时被重复（多处）处罚的机会。如既是推销员个人身份，同时又是部门经理，可能个人业绩不能完成被处罚，又有团队业绩没有完成的处罚等，均会累加计算。

12. 团队奖金由部门经理全权负责分配；具体根据推销人员的工资级别、销售任务额、工作表现、协作精神、遵守纪律等多方面进行核算分发，或者组织集体娱乐活动等。

13. 团队罚款也由部门经理负全责；在发工资前，由部门经理提供扣款（分摊）清单，否则暂扣部门经理的工资作为抵押。

14. 在商务谈判、售前支持方面，公司将全力支持推销人员，差旅费由公司全部承担。

15. 上述涉及的个人销售指标，是衡量底薪级别升降的标准。实施奖罚的销售任务指标，以公司当月分阶段性制定的销售指标为准。

16. 本管理办法尚有未尽事宜，另行研究办法解决处理。

（资料来源：豆丁网. http://www.docin.com/p-565548144.html.）

四、推销人员激励的特殊方法——推销竞赛

推销竞赛是企业常用的激励推销人员的工具。它可以采取多种形式，充分发掘推销人员的潜力，促进推销任务的完成。

（一）推销竞赛的设置原则

竞争能激发推销人员求胜的意志，提高推销人员的士气。推销工作是一项很具挑战性的工作，每天都要从零开始，充满艰辛和困难，所以，销售主管要不时地给推销人员"加油"或"充电"。开展推销竞赛是一个"充电"的好办法。不过要注意，推销竞赛虽然是"强心剂"，但如果用药过猛，反而达不到预期效果，成了"散心丸"。有的销售主管没有一套严格的规章和做法，心血来潮则大奖小奖一起来，人人受奖等于没奖，结果花了大笔费用，起不到激励的效果，反而影响了士气的提高。产生这种情况的主要原因是销售主管对推销竞赛的用意及要领没能掌握。竞赛奖励的目的是鼓励推销人员比平时更加努力，创造出比平时更高的业绩。否则，推销人员的工作本身就是通过销售拿取佣金，为何还要给予竞赛奖励呢？推销人员追求可见的成功，需要销售主管的赞扬和鼓励。竞赛要能激发推销人员的工作热忱，激发推销人员不服输的拼劲，即竞赛必须掀起"想赢"的高潮。

明确了竞赛的目的和意义之后，就要考虑如何来设置竞赛项目及奖励办法以达到目的了。一般说来，主要应注意以下原则：

（1）奖励设置面要宽。竞赛至少要设法使参加者中的 50%～60% 有获得奖励的机会。成功的奖励办法能鼓励大多数人。如果奖励面太窄，会使业绩中下水平的推销人员失去信心。

（2）竞赛要和年度销售计划相配合，要有利于公司整体销售目标的完成。

（3）要建立具体的奖励颁发标准，严格按实际成果颁发奖励，杜绝不公正现象。

（4）竞赛的内容、规则、办法力求通俗易懂、简单明了。

（5）竞赛的目标不宜过高，应使大多数人通过努力都能达到。

（6）专人负责宣传推动，并将竞赛进行实况适时公布。

（7）要安排宣布竞赛的聚会，不时以快讯、海报等形式进行追踪报道，渲染竞赛的热烈气氛。

（8）精心选择奖品，最好是大家都希望得到，但又舍不得自己花钱买的东西。

（9）奖励的内容有时可把家属也考虑进去，如奖励全家旅游。

（10）竞赛完毕后，应马上组织评选，公布成绩结果，并立即颁发奖品，召开总结会。

（二）推销竞赛的实施方法

1. 竞赛目标的设定

竞赛奖励费用是一般公司的常见开支，调查表明，推销竞赛奖励的费用平均约占销售额的 2.67%～3.25%。销售主管制订计划时，可以按销售业绩额的 3% 左右来提取竞赛奖励费用。

有了竞赛奖励费用，就要设定相应的竞赛目标。有些主管设想了很多竞赛的花样，甚至构思了既响亮又吸引人的主题或标语，但却忘了设定竞赛的目标；有些主管既想达到这种目的，又想获得那种效果，弄得规则错综复杂、方法花招千奇百怪，却让人搞不清竞赛的目标是什么，预期效果又是什么。不管目标有几个或预期效果如何，在拟定竞赛办法时，首先要设置竞赛的目标定位。

竞赛是利器，可以制胜也可能伤人。关键要看竞赛规则、办法、奖励方式与竞赛的目的是否一致。如果偏离了方向，竞赛就失去了意义，甚至适得其反。下面根据实际经验，提供一些可行的竞赛目标奖励方式。

（1）提高销售业绩奖。达到目标、超过上次销售业绩、业绩前五名者、团体销售名列前茅等，都可以利用一定的积分、积点予以奖励。

（2）问题产品销售奖。对问题产品（如新产品、库存滞销品）的销售，对业绩较好者给予积分或加重点数予以奖励。

（3）开发新客户奖。按开发新客户的数量及业绩量给予积分奖励。

（4）新人奖。对新来的推销人员中业绩最高者给予奖励。

（5）训练奖。对新人绩效训练中成绩最高者给予奖励。

（6）账目完好奖。坏账最低者、即期结账比例最高者或总额最高者给予奖励。

（7）淡季特别奖。在淡季、节假日可以举行特别的定期定时竞赛，优胜者给予奖励。

（8）市场情报奖。对协助公司搜集市场情报最多、最准确、最快速者给予奖励。

（9）降低退货奖。对退货量最低者或占销售总额比例最低者给予奖励。

（10）最佳服务奖。根据客户反映及公司考察，对服务态度最好、服务质量最高者给予奖励。

以上列举了几种常用的竞赛目标及奖励方式。事实上，竞赛目标可能有很多种，销售主管应根据实际情况，运筹帷幄，巧妙运用，以达到预期目的。

不同行业的营销目标是不同的,那么在开展销售竞赛时也会有不同的目标。例如,销售工业产品的企业要经过厂家的推销人员、批发商、零售商及消费者多个层次才能把产品送达使用者手中,生产经营汽车零件、家用电器、轮胎、眼镜、钟表等产品的企业即属此类。这类企业就应建立多对象、多目标的竞赛办法。只有这样才能层层相扣,形成推动销售计划的连环力量,也才能切实落实营销策略。按行业和产品的不同,竞赛体系可以是网络式的或多层次式的。例如,家用电器产品是通过推销人员拜访零售商店(或专卖店)销售的,所以可采用两层式竞赛方式,即同时激励业务人员和零售商店。汽车零部件则可设立包括制造商的推销人员、经销店及汽车修理厂在内的三层式竞赛方式。无论怎样,竞赛的主要精神是把整个销售体系中的各有关人员均纳为竞赛的激励对象。如果只以推销人员为竞赛对象,经销商或修理厂并不会积极参与推销产品的销售,从而造成反效果或阻碍竞赛的推动。所以,最好让大家都来参与,调动所有人的积极性。

不同目标、不同对象参与的多层次竞赛方式中,得奖的层次不同、对象不同,所以竞赛的标准和计算方式也不同,但奖品可以相同。例如,汽车修理厂可以在竞赛中给予参加抽奖的彩券,每进货规定的单位数即发给一张彩券;经销店则可采取同期销售增长率换算成点数,对积分点数高者给予奖励的方式;推销人员则以目标达成比率或与前期比较的业绩增长率计算,对绩优者给予奖励。

经过这样的安排,每个不同层次的推销人员会相互激励,而层层激励的结果自然就会产生较大的推动力。

2. 竞赛实施的准备

竞赛实施需要对竞赛的主题、规则及注意事项,竞赛资格及入围标准,时段时机的选择,给奖方及奖品的选择等做深入细致的准备。

(1)竞赛主题。任何竞赛都必须设定一个主题,如新星奖、突破奖、南北对抗赛、周末大进击等。

(2)参赛对象。对参赛对象有何资格限制,只限外勤还是内外勤均可,经销商、销售网络成员是否都参加等。

(3)入围标准。是总额累计或个人业绩增长比率,或是团体业绩总额,有否考虑特殊情况或问题等。

(4)给奖标准。只取前几名还是凡达到标准都给奖。

(5)竞赛办法。是否有需要加以解释及说明之处。

(6)评审过程。评审要及时、合理、公平,无漏洞及虚假之处。

(7)奖品选择。奖品能否吸引参赛人员,用奖金、奖杯、奖章,还是彩券、购物券、汽车、电视机、录像机、手表、皮包、化妆品等。

(三)推销竞赛的管理及评估

1. 专项管理

竞赛活动是一项重要的活动,在销售主管指导下,自始至终要有专人负责管理,一旦出了问题能够及时采取弥补措施。

2. 预算管理

竞赛要花费大量预算,绝不是把奖项宣布、把办法公开就可以了,要先进行成本效益分析。现举例说明竞赛预算计算的一般方法。

假定竞赛的目标是希望在竞赛期间比平时增加15%的销售额,若平常每月是2000万元的销售额,那么目标就是提高约300万元销售额。若公司的销售利润率为20%,则竞赛所能增加的利润即为60万元。假设增加利润的20%可用来举办竞赛,则可花费的竞赛费用为12万元。

设定获奖最低标准后,要估计入围得奖的人数,假定有20人入围,则平均每人可得奖金6000元。

组织竞赛的活动经费估计约1万元,则每位获奖者平均可获奖金的实际数额为5500元。

以上只是拟定预算费用方法的一种,销售主管还可采用其他合适的方法。

3. 时间管理

竞赛要注意时间的掌握及时期长短的安排,在时机或时段上,最好要和全年度销售计划以及特殊季节、假日等因素相互配合。一般小型竞赛以2~6周为宜,大型竞赛以1~3个月为宜。时间太长,会使大家不愿太早冲刺或中途失去兴趣及热忱。

4. 组织管理

竞赛期间,为了引起大家的注意,应不断宣传,营造竞赛气氛。销售主管应亲自到各营业单位宣布竞赛办法及意义,以鼓励士气。在竞赛中应不时记录并公布竞赛的结果,如每日快讯、每周报道、倒计时、冲刺日报等。其他环节,如存货准备、后勤作业、送货及其他相关作业的配合都要谨慎安排,以免出现疏忽,影响竞赛结果。

5. 活动评估

许多主管在竞赛后仅把结果进行公布,成绩佳,则隆重庆祝;成绩不佳,则草草收场。这种方式有害无益。竞赛结束时,应及时做正式的评估与分析,看目标是否达到,有何经验和教训;若发现有作弊行为(如开假订单、报假账、联合报账等),要严肃处理,树诚信之风,提倡公平竞争。

【辅学资料10-4】

推销管理:最重要的是了解推销人员的内心

近几天,一位做保险的朋友跟我谈起他们公司业务团队人员不稳、流失严重的事情,让我回想起我服务于××教育集团时的情景,当时他们也遇到了类似的问题。我想,一定有很多公司经常面临这样的问题。我认为,最重要的是了解推销人员的内心:留人先解心!只有这样才能使这一问题得到妥善解决。经过思考和整理,我将推销人员从入职到成熟必经的几个心理阶段总结如下,以供参考。

一、第一阶段——冲动期

刚刚进入社会的青年对择业大多都很茫然,尤其是很多大学毕业生,他们在当前就业形势极端严峻的情况下,更显得不知所措,因此急于就业。在经过很多以销售产品为主的公司的一番介绍甚至鼓动之下,他们便欣然前往。有些公司强调丰厚工资收入的做法,更是让他们热血沸腾,想要大显身手,于是,冲动之下成了推销人员。这就为短时间内推销人员的流失埋下了隐患:公司刻意强调收入或者职位待遇等的提升速度,导致这些年轻人面对未来困难的心理准备不足,容易急躁冒进,而业务开展初期往往是最不容易的,因此,稍遇挫折便垂头丧气,甚至辞职。该时期的表现为:情绪波动大,语速大多较快,行为很难安静,热情度高。渡过这一阶段的推销人员可以说是大浪淘沙后的中坚力量,但是他们紧接着将进入第二阶段的考验。

二、第二阶段——怀疑期

怀疑期的起因仍与招聘时公司的说辞甚至许诺有很大关系。这部分推销人员经过一段时间（一般是1~3个月）的努力，却无法达到与公司当初谈到的高度或者自己内心设想的水平，怀疑便不可避免地产生了。这种怀疑分为几个层次：

（1）怀疑公司及其产品。当初公司的介绍是不是真的？我们工作了这么长时间，为什么没有达到他们当初所说的水平？是不是公司在撒谎？真的有人达到那样的水平吗？

（2）怀疑自己。当发现公司的确有人做得比较好时，开始怀疑自己。我是不是不适合做这一工作？我可能不具备这种能力和水平？他们做得好，肯定有背景可以依靠，我没任何背景和关系怎么做得了呢？我当初的选择错了！

（3）怀疑上级。上级一定担心我对他的职位有威胁，所以没把技巧传授给我们！是不是我做得不好，上级不看好我？

除了以上层次之外，还有如怀疑行业、怀疑同事等问题。总之，一旦推销人员进入怀疑期，并且团队领导者不能及时发现和消除这些怀疑时，人心就会散，那么人员流失就成为必然。应该说，这些流失的人员中有很多人是很有前途和培养价值的，结果最后还是遗憾地离职了。该时期的表现为：精神经常无法集中，思维迟滞，并且经常丢三落四，不守时。这部分人走掉之后，剩下来的人员更是沙中金。但是，这部分人可能还要流失一些，因为紧接着他们将进入业务瓶颈期。

三、第三阶段——业务瓶颈期

这一时期持续的时间因人而异，一般为2~3个月。经过第二阶段痛苦的思索之后，他们对业务的积极性再度上升，结果却发现在努力一段时间之后，业绩似乎与前一阶段相比没有什么长进，客户数量和质量也没有大的增加——业务瓶颈期来临了。这一时期的确比较煎熬，进不能、退不甘，结果又有一些人开始回到怀疑期，最终人员流失的情况再度出现。这批人员流失之后，公司的损失更大：本来这些人业务已经上手了，只需要假以时日就可以成为独当一面的业务能手了，结果却功亏一篑。该时期的表现为：基本无异常，但是偶有牢骚或抱怨，并且经常呈若有所思状，尤其在辞职之前，因为心里痛苦，经常会跟关系比较好的同事倾诉以示不甘心。

不过，接下来再走的人则更令人惋惜，因为最后走的人往往已经是公司的骨干了。他们之所以会走，是因为进入了第四个心理阶段——自恃期。

四、第四阶段——自恃期

进入这一阶段的推销人员在本行业中可以算得上是高手了，并且做起业务来也感到如鱼得水、潇洒自如。但是，这一时期却有很多人滋生了不满情绪：公司没有我不行。我给公司创造如此巨大的业绩，公司给我的太少了！因为有此想法和相应的成绩做后盾，他们便有恃无恐：想要我的公司多了，我有什么可担心的？最终导致与公司矛盾重重，不欢而散，不得不走。该时期的表现为：狂傲甚至目中无人，自信满满，语言随便，特权现象突出。

其实，做好业务真的很不容易。对于初入社会的毕业生来讲，做业务是认识社会、提升自我最好的选择之一。不过，一定要保持清醒的头脑，在每个阶段做出对自己最负责任的决策。

（资料来源：中国广告门户网. http：//www.yxad.com/Article/HTML/59052.shtml.）

第四节　推销绩效评估

一、推销绩效评估的概念

推销绩效评估是指企业或推销人员对一定时期内推销工作的状况进行衡量、检查、评定和估价。目的在于总结经验和教训，进一步制订新的推销计划，改进推销工作，以取得更好的推销业绩。

推销绩效评估是现代推销技术的一个重要组成部分。现代推销技术与传统推销技术的一个重要区别就是，前者更强调推销的科学性，运用科学的方法和手段对推销计划的执行情况和推销工作绩效进行分析和评估，通过推销绩效评估找出推销工作成功和失败的原因，以便提高推销人员的工作能力和推销绩效。

二、推销绩效评估的内容

推销人员的推销绩效可以通过销售量、销售额、推销费用、销售利润和推销效率五个方面来进行评估。

1. 销售量

销售量是推销绩效评估的主要内容之一，推销人员推销出去的产品越多，其推销成绩就越好。

要正确评估销售量。首先，要对销售量的范围进行准确界定，运用统一的口径确定销售量所包含的内容。销售量是指企业或推销人员在一定时期内实际推销出去的产品数量。它包括合同供货方式和现货供货方式，已售出的产品数量，以及尚未到合同交货期而提前在报告期内交货的预交产品数量，但要扣除销售退回的产品数量。其次，要运用恰当的方法考察销售量的变化，准确地评价推销人员的工作业绩。如通过对产品推销计划的完成情况、不同品种的销售量、新老客户的销售量等进行考察，进一步分析其原因以及销售量和市场占有率的变化发展趋势等。

2. 销售额

销售额以价值形式反映产品的销售情况，既考虑产品数量也考虑产品价格。在评估销售额时，应先根据各推销产品的不同价格和销售量计算出区域或推销人员、各种产品、不同消费者群或推销对象的销售额，累加求出总的销售收入，再依据一定的方法进行比较分析。

3. 推销费用

推销费用是在推销产品过程中所发生的费用。考核推销人员为完成推销任务所支出的直接费用和间接费用，可以及时发现费用开支中的问题，有利于把费用控制在预算范围内，提高费用的使用效率。进行推销费用评估的常用指标有：

（1）产品推销费用率。它是指一定时期内推销费用与推销额的比率。推销费用包括与产品推销活动紧密相关的成本、费用开支，如推销项目可行性调研的费用、有关资料的印刷费和广告费、交通费、通信费、业务招待费、展销场地租赁费等。

（2）推销费用降低率。它是指一定时期内推销人员实际支出的推销费用比计划核定的推销费用的降低额或超支额与计划核定的推销费用之间的比率。它可以反映推销费用节约或超支的程度。

推销费用的评估可以按总费用或各分类费用，结合各类别的费用配额进行比较分析。

4. 销售利润

销售利润是推销成果的集中体现。将销售收入、销售成本、销售费用进行比较，就可以看出推销人员为企业创造利润的多少。在分析销售利润时，不仅要分析销售利润的计划完成情况，而且要进一步分析其变化的原因，分析不同因素，如销售量、产品价格、销售成本和销售结构等对销售利润的影响，以便及时发现问题，提出改进的措施。利润的评估也可以按总利润及各分类利润进行分析。利润评估可以加强高利润区域、高利润产品、高利润消费者群的工作，保证公司利润的实现。毛利目标实现情况的考核公式为

$$毛利目标达成率 = \frac{实现毛利额}{毛利额目标} \times 100\%$$

5. 推销效率

评估推销效率可以更全面地评价推销人员的工作程度和效果，掌握推销人员之间存在的主客观差距，并通过奖勤罚懒，提高推销人员的努力程度，促进推销业绩的提升。

评估推销效率的指标主要有推销配额完成率、客户访问完成率、推销人员人均推销额、推销费用降低率、订单平均订货量（额）、订货合同完成率等。

（1）推销配额完成率。它反映推销人员对计划或定额推销任务的实际完成情况。其计算公式为

$$推销配额完成率 = \frac{实际完成销售量（额）}{计划推销量（额）或配额推销量（额）} \times 100\%$$

（2）推销人员人均推销额。它是衡量销售部门平均工作成绩的指标。推销人员了解了人均推销额，就可以将自己的推销成果与之对照分析，更好地激励自己努力工作。其计算公式为

$$推销人员人均推销额 = \frac{一定时期内商品销售总额}{推销人员总人数}$$

（3）客户访问完成率。它是指一定时期内推销人员访问客户的实际次数与计划规定的次数的比率。考核推销人员的客户访问完成率，可以从推销活动过程上衡量推销人员的努力程度。其计算公式为

$$用户访问完成率 = \frac{实际访问客户次数}{计划访问客户次数} \times 100\%$$

$$= \frac{实际访问客户数}{计划访问客户数} \times 100\%$$

（4）订单平均订货量（额）。它是指一定时期内获得的订单或合同订货量（额）与订单或合同总数的比值。这一指标可以衡量推销人员所获取订单的数量与质量。其计算公式为

$$订单平均订货量（额）= \frac{订单订货总量（额）}{订单总份数}$$

（5）订货合同完成率。它又称为履约率，主要衡量订货合同的执行情况，通过订货合同完成率的高低来评价推销人员的工作效率和质量。其计算公式为

$$订货合同完成率 = \frac{合同期交货数}{合同期订货数} \times 100\%$$

式中，合同期交货数 = 实际交货数 −（合同期欠交数 + 合同期超交数）。

此外，还有一些推销绩效考核的内容及公式，如每天平均访问客户数、每个客户平均成交额、现金回收率、应收账款回收率、每户平均访问费用、平均每次访问销售额等。

三、推销绩效评估方法

1. 对比分析法

（1）实绩与计划对比。实绩与计划对比用于检查推销计划的完成情况，了解超额完成或未完成计划的原因。其计算公式为

$$计划实现程度 = \frac{推销实绩}{推销计划}$$

这一指标越高，表明推销计划完成得越好。

（2）现在与过去对比。现在与过去对比是用本期有关销售指标与上期或历史同期的有关销售指标做对比。这一指标可以说明推销状况的发展水平与趋势，有利于改进今后的推销工作。其计算公式为

$$推销发展状况 = \frac{该指标现期额}{该指标历史同期额}$$

（3）本企业与外企业对比。本企业与外企业对比是用本企业推销指标与本地区或国内外同行业的相同推销指标做对比。将这一指标与本地区同行业进行比较，可反映本企业的市场占有程度，与国内外同行业比较，可反映出本企业落后或先进的程度。其计算公式为

$$企业推销先进程度 = \frac{本企业某指标实际水平}{外企业某指标实际水平}$$

【辅学资料10-5】

推销人员业绩横向比较表如表10-8所示。

表10-8 推销人员业绩横向比较表

评价指标	推销员甲	推销员乙	推销员丙
指标1：销售量			
（1）权数	5	5	5
（2）目标/元	300000	200000	400000
（3）完成/元	270000	160000	360000
（4）效率[（3）÷（2）]	0.90	0.80	0.90
（5）成绩水平（权数×效率）	4.50	4.00	4.50
指标2：订单平均订货额			
（1）权数	3	3	3
（2）目标/元	500	400	300
（3）完成/元	400	300	270
（4）效率[（3）÷（2）]	0.80	0.75	0.90
（5）成绩水平（权数×效率）	2.40	2.25	2.70
指标3：平均每周访问客户次数			
（1）权数	2	2	2
（2）目标/次	30	25	40
（3）完成/次	20	22	36
（4）效率[（3）÷（2）]	0.66	0.88	0.90
（5）成绩水平（权数×效率）	1.32	1.76	1.80
成绩水平合计	8.22	8.01	9.00

某推销人员业绩纵向比较表如表 10-9 所示。

表 10-9　某推销人员业绩纵向比较表

评价指标	2014 年	2015 年	2016 年	2017 年
1. 销售定额/元				
2. 实际销售额/元				
3. 销售达成率（%）				
4. 销售毛利/元				
5. 销售费用/元				
6. 销售费用率（%）				
7. 纯利/元				
8. 访问客户次数/次				
9. 每次访问成本/（元/次）				
10. 客户平均数/户				
11. 新增客户数/户				
12. 失去客户数/户				

（资料来源：龚荒. 现代推销学——理论·技巧·实训［M］. 北京：人民邮电出版社，2015.）

（4）结构对比。结构对比用来对比某个指标的组成部分占该指标的比重的变化。通过这个对比，可以分析出推销指标或现象的内部构成及其变化趋势，如各个区域、各类客户、不同推销人员的推销额占总推销额的比例变动。

2. 分组分析法

分组分析法是根据有关推销资料和一定标准，按照同一原则或同质特征把事物整体划分为若干部分，在此基础上分析其状况、特征及动因，如推销进度、推销效益等，都可按一定标准进行分组。它可以说明推销工作内部不同层次、不同方面在推销绩效中的地位和作用。

3. 评价分析法

评价分析法是把评价对象的主要因素进行分解，并按确定的标准打分，以表示各因素对推销活动的重要程度，最后以合计总分考察评估对象的优劣。例如，对推销人员服务质量、经济效益、竞争能力的评估，可分别就影响服务质量、经济效益、竞争能力的各种主要因素（如产品数量、质量、品种特性、工作时间、广告效果、服务态度、服务项目、服务技巧等），按一定的标准并根据推销工作各种因素的实际情况打分，以考察各因素对服务质量、经济效益和竞争能力的影响程度，然后根据合计总分评价推销工作绩效的高低。

4. 因素分析法

因素分析法又称连环替代法，这种方法具有说明差异产生原因的优点。其基本思路是：在影响推销活动的几个相互联系的因素中，先把其中一个因素当作可变因素，暂时把其他因素当作不变因素，通过依次替换可变因素来测定各个因素对推销工作绩效的影响程度。

5. 比率分析法

比率分析法是一种先计算出数值比率，然后再进行分析比较的方法。比率分析法通常有以下三种情况：

（1）构成比率分析。构成比率分析以全体合计数 100 为基础计算出各部分所占比率。此法主要用于分析推销绩效评估构成内容的合理性及其变动趋势，如企业推销产品品种构成分析、推销费用项目构成分析等。

（2）趋势比率分析。趋势比率分析也称动态相对数分析，即以基期为100来计算以后各期发展趋势。例如，评估推销发展趋势就可以用历年（月）销售额（量）算出销售增长率，也可采用企业销售额与同行企业基期销售额进行比较，或用计算出的销售增长率与前一期（年、月）的销售增长率进行比较的方式。如果趋势比率分析值低于100，则说明推销不力，需要改进。

（3）相关比率分析。相关比率分析以某项指标与其相关的其他指标进行对比，并求出比率。这种方法多用于评价推销绩效的水平，如将销售指标与费用指标进行对比，可从中发现推销工作的薄弱环节。

应用比率分析法要明确规定标准，且同一评价标准要统一，这样才能便于比较分析。

以上介绍了几种推销绩效评估方法，其他常用的方法还有平衡分析法、量本利分析法、平均分析法、综合分析法等。

四、推销人员评聘工作中的主要依据

1. 推销业绩

推销业绩主要是指推销人员的年销售额和回款额，不同类型的企业可以确立不同的标准。例如，一个高科技工业企业规定，年销售额在500万元以上、回款额在90%以上的推销人员，才有资格参与评聘一级推销人员；年销售额在300万元以上、回款额在70%以上的推销人员，才有资格参与评聘三级推销人员。对于特殊地区由于客观原因而导致业绩波动者，可以根据实际情况酌情处理。

2. 专业技术

推销人员的级别评聘工作必须参考推销人员的专业技术水平，这对一些高科技工业企业尤其重要。在实际推销工作中，对专业技术掌握程度的高低是影响推销活动能否成功的前提之一。因此，一些企业专门设立了产品知识培训中心，凡是考试或考核不合格者，没有资格参加评聘。

3. 推销技能

优秀的推销人员应该娴熟地掌握推销技能，包括推销的准备工作、过程技巧、异议处理及公关水平等，这是推销活动取得成功的重要因素。这要求推销人员具备敬业精神，能博得客户好评。只有达到这些条件，才有资格参加评聘。

4. 工作态度

推销工作具有一定的特殊性，优秀的推销人员必须树立良好的工作态度，严于律己，不被困难吓倒。对于在艰苦条件下从事市场开拓的推销人员，在评聘工作中应有所偏重。

5. 品行表现

品行表现主要是指推销人员的道德品质和思想素质。优秀的推销人员应该与公司立场保持一致，处处维护公司利益，对待客户热情周到、诚实无欺。只有这样的推销人员，才有资格参加评聘活动。

【辅学资料10-6】

某公司房产推销人员的工作绩效评估方法

一、评估目的、办法及要求

1. 评估目的：肯定成绩，指出不足，评估结果是颁发奖励的依据。

2. 评估办法：由各专职推销人员填写，交销售部主管负责人统计审核。
3. 评估要求：评估者必须就被评估者在工作中的各项表现做出客观、公正的评估，任何带主观色彩的评估将视作无效。

二、评分批示
1. 评估项目共设 10 项，每项 10 分，满分为 100 分。
2. 设备注栏，评估者可在备注栏补充对被评估者的综合评价。

三、评估项目
（一）出勤
1. 习惯性迟到或早退。(0 分)
2. 上班经常迟到。(2 分)
3. 准时上班。(6 分)
4. 一早上班并开始工作。(8 分)
5. 在出勤方面有极良好的记录。(10 分)

（二）个人形象、精神面貌
1. 经常不穿制服，不化淡妆，不佩戴工卡且没有合理的理由。(0 分)
2. 只穿制服，但常忘记佩戴工卡，忘记化淡妆。(2 分)
3. 上班时穿制服，佩戴工卡，但有时忘记化淡妆。(6 分)
4. 上班时按要求穿制服，佩戴工卡，化淡妆。(8 分)
5. 上班时按规定穿制服，制服穿着整齐，佩戴工卡，化淡妆且精神饱满。(10 分)

（三）销售技巧
1. 销售技巧较差，经常丢失客户。(0 分)
2. 销售技巧一般，有待提高。(4 分)
3. 销售技巧不错，一般能达成成交。(6 分)
4. 销售技巧的运用恰到好处，到手的客户绝不会流失。(8 分)
5. 销售技巧的运用极其优秀，销售业绩非常好。(10 分)

（四）客户投诉
1. 脾气暴躁，缺乏信心，经常被客户投诉。(0 分)
2. 接待客户时以应付的态度对待客户。(2 分)
3. 脾气较好，较有耐心，一般情况下令客户觉得满意。(6 分)
4. 热情接待客户，且对接待过程中的突发情况反应灵敏，处理得当。(8 分)
5. 接待客户时谈吐、举止得体大方，接待工作令客户十分满意并获得客户的一致好评。(10 分)

（五）团队合作精神
1. 自私、自利，不肯帮助别人；在与同事发生客户交叉时经常无理取闹。(0 分)
2. 在帮助或协助别人方面欠缺主动性；在与同事发生客户交叉时为获取个人利益而撒谎或费尽心思编造各种理由。(4 分)
3. 一般情况下，能够帮助或协助其他推销人员接待客户，特别是同事不在售楼处或外出办事时；在与同事发生客户交叉时较为宽容、尊重事实、服从分配。(6 分)
4. 能积极帮助或协助他人接待客户；在与同事发生客户交叉时表现得大方、谦让。(8 分)

5. 在同队合作方面表现极为突出，处处以大局为重，受到一致好评。（10分）

（六）进取心
1. 只懂自怨自艾，从不主动跟踪客户。（2分）
2. 满足现状，偶尔联络客户。（4分）
3. 工作时间积极跟踪客户，钻研客户购房心理。（6分）
4. 不但工作时间积极联络客户，且利用空余时间积极寻找客户。（8分）
5. 非常勤奋，全身投入，且成绩斐然。（10分）

（七）专业素质的完善
1. 对本项目全面透彻了解。（4分）
2. 除了了解本项目外，学习更多有关房地产方面的专业知识。（6分）
3. 了解本项目，并积极与同行交流获取房地产信息及市场动态。（8分）
4. 不但全面了解本项目，积极学习完善房地产知识，且利用空余时间积极与同行交流获取房地产信息及市场动态。（10分）

（八）人际关系
1. 恶劣、不受欢迎。（2分）
2. 时好时坏、仍需改善。（4分）
3. 能经常与同事保持良好的关系。（6分）
4. 懂得为他人着想，建立及保持良好的人际关系。（8分）
5. 极佳的人际关系，处处受同事欢迎。（10分）

（九）自我约束力
1. 不尊重上级，无故不执行上级指令。（0分）
2. 需要大力监督才会投入工作。（2分）
3. 自我约束力较差。（4分）
4. 忠于职守，极少需要监督。（6分）
5. 在无人监管的情况下，仍能自我约束。（8分）
6. 有极其良好的自我约束能力，不容易受他人影响。（10分）

（十）部门经理综合评述
1. 对公司项目的发展偶尔提出建议。（4分）
2. 对公司项目的发展积极提出多方面建议。（6分）
3. 对公司项目的发展提出合理的建议并被采纳。（8分）
4. 其他。（10分）

（资料来源：张晓岚．销售部管理制度．http://www.fangce.net.）

五、不同级别推销人员的待遇差异

不同级别的推销人员应在工作责任和福利安排方面享受不同的待遇。这是对推销人员实施定级管理的根本所在，也是这项管理制度的魅力所在。不同级别的推销人员，一般可以在以下几方面存在差异：

（一）市场辖区

推销人员的级别划分，为市场划分提供了依据。一般而言，推销级别越高，所负责的市场辖区就越大，客户也越多。例如，一些企业规定，见习期推销员（指不满一年尚无定级的推销人员）可以负责20个客户，三级推销员可以负责40个客户，二级推销员可以负责60个客户，一级推销员可以负责80~90个客户。市场辖区的大小可以根据具体情况进行调整。显然，这种市场划分方法主要依靠推销人员的业绩和能力，比较科学，也便于对市场进行预测。

（二）促销优惠

为了调动优秀推销人员的工作积极性，公司在资金支持、货款回收、价格决定以及提成（或奖金）比例上进行倾斜，使他们能够享受较高的待遇，以促使其努力工作。

（三）工资待遇

公司可以比照公司行政级别确定不同级别推销人员的基本工资，有时候也可以略高一些。例如，一些公司规定，一级推销员的基本工资和公司高层主管一致；二级推销员的基本工资和公司中层主管一致；三级推销员的基本工资和一般管理人员一致。除了基本工资外，推销人员还可以享受一定的推销提成或奖励。

（四）出差补助

不同级别的推销人员在出差补助上也应存在较大差异。目前，一些公司在推销人员的差旅补助上也套用公司的行政级别待遇，比较简便易行。

（五）其他福利

为使优秀推销人员无后顾之忧，公司会在基本福利，如住房、医疗保险、休假等方面进行妥善安排。一些企业还给不同等级的推销人员订阅有关的报纸和杂志，内容涉及产品知识、市场动态以及推销技术等，一方面有利于推销人员业务素质的提高，另一方面也体现了公司领导对推销人员的关心。

【本章小结】

推销管理工作要求规划、指导和控制推销活动。推销管理部门的基本任务就是要提出推销目标，制订推销计划，并监督、控制推销计划的实施。

推销计划是推销管理部门根据企业的生产经营实际情况，确定的推销目标、销售利润和销售费用以及实现目标的方式和步骤。推销管理部门在制订推销计划时，主要的依据有宏观经济环境、企业的总体规划、本行业的基本动态、企业的基本状况、企业的促销措施。推销计划制订的程序是：做好市场调研与预测；确定推销配额；确定毛利目标；修正推销计划。

在推销计划的执行过程中，市场格局和销售环境的变化是在所难免的，为了确保推销工作高效率地展开，企业及推销部门必须及时对推销状况进行控制。所谓推销控制，就是企业将推销机构各部门、各环节的活动约束在企业经营方针及推销目标、推销计划的轨道上，对各推销要素的运动态势及其相互间的状况进行的监督与考察、审计与评估、操纵与把握等一系列规范化约束行为的总称。推销控制有利于推销计划的完成；有利于推销组织工作效率的提高有利于对推销人员的监督和激励。推销控制的程序和内容主要有：确定评价对象；确定衡量标准；实际工作绩效的检查衡量；分析、改进绩效与修正标准。推销控制的基本方法有战略控制、过程控制和预算控制等，这些方法从不同的角度实现了对企业推销活动的控制。

企业销售目标的实现有赖于对推销人员的激励。激励推销人员所应遵循的原则有：公平合理原则、明确公开原则和及时兑现原则。推销人员激励的一般方法主要有环境激励、目标激励、物质激励和精神激励。推销人员激励的特殊方法有推销竞赛。

为了提高推销人员的推销效率,更好地完成推销任务,需要对推销绩效进行评估。所谓推销绩效评估,是指企业或推销人员对一定时期内推销工作的状况进行衡量、检查、评定和估价。目的在于总结经验和教训,进一步制订新的推销计划,改进推销工作,以取得更好的推销业绩。推销人员的推销业绩可以通过销售量、销售额、销售费用、销售利润和推销效率五个方面进行评估。推销绩效评估方法有对比分析法、分组分析法、评价分析法、因素分析法和比率分析法。推销人员评聘工作中的主要依据有推销业绩、专业技术、推销技能、工作态度和品行表现。不同级别的推销人员应在工作责任和福利安排方面享受不同的待遇。

【复习思考题】

1. 什么是推销计划?推销计划制订的依据是什么?
2. 推销计划制订的程序是怎样的?
3. 何谓推销控制?推销控制的程序和内容是什么?如何进行推销控制?
4. 如何激励推销人员?
5. 什么是推销绩效评估?推销绩效评估的指标有哪些?
6. 推销绩效评估方法有哪些?企业根据什么来评聘推销人员?
7. 不同级别的推销人员为什么要享受不同的待遇?

【实训题】

假如你是销售经理,针对某企业某种产品的推销人员,为其制定一套薪酬及绩效考评办法。

【案例分析题】

案例1:陈经理的失败

2016年开始,S公司所代理的品牌厂商对市场策略进行了调整,决定将战略发展方向放在发展商用计算机(即专为政府机关、大公司、社会组织等设计制造的计算机)上。

S公司瞄准了北京的四个行业:教育、金融、电信运营和政府采购,准备大力发展公司的销售二部,也就是商用计算机销售部。因为陈经理在家用计算机销售部的管理十分出色,公司撤换了原来负责商用计算机销售工作的经理,改由陈经理出任。很自然,陈经理又把原来的管理模式移植到了新部门。上任以后,他采取了一些与以前类似的改革措施:

1. 把商用计算机销售部推销人员的底薪都降低了,相应地提高了提成的比例。同时采用强势激励措施,如"第一个月红灯,第二个月走人;连续两个月业绩排最后的末位淘汰"。

2. 严格执行早会和夕会制度。不管推销人员今天要到哪里去,都要先到公司来开早会,陈述一下今天的计划;也不管推销人员今天跟客户谈得怎么样,是否赶上了吃饭的时间,都要回公司来开夕会,向陈经理汇报一天的客户进展情况。

3. 强调对每个项目的整个过程进行严格的控制与管理。要求每一个推销人员都严格填写各种管理控制表格,包括日志、周计划、月计划、竞争对手资料、项目信息表、客户背景表等共12个表格,而且每个表格都设计得非常细致,用陈经理的话说就是:"公司一定要监控到每一个业务细节。"

4. 严格执行业务费申报制度。所有的业务招待费用,必须事先填好相应的申请单据。例如想请客户吃饭,一定要事先写明什么时候请、参与人是谁、想达到何种目的等,都要填写清楚,由陈经理签字认可后才能实施。否则,所有招待费用一律自理。

开始，商用计算机销售部的状况仿佛有了很大改观，迟到早退的人很少。财务费用降低了，经常可以看到办公室里人头攒动，早晚还会传来阵阵激动人心的口号声。

但好景不长，到了2016年7月，竟出现了以下几种情况：

1. 个别推销人员为了完成业绩，开始蒙骗客户，过分夸大公司产品的性能配置，过分承诺客户的要求，使公司在最终订单实施的时候陷于被动，尾款收得非常费力。

2. 员工之间表面上一团和气、充满激情，但私下里互不服气、互相拆台，甚至内部降价，互相挖抢客户。

3. 以前优秀的推销人员不满意公司当前的管理机制，抱怨管理机制不合理，控制得过严，事事都要汇报，根本无法开展业务。两名前期业绩最好的推销人员都已离职。

4. 新招来的推销人员业务水平明显不足，除了冲劲之外一无是处，要培养他们达到基本要求，目前看是"路漫漫其修远兮"。

整个商用计算机销售部的业绩水平没有像预期的那样增长，甚至还略有下降，应收账款的拖欠也日趋严重，更令人担忧的是，前期公司的老客户群正在流失，新客户的开拓也无着落，致使整个销售二部下半年完成业务指标的希望更加渺茫。

2016年9月，公司将陈经理调离了商用计算机销售部经理的岗位。

（资料来源：友商网. http：//www.youshang.com/content/2011/05/27/101904.html.）

问题：

1. 陈经理为什么会失败？
2. 如果你是陈经理，你会怎么做？
3. 本案例对你有何启示？

案例2：以人为本的推销人员管理

许多公司推销人员管理的出发点是基于方便管理、便于执行等公司"官僚本位"主义的考虑，而较少站在推销人员本身的角度，来制定灵活的薪酬、责权及行为规范等管理制度、政策。下面所列举的A、B公司则是"官僚本位"主义的典型。

A公司：十余年前白手起家，如今年销售额达数十亿元，公司年广告费达数亿元，品牌知名度极高。从创业至今，该公司一直采用按以销售额绝对值为基准的提成制，但该公司不同省市市场间推销人员的收入不平等现象严重，一些市场竞争激烈地区的推销人员，收入竟只有成熟或快速增长地区推销人员收入的1/5、1/10。公司采用销售费用包干制，各级推销人员每年签订销售责任书，各种广告、促销及人员差旅的费用约占销售额的10%，其中广告费占了较大比例。在公司的限定比例内，推销人员拥有很大的权限，如选择广告媒体、策划组织促销活动、下级推销人员任免和收入分配等，都在他们的职责范围之内。就人员的行为管理而言，奉行结果和目标导向，各种报表很少，也几乎不进行日常行为的监控。

B公司：为一著名外企，20世纪90年代中期进入我国，推销人员一般来自知名外企或直接从名牌大学毕业生中招聘，采用以年薪制为主的薪酬制度，各个层次推销人员的基本年薪基本一致，每月的考核奖金仅在500~1500元，同一级别的收入差别不大。而且在销售额达成率、铺点、陈列、促销执行、信息反馈等各项奖金的考核指标中，销售额达成率指标仅占25%的权重。与国内企业不同，B公司的推销人员不与公司签订销售责任书，即没有推销任务的直接压力，也没有市场"承包""包干"的概念，推销人员手中的权限相对有限，如下级正式人员的任用权在公司人力资源部和上司的上司那里；推销人员手中可直接动用的销售费用仅仅只有2个百分点；对促销活动一般只有组织执行的责任，而没有策划、计划的权限；广告活动由公司总部负责，即便是大区经理一级的推销人员也仅有建议权。在日常管理上，B公司特别强调过程管理，各级推销人员每月的报表有十几份，光填写就要占用3～4个工作日，特别是每周每月的工作行程、目标、客户访销卡等，公司尤为重视，这是上司检查工作的重点。

A、B公司的推销人员管理政策各有优缺点：

就薪资管理而言，A公司是典型的"提成制"公司。"提成制"的实质在于以下价值观：人只有通过劳动才产生价值，按劳分配是一个原则问题；付出才有回报，没有付出就没有（或少有）回报。推销人员的职责就是销售产品，产品销售额就是推销人员的成果，有成果才有回报，根据完成的销售业绩提取一定比例的奖励理所应当。

"提成制"的优点：能够激励推销人员为业绩而冲刺，增强推销人员本身的驱动力，而对公司管理水平的要求相应降低，节约了一定的管理成本。但"提成制"的缺点也很明显：①容易患"销售短视症"。推销人员只顾销量不顾品牌形象，只管今天不管明天，容易造成窜货现象，破坏市场价格体系等。②难以吸引高素质、高学历人才。③很难达到真正的公平。"唯销量论英雄"过于片面，一个区域的销量受市场规模、竞争态势、消费水平、市场基础、企业资源投入数额以及推销人员的努力等各种因素的影响，特别是对大型消费品公司而言，推销人员的努力对销量的直接贡献并不大，多数产品的销量是产品力、品牌力、价格力、促销力和渠道力综合作用的结果，这种将销量与收入百分百挂钩的"提成制"显然存在逻辑上的缺陷。

B公司则是典型的"年薪制"公司。"年薪制"的实质在于以下价值观：市场经济中，人才首先是商品，要获得"商品"人才的使用权，发挥人才的使用价值（工作时间和专业能力），则要首先认可其本身的使用价值，即首先要付出购买"商品"的成本——年薪。一些企业在管理、行政和生产等岗位采用年薪制，对推销人员也不例外。

"年薪制"的优点：提供相对固定的薪资，可解决推销人员的后顾之忧；因为首先认可人才的价值，能够吸引高素质的推销人才加盟；有利于市场及品牌的长期良性发展，有利于市场价格体系的稳定等。"年薪制"的缺点有：对推销人员的压力不够，推销人员容易滋生惰性，对公司管理制度和执行控制水平的要求比较高，短期内较难挖掘销售潜力等。

无论是"提成制"还是"年薪制"，都有一个共同的缺点：没有考虑推销人员个体性格、能力等方面的差异性。如果对一个积极主动、自律性强、善于单打独斗的推销人员采用年薪制，可能无法发挥其奋发图强、争强好胜的优点；如果对一个高素质、有谋划能力、追求稳定生活的推销人员采用提成制，则可能增强其患得患失的不稳定心理，难以发挥其长期谋划的优势，也不利于短期市场销量的提升。

就A、B公司的管理方式而言，A公司是典型的"放权式"管理模式，推销人员手中拥有占销售额10%的广告促销费用，拥有直接下属人员的任免权、薪资分配权，公司管理层也不监督控制他们的日常销售行为。"放权式"管理的主要优点在于：能够最大限度地发挥推销人员的主观能动性；市场运作可能出其不意，创造销售奇迹。其缺点在于：一个区域市场的成败完全寄托在推销人员的能力和责任心上，风险极大，一旦独霸一方的推销人员能力有缺陷或者品德出现问题，区域销售业绩将直接受到严重影响；自主权力过大又缺少监督，容易出现侵吞广告费、出现裙带关系等腐败现象。

B公司则是典型的"集权式"管理模式，推销人员手上仅有2%的可控费用，并且还要经过上级和上上级的最终审批，对下属人员的任免权和薪资分配权也相当有限，在各类报表的制约下，日常客户访问等行为也受到相对严密的控制。"集权式"管理的主要优点在于：全国或特定区域营销运作规范统一，有利于销售体系执行力的提升，是企业发展到一定阶段，为追求稳定和规范的必然选择。"集权式"管理的主要缺点在于：约束了推销人员的个体积极性和创造性，相对忽略了市场具体环境的差异性，对企业管理高层的管理控制能力的要求较高。

无论是A公司的"放权式"管理还是B公司的"集权式"管理，都存在同样的缺点：只站在公司管理者的立场考虑，而没有站在推销人员本身个体的个性特征和专业能力等角度考虑问题。如果对一个能谋善断、积极主动、能独当一面的推销人员采用"集权式"的管理方式，那极有可能严重挫伤其工作积极性，抑制其专业水平的发挥，对公司而言，这是一种人才浪费；如果对一个"头脑简单、四肢发达"或品德有问题的推销人员实施"放权式"管理，则极有可能出现乱投广告费、中饱私囊等现象，不但浪费了公司大量的营销资源，更直接影响区域市场的销量。这种损失对一些公司而言，简直就是灾难性的打击。

综合而言，如果能够结合提成制、年薪制、放权式和集权式管理的优点，而扬弃它们的缺点，这显然是推销人员管理的理想目标。因此，应该摒弃"官僚本位"思想，以人为本，根据推销人员的不同性格特征、不同能力水平，因人而异，因地制宜，量身裁衣，为他们制定不同的薪资考核方式和管理方式，推销人员的效能才可能会大幅提高。

例如，对积极主动的"Y"型推销人员采取放权式管理方式，给他们更多的授权、更多自由发挥的空间；对消极被动的"X"型推销人员采取集权式管理方式，采用以提成制为主的薪酬制度，给他们施加更多的压力、更多的监督和控制。

虽然制定因人而异的管理制度比较复杂，但只要公司下定决心，就一定是可行的。现实中，许多管理者困惑：有没有这个必要？

问题的关键在于：有没有必要将"以人为本的推销人员管理"上升到一定的管理战略高度？现代社会中，企业要获得长期的成功，必须有一定的核心竞争力，通过核心竞争力塑造竞争优势。一般而言，技术、研发、设备等传统的生产要素，随着社会生产力的快速发展，越来越难以成为核心竞争力；相反，品牌、人力资源等软要素因为其不可模仿性和稀缺性，被越来越多的企业视为核心竞争力。如果将人力资源视为核心竞争力，则企业花大力气为不同个性特征的重要推销人员制定管理方式是不是理所应当呢？

从另一角度来看，企业营销的目的是满足目标客户的需要。为了满足各类客户的需要，许多大公司不惜重金为一些特殊客户定制产品。客户是企业的"上帝"，而为企业做出直接贡献的推销人员则应是企业的直接"上帝"，如果管理高层视员工为"上帝"，特别是将推销人员作为"人力资源战略中的核心竞争力"来打造，则为他们制定不同的管理方式、薪资条件就更加理所应当。

例如，某成长型企业C公司认为，自己作为中小企业，资金、研发和生产等方面都难以超越竞争对手，企业要成长壮大，一定要寻找自己的核心竞争力。经过对同行各大企业"一刀切"管理方式优劣势的比较，该公司提出了"人力资源，尤其是推销人员是第一竞争力"的口号，许多管理政策都是为不同个性、不同能力的推销人员而制定的。因公司处于成长阶段，原则上采用以销售提成为主的薪酬制度，其中固定收入占40%左右，但对部分高素质、有勇有谋的推销人员则采用以年薪制为主、以提成制为辅的薪酬制度；在管理制度上，公司原则上采用放权式管理方式，以最大限度地发挥区域推销人员的积极性，但对部分推销人员则适当削减其手中的权力，以委派市场督导的名义帮助其进行市场销售，实质则是加强控制和监督。

某民营企业 D 公司，总裁为了让一位推销经理安心工作，允许其每月探亲四天，来回机票由公司全额报销。其中总裁的一句话让该经理感慨万千："公司太需要你的销售才能了，为了你，我可以打破一切常规。"要知道，这在一些企业中是无法想象的。的确，在"官僚本位"盛行的公司里，无论是外企还是国企，不可能为照顾某一位推销人员而违反公司所谓的"一视同仁"的现行政策。但是，从"以人为本"的思维出发，管理制度和方式为什么不能因人而异？一切皆有可能！

在 C、D 公司的企业文化里，一点一滴反映着"以人为本"的管理思想。虽然 C、D 公司的综合实力不甚强大，但因为有一套"以人为本"的推销人员管理思想，最近几年，C、D 公司销售额的增长十分迅速。

当企业比较弱小时，不可能招聘到方方面面都比较优秀的推销人员，则更应该以人为本，采用灵活的管理方式，为各有特长的推销人员制定不同的薪酬制度、责权制度，以便发挥每个人的长处。

企业可以为细分市场的客户定制特别的产品、特别的营销策略，那如果以铸就人力资源核心竞争力为战略目标，为打造推销精英团队，为他们定制不同的薪酬、权限等管理方式则更加必不可少。

以人为本、尊重人、培养人、激励人、信任人（对积极主动、有勇有谋的高素质推销人员而言）、控制人（对比较被动或素质不全面的推销人员而言），根据不同个性和能力采用不同管理方式的管理理念和人才观念，尤其值得那些期待"将人力资源作为核心竞争力"的中小企业借鉴、学习。

（资料来源：罗建幸. http://www.boraid.com/article/html/289/289401.asp, 2005.）

问题：
1. A、B 两家公司推销人员管理政策的优缺点分别是什么？
2. 如何制定以人为本的推销人员管理办法？

【资料阅读】

张老板的烦恼

"张总，公司这个月的销量只有 950 件，比上个月还要低。"业务经理一边看着销售报表，一边走进张老板的办公室。"业务员天天守着办公室，哪个会有销量？"听了业务经理的汇报，张老板感到公司的提成办法非改不可。

张老板的公司成立于 20 世纪 90 年代初，主要业务是向重庆城内大大小小的餐馆推销鸡精。这两年，由于很多人也做起了鸡精生意，张老板感到生意越来越难做了。去年公司每个月的销量还有 1200 件左右，今年连 1000 件都难保了。善于动脑筋的张老板发现，除了竞争的因素，公司目前的提成政策也是销量下滑的主要原因。前几年，因为生意比较好做，张老板一直采用的是固定工资加年终奖的办法支付业务员的工资；可是，现在竞争这么激烈，这个办法都快把业务员养成老爷了。

点评：早期的中国市场还是一个物资匮乏的市场，推销的作用并不突出，因而很多企业都采用固定工资制，因为这样可以享受更多的超额利润。然而，现在的市场已经是买方市场了，继续采用这样的分配制度显然很难适应竞争的需要。

1. 赶鸭子上架行不通

老办法看来是行不通了！很快，张老板制定了一个新的提成办法：业务员一律取消底薪，卖一件提成 10 元；业务经理的底薪降至 500 元，其奖金和总销量挂钩，每件提成 1 元（注：方案内容有所简化）。

新办法果然"见效奇快"，短短两个月，公司就发展了 20 多家新客户，月销量又回到了以前 1200 件的水平；业务员也纷纷主动出击，不再"眷恋"办公室了。看着公司内外一片繁忙的景象，张老板暗自得意。

不料，没过多久张老板就碰到了一件麻烦事。"张总，周胖娃的火锅馆今天上午关门了。"业务经理急匆匆地赶回公司告知张老板。"啥子？周胖娃上个月才和公司签了一年的合同啊！"张老板顿时急火攻心。"周胖娃的灯箱、雨棚、围腰都是公司赞助的，他一关门，公司的赞助不就泡汤了吗？"（注：为了争取生意好的大店，"赞助"是鸡精行业普遍采用的促销手段，甚至是与大店合作的先决条件。一般来说，张老板赞助一家大店的支出在 1500 元左右。）

一波未平，一波又起，类似的麻烦接踵而至。

"以前公司也出现过这种事，可是也没有这么多啊！"张老板有些坐不住了，他决定亲自到这些新开发的大店看一看。

真是不看不知道，一看吓一跳！张老板发现很多大店的生意并不像业务员吹嘘得那么好。更可气的是，有些"大店"根本就不是大店，主要是为了骗取公司的赞助才要货的。回想起业务员要赞助时信誓旦旦地保证"这家馆子绝对没问题，一个月就要用二十几件货，再不赞助就被其他公司挖走了"，张老板后悔不迭，"再这样下去，业务员卖得越多，我亏得越多。"

点评： 管理学中有一个著名的木桶理论：木桶盛水的多少取决于最短的木板，而不是取决于最长的木板，所有的漏洞和缝隙都会导致水的流失。同样，员工绩效的提升也不能只靠某一方面的激励，而是取决于综合的管理能力。影响员工绩效的各种因素就如同木桶上的各块木板，任何一个因素考虑不周都可能影响公司的整体利益。就拿张老板的公司来说，业务员为了增加销量，最轻松的办法就是为自己的客户多要赞助。张老板的办法只是单方面刺激了销售，但并没有考虑到影响员工绩效的其他因素，一味地赶鸭子上架，只会造成员工的积极性越高、破坏性也就越强的不利局面。

亡羊补牢，未为迟也。张老板急忙宣布了两条补充规定：

（1）凡是要求赞助的客户，相关业务员必须提交该客户近期经营情况的调查报告，并经业务经理实地考察后报总经理批准。

（2）凡是发生盲目赞助造成公司损失的，公司承担 50%，相关业务员承担 35%，业务经理承担 15%。

补充规定出台后，盲目赞助的现象渐渐少了，可是公司每个月的销量反而只有 900 件了。张老板也估计到了销量要下滑，不过让他纳闷的是："销量怎么还不如以前好呢？"

殊不知，张老板的公司这时已是危机四伏、暗流涌动。业务员开始纷纷抱怨："馆子的生意说垮就垮，我们又算不到，要我们承担 35% 还怎么抓客户啊！""只要一笔赞助泡了汤，我们一个月就算白干了。"私下里，业务员都在戏称张老板"又想马儿跑，又想马儿不吃草"。

"群众的智慧是无穷的"，一些业务员很快就发现"飞单"（意指将客户介绍给其他公司）是个好办法，自己不用承担赞助风险，还可以收取其他公司的介绍费。尽管有些业务员也觉得这样做对不起公司，可是再一想，"反正我又没拿固定工资，有什么不好意思的！"

对张老板可谓忠心耿耿的业务经理也开始抱怨了："现在我的工作就是当业务员的'表哥'（表格的谐音，意指统计业务员的销量），每天给业务员'擦屁股'（意指处理琐碎的客户投诉）。"业务经理对自己承担15%的赞助风险更是颇有微词："工资又没涨一分，我还要担这么大的责任。""有些馆子现在生意好，说不定下个月就凉了，让我怎么批？""批张三的客户，不批李四的客户，李四怎么想？"业务经理渐渐打起了退堂鼓，做起了跳槽的准备。

补充规定出台后，公司开发的大客户越来越少。对一些本来很有价值的客户，因为业务员对赞助风险有顾虑，要么主动放弃了，要么悄悄将客户介绍给了其他公司。

眼看着公司的业务一天不如一天，员工的意见越来越大，张老板一筹莫展……

点评：有人会问："如果业务员承担的赞助损失少一点行不行？"答案是不行。因为通过内部的讨价还价是解决不了根本问题的，问题的实质是方案本身有缺陷。张老板的本意是激励业务员扩大销量，从而向市场要效益。可是，在张老板的方案中，看不到向市场要效益的接口在哪里。正是因为业务员找不到"过河的桥"，客观上才助长了不择手段、暗度陈仓的行为。

2. 包干的办法也不行

就在张老板束手无策之际，一位朋友向张老板献计："老张，现在都讲'目标管理'，干脆让业务员包干算了！"（注：张老板的这位朋友大大歪曲了目标管理的含义。）

"对啊！"张老板恍然大悟，很快又采用了包干的办法：

（1）业务员每销一件提成25元，包括自己的提成、客户赞助费、招待费以及回扣等一切费用。

（2）客户开发费用由业务员自己支出，公司不再负责。（注：一件鸡精的毛利是50元，扣除业务员的提成25元、公司固定开支10元，张老板还赚15元）。

包干的办法终于堵住了业务员们的嘴巴，公司内的各种风波暂时平息了，可是这个办法并没有扭转销量继续下滑的趋势。销售月报显示，公司新开发的大客户仍在减少，一些以前的老客户也在慢慢流失。一番调查后，细心的张老板发现，原来业务员都喜欢做小店，不愿意做大店。

包干的办法一经宣布，业务员纷纷打起了小算盘："卖给小店1件货，自己可以拿25元的纯提成，还是现款交易，省心省力；卖给大店1件货，赞助费起码就要15元，再加上招待费、回扣等杂七杂八的费用，自己就没什么利润了，再说大店还要铺货，万一垮了更是划不来。"

"丢掉大店就丢掉了整个市场，到头来小店都保不住！"张老板又开始大发雷霆。

其实，用不着张老板发这么大的火，一段时间后，业务员也渐渐感到包干的办法有问题："张三太不像话了，我刚给客户报了165元的价，他就背着我报162元，不是故意抢我的客户吗？""其他公司争取一个客户都是经理、老板一起出动，哪像我们公司单打独斗。"

包干后，公司制定的价格政策已是形同虚设，业务员在市场上的报价可谓五花八门；而客户对价格混乱的意见更是越来越大，到最后，连一些小店都失去了对公司的信任，不再要货了。

点评：营销如果不是依靠团队的力量，而是依靠业务员的个人能力在市场上单兵作战，无异于以卵击石。其实，组织的核心功能就在于组织具备一定的整合能力，能够产生"1+1>2"的整合效果；否则，公司作为一个组织就失去了意义，充其量只能算是一个"集合"而已。

为了稳住业务经理，张老板又恢复了业务经理每月1300元的固定工资，另外还有300元的交通补贴和通信补贴，其工作职责也被重新划定：

（1）协助业务员解决销售过程中存在的问题。
（2）只负责处理重大投诉，一般投诉由业务员自行处理。
（3）建立客户档案，统计公司日常销售情况。
（4）分析经营差异，提出改善方案。
（5）组织策划公司的促销活动。

张老板暗想："这小子再不安分就说不过去了。"

事实上，业务经理并没有买张老板的账，包干后其工作态度反而更消极了："业务员发展的新客户，哪一家不是靠我'临门一脚'才解决问题？提成还不是算业务员的。""300元的补贴哪里够？每个月我还要倒贴200元，饭都不敢请客户吃一顿。""说是说只处理重大投诉，客户还不是都找我？哪有时间干其他事情。"业务经理对业务员的事开始睁一只眼闭一只眼，爱理不理了。

包干后的几个月，公司渐渐呈现出一盘散沙的状态，而张老板这时已是焦头烂额、力不从心了。

点评：业务经理的抱怨实际上反映了公司内责、权、利不统一的问题，这个问题其实也是制约很多企业发展的"老大难"问题。但是，很多企业并没有充分认识到这一点，它们更热衷于搞学习型组织等前沿的东西，而没有意识到自身存在的职责错位、授权不当、分配不公等现象，往往是由于公司内责、权、利不统一造成的。事实上，就国内绝大多数中小企业而言，能够做到责、权、利相统一，管理问题就解决了一大半。

3. "办法总比问题多"

不甘心的张老板产生了想请"外脑"的打算。不久，一家专业的管理顾问公司（咨询公司）进驻了张老板的公司。

"我们公司的问题主要是员工素质低，有些员工连初中都没毕业。"

"业务员只关心自己的钱包能装多少，根本不把公司的利益当回事，一点集体观念都没有。"

张老板很无奈地向咨询公司介绍了情况。

"你们是专家，以后还要拜托你们多给业务员上上课。"

点评：很多企业都把管理的问题归咎于员工素质低，就这一点很值得商榷。笔者认为，员工素质低充其量只能说明其业务素质低（业务素质可以通过有针对性的培训加以提高），不能说明其道德素质低。因此，管理的问题更多的还是方法问题，而不是员工觉悟问题。

张老板的公司毕竟不大，一番摸底后，咨询公司很快就发现了问题："张总，公司的问题看来还是综合管理水平不高造成的，光靠一个提成方案解决不了问题啊……"咨询公司的一席话说到了张老板的痛处，张老板自知："说起来我也是个老板，实际上高中都没毕业，搞管理确实是外行！"

咨询公司随即开出了一个"两步走"的"药方"："张总，我们认为公司的问题可以分两步解决：第一步，先搭建一个简单实用的管理平台，不用搞得太复杂，只要能体现'责、权、利'相统一的特点就可以；第二步，再制订一项以'多赢'为特征的提成方案，激励员工从'要我干'转变为'我要干'。只有这样，员工的利益才能与公司的发展相结合。"

张老板欣然接受了咨询公司的建议。

点评：为什么张老板以前的办法都是"头疼医头、脚疼医脚"的办法，不能从根本上解决问题呢？因为张老板看到的问题只是冰山一角，缺乏基础管理平台才是问题产生的根源。那么基础管理平台又是什么呢？形象地说，基础管理平台就是企业开展各种管理活动的"舞台"，这一"舞台"主要是由公司的组织结构和组织运作规范两部分组成的。实践中，尽管很多企业也有这样的"舞台"，可是是否稳固实用却是千差万别。

与张老板达成共识后，咨询公司制订了一份详细的工作计划，并形成了基本的解决思路：首先进行工作分析，进而确定公司的组织架构和组织运作规范，在此基础上导入绩效管理，最终形成公司内责、权、利相统一的经营管理机制。

点评：有人会问，咨询公司的设计工作为什么首先要从工作分析开始呢？这是因为工作分析所提供的工作岗位原始信息不但是人力资源管理的基础，更是整个企业管理的基础。可以这样说，缺少工作分析，任何管理活动都是无本之木、无源之水。当前，很多中小企业认为，"工作分析是大企业的事，我们公司不大，暂时用不着搞工作分析"。其实这是对工作分析的误解。工作分析本来就是一个由粗到细、由浅入深的过程，中小企业一样可以根据自身的需要，在不同层面上开展工作分析。我们相信，只要坚持搞好工作分析，因此而积累的"工作岗位原始信息"一定会让中小企业在未来的发展中尝到甜头；不仅如此，开展工作分析还可以时刻提醒管理者，搞好企业管理必须一步一个脚印，没有捷径可走。

围绕工作计划，咨询工作很快进入到实质性的设计阶段。应咨询公司的要求，张老板还特意安排了业务经理加入项目小组。有了张老板的大力支持，各项工作开展得格外顺利……不到两个月，张老板就拿到了一份初步的提成方案：（注：以下仅介绍与业务员有关的条款；基于保密原则，具体的测算过程从略。）

（1）业务员每销一件提成 25 元，保持现有的提成标准不变；实际交易中，凡实际成交价格低于公司规定价格的，按实际降价额从销售提成中做等额扣减。

（2）业务员当月销量比上月增长 5% 以上，公司按当月新增销量另给予相关业务员 5 元/件奖励；凡当月销量比上月降低 3% 以上，公司按当月减少销量另给予相关业务员 5 元/件处罚。

（3）公司给予当月销售增长率第一（绝对销量不少于 30 件）的业务员 200 元奖励。

（4）业务员可自主选择大客户的开发方式。可选择自行开发，每件提成 25 元，各项开发支出自行负担，销量计入个人业绩，日常客户维护自行负责；也可选择与公司共同开发，各项开发支出公司承担 80%，业务员承担 20%，销量不计入个人业绩，但可按 8 元/件提成，日常客户维护由公司与相关业务员共同负责。

"业务员还是按 25 元包干提成，市场价格会不会乱？"看到这里，张老板有些不放心地问。"张总，业务员的报价如果低于公司规定的价格，就意味着双倍损失，在正常情况下，业务员是不会这样做的。这样做的另一个好处是业务员感到公司的政策有连续性，可以避免爆炸式的变革带来的震动。"咨询公司满怀信心地解释。"对头，小公司确实经不起折腾。"张老板对咨询公司的解释颇为赞许。

"让业务员自主选择大客户的开发方式，业务员会不会只想吃肉不想啃骨头？"张老板对这一条尤为吃不准。"张总，我们发现公司的客户 80% 都是小店，可是销量只占公司总销量的 20%；大店虽然只占客户总数的 20%，但是销量却占公司总销量的 80%。因此，公司的主要精力应该放在大客户上。"咨询公司这样解释。"嗯？"张老板还是不太明白。"卖给小店一件货，虽然业务员可以拿到 25 元的纯提成，但是公司也避免了大量琐碎的小店维护（注：经调查，80%的客户投诉都来自小店）。再说，公司还应考虑到业务员开发大店时以丰补歉的情况。仅仅做小店量又上不去，业务员一定会积极开发大店。要是允许业务员两条腿走路，那么业务员就会考虑自己开发有把握的大店，对没把握的大店，则考虑和公司共同开发。有把握的大店毕竟是少数，一般情况下业务员会把大店交回公司开发，这样公司就可以集中精力搞好大店工作了。"

咨询公司的一番详细解释终于打消了张老板的疑虑。

点评：考虑到提成方案的敏感性，咨询公司尽量回避了"爆炸式"的变革方式，这一点很值得推崇。现代管理认为，除非遇到经营状况的严重恶化或是管理效率的严重低下，否则，企业管理者应该十分谨慎地使用"爆炸式"的变革方式。这是因为，"爆炸式"变革方式一旦考虑不周，不仅达不到预期的效果，反而会造成员工士气低落，引发员工对改革的强烈反对。因此，我们更推崇分阶段、有计划的变革方式。这种方式首先是通过对组织的系统研究找到不同时期的工作重点，进而制订出阶段性的改革方案，有计划、有步骤地加以实施，从而有效避免了"爆炸式"的变革带来的副作用，是一种理想的变革方式。

看完与业务员相关的部分，张老板迫不及待地还想知道业务经理的提成又是怎样安排的（以下节选与业务经理相关的重要条款）。

（1）业务部按大客户（不包括业务员自主开发的大客户）回款销量，每月提取16元/件作为营销费用，其中14元用于客户赞助费、招待费，2元作为促销准备金。

（2）业务经理按月编制销售费用预算。其中500元以内的费用，由业务员提出申请，经业务经理批准后开支；500元以上的费用，由业务员提出申请，报部门经理审查后经总经理批准开支。

（3）业务经理的提成和大客户销量挂钩并采用累进提成制：提成基数为800件/月，月销量低于800件，低于部分按2元/件扣部门经理当月工资；800～1000件部分，按2元/件提成；1000件以上部分，按4元/件提成。

（4）年终，公司按新客户当年累计产生的营业利润考核业务经理，即按新客户当年累计利润（或亏损）的30%对业务经理进行奖励（或惩罚），计算公式为[新客户全年累计销量×（进销差价－业务员提成－单件产品分摊的固定费用）－开发新客户当年累计产生的销售费用]×0.3。

"500元以下的开支由业务经理说了算，报销会不会出乱子呢？"张老板有些担心地问。"张总，授权确实有一定的控制风险，可是没有适当的授权，不仅您自己的精力不够用，公司内部的分工与协作关系也无法实现啊。"

咨询公司觉得有必要和张老板做进一步的沟通："张总，您也认为'责、权、利相统一'是必要的，可是如果不能给予相关责任人必要的权限，'责、权、利相统一'就是一句空话啊！再说有授权就会有监督，我们设计的管理制度中已充分考虑到了这一点。"

"反正有三个月的试行期，先试试也行。"尽管张老板还是有些顾虑，可是咨询公司的观点似乎也不无道理。

"业务经理年终提30%，公司会不会亏呢？"看到这里，张老板禁不住想落实一下自己的担心。"张总，您放心吧，我们已经反复测算过了，再说羊毛还不是出在羊身上……"

"我看还是开个员工大会，再听听大家的意见吧。"

经过反复讨论，张老板基本接受了咨询公司设计的这套方案，不过他还是吃不准员工的想法。

点评：就一般的中小企业而言，有经验的管理者认为，授权最好是在集权基础上的"有限授权"。他们反对打着"用人不疑"的旗号过分分权，更反对绝对的集权。既然如此，怎样把握授权的"度"就成为授权的关键。笔者认为，授权应结合以下两个方面进行考虑：

（1）公司是否建立了与授权相对应的监督机制。
（2）授权或不授权是否影响到组织内部的分工与协作关系。

提成方案一经宣布，业务员心中悬着的一块大石头终于落了地。

"我们还以为张老板专门请人来'整'我们，没想到新办法这么通情达理。""卖给小店一件货我们还是净赚25元；大店要是有赞助风险可以交回公司开发，只拿8元的提成也划得来。"

业务经理看了提成方案后更是信心满满："只要不再给业务员'擦屁股'，凭我这几年建立的大客户关系，完成800件还不是小事一桩！""其实公司以前发生的赞助损失主要是没时间'盯住'大客户造成的，现在专心抓大客户了，盲目赞助的情况肯定能避免，年终的投入产出奖完全拿得到。"

粗粗一算，张老板也觉得公司不会亏："只要销量达到800件，公司就能保本；销量达到1000件以上，每超出100件，公司还能向厂家要1%的返点，达到1500件返点更高。"

终于，一项"多赢"的提成方案正式出台了！

点评：制度只能解决"怎么干"的问题，要想解决"我要干"的问题，最直接的办法是靠利益来引导员工的行为（尽管这种办法受到很多学者的批评，但却是最实用的办法）。换句话说，严格的管理制度可以规范员工的绩效行为；恰当的利益分配可以吸引员工朝着既定的绩效目标前进。

后记：一年后，张老板拿到了"××牌鸡精"的独家代理权，自己还买了一辆新轿车。可是没过多久，新的管理问题又来了……

（资料来源：经典销售管理案例分析．豆丁网http://www.docin.com/p-1476403214.html.）

阅读思考：

1. 张老板采取了哪些方法激励业务员？这些方法为何行不通？
2. 管理顾问公司进驻后给出了哪些管理方法？这些办法一定奏效吗？

附　　录

附录A　成功推销的99个秘诀

1. 对推销人员来说，推销学知识无疑是必须掌握的，没有学问作为根基的推销人员，只能视为投机，而无法真正体验推销人员的乐趣。

2. 一次成功的推销不是一个偶然发生的事件，它是学习、计划以及一个推销人员的知识和技巧运用的结果。

3. 推销完全是常识的运用，但只有将这些为实践所证实的观念运用在"积极者"身上，才能产生效果。

4. 在取得一鸣惊人的成绩之前，必先做好枯燥乏味的准备工作。

5. 推销前的准备、计划工作，绝不可疏忽轻视，有备而来才能胜券在握。准备好推销工具、开场白、该问的问题、该说的话以及可能的回答。

6. 事前的充分准备与现场的灵感所综合的力量，往往很容易瓦解顽固的客户而获得成功。

7. 最优秀的推销人员是那些态度最好、商品知识最丰富、服务最周到的推销人员。

8. 对与公司产品有关的资料、说明书、广告等，均必须努力研讨、熟记，同时要收集竞争对手的广告、宣传资料、说明书等，加以研究、分析，以便做到"知己知彼"，如此才能采取相应的对策。

9. 推销人员必须多读些有关经济、销售方面的书籍、杂志，必须每天阅读报纸，了解国家、社会消息、新闻大事。拜访客户时，这往往是最好的话题，而且不致孤陋寡闻、见识浅薄。

10. 获取订单的道路是从寻找客户开始的，培养客户比眼前的销售量更重要，如果停止补充新客户，推销人员就不再有成功之源。

11. 对客户无益的交易也必然对推销人员有害，这是最重要的一条商业道德准则。

12. 在拜访客户时，推销人员应当信奉的准则是"即使跌倒也要抓一把沙"。意思是，推销人员不能空手而归，即使推销没有成交，也要让客户能为你介绍一位新客户。

13. 选择客户，衡量客户的购买意愿与能力，不要将时间浪费在犹豫不决的人身上。

14. 强烈的第一印象的重要规则是帮助人们感到自己的重要。

15. 准时赴约——迟到意味着："我不尊重你的时间"。迟到是没有任何借口的，假使无法避免迟到的发生，必须在约定时间之前打电话道歉，再继续未完成的推销工作。

16. 向可以拥有做出购买决策权的人推销。如果你的推销对象没有权力说"买"的话，你是不可能卖出什么东西的。

17. 每个推销人员都应当认识到，只有目不转睛地注视着你的客户，推销才能成功。

18. 有计划且自然地接近客户，并使客户觉得有益处，从而能顺利进行商洽，是推销人员必须事前努力准备的工作与策略。

19. 推销人员不可能与拜访的每一位客户都达成交易，但应当努力去拜访更多的客户来提高成交的百分比。

20. 要了解你的客户，因为他们决定着你的业绩。

21. 在成为一个优秀的推销人员之前，你要成为一个优秀的调查员。必须去发现、追踪、调查，直到摸准客户的一切，使他们成为你的好朋友为止。

22. 相信自己的产品是推销人员的必要条件；这份信心会传递给你的客户。如果你对自己的产品没有信心，你的客户对它自然也不会有信心。客户与其说是因为你说话的水平高而被说服的，倒不如说他是被你充足的信心所说服的。

23. 业绩好的推销人员经得起失败，部分原因是他们对自己和所推销的产品有不折不扣的信心。

24. 了解客户并满足他们的需求。不了解客户的需求，就好像在黑暗中走路，白费力气又看不到结果。

25. 对于推销人员而言，最有价值的东西莫过于时间。了解和选择客户，是让推销人员把时间和力量放在最有购买可能的客户身上，而不是浪费在不能购买你的产品的人身上。

26. 有三条增加销售额的法则：一是集中精力于你的重要客户；二是更加集中；三是加倍集中。

27. 客户没有高低之分，却有等级之分。依客户等级确定拜访的次数、时间，可以使推销人员的时间发挥最大的效能。

28. 接近客户的方式一定不可千篇一律、公式化，必须事先有充分准备，针对各类型的客户，采取最适合的接近方式及开场白。

29. 推销的机会往往稍纵即逝，必须迅速、准确地加以判断，细心留意，以免错失良机，更应努力创造机会。

30. 把精力集中在正确的目标、正确地使用时间及正确的客户方面，你将拥有推销的"老虎之眼"。

31. 推销的黄金准则是"你喜欢别人怎样对你，你就怎样对待别人"；推销的白金准则是"按人们喜欢的方式待人"。

32. 让客户谈论自己。让一个人谈论自己，可以给你大好的良机去挖掘你们的共同点，建立好感并增加实现推销的机会。

33. 推销必须有耐心，不断地拜访，避免操之过急；也不可掉以轻心，必须从容不迫、察言观色，并在适当的时机促成交易。

34. 客户拒绝推销时，切勿泄气，要进一步努力说服客户，并设法找出客户拒绝的原因，再对症下药。

35. 对客户周围的人的好奇询问，即使其绝不可能购买，也要热诚、耐心地向他们说明、介绍。须知他们极有可能直接或间接地影响客户的决定。

36. 为帮助客户而销售，而不是为了提成而销售。

37. 在这个世界上，推销人员靠什么去拨动客户的心弦？有人以思维敏捷、逻辑周密的雄辩使人信服；有人以声情并茂、慷慨激昂的陈词去动人心扉。但是，这些都是形式问题。在任何时间、任何地点，去说服任何人，始终起作用的因素只有一个，那就是真诚。

38. 不要"卖"而要"帮"。"卖"是把东西塞给客户，"帮"却是为客户做事。

39. 客户用逻辑来思考问题，但使他们采取行动的则是感情。因此，推销人员必须要按下客户的"心动按钮"。

40. 推销人员与客户之间的关系绝不需要微积分那样的公式和理论，需要的是今天的新闻、天气等话题。因此，切忌试图用单纯的道理去让客户动心。

41. 要打动客户的心而不是脑袋，因为心离客户装钱包的口袋最近。

42. 对于客户的异议，自己无法回答时，绝不可敷衍、欺瞒或故意反驳，必须尽可能答复；若不得要领，就必须尽快请示领导，给客户最快捷、满意、正确的答案。

43. 倾听购买信号——如果你专心在听的话，当客户已决定要购买时，通常会给你暗示。倾听比说话更重要。

44. 推销的游戏规则是：以成交为目的而开展的一系列活动。虽然成交不等于一切，但没有成交就没有一切。

45. 成交规则第一条：要求客户购买。然而，71%的推销人员没有与客户达成交易的原因就是，没有向客户提出成交要求。

46. 如果你没有向客户提出成交要求，就好像你瞄准了目标却没有扣动扳机。

47. 在成交的关头，如果你具有坚定的自信，你就是成功的化身。就像一句古老的格言所讲："成功出自成功。"

48. 如果推销人员不能让客户签订单，那么所有的产品知识、销售技巧都毫无意义。不成交，就没有销售，道理就是这么简单。

49. 没有得到订单并不是一件丢脸的事，但不清楚为什么没有得到订单则是丢脸的。

50. 成交建议是向合适的客户在合适的时间提出合适的解决方案。

51. 成交时，要说服客户现在就采取行动。拖延成交就可能失去成交机会。一句推销格言就是："今天的订单就在眼前，明天的订单远在天边。"

52. 以信心十足的态度去克服成交障碍。推销往往表现为创造购买信心的能力。假如客户没有购买信心，就算产品再便宜也无济于事，而且低价格往往会把客户吓跑。

53. 如果未能成交，推销人员要立即与客户约好下一个见面日期——如果在你和客户面对面的时候都不能约好下一次的时间，以后要想与这位客户见面可就难上加难了。你打出去的每一个电话，至少要促成某种形态的销售。

54. 推销人员绝不可因为客户没有买自己的产品而粗鲁地对待他，那样，你失去的不只是一次销售机会，而是失去一位客户。

55. 追踪、追踪、再追踪——如果要完成一项推销需要与客户接触5~10次，那你不惜一切也要熬到第10次。

56. 与他人（同事及客户）融洽相处。推销不是一场独角戏，要与同事同心协力，与客户成为伙伴。

57. 努力会带来运气——仔细看看那些运气很好的人，那份好运是他们经过多年努力才得来的，你也能像他们一样好运。

58. 不要将失败归咎于他人——承担责任是完成事情的支柱，努力工作则是成事的标准，而完成任务是你的回报（金钱不是回报——金钱只是圆满完成任务的一个附属品）。

59. 坚持到底——你能不能把"不"看成是一种挑战，而非拒绝？你愿不愿意在完成推销所需的5~10次拜访中坚持到底？如果你做得到，那么你便开始体会到坚持的力量了。

60. 用数字找出你的成功公式——判定你完成一项推销需要多少个线索、多少个电话、多少名潜在客户、多少次会谈、多少次产品介绍以及多少次追踪，然后依此公式行事。

61. 热情面对工作——每一次推销的感觉都是：这是最棒的一次。

62. 留给客户深刻的印象——这印象包括一种创新的形象、专业的形象。当你走后，客户是怎么描述你的呢？你随时都在给他人留下印象，有时候暗淡，有时候鲜明；有时候是好的，有时却未必。你可以选择你想留给别人的印象，也必须对自己所留下的印象负责。

63. 推销失败的第一定律：与客户争高低。

64. 高明的应对竞争者攻势的方法，就是风度、产品、热诚服务及敬业精神。愚昧的应对竞争者攻势的方法，就是说对方的坏话。

65. 推销人员有时像演员，但既已投入推销行列，就必须敬业、信心十足，并且肯定自己的工作是最有价值和意义的。

66. 自得其乐——这是最重要的一条，如果你热爱你所做的事，你的成就会更杰出。做你喜欢做的事，会把喜悦带给你周围的人，快乐是有传染性的。

67. 业绩是推销人员的生命，但为达成业绩而置商业道德于不顾、不择手段，是错误的。非荣誉的成功，会为未来种下失败的种子。

68. 推销人员必须时刻注意比较每年每月的业绩波动，并进行反省、检讨，找出症结所在：是人为因素，还是市场波动？是竞争者的策略因素，还是公司政策变化？等等。这样才能实际掌握正确的状况，寻找对策，以完成任务、创造佳绩。

69. 推销前的奉承不如推销后的服务，后者才会永久地吸引客户。

70. 如果你送走一位快乐的客户，他会到处替你宣传，帮助你招徕更多的客户。

71. 你对老客户在服务方面的"怠慢"正是竞争对手的可乘之机。照此下去，不用多久，你就会陷入危机。

72. 给客户写信是你与其他推销人员不同或比他们更好的最佳机会之一。

73. 我们无法计算有多少客户是因为一点小小的过失而失去的——忘记回电话、约见迟到、没有说声谢谢、忘记履行对客户的承诺等。这些小事情正是一个成功的推销人员与一个失败的推销人员之间的差别。

74. 据调查，有71%的客户之所以从你的手中购买产品，是因为他们喜欢你、信任你、尊重你。因此，推销首先是推销你自己。

75. 礼节、仪表、谈吐、举止是人与人相处的印象的来源，推销人员必须在这些方面多下功夫。

76. 服装不能造就完人，但是初次见面给人的印象，90%产生于服装。

77. 第一次成交是靠产品的魅力，第二次成交则是靠服务的魅力。

78. 信用是推销的最大本钱，人格是推销最大的资产。因此，推销人员可以运用各种策略和手段，但绝不可以欺骗客户。

79. 在客户畅谈时，推销就会取得进展。因此，客户说话时，不要去打断他；自己说话时，要允许客户打断你。推销是一种沉默的艺术。

80. 就推销而言，善听比善说更重要。

81. 推销中最常见的错误是推销人员的话太多。许多推销人员讲话如此之多，以致他们不会将机会给那些说"不"的客户一个改变主意的机会。

82. 在开口推销前，先要赢得客户的好感。赢得推销最好的方法就是赢得客户的心。人们向朋友购买的可能性大，向推销人员购买的可能性小。

83. 据估计，有50%的推销之所以完成，是由于交情关系。这就是说，由于推销人员没有与客户交朋友，就等于把50%的市场拱手让人。交情是推销成功的法宝。

84. 如果你完成一笔推销，你得到的是佣金；如果你交到朋友，你可以赚到一笔财富。

85. 忠诚于客户是最重要的。绝对不可以欺骗客户一次。

86. 记住：客户总是喜欢那些令人喜欢的人，尊重那些值得尊重的人。

87. 在销售活动中，人品和产品同等重要。优质的产品只有在具备优秀人品的推销人员手中，才能赢得长远的市场。

88. 推销人员赞美客户的话应当像铃铛一样摇得叮当响。

89. 你可能会因过分热情而失去某一笔交易，但会因热情不够而失去100次交易。热情远比花言巧语更有感染力。

90. 你的生意做得越大，就越要关心客户服务。在品尝了成功的甜蜜后，最快陷入困境的方法就是忽视售后服务。

91. 棘手的客户是推销人员最好的老师。

92. 客户的抱怨应当被视为神圣的语言，对任何批评意见都应当乐于接受。

93. 正确处理客户的抱怨＝提高客户的满意度＝增加客户认牌购买倾向＝丰厚的利润。

94. 成交并非是推销工作的结束，而是下次推销活动的开始。推销工作不会有完结，它只会一再"从头开始"。

95. 成功的人是那些从失败中汲取教训，而不为失败所吓倒的人。有一点推销人员不可忘记，那就是从失败中获得的教训，它远比从成功中获得的经验更容易牢记在心。

96. 不能命中靶子绝不归咎于靶子，买卖不成也绝不是客户的过错。

97. 询问任何一个专业推销人员成功的秘诀，他一定回答：坚持到底。

98. 世界上什么也不能代替执着。天分不能——有天分但一事无成的人到处都是；聪明不能——人们对一贫如洗的聪明人司空见惯；教养不能——世界上有教养但到处碰壁的人多得是。唯有执着和决心才是最重要的。记住：最先亮的灯最先灭。不要做一日之星，执着才能长久！

99. 一个人到了年老的时候，又穷又苦，并不是因为那个人以前做错了什么，而是他什么都没有做。

附录 B 推销员之歌

初出茅庐做推销，掌握技巧很重要，营销特点要鲜明，专业知识要记牢。
实践技能要掌握，动手动脚要动脑，出发之前多准备，各种工具少不了。
地图名片身份证，包装说明价格表，避免盲目去乱跑，资料一定整理好。
拜访之前细思考，各种因素想周到，穿戴整齐懂礼仪，第一印象很重要。
见面第一先介绍，名片同时要递到，少说多听细观察，客户姓名要记牢。
若遇客户生意忙，稍微等等比较好，若是客户有时间，不妨陪他随意聊。
天南海北都要谈，天文地理都必要，察言观色多端详，寻找话题投其好。

把握气氛融洽时，不失时机谈产品，特点优点需求点，真正卖点要谈到。
避开价格谈价值，不看便宜看功效，各种优点都谈到，客户心理把握好。
客户交易有八怕，推销人员要知道，一怕产品没功效，二怕产品价格高。
三怕产品退不了，四怕人员找不到，五怕市场范围小，六怕行情不太好。
七怕返点不够高，八怕促销不给搞，各种心理了解到，生意一定能成交。
所有条件都谈到，货款安全第一条，选择客户要注意，资金信誉都要好。
经营理念较超前，认同文化不自傲，谨记推销需耐心，"一见钟情"实在少。
目标客户多关注，多往门市跑一跑，有时专门去拜访，有时顺路去聊聊。
日久一定能生情，诚心诚意去结交，一旦客户受感动，推销产品时机到。
介绍产品选重点，避免面面都介绍，提供产品多选择，产品组合最有效。
推广产品想周到，使用方法要指导，不论销量大与小，优质服务要做好。
经营过程多思考，把握机会搞促销，让利返点最常见，他搞你搞我也搞。
司空见惯都这样，大家都是这一套，学会用心又用脑，促销才会有绝招。
实际需求要了解，扩大市场最重要，市场并非都平稳，行情有低就有高。
高到巅峰要清醒，低到谷底不动摇，无论行情如何变，客情关系要搞好。
锦上添花容易做，雪中送炭更重要，生意虽然重利益，输赢心理不能要。
跳出输赢谈共赢，共同发展是正道，生意一旦能做好，竞争伙伴就来到。
就怕恶意来竞争，诋毁诽谤使损招，以牙还牙不可取，职业素养要提高。
要想客户不流失，利益情感都重要，浑身解数都使尽，仍有客户流失掉。
不计前嫌多关注，化敌为友岂不好？海纳百川容乃大，英雄气度不能小。
上述诸事都做到，推销一定能做好，说千道万一句话，诚信原则最重要！

参考文献

[1] 罗纳德 B 马克斯. 人员推销 [M]. 郭毅, 译. 6 版. 北京: 中国人民大学出版社, 2002.
[2] 托马斯·波诺玛. 行销技巧速成——哈佛教授告诉你行销的诀窍 [M]. 蒋涛, 卢一先, 译. 北京: 中国经济出版社, 1992.
[3] H M 戈德曼. 推销技巧——怎样赢得顾客 [M]. 谢毅斌, 王为州, 张国庆, 译. 北京: 机械工业出版社, 1991.
[4] 小唐纳德 W 杰克逊, 威廉姆 H 坎宁安, 伊莎贝拉 C M 坎宁安. 推销——市场营销中的个人力量 [M]. 王雪松, 译. 北京: 中国经济出版社, 1996.
[5] Jan L Wage. 绝对成交的推销技巧 [M]. 姜峰, 程巍, 译. 北京: 民主与建设出版社, 2004.
[6] 张晓青, 高红梅. 推销实务 [M]. 大连: 大连理工大学出版社, 2007.
[7] 朱亚萍. 推销实务 [M]. 北京: 中国财政经济出版社, 2002.
[8] 刘景澜. 电话行销教程 [M]. 北京: 海潮出版社, 2003.
[9] 李建军, 俞慧霞. 与客户有效沟通的 N 个技巧 [M]. 北京: 中国纺织出版社, 2006.
[10] 常文志. 现代推销学 [M]. 北京: 科学出版社, 2004.
[11] 梁敬贤. 推销理论与技巧 [M]. 北京: 机械工业出版社, 2006.
[12] 熊银解. 销售管理 [M]. 北京: 高等教育出版社, 2003.
[13] 欧阳小珍. 销售管理 [M]. 武汉: 武汉大学出版社, 2003.
[14] 陈安之. 21 世纪超级推销学 [M]. 北京: 世界知识出版社, 2002.
[15] 蒙坪. 推销员素质训练教程 [M]. 西安: 西安交通大学出版社, 2004.
[16] 王孝明. 推销实战技巧 [M]. 北京: 经济管理出版社, 2004.
[17] 吴健安. 现代推销理论与技巧 [M]. 2 版. 北京: 高等教育出版社, 2008.
[18] 罗威. 金牌营销员培训手册 [M]. 北京: 中国工人出版社, 2004.
[19] 付晓明. 超级销售细节训练: 30 天打造冠军销售技能 [M]. 北京: 北京科学技术出版社, 2004.
[20] 邱汉南. 学推销——王牌推销员点津 [M]. 郑州: 中原农民出版社, 2003.
[21] 陈企华. 最成功的推销实例 [M]. 北京: 中国纺织出版社, 2003.
[22] 徐育斐. 推销技巧 [M]. 北京: 中国商业出版社, 2003.
[23] 陈企华. 最成功的推销经验 [M]. 北京: 中国纺织出版社, 2003.
[24] 姚书元, 沈玉良. 现代实用推销学 [M]. 上海: 复旦大学出版社, 1998.
[25] 吴健安, 等. 现代推销学 [M]. 2 版. 大连: 东北财经大学出版社, 2006.
[26] 陈新武, 龚士林. 推销实训教程 [M]. 武汉: 华中科技大学出版社, 2006.
[27] 张雁白. 现代推销学 [M]. 北京: 中国人民大学出版社, 2011.
[28] 刘文超. 现代推销学 [M]. 上海: 上海交通大学出版社, 2012.
[29] 龚荒. 现代推销学——理论·技巧·实训 [M]. 北京: 人民邮电出版社, 2015.